U0930261

南京都市圈轨道交通
宁句城际工程创新研究与实践

张　杰　陈志宁　赵华新｜编著

中国铁道出版社有限公司
CHINA RAILWAY PUBLISHING HOUSE CO., LTD.

内容简介

本书依托南京都市圈首条跨市域轨道交通工程——宁句城际在建设过程中的重要技术创新，从工程技术创新的角度论述市域轨道交通线路设计，重点论述了南京都市圈和南京都市圈轨道交通的发展背景，宁句城际规划背景、工程概况和重大方案演变，都市圈轨道交通建设遇到的问题和解决方案，主要工程技术创新背景、技术方案和应用效果，在“绿色城轨、智慧城轨”行动方案指导下开展的创新研究工作、应用的创新技术和取得的成果，以及四网融合、多交融合、站城融合、环境融合方面取得的成就和人性化服务提升方案，并对宁句城际项目创新成果的应用进行了展望。

本书对从事轨道交通管理、规划、设计和施工的工程技术人员具有很高的参考价值，也可作为高等院校师生的参考资料。

图书在版编目(CIP)数据

南京都市圈轨道交通宁句城际工程创新研究与实践/张杰，陈志宁，赵华新编著. —北京：中国铁道出版社有限公司，2024.5

ISBN 978-7-113-31045-5

Ⅰ.①南… Ⅱ.①张… ②陈… ③赵… Ⅲ.①城市铁路-轨道交通-工程施工-南京 Ⅳ.①U239.5

中国国家版本馆 CIP 数据核字(2024)第 047559 号

书　　名： 南京都市圈轨道交通宁句城际工程创新研究与实践
作　　者： 张　杰　陈志宁　赵华新　编著

策　　划： 刘　霞
责任编辑： 刘　霞　　**编辑部电话：**(010)51873405　　**电子邮箱：**lovelxia_2008@163.com
封面设计： 刘　莎
责任校对： 安海燕
责任印制： 樊启鹏

出版发行： 中国铁道出版社有限公司(100054，北京市西城区右安门西街 8 号)
网　　址： http://www.tdpress.com
印　　刷： 北京联兴盛业印刷股份有限公司
版　　次： 2024 年 5 月第 1 版　2024 年 5 月第 1 次印刷
开　　本： 787 mm×1 092 mm　1/16　**印张：** 18.75　**字数：** 375 千
书　　号： ISBN 978-7-113-31045-5
定　　价： 278.00 元

编　委　会

编著单位：北京城建设计发展集团股份有限公司
南京地铁建设有限责任公司

参编单位：北京全路通信信号研究设计院集团有限公司
中铁上海设计院集团有限公司
中国铁路设计集团有限公司
中铁第六勘察设计院集团有限公司
苏交科集团股份有限公司
广州地铁设计研究院股份有限公司

顾　　问：佘才高

编　　著：张　杰　陈志宁　赵华新

主　　审：王　霆　黎　庆　万学红　郭建强　张　静

参编人员：沈　瑜　赵连军　耿天霜　王大鹏　王　宁　王　鹏
陈小娟　陈　浩　沈山杉　高　震　李晓峰　李晓东
吴　刚　赵文文　方　玮　张凌翔　浦　姝　马金龙
沈亚威　朱麟敏　宋玮韬　刘心露　陈轶鹏　王玉金
漆　宏　李佳星　许　浩　孙永兵　冯　磊　高　飞
张亚雷　张亚龙　刘　峰　田　宇　庞振勇　杨　聪
许　巍　龚宜敏　周良奎　刘　观　佘世杨　李锦信
刘光辉　白唐瀛　刘乐天　谭丽华　张文颢　成明华
韩子龙　侯祥秋　崔王洪　李旭光　韩志超　张　洁
吕珍余　王金川　陈林宝　张　田　张家铭　张明柱
张东辉　王国华　吴焕庆　刘　策　张文龙　安诗业
徐　磊　刘　强　刘丹丹　颜志华　曹宇泽　苏许俊
王　强　李　亮　张昊然　刘继兵　韩　伟　张　密
王　瑞　缪林昌　刘　坚　王亚平　丛日出　宫　赞

著作者介绍

张　杰　教授级高级工程师、注册咨询工程师(投资),现任北京城建设计发展集团股份有限公司轨道交通院副院长、中国土木工程学会青年专家委员会委员、南京市城乡规划委员会专家等。长期从事城市轨道交通咨询设计工作,担任全国多个城市的线网规划、建设规划项目负责人,承担宁句城际、宁天城际和南京地铁三号、五号线等多个轨道项目设计总体,参编多项规范标准,获国家、省部级优秀设计、咨询奖30余项。

陈志宁　教授级高级工程师,专业技术二级岗位,现任南京地铁建设有限责任公司总经理,长期从事大型基础设施建设工程技术管理工作。全过程参与了南京地铁12条线460 km运营轨道交通线路的建设管理;获省部级、市级科技进步奖7项,国家级科学技术一等奖1项,被评为南京市劳动模范、南京市城市建设立功竞赛有功个人、南京市城市建设立功竞赛活动先进个人,江苏省城市轨道交通工程质量安全专家。

赵华新　教授级高级工程师,一级注册结构工程师,注册土木工程师(岩土),北京城建设计发展集团股份有限公司南京分院技术总监。主要从事轨道交通地下结构设计、咨询与科研工作。担任南京、合肥、徐州等多地城市轨道交通工点设计负责人、宁句城际设计项目结构总体,获省部级优秀设计、咨询奖17余项,发表学术论文10余篇。

扩建后 2 号线马群站

东郊小镇站

古泉站

南京猿人洞站

黄梅站

童世界站

马群站换乘通道

东郊小镇站站厅

南京猿人洞站站台

童世界站站台

马群站站厅

百水桥站站台

麒麟门站站厅

麒麟门站站台

泉都大街站站厅

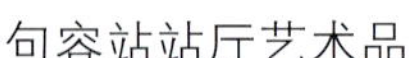

句容站站厅艺术品

汤山站方形出入口

句容站弧形出入口

矮塔斜拉桥日景

矮塔斜拉桥连接五跨刚构桥夜景

青龙山隧道西端洞口

盾构内槽道安装效果

句容车辆段

弱电机房上走线

通信电缆

序

南京地铁经过20余年的稳步发展，截至2023年底开通运营里程已达460公里，其中2021年底开通的宁句城际既是江苏省内首条跨市域轨道交通线路，也是打造“轨道上的南京都市圈”的重要一环。该线路“承前启后”，打通了南京至镇江句容的同城化快速走廊，使得两地“一小时通达”的美好蓝图变成了现实，标志着南京轨道交通继实现所有行政区域全覆盖后，实质性迈出市域，为国家批复的首个都市圈——南京都市圈的发展贡献了城轨力量。同时，宁句城际跨市合作共建模式、运营组织模式、服务管理模式等也为南京正在建设的宁马线、宁滁线及宁扬线等都市圈重点工程提供了宝贵的借鉴。

宁句城际自启动之初就备受社会各界关注，得到各方力量的鼎力支持。项目推进过程中，项目团队深入理解国家重大区域发展战略，系统践行城轨行业智慧、绿色发展理念，始终坚持高水平设计、高标准建设总体目标，凝聚共识、增强合力，精准定位、联合攻关，既经受了跨界协作带来的全新挑战和多重考验，也培育和形成了一成套行之有效的技术标准和管理模式、一大批极具特色的技术应用和创新成果。尤其在绿色建造与设计、5G公专网、城轨云平台、智能运维、智慧服务等领域取得了显著突破，创下多个行业首次、全国首次，乃至全球首次实践应用。

始于匠心、臻于至善。宁句城际以开放创新、融合共享的姿态，在轨道交通高质量发展上勇于探索，解决了一系列技术难题，荣膺2023年“中国建筑工程鲁班奖”。值此佳际，编者将其中的关键经验与创新成果进行凝练，集结成专著。本书思路清晰，重点突出，理论性、实践性和创新性兼具。希望这部凝集了所有参与者心血与智慧的精品著作，能够有效促进城市轨道交通行业的交流和进步，助力我国都市圈轨道高质量可持续发展。

南京地铁集团有限公司党委书记、董事长

2024年2月

前　言

南京都市圈是我国第一个由国家批复规划的都市圈，也是我国第一个跨省建设的都市圈，共规划有10条都市圈轨道交通线路，其中南京至句容城际轨道交通是南京都市圈首条开通运营的跨市轨道交通线路。2017年2月，南京地铁集团有限公司公开招标，确定北京城建设计发展集团股份有限公司作为总体总包单位牵头宁句城际设计工作。经过紧张的研究与设计，项目于2018年12月开工建设，2021年12月开通运营。

宁句城际作为南京都市圈首条跨市运营的线路，可借鉴经验少，在设计、实施的探索过程中，该项目秉持跨界合作、多网融合、绿色智慧、科技赋能等先进理念，针对功能定位、服务水平、技术标准、不良地质、复杂环境等重难点问题进行了创新实践。宁句城际先后获得多项省（市）级优秀勘察设计奖、江苏省和省级学会科学技术奖，荣获2022—2023年度中国建设工程鲁班奖（国家优质工程）。本书对该项目的创新工作做了系统论述。

全书分项目背景与概况、关键问题与对策、技术创新、绿色智慧城轨示范、多元融合与服务提升、经验总结与发展展望等6章，系统阐述了都市圈轨道交通建设遇到的问题和解决方案，全面论述了在“绿色城轨、智慧城轨”行动方案指导下开展的创新研究工作、创新技术应用和取得的成果，深入总结了多元融合理念的应用实践。

本书的出版得到建设、设计、施工、厂家和科研等单位及人员的大力支持与帮助。南京华创交通设备有限公司、四川金虹等离子技术有限公司、华为技术有限公司、新华三技术有限公司、恩瑞特实业有限公司、中车南京浦镇车辆有限公司及东南大学钱春香教授等为本书提供了研究和技术资料，在此一并表示感谢。

希望本书的出版能为国内外其他地铁、都市圈轨道交通建设提供一些新经验、新思路、新做法，为行业和类似项目的规划、建设提供参考、借鉴。

由于编者经验和水平有限，书中纰漏在所难免，诚挚期盼能得到各位同行、专家和读者的批评指正。

编　者

2024 年 1 月

目　录

第 1 章　项目背景与概况

1.1　南京都市圈发展背景

1.1.1　国内都市圈发展形势

近年来，随着我国城市化和工业化的发展，人口和产业不断向超大、特大城市集聚，都市圈逐渐成为我国新时期城镇化的重要空间形态和现代化建设的重要载体。

2018 年 11 月 18 日，中共中央、国务院发布《关于建立更加有效的区域协调发展新机制的意见》，要求坚决破除地区之间利益藩篱和政策壁垒，加快形成统筹有力、竞争有序、绿色协调、共享共赢的区域协调发展新机制。2019 年 2 月 19 日，国家发展和改革委员会在《关于培育发展现代化都市圈的指导意见》中指出，都市圈是城市群内部以超大特大城市或辐射带动功能强的大城市为中心、以 1 小时通勤圈为基本范围的城镇化空间形态；到 2022 年，都市圈同城化取得明显进展，基础设施一体化程度大幅提高，梯次形成若干空间结构清晰、城市功能互补、要素流动有序、产业分工协调、交通往来顺畅、公共服务均衡、环境和谐宜居的现代化都市圈。自此，都市圈的内涵定义和发展理念得以明确，现代化都市圈发展目标愈加明晰，各大城市开始加速推进都市圈规划研究。

截至 2023 年 12 月，国家发展和改革委员会共批复 12 个都市圈发展规划，分别为南京、福州、成都、长株潭、西安、重庆、武汉、沈阳、杭州、郑州、广州、深圳，其中，南京都市圈第一个得到批复。这些都市圈普遍拥有高端的制造业基础、完善的对外枢纽、扎实的科研教育基础，并集聚着大规模的消费群体，有能力为国家自主创新和扩大内需发挥更大作用，是国际国内经济双循环的主要基地。

1.1.2　南京都市圈发展概述

1. 南京都市圈发展规划

南京都市圈作为我国第一个由国家发展和改革委员会批复规划的都市圈，也是我国第一个跨省建设的都市圈，其地理位置优越——位于长江中下游沿江城市带核心地区，连南接北、承东启西，横跨苏皖两省。根据《南京都市圈发展规划》，南京都市圈包括江苏省南京市，镇江市京口区、润州区、丹徒区和句容市，扬州市广陵区、邗江区、江都区和仪征市，淮安市盱眙县，安徽省芜湖市镜湖区、弋江区、鸠江区，马鞍山市花山区、雨山区、博望区、和县和当涂县，滁州市琅琊区、南谯区、来安县和天长市，宣城市宣州区，面积2.7万km^2;规划范围拓展至苏皖两省九市——南京、镇江、扬州、淮安、马鞍山、芜湖、滁州、宣城,和常州市的溧阳市、金坛区。

《南京都市圈发展规划》提出,坚持极核带动、同城先行、轴带辐射、多点支撑的发展理念,构建"一极、两区、四带、多组团"的都市圈空间格局。其中,"一极"指发挥南京作为我国东部地区重要中心城市的龙头作用,提升城市创新、产业支撑、资源组织、融通辐射和服务保障能力,强化辐射服务功能,引领都市圈更高质量同城化发展;"两区"指宁镇扬和宁马滁两个同城化片区。南京都市圈以基础设施一体化和公共服务一卡通为着力点,打破行政壁垒,强化基础设施、创新创业、产业体系、公共服务、生态环境等领域的同城共建,成为我国都市圈同城化发展的示范区域。

宁镇扬同城化片区包括南京、镇江、扬州三市,是江苏经济较为发达、人口较为密集的区域,也是长江三角洲西翼的重要节点区域。宁镇扬地区地缘相近、人缘相亲,经济社会联系紧密,区域协作由来已久,具有先行同城化发展的良好基础。其中,句容市为镇江市下辖县级市,位于镇江西部,与南京毗邻而居、山体同脉;尤其南京汤山与句容黄梅相向拓展,同城化出行需求不断增加。

2. 南京都市圈发展沿革

南京都市圈的前身是20世纪80年代中期由南京市政府倡议组织的南京经济区,成员城市包括苏、皖、赣三省的18个城市。在计划经济向市场经济转变的大背景下,经济区成立的初衷是探索城市间横向经济合作,为区域内的企业协作提供更好的平台。

1995年获批的《南京市城市总体规划(1991年—2010年)》首次提出"南京都市圈"的概念,并在1999年《江苏省城镇体系规划》中得到再次响应。2000年,城镇化上升到国家战略高度,城镇密集区、都市圈等概念逐渐进入学术界和实务界视野,南京经济区在多年良好运作下,已经具备了建设都市圈的条件。2001年,宁、镇、扬、滁、马、芜六市在江苏省计委的协调下,正式商定将南京都市圈范围锁定在周边1小时车程范围以内。2003年,江苏省建设厅牵头完成《南京都市圈规划(2002—2020)》,南京都市圈正式成为国内最早完成规划的都市圈。规划以空间协调为重点,开始推动跨界交通的规划和建设,进一步巩固区域经济合作。2004—2013年,南京都市圈不断成长,通过市长峰会、投资洽谈会、综合交通协同等多元化方式,为区域协调机制奠定了良好基础。2013年,在《长江三角洲地区区域规划》与《皖江城市带承接产业转移示范区规划》两大国家战略背景下,《南京都市圈区域规划(2013—2020)》应运而生,提出了"综合实力明显增强,现代产业体系不断完善,自主创新能力提升,基础设施共建共享,公共服务共通共荣,区域协调机制基本完成"的具体目标。自此,南京都市圈开启了制度化、专业化的合作,"决策-协调-执行"的三级运作机制逐渐走向正轨。

2014—2018年,以南京青奥会为契机,南京都市圈的合作领域不断拓展,在轨道(铁路)、公路、水利等重大基础设施,以及生态环境、产业协同、公共服务等多元化领域达成多项合作成果，三级合作架构也不断完善。2018 年，长三角一体化上升为国家战略，南京都市圈的发展迎来了新的历史机遇。2019 年，国家发展和改革委员会《关于培育现代化都市圈的指导意见》发布后，南京都市圈紧抓机遇，协调两省多地多部门，在前序规划基础上编制完成《南京都市圈发展规划》，规划上报国家发展和改革委员会后于 2021 年 2 月获得批复，成为国内首个得到国家批复的都市圈规划。

南京都市圈跨区域协调发展起步较早，具有深厚底蕴和示范效应。二十多年来，南京都市圈“自下而上”的内生动力和“自上而下”的战略部署，催生出都市圈协同发展的南京样板。

1.2　南京都市圈轨道发展背景

1.2.1　国内都市圈轨道发展形势

进入都市圈时代，急剧扩张的市域空间和多样化的城市出行活动都对公共交通系统的时空可达性提出了更高的要求，都市圈轨道、市域（郊）铁路的发展势在必行。2019 年，中共中央、国务院在《交通强国建设纲要》中提出建设城市群一体化交通网，推进干线铁路、城际铁路、市域（郊）铁路、城市轨道交通融合发展。2020 年，国务院办公厅等部门发布《关于推动都市圈市域（郊）铁路加快发展意见的通知》，提出都市圈所在城市政府是发展市域（郊）铁路的责任主体，要重点满足 1 小时通勤圈快速通达的需求。2021 年，中共中央、国务院发布《国家综合立体交通网规划纲要》，提出建设中心城区连接卫星城、新城的大容量、快速化轨道交通网络，推进公交化运营；同年，国家发展和改革委员会、住房和城乡建设部印发《“十四五”城市轨道交通规划建设实施方案》，对市域（郊）轨道交通线路的敷设方式、站间距、客流指标提出了具体的要求。

轨道交通作为都市圈建设发展的重要“动脉”，陆续出台的各类政策、都市圈规划均明确要求以轨道交通为骨干，打造“轨道上的都市圈”；各大都市圈在建设发展过程中贯彻该理念，探索出多样化的都市圈轨道规划、建设、运营模式。

1.2.2　南京都市圈轨道发展概述

南京都市圈轨道交通与南京都市圈相伴而生。2002 年，南京编制《南京都市圈规划（2002—2020）》时，同步开启了轨道交通线网规划，超前提出多层次轨道相互融合，构建服务 1 小时通勤圈的放射状轨道网络。其中，包含南京至句容城际轨道交通工程（简称“宁句城际”）在内的多条都市圈轨道线路，借助青奥会契机，通过《江苏省沿江城市群城际轨道交通网规划》等规划获得国家批复后建成运营。在长三角区域一体化发展背景下，2021 年国家发展和改革委员会印发了《长江三角洲地区多层次轨道交通规划》，新增批复多条都市圈轨道交通线路。

截至 2023 年 12 月，南京都市圈轨道运营里程约 291 km，共 7 条线路，在建规模约 123 km，共 3 条线路；其中，宁句城际是南京都市圈第一条跨市轨道交通线路，见表 1-1 和图 1-1。

表 1-1 南京都市圈轨道交通建设发展概况

状态	序号	线路名称	起　点	终　点	长度/km
运营	1	机场线	南京南站	空港新城江宁	35.8
	2	宁和城际	南京南站	高家冲	36.2
	3	宁句城际	马群	句容	43.6
	4	宁溧城际	空港新城江宁	无想山	31
	5	宁天城际	长江大桥北	金牛湖	47.3
	6	宁高城际	翔宇路南	高淳	52.4
	7	宁滁城际(首通段)	滁州高铁站	汊河	44.8
	小　计				291.1
在建	1	宁马城际	西善桥	当涂南站	54.2
	2	宁滁城际(在建段)	汊河	南京北站	10.6
	3	宁扬城际	仙林湖	扬州西站	57.8
	小　计				122.6
合　计					413.7

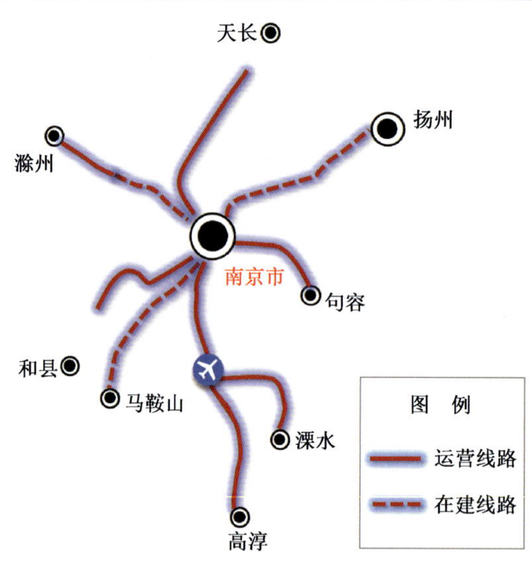

图 1-1 南京都市圈轨道交通建设示意

1.3 宁句城际上位规划

1.3.1 宁镇扬同城化发展规划

2014 年，江苏省印发了《宁镇扬同城化发展规划》(以下简称《规划》)，提出加快推进宁镇扬同城化进程、提升区域发展水平和对外辐射能力，建成在全国具有重要影响力的大都市区，见图 1-2。

《规划》指出，当前宁镇扬同城化发展面临诸多压力和挑战，主要体现在南京对周边地区的带动作用不足，大都市区融合发展的格局尚未形成，区域性基础设施建设亟待加强。《规划》要求，按照统筹规划、合理布局、适度超前、安全可靠的原则，以提高城际交通的可达性、可靠性、便捷性和有效性为目标，加快三市城际间高速公路、快速路系统和都市圈城际轨道交通系统建设，形成由公路和轨道交通共同构成的复合型城际通道；强化城际与城市交通系统的无缝对接，逐步形成更加完善的同城化综合交通体系，重点是积极推进南京至句容都市圈轨道建设，实现南京主城与句容城区轨道交通 1 小时直达。

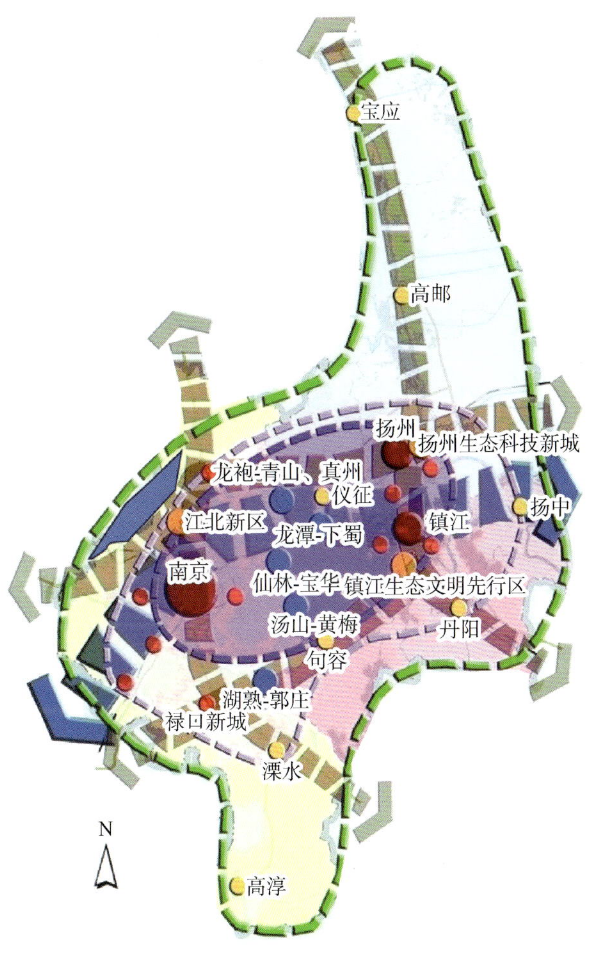

图 1-2　宁镇扬同城化发展布局示意

句容市地处江苏省中南部，被南京市三面环绕——北与南京市栖霞区相接，西与南京市江宁区接壤，南与南京市溧水区交界，素有“南京新东郊、金陵御花园”之美誉。作为距离南京市最近的跨行政区组团，句容与南京的同城化发展由来已久，两地居民往来频繁；句容的产业、空间、基础设施布局也围绕“主动融入南京、彰显同城效应”“建设南京第四副城”等发展目标展开，积极谋求与南京的同城化发展。宁句城际在两市已初具雏形的跨市连绵城镇带上构建一条大运量公共交通快速廊道，实现 1 小时通达，将加速句容与南京之间的融合发展。

1.3.2　江苏省沿江城市群城际轨道交通网

国家发展和改革委员会于 2012 年 4 月 25 日批复了《江苏省沿江城市群城际轨道交通网规划(2012—2020 年)》(发改基础〔2012〕1135 号)，见表 1-2，其中，包含宁句城际，线路自南京市马群经麒麟一路向东至汤山、句容市，规划在“十三五”期间建设。

表 1-2　沿江城市群城际轨道交通项目

年　　度		线　　路		全长/km
2020 年	合　　计			482.17
2020 年	“十二五”	小　　计		161.42
2020 年	“十二五”	宁高城际	南京南—禄口机场段	34.9
2020 年	“十二五”	宁天城际	林场站—金牛湖段	48.87
2020 年	“十二五”	宁和城际	南京南—黄里段	46.5
2020 年	“十二五”	无锡—江阴—靖江城际	无锡—江阴段	31.15
2020 年	“十三五”	小计		320.75
2020 年	“十三五”	宁高城际	禄口新城南站—溧水—高淳	57.1
2020 年	“十三五”	宁句城际	马群—汤山—句容	37.4
2020 年	“十三五”	宁仪城际	经天路—龙潭—仪征	40.5
2020 年	“十三五”	苏州—无锡硕放机场城际		24.7
2020 年	“十三五”	无锡—宜兴城际		54.3
2020 年	“十三五”	宁马城际	麒麟门—铜井	54.7
2020 年	“十三五”	无锡—江阴—靖江城际	江阴—靖江段	8.05
2020 年	“十三五”	泰州—泰兴—常州城际		44

考虑沿江城市群、都市圈同城化发展的迫切性，需要尽快构筑以轨道交通为主干的集约化、高效率的轨道交通网络，国家发展和改革委员会于 2013 年 10 月 9 日批复《江苏省沿江城市群城际轨道交通网规划（2012—2020 年）实施方案调整》（发改基础〔2013〕2448 号），提出南京—句容线（即宁句城际）等项目由“十三五”提前至“十二五”提前实施。

提前实施方案中，宁句城际包含主线、支线。主线经黄梅、黄金坝至句容北部新城，同时设至汤山城际站的支线，车辆段调整至句容。线路主线沿 S122、汤泉西路、圣汤大道、天润路、宝华山路敷设，服务南京—句容沿线客流，终至高铁句容站；支线从汤山引出，沿天润路向南敷设，连接至南沿江城际铁路汤山城际站，见图 1-3。

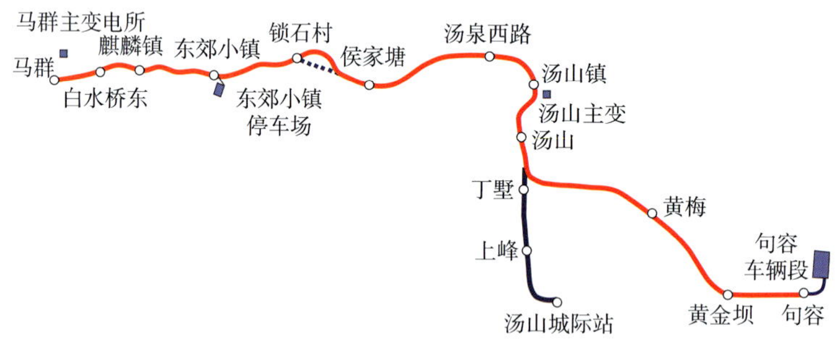

图 1-3　沿江城市群轨道网实施方案调整中的宁句城际线路走向

1.3.3　南京市城市轨道交通线网

宁句城际走廊最早出现在 2009 版线网规划中，由 16 号线（马群—汤山）和 S6 号线

（汤山—句容）两部分组成。其中，16 号线基本与现状宁句城际走廊一致，S6 号线仅为示意延伸线，无具体路由。在 2014—2021 年间，南京市针对城市轨道交通线网进行了多轮优化，并于2014 年、2016 年、2021 年形成三版相对稳定的线网方案，分别对宁句城际线站位方案进行了调整。

1. 2014 版

2014 版方案的南京市线网规划总里程为 806.7 km，其中，南京市中心城区主要轨道交通线路共 14 条线，520.2 km；外围轨道交通线路共 7 条线，286.5 km。

此版线网中，宁句城际延续了沿江城市群轨道网实施方案调整中的方案，并明确了两座换乘站——分别是与城市轨道交通 2 号线、规划 12 号线换乘的马群站和与规划 8 号线换乘的麒麟门站。

2. 2016 版

2016 版线网方案重点修编了江北新区线网，优化后的线网规划总里程为 913.5 km，南京市中心城区主要轨道交通线网规划规模达到 15 条线 593 km；都市圈轨道 10 条线，在南京市内长 320.5 km。

此版线网将沿江城市群城际轨道网中南京市内线路统一编号，均采用“S 线”的方式予以命名，其中宁句城际在南京线网中的编号为 S6 号线。同时，因规划南沿江铁路调整路由，取消在汤山设置的汤山城际站，宁句城际相应取消了至汤山城际站的支线。

3. 2021 版

2016—2021 年，为配合南京新一轮国土空间总体规划的编制，适应新时期城市的发展需要，完成《南京市城市轨道交通线网规划修编》（2021 年），并于 2021 年 2 月7 日正式获得南京市政府批复（宁政复〔2021〕17 号），见图 1-4。

此版线网深入解析新一轮国土空间规划的空间发展需求，开展了针对国铁干线、城际、市域、城区轨道的多网融合专题研究，提出形成市域线穿城、城区线成网、局域线补充的三层构架。规划线网规模达 10 条市域线、18 条城区线、10 条局域线，共 38 条线路，总长 1 260 km；通过构建“快线三轴十廊、干线十纵八横、多网相互融合”的轨道交通网络体系，支撑线网的高效运营。

该版线网中，市域快线网络实现了提档升级，形成“一干多支、互联互通”的“穿城＋放射”结构。市域线通过“多点多线换乘”和“贯通直达”的方式融入中心城区的城轨网络，为乘客提供“一体化”“高品质”的轨道交通服务。其中，宁句城际新增了西延段，自原起点马群站向西延伸至南京农业大学站，可与 13 号线贯通运营，构筑“东西干线”，将大大缓解马群换乘压力，提升都市圈长距离乘客进城效率，真正意义上形成多层次轨道融合；换乘站增加至 6 座——包括与 13 号线换乘的南京农业大学站、与 2 号线换乘的马群站、与 12 号线换乘的百水桥站、与 8 号线换乘的麒麟门站、与 S3 东延换乘的东郊小镇站、与中运量青龙线换乘的古泉站。同时，根据 2017—2018 年宁句城际工程可行

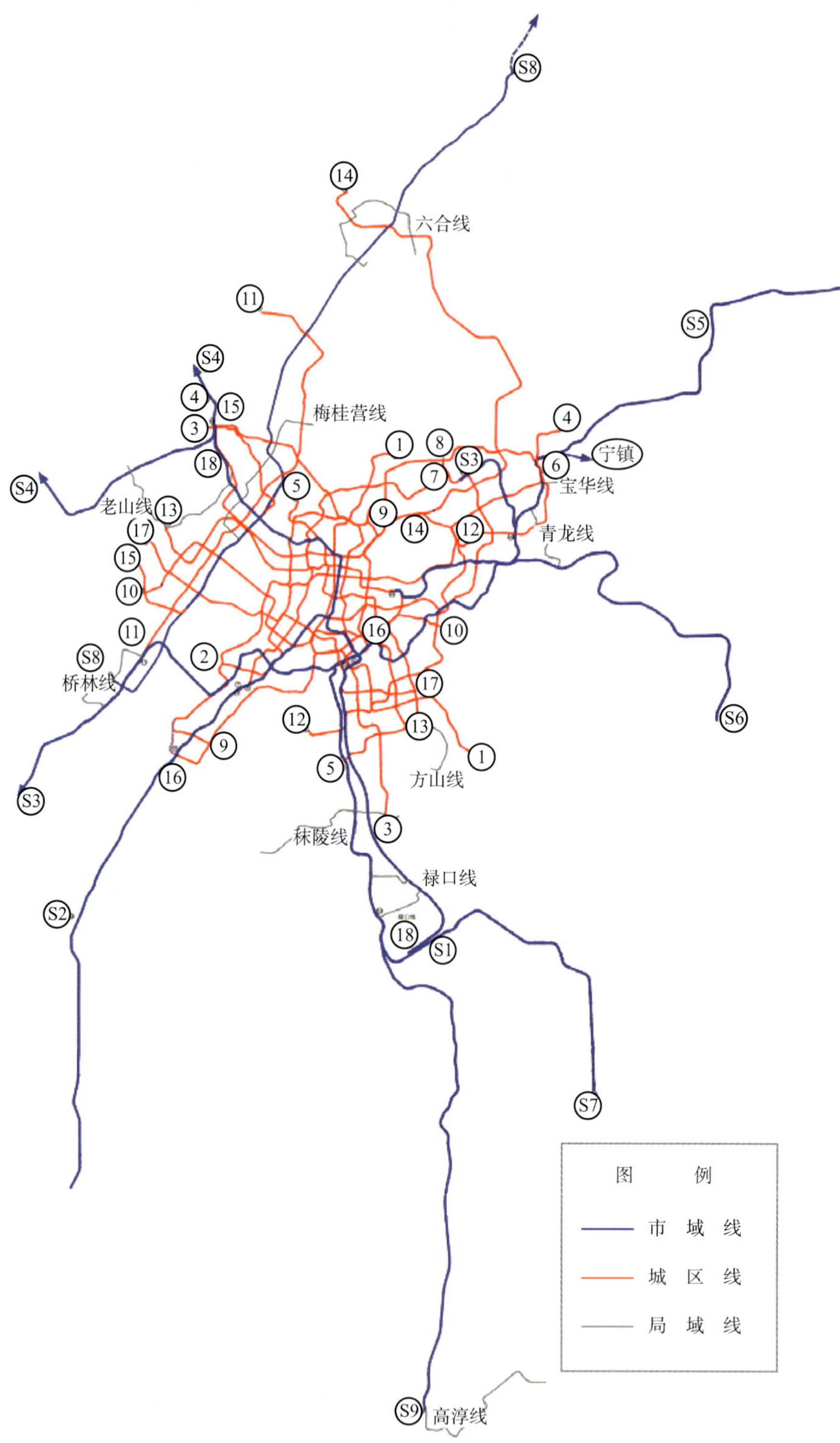

图 1-4 《南京市城市轨道交通线网规划修编》轨道层次示意

性研究过程中“提速减站、优化线形”的论证结论，线网中更新了宁句城际在青龙山—汤山段的线站位方案，见图 1-5。

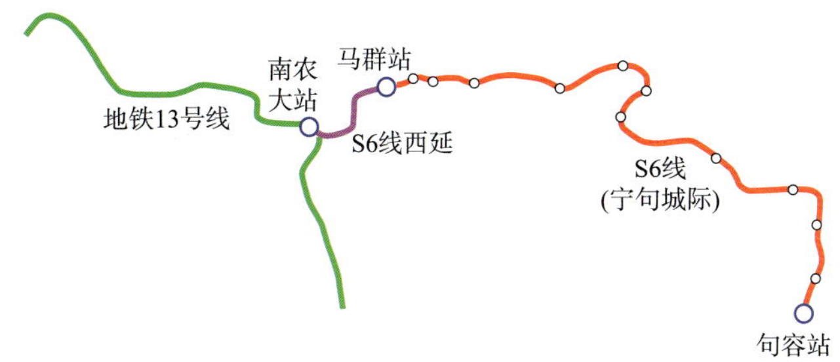

图 1-5　宁句城际优化调整后示意

1.3.4　句容市国土空间总体规划

2015 年，句容市在编制《句容市城市总体规划》(2013—2030)时，已纳入了宁句城际廊道。按照当时南沿江城际铁路的设站方案，句容市北部设置了高铁站句容站，宁句城际接入该站后不再深入南部主城区，句容车辆段选址位于城市北部，见图 1-6。

2017 年，南沿江城际句容高铁站选址由城市北部改至南部。根据 2012 年国家发展和改革委员会对沿江城际轨道交通线网的批复要求，应当做好与其他运输方式的衔接，统筹规划建设综合换乘枢纽，方便乘客出行，提高综合交通运行效率和效益。根据国家发展和改革委员会《关于促进市域(郊)铁路发展的指导意见》(发改基础〔2017〕1173 号)，规划新建市域线路时，应加强各种交通运输方式及不同层次轨道交通系统的高效衔接，提高城市交通组合效率。因此，为强化句容市主城区与南京市城区之间的交流，同时提高宁句城际与沿江铁路网的衔接，加大高铁枢纽的辐射能力，规划将宁句城际向南延伸至句容市内，与规划苏南沿江铁路句容站换乘。句容车辆段亦同步改至句容高铁站南侧，见图 1-7。

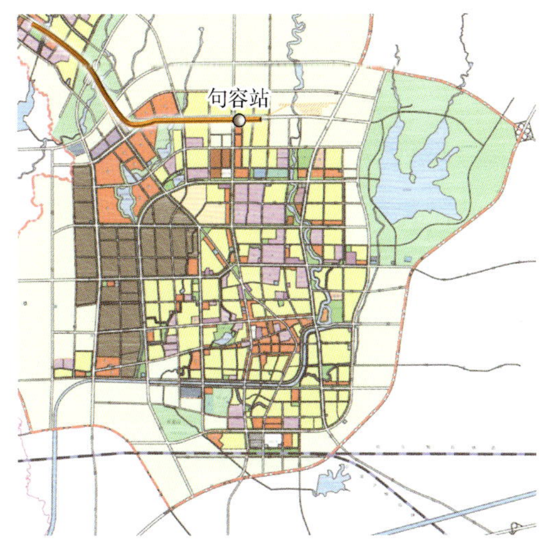

图 1-6　《句容市城市总体规划》(2013—2030)

图 1-7　《句容市城市总体规划》(2017—2030)

同期，句容市考虑到未来句茅公路沿线及茅山景区的发展，新增了句容高铁站—茅山的延伸线，作为远期规划预控廊道。上述变化纳入当时正在编制的《句容市城市总体规划》(2017—2030)中，后根据规划部门统一部署，更名为《句容市国土空间总体规划》(2021—2035)。

1.3.5 长江三角洲地区多层次轨道交通规划

党的十八大以来，长三角地区轨道交通发展迈入了更高质量、更高水平、更高层次的新阶段。畅通城市、沟通城际、联通区域、辐射全国的轨道交通网络为支撑区域一体化发展发挥了重要作用。为迎接长三角地区轨道交通网面临的功能分工不尽合理、网络布局有待完善、规模结构尚需优化、一体衔接亟待提升、改革创新仍需强化等挑战，贯彻落实《长江三角洲区域一体化发展规划纲要》战略部署，2021 年 6 月 7 日，国家发展和改革委员会印发了《长江三角洲地区多层次轨道交通规划》(发改基础〔2021〕811 号)，助力共建轨道上的长三角，推动交通运输更高质量一体化发展。

为把握多层次运输需求，统筹干线铁路、城际铁路、市域(郊)铁路、城市轨道交通规划布局和一体衔接，打造四网融合、覆盖充分、内畅外通的轨道交通网络，长三角地区在十四五期间，规划建设干线铁路约 3 702 km、城际铁路约 1 280 km、市域(郊)铁路 1 367 km。其中，规划市域(郊)铁路项目包含了宁句城际西延线、句容至茅山线。这两个项目的实施进一步提升了宁句城际在都市圈的同城化引领作用。

1.4 工程概况

宁句城际是宁镇扬同城化发展战略中的重要交通走廊。线路在规划、设计、建设阶段经历了审慎的研究、论证和多部门联合审查，工程于 2018 年 12 月底开工，2021 年 12 月建成通车试运营。

线路西起南京东部枢纽马群，东至句容高铁站，全长为 43.590 km，其中，地下线 15.866 km，高架线 25.799 km，地面线 0.322 km，过渡段 1.603 km。全线共设车站 13 座，其中，地下站 7 座、高架站 6 座，换乘站 3 座；平均站间距为 3.633 km，最大站间距为 7.422 km，最小站间距为 1.285 km。项目设句容车辆段和东郊小镇停车场(缓建)各 1 座，新建汤山和句容 2 座主变电所，共用灵山控制中心，见图 1-8。

线路在南京市界范围内长 26.305 km，其中地下线 11.286 km，高架线 13.635 km，地面线 0.322 km，过渡段 1.062 km；设站 8 座，其中地下站 5 座，高架站 3 座；设汤山主变电所、东郊小镇停车场(缓建)各 1 座。句容段长 17.285 km，其中地下线 4.580 km，高架线 12.164 km，过渡段 0.541 km；设站 5 座，其中地下站 2 座，高架站 3 座；设句容主变电所、句容车辆段各 1 座。

图 1-8　宁句城际走向示意

全线概算总投资 207.99 亿元，技术经济指标 4.77 亿元/正线公里；工程直接投资（含车辆）126.27 亿元，工程直接投资单价 2.90 亿元/正线公里。

线路最小曲线半径 300 m，最大纵向坡度 29.5‰。采用市域 B 型车（直流 1 500 V），初、近、远期分别采用 4、4/6、6 编组，高架段设计最高速度 120 km/h，地下段设计最高速度 100 km/h。线路初、近、远期均采用大小交路套跑模式，快慢车运营，快车停靠 7 座车站、在南京猿人洞站越行慢车；高峰最大开行对数分别为 19.5 对/h、24 对/h、24 对/h，系统最大设计能力 30 对/h。

轨道采用标准轨距 1 435 mm，正线采用无缝线路、整体道床，减振地段采用压缩型减振扣件、减振垫浮置板道床、钢弹簧浮置板道床。

地下车站采用矩形框架结构、明挖顺做法施工，钻孔灌注桩、套管咬合桩围护结构；高架站采用“建-桥”合一的框架结构体系，钻孔桩基础，支架现浇法施工。地下区间采用明挖法、盾构法施工，盾构内径 5.5 m、管片厚度 350 mm、错缝拼装；高架区间采用先张法预应力简支 U 形梁、现浇连续 U 形梁、节段拼装连续 U 形梁、矮塔斜拉桥、连续刚构桥等结构形式。

1.5　设计历程与方案演变

1.5.1　项目立项

2012 年 4 月 25 日，国家发展和改革委员会批复《江苏省沿江城市群城际轨道交通网规划(2012—2020年)》(发改基础〔2012〕1135号),宁句城际由南京市马群经麒麟一路向东至汤山,然后折向东行至句容市,为“十三五”实施项目。

2013年10月9日,国家发改委批复《江苏省沿江城市群城际轨道交通网规划(2012—2020年)实施方案调整》(发改基础〔2013〕2448号),宁句城际主线经黄梅、黄金坝至句容北部新城,同时设至汤山城际站的支线,车辆段调整至句容。

《江苏省沿江城市群城际轨道交通网规划(2012—2020年)实施方案调整》的批复,标志着宁句城际正式立项。

1.5.2 可行性研究

《江苏省沿江城市群城际轨道交通网规划(2012—2020年)》批复后,2012年南京地铁建设有限责任公司即组织开展工程可行性研究报告编制工作。本线作为兼顾城市、城际功能的复合型轨道交通线路,其线站位、系统制式、敷设方式、与重要枢纽节点的衔接方式等重要的工程技术经济问题在工可阶段经历了较为深入的研究,江苏省、南京市、句容市的各级相关部门深度参与了本线的研究过程。

方案稳定与协调方面,建设单位带领设计单位与江苏省、南京市、句容市、江宁区、栖霞区的政府及下属各政府机构,麒麟高新区管委会及街道办、汤山管委会及街道办等部门进行了充分沟通和协调,逐步对接和稳定马群综合换乘中心、中山门大街改造、下穿万家楼互通和绕越高速、上跨京沪高铁及S122、东郊小镇停车场用地、穿越青龙山生态水源涵养区、跨越规划三环和S122及汤泉西路、侧穿汤泉水库、黄梅站站位调整、跨胡家山路、跨仑山路、宝华山站站位调整、崇明站站位等方案。

重大技术方案比选论证方面,设计单位完成了穿越京沪高铁及军事用地线位和工法方案比选、原锁石村站及古泉站的站位比选、穿青龙山段工法及线位比选、南京猿人洞站线站位及敷设方式比选、圣汤大道段线站位及敷设方式比选、丁墅段线站位比选、句容城区段线站位及敷设方式比选、与南沿江高铁句容站接驳等一系列方案论证,组织2号线马群站改造方案技术论证、全线高架站外立面专题研究,对句容车辆段出入段线与弘景路、肖庄水库溢洪河的相互关系做多方案比选,经向业主及句容市政府汇报,最终确定采用下穿弘景路、改移并上跨溢洪河的方案。

编制完成《南京至句容城际轨道交通工程总体设计》,并召开专家咨询会;编制《南京至句容城际轨道交通主要工程建设方案技术经济专题研究报告》并召开专家评审会;召开《南京至句容城际轨道交通工程可行性研究报告》专家评估会。根据以上会议专家意见编制完成了《南京至句容城际轨道交通工程可行性研究报告》报批稿,并于2018年10月23日获得江苏省发展改革委批复,项目正式获批。

宁句城际工程可行性研究阶段的主要变化包括:

1. 取消汤山支线

工程可行性研究初期,宁句城际延续了沿江城市群轨道网实施方案调整中主线连接句容、支线连接汤山城际站的方案。

2016 年,规划南沿江铁路调整路由,取消在汤山设置的汤山城际站。同期,城市总规调整了汤山南部的用地规划,不再作为开发片区。上述规划调整后,宁句城际汤山支线不再具备上位规划支撑,故而在城市轨道交通线网规划中予以取消,见图 1-5。

2. 延伸至句容南部

工程可行性研究初期,宁句城际按照南沿江城际铁路规划阶段的设站方案,在句容市北部设置了衔接高铁的句容站;线路接入该站后不再深入南部主城区,句容车辆段选址位于句容站东侧。

2017 年,南沿江城际句容高铁站选址由城市北部改至南部。为强化句容市主城区与南京市城区之间的交流,并保留宁句城际与沿江铁路网的衔接点,宁句城际向南延伸至句容市内,与规划苏南沿江铁路句容站换乘,句容车辆段亦同步改至句容高铁站南侧,见图 1-6 和图 1-7。

3. 调减车站数量

在汤山支线取消、句容段线路延伸的基础上,宁句城际工程可行性研究报告于 2017 年底形成初稿——线路全长 44.07 km、设站 16 座,最高设计时速 100 km/h,方案于 2018 年 3 月通过了专家评估。

为进一步明确宁句城际的功能定位和相关工程技术标准,宁句城际结合专家及相关部门意见开展了工程建设方案技术经济专题论证。锁石村站、丁墅站、黄金坝站三座车站周边近期不具备开发条件,改为远期预留站。车站数量调减后,平均站间距由 2.8 km 增大至 3.6 km。经过车辆制式选型分析,确定本线采用最高速度 120 km/h(地下段 100 km/h)的市域 B 型车(直流),快车全程旅行时间压缩至 33 min。

上述工程建设方案技术经济专题论证成果通过了中国国际工程咨询有限公司组织的专家评审,工程可行性研究报告据此进行减站、提速等调整后正式上报江苏省发展改革委并获得批复。

1.5.3 初步设计

2018 年 7 月,线路方案基本稳定后,总体组根据建设单位的要求组织开展初步设计工作。

(1)进行相关专家意见回复落实工作。在充分消化吸收可行性研究报告、主要工程建设方案技术经济专题等报告的专家意见的基础上,完成对专家咨询意见的书面回复。

(2)进行车站、区间、场段、系统方案的优化落实和深化。各设计单位在充分消化专家合理化建议的基础上,对优化全线曲线半径、论证速度目标值及车型编组、优化车站布局及一体化设计、细化节点车站结构、稳定场段方案、专题研究马群换乘枢纽、完善车站施工工法等重点问题进行了不断地完善和深化工作。

(3)进行初步设计文件编制。经过第一阶段和第二阶段的工作，大部分外部条件已得到落实，编制初步设计文件的条件已经成熟。总体组及时安排并组织各设计分包单位设计人员全面启动了初步设计文件的编制工作。为此，各设计单位根据工作需要加强现场设计力量，于 2018 年 11 月中旬完成初步设计文件并进行审图、会签，在 2018 年 11 月下旬全面完成了初步设计文件的编制工作。

(4)进行初步设计专家评审和意见修改。2018 年 11 月 27 日～30 日，受南京、镇江两市发展和改革委员会的委托，中铁第一勘察设计院集团有限公司在南京市主持召开了《南京至句容城际轨道交通工程初步设计》专家评审会。根据专家意见，总体单位组织相关工点和系统设计单位对初步设计文件进行了修改和完善，形成了最终的初步设计文件成果。同年 12 月 25 日，《南京至句容城际轨道交通工程初步设计》获得江苏省发展改革委批复。

初步设计方案与批复的工可报告方案基本一致，局部进行了微调。

1. 与 12 号线换乘点调整

可研阶段，马群站为宁句城际与既有地铁 2 号线、麒麟有轨电车 1 号线、规划地铁 12 号线的换乘站。

考虑到马群站涉及多线换乘，流线复杂且超高峰客流聚集或引发拥堵，同时，12 号线与麒麟有轨电车 1 号线走向一致、服务功能重复，宁句城际顺应当时在编的《南京市城市轨道交通线网规划修编》思路，将 12 号线换乘站调整至百水桥站。

2. 跨秦淮东河桥跨调整

可研阶段，规划秦淮东河方案尚不明确，因此该段区间按照标准跨度简支梁设计。

在初设阶段，经过与水务局的初步对接，宁句城际在东郊小镇站—古泉站区间与规划秦淮东河相交，秦淮东河拟与宁句城际同期实施。经与规划秦淮东河设计单位的沟通对接，确定宁句城际正线、出入段线均调整为(50＋90＋50)m 预应力混凝土连续箱梁，悬臂浇筑施工。

3. 局部配线功能优化

可研阶段，宁句城际根据《市域快速轨道交通设计规范》的相关要求，结合场段和车站的设置条件形成全线配线方案，可满足快慢车运营需要。

初步设计阶段，为进一步提升收发车及临时折返调度功能，东郊小镇站在单折返线基础上增加交叉渡线，南京猿人洞站原交叉渡线拆分为两组单渡线，见图 1-9、图 1-10。

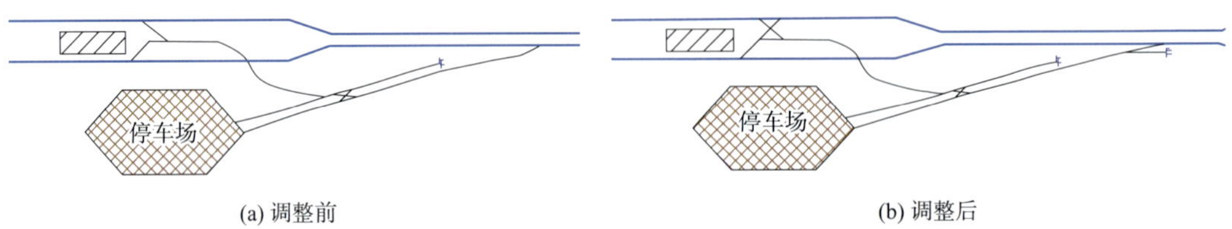

(a) 调整前　　(b) 调整后

图 1-9　东郊小镇站配线优化

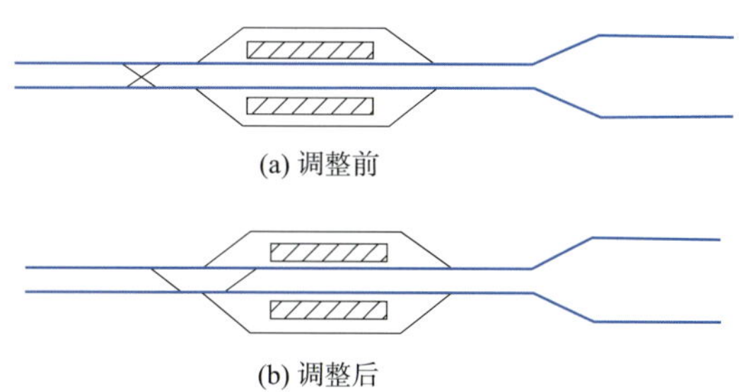

图 1-10　南京猿人洞站配线优化

1.5.4　施工设计

2019 年初，总体组即组织开展施工图设计。在建设单位和总体组的有力领导下，各设计单位保质保量完成全线各专业的设计任务，满足了施工需求。在施工设计阶段，随着研究的深入和外部条件的变化，相关部门提出新政策、新要求，对设计方案进行了局部优化调整，主要分以下几方面。

1.5.4.1　建设规模和范围调整

1. 马群站近期建设范围缩短

马群站拆迁量比较大，车站西端 60 m 范围内和车站东端 3 号口的建筑近期无法按时完成拆迁。为满足通车时间节点要求，对车站近期建设长度进行方案调整。在初期可满足宁句城际 4 节编组运营需求前提下，将车站西端的停车折返线缩短 60 m，待具备拆迁条件、拆迁完成后再行建设，以满足后期 6 节编组的运营需求，同时将车站西端 60 m 范围内的活塞风井移至可实施的范围内。

2. 句容站涉南沿江方案调整

句容站原站位平行于规划宁杭南路布置，该站 3 号风亭组位于交叉路口西南象限地块内，距离车站 2 号出入口约 30 m。南沿江城际铁路句容站(后称高铁句容站)上跨宁句城际句容站，两者垂直交叉，交角为 85.1°，高铁句容站承台与句容站围护结构较近，见图 1-11。

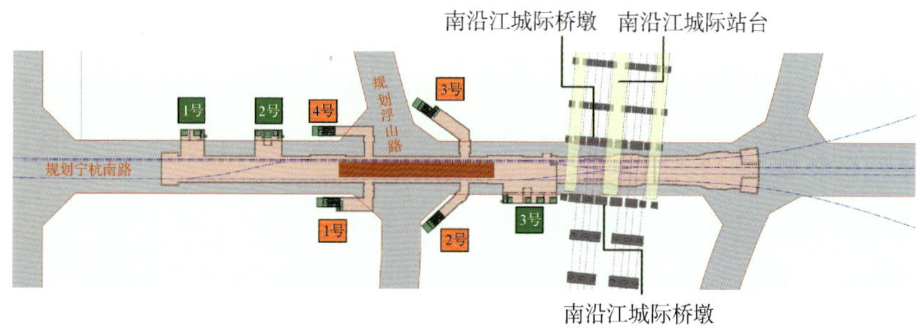

图 1-11　句容站原方案总平面

高铁句容站方案由 3 台 8 线调整为 4 台 10 线，导致高铁句容站承台与句容站3 号风亭组平面位置冲突；规划浮山路红线根据高铁车站和站前高架布置北移，路名改为站北路。经与高铁句容站设计单位、规划部门多轮沟通、协调，确定进行优化调整，一是宁句城际句容站方位角顺时针转动约 3°，调整后与高铁句容站交角为 88°；二是宁句城际句容站 3 号风亭组北移 28.5 m，2 号、3 号出入口口部北移，调整后句容站 3 号风亭组距高铁句容站承台约 6 m；三是高铁句容站桥梁跨度调整，由 32.5 m 加大到 48.7 m，加大桥墩与车站距离，见图 1-12。

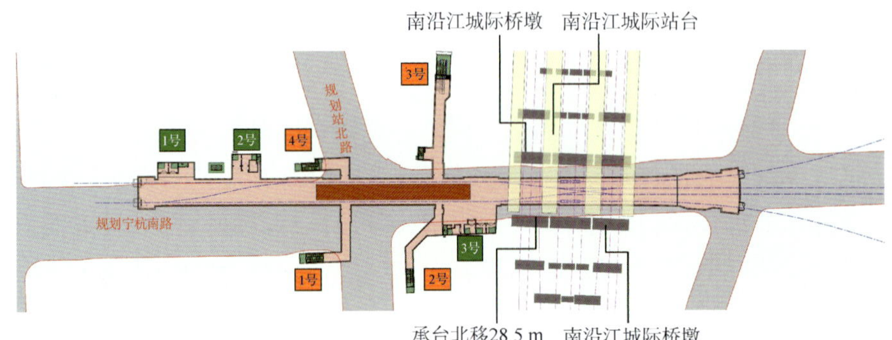

图 1-12　句容站调整后总平面

3. 跨秦淮东河处增加承台基坑

由于规划秦淮东河实施时间较为滞后，无法与宁句城际同步实施，为保障宁句城际按既定要求顺利开通，经与各方协调，并依据南京市人民政府办公厅会议纪要要求，改为宁句城际先施工，预留秦淮东河实施条件。

按此要求，为保证后期河道开挖后的桥墩位于河道坡面以下，采用基坑内施工低承台的形式，基坑深度 26 m，由宁句城际实施。原宁句城际上跨规划秦淮东河桥梁上部结构采用悬臂浇筑法施工，调整后更改为工期更短的大节段支架现浇施工。

4. 汤山站—泉都大街站区间中间盾构井取消

初步设计阶段，根据宁句城际全线工期安排，汤山站—泉都大街站区间为控制性工期节点。为保障按期完工，汤山站—泉都大街站区间设置中间盾构井，区间盾构从两端车站（汤山站、泉都大街站）始发，至中间盾构井吊出。

2020 年 5 月，考虑到盾构井周边环境复杂，地下高压电缆和军用光缆改迁及林地手续办理周期漫长且不可确定；同时根据盾构推进情况，若盾构井取消，从泉都大街站直接推进至汤山站，工期进度能够满足整体工筹需要，因此确定取消中间盾构井。

1.5.4.2　桥梁下部结构预制装配调整

宁句城际黄梅站—童世界站区间在宝华山路范围桥梁沿路中敷设，上部结构采用双线并置简支 U 形梁，下部结构采用 T 形桥墩，盖梁为宝石型截面。宝华山路规划宽度 65 m，路中设隔离带，机动车道与非机动车道之间设置 4 m 宽侧分带，现状车流量较大。为减小桥梁施工对既有道路的影响，施工设计阶段，本区间交通最为繁忙的 1 km 范围内盖梁由现浇法改为场内预制后现场拼装施工。

句容车辆段高架试车线桥梁全长 268.22 m(含桥台长度)，共计 10 跨，上部结构采用预应力混凝土 U 形梁，下部结构共有 10 个桥墩、1 个桥台。为缩短工期、提高效率，适应现代化、集约化生产模式，为后续工程提供技术储备，施工设计阶段将试车线 10 个桥墩由现浇法施工调整为预制装配式工法。

预制墩和承台的拼装采用灌浆套筒连接方案，预制盖梁和预制墩的拼装采用灌浆金属波纹管连接，另墩柱和盖梁至承台内设置自锁式预应力钢绞线并在盖梁顶进行张拉，使预制盖梁、预制桥墩、承台形成整体。

1.5.4.3　智慧城轨提升

2020 年 3 月，中国城市轨道交通协会发布了《中国城市轨道交通智慧城轨发展纲要》，提出将云计算、大数据、物联网、人工智能、5G、卫星通信、区块链等新兴信息技术与城轨交通业务深度融合，实现大范围、全方位、高效率的运行控制与管理，推进城市轨道交通系统向网络化、协同化和智能化方向发展。

2020 年 3 月 24 日，工业和信息化部颁布了《关于推动 5G 加快发展的通知》(工信部通信 2020〔49〕号)，全力推进 5G 网络建设、应用推广、技术发展和安全保障，充分发挥 5G 新型基础设施的规模效应和带动作用，支撑经济高质量发展。

2020 年 5 月 22 日，“加强新型基础设施建设，发展新一代信息网络，拓展 5G 应用”，5G 作为新基建七大领域之首出现在政府工作报告里，肩负着推动经济社会数字化转型重任。

2020 年 6 月，南京地铁依托宁句城际开展并建立线网级电力调度系统框架，逐步汇总各线供电数据，建立“线网调度＋线路控制”一体化协同调控模式，使线网供电系统按照分级分层控制，提高跨线操作及故障处理效率，保障操作安全性。同时，基于线网电力调度系统开展电力大数据分析研究，针对线网情况下行车安排、调度方案制定、故障恢复、节能降损运行等提供辅助决策。

2021 年 1 月，《中国城市轨道交通智慧城轨发展纲要》发布后 10 个月，南京地铁即完成“云平台和大数据平台”招标到正式上线运营的工作，并于 2021 年 12 月在宁句城际实现项目落地，顺利通过验收投入使用。

基于国家产业方针政策指导，南京地铁从提升“5G＋工业互联网”网络关键技术产业能力出发，积极推进“5G＋工业互联网”网络技术部署实施，从 2020 年 3 月开始进行了 5G＋轨道交通的相关创新探索和项目实践，于 2021 年底构建了基于 5G 公网切片技术、具有轨道交通行业特色的 5G 公网＋边缘计算 MEC＋专网应用的 5G 公专网，为南京都市圈示范工程打造无线通信数字底座，落实创建基于 5G 公专网传输网络的基础平台的创新成果，奠定了南京都市圈 5G 公专网传输网络专题的基础，夯实了 5G 公专网系统团体标准的根基。

2021 年 7 月，在国家发展和改革委员会基础设施发展司的指导和中国城市轨道交通协会（以下简称“中城协”）的大力支持下，中城协正式批复立项“南京都市圈智慧市域快轨示范工程”。

2022 年 7 月 8 日，“南京智慧城轨规划”暨“南京都市圈智慧市域快轨示范工程总体技术方案”通过专家评审。南京地铁将以交通强国为导向，以中城协智慧城轨建设体系为纲领，从顶层构建了适合南京的智慧城轨建设蓝图，明确在“十四五”期间智慧城轨的建设目标、重点任务、实施路径和保障措施。

宁句城际作为南京都市圈智慧市域快轨示范工程中的第一个示范工程，在施工设计阶段提前谋划，做了大量试点研究，将成果体现在了宁句城际施工设计文件中。

1.5.5 工程实施

1. 基坑围护结构调整

初步设计阶段，总体组组织工点设计单位结合初勘报告、基坑深度等初步确定了全线的基坑围护结构方案，并于 2018 年 10 月 11 日，经南京地铁建设有限责任公司组织召开的“南京至句容城际轨道交通工程工法与结构选型专项设计”专家咨询会确认。经过后续的初步设计专家审查会，围护结构方案进一步稳定。

施工设计基本维持初步设计方案，并经过了施工图阶段的基坑工程与风险工程专家评审，得到了专家组的认可。

施工阶段现场基本按施工图实施。现场结合工期、车站主体开挖揭示的地质条件等提出的调整需求，经各方研究后将局部附属结构和明挖区间围护结构由套管咬合桩调整为钻孔桩＋止水帷幕。由于围护结构调整的站点地质条件较好，调整后的方案技术可行，实施效果良好。

2. 麒麟门站局部明挖改暗挖

麒麟门站施工设计为明挖施工。施工过程中，车站主体范围有两栋 3 层民宅拆迁困难，短期内无法完成拆迁。考虑工期要求，结合现场条件，将车站局部工法由明挖法调整为暗挖法，由地下两层三跨矩形结构调整为两个单洞单线曲拱直墙结构，保证了车站功能和建设工期。

1.6 大 事 记

1. 2012 年

4 月 25 日，国家发展和改革委员会批准了《江苏省沿江城市群城际轨道交通网规划》（2012—2020 年），其中宁句城际全长 38 km。

5 月 28 日，南京地铁发布工程可行性研究招标公告，开始工可研究。

11 月 20 日，南京地铁发布环评报告招标公告，开始环评报告编制。

2. 2013 年

10 月 9 日，国家发展和改革委员会批准了《江苏省沿江城市群城际轨道交通网规划(2012—2020 年)实施方案调整》，文中提出"宁句城际长 37.2 km，在进一步论证工程建设方案及落实建设资金后择机建设"，宁句城际正式立项。

3. 2016 年

11 月 17 日，《南京至宁句城际轨道交通工程环境影响报告书》第一次公示。

12 月 8 日，确定了勘察、设计单位及施工图审查单位，开始开展勘察、设计工作。

4. 2017 年

6 月 2 日～4 日，召开《南京至句容城际轨道交通工程总体设计》专家咨询会。

11 月 25 日，宁镇扬党政联席会议在南京召开，签署了《宁句城际轨道交通共建协议》。

5. 2018 年

2 月 4 日，南京地铁集团与江苏句容投资集团合资成立江苏宁句轨道交通有限公司，作为项目建设、运营主体开展项目报批、建设和运营筹备等各项工作。

3 月 12 日～15 日，召开《南京至句容城际轨道交通工程可行性研究报告》专家评估会，工可建设方案基本确定。

3 月 26 日，《南京至宁句城际轨道交通工程环境影响报告书》第二次公示。

6 月 20 日召开了《南京至句容城际轨道交通主要工程建设方案技术经济专题研究报告》专家评审会。

7 月 23 日，《南京至宁句城际轨道交通工程环境影响报告书》全本公示。

8 月 1 日，江苏省住房和城乡建设厅出具《宁句城际轨道交通工程项目选址意见》(苏建规选字第 320000201800008 号)。

8 月 23 日，江苏省国土资源厅出具《江苏省国土资源厅关于南京至句容城际轨道交通工程项目用地的预审意见》(苏国土资预〔2018〕129 号)。

8 月 24 日，江苏省发展改革委出具《省发展改革委关于南京至句容城际轨道交通工程项目节能评估报告的审查意见》。

8 月底，中国国际工程咨询有限公司出具《关于南京至句容城际轨道交通主要工程建设方案技术经济专题的评审报告》。

9 月 10 日，江苏省环境保护厅出具《关于对南京至句容城际轨道交通工程环境影响报告书的批复》(苏环审〔2018〕31 号)。

9 月 26 日，南京市发展改革委、镇江市发展改革委联合上报《关于上报南京至句容城际轨道交通工程可行性研究报告的请示》(宁发改基础字〔2018〕628 号)及工程可行性研究报告和相关支撑性文件。

9 月 10 日，中铁第一勘察设计院集团有限公司出具《南京至句容城际轨道交通工程可行性研究报告咨询评估报告》。

9 月 29 日，签订《宁句轨道交通代建协议》，明确项目委托南京地铁建设有限责任公司负责建设。

10 月 11 日，召开《南京至句容城际轨道交通工法与结构选型专项设计》专家咨询会，稳定了全线的结构工法。

10 月 23 日，江苏省发展改革委出具《关于南京至句容城际轨道交通工程可行性研究报告的批复》(苏发改铁路〔2018〕1283 号)，项目正式获批实施。

11 月 27 日～30 日，《南京至句容城际轨道交通工程初步设计》专家评审会召开。

12 月 21 日，南京至句容城际轨道交通工程举行开工仪式。

12 月 25 日，江苏省发展改革委批复《南京至句容城际轨道交通工程初步设计》。

6. 2019 年

1 月 21 日，召开《南京至句容城际轨道交通工程初步设计阶段质量安全风险评估报告》专家评审会。

1 月 28 日，全线首根试桩开打。

2 月 21 日，召开《南京至句容城际轨道交通工程地下结构抗震设防专项设计》专项论证会。

4 月 12 日，召开《南京至句容城际轨道交通工程高架段抗震设防专项设计》专项论证会。

5 月 15 日，句容段首片 U 形梁浇筑。

7 月 30 日，首个地下车站主体结构基坑开挖条件通过验收。

11 月 23 日，首台盾构机(华阳站—崇明站区间)成功始发。

7. 2020 年

6 月 20 日，首个盾构区间(华阳站—崇明站区间)贯通。

9 月 22 日，宁句城际电气化工程开工，线路供电系统接触网安装进入全面施工阶段。

8. 2021 年

5 月 25 日，桥梁、隧道施工完成，实现全线“洞通”。

6 月 8 日，首列车交付车辆段。

7 月 5 日，轨道铺设完毕，实现全线“轨通”。

8 月 5 日，环网通电，接触网送电，实现全线“电通”。

9 月 5 日，通过工程项目验收。

9 月 10 日，开始列车不载客试运行。

12 月 11 日，通过工程竣工验收。

12 月 18 日，通过初期运营前安全评估。

12 月 28 日，正式开通试运营。

第 2 章　关键问题与对策

2.1 跨市协同

宁句城际由南京市和镇江市句容市共同出资建设，采用“六统一”的管理模式，即：统一规划、统一报批、统一设计、统一招标、统一建设、统一运营。

2.1.1 共建模式

2010 年，句容市成立轨道交通规划建设办公室，全面负责宁句城际句容段规划建设工作，与南京市同步开展初步线站位研究，为 2012 年宁句城际纳入《江苏省沿江城市群城际轨道交通网规划（2012—2020 年）》奠定了坚实的方案基础。

2013 年，《江苏省沿江城市群城际轨道交通网规划（2012—2020 年）实施方案调整》获得国家发展和改革委员会批复后，宁句城际正式开启前期方案研究；同年，句容市委托南京地铁集团统一开展线路的各项前期规划设计工作。

2017 年，宁镇扬党政联席会议在南京举行，三市领导形成“全面提速宁镇扬一体化建设”的共识，并签订《宁句城际轨道交通共建协议》。

2018 年，由南京地铁集团有限公司和江苏句容投资集团有限公司按线路长度比例共同出资组建成立江苏宁句轨道交通有限公司（简称宁句公司），负责宁句城际项目的开发、建设、管理工作，并由宁句公司委托南京地铁建设有限责任公司、南京地铁运营有限责任公司开展项目建设管理、运营管理工作。同年，南京、镇江两市发展改革委联合将工可报告上报至江苏省发展改革委并获得了批复，明确项目法人江苏宁句轨道交通有限公司负责项目的投资、建设和运营。

2018 年底，宁句城际进入项目实施阶段。征地拆迁按照属地管理原则，南京市和句容市各自负责辖区范围内的征地拆迁工作；其余工作由宁句公司委托南京地铁建设有限责任公司作为建设管理单位统一组织，包括招投标、建设管理等。各施工、监理单位与宁句公司（业主单位）、南京地铁建设公司（建设管理单位）签订三方合同。

2021 年底，宁句城际建成运营。全线运营管理由宁句公司委托南京地铁运营有限责任公司统一组织，项目运营亏损由南京市和句容市按项目公司股权比例分担，并纳入各自政府财政预算管理。

2.1.2 设计协同

为保证设计方案更好地适应南京、句容两市的规划、管理需求，宁句城际在设计阶段进行了坐标系统、导向设计、公安通信系统的协调统一。

1. 统一坐标

宁句城际整体呈西北-东南走向，南京市采用 2008 南京地方坐标系、1985 国家高程系统，句容采用 2000 国家大地坐标系、1985 国家高程系统。

宁句城际与南京既有轨道网衔接，为解决南京、句容两地方案对接问题，两市的规划设计资料统一在南京市的坐标系和高程系统基础上开展设计。句容段的相关基础资料统一转换为南京的坐标和高程系统，与南京段文件合为一体。

报规报建阶段，句容段需按 2000 国家大地坐标系、1985 国家高程系统输入设计成果，故句容段规划报建材料需将设计文件坐标及高程转换至符合句容市规划报建要求后再提交。

根据 GB/T 50308—2017《城市轨道交通工程测量规范》要求，轨道交通平面控制网的坐标系统宜与城市平面坐标系统采用的投影面一致，当线路轨道面平均高程的边长高程投影长度变形和高斯投影长度变形的综合变形值大于 15 mm/km 时，线路控制网应采用抵偿高程面作为投影面的平面坐标系统。

当线路跨行政区且存在多种城市坐标系统，需要针对每个城市坐标系分析各段轨道面平均高程的边长高程归化和高斯投影改化。为最大程度降低归化投影变形对施工的影响，确保设计、施工和相关工作的顺利开展，宜选择每千米综合影响最大变形值小于 15 mm/km 或者满足相关规定要求。同时，为保证与既有地铁线路或其他市政工程有效衔接，宜提供不同坐标系间的转换参数。

不同坐标系统的转换本质上是不同基准间的转换，不同基准间的转换方法有很多，可以通过空间变换的方法予以实现，也可以通过平面变换的方法予以实现。对于较小范围内，没有跨越投影带，可采用平面相似变化确定不同坐标系之间的转换参数。

宁句城际线路轨道面平均大地高为 37 m，最西边为马群站，坐标为(347 551.2，339 606.2)，中央子午线上一点坐标为(354 178.35，334 246.82)；最东边华阳站附近里程为 K39＋800，坐标为(336 652.5，367 261.5)。

南京地方坐标系以东经 118°50′为中央子午线，投影面大地高为 0 m，当地椭球平均曲率半径约为 6 378 140 m。

经过计算，宁句城际控制网选择 2008 南京地方坐标情况下，距离中央子午线最远处每千米线路高斯投影面上长度变形为 13.38 mm，每千米线路轨道面平均高程的边长高程投影长度变形为－5.8 mm。每千米综合变形值为 7.58 mm，小于规范要求的 15 mm，因此选择 2008 南京地方坐标系(中央子午线为 118°50′)作为宁句城际首级控制测量坐标系统可满足工程施工放样测量、建设与竣工验收及与既有地铁线路控制网的衔接。

2. 导向设计

宁句城际在建时，既有国标规范未对跨省域、市域城际轨道交通设置专用标识符号；南京批复的城市轨道交通线网规划涉及多条跨省域、市域线，迫切需要针对非城市轨道交通线路设置专用标识符号。针对这种情况，由南京地铁建设有限责任公司联合设计单位向《公共信息图形符号　第 3 部分：客运、货运符号》规范编制组共同去函征询。规范组回函，同意对于跨省域、市域的城际轨道交通线使用“城市轨道交通符号”。根据以上要求，宁句城际客运货运符号采用城市轨道交通符号，主要在出入口位置导向标志牌符号与市内地铁线路进行区分，见图 2-1。

(a) 地铁出入口门匾样式　　(b) 市域轨道交通门匾样式

(c) 地铁线路站外路引　　(d) 市域轨道交通站外路引

(e) 地铁线路站立式导向标志　　(f) 市域轨道交通站立式导向标志

图 2-1　市域线与城市轨道交通导向标志差异

结合句容市"福地句容"的城市文化元素和篆书印章设计，宁句城际在句容段崇明站和句容站地面出入口站立式导向牌、梯楣导向及出入口丝网印站名导向体系中采用了《句容城市文化标识系统》中专属字体及颜色、印章底纹等文化元素，高度契合地域特点，凸显福地句容的城市文化底蕴。其中，"句容"两个字直接采用了《句容城市文化标识系统》中的专属字体，崇明站仅采用了颜色和底纹，见图 2-2。

(a) 普通车站出入口门柱

(b) 句容站出入口门柱

(c) 普通车站门楣

(d) 句容站门楣

图 2-2　句容段导向标识融入本地城市文化元素

3. 公安通信

宁句城际的公安通信系统跨越两地，在设计阶段与公安部门进行了充分沟通和交流，以满足公安部门政务管理需求，按照两地市界将管理范围及责任进行区分，责任明确、责权清晰。

南京地铁建设有限责任公司召集南京市公安局、南京市公安局地铁分局、镇江市公安局、句容市公安局和设计院，讨论宁句城际轨道交通工程公安通信系统建设方案，用于指导宁句城际轨道交通工程初步设计。之后南京地铁建设有限责任公司带领设计院奔赴镇江市公安局召开宁句城际轨道交通工程公安通信需求会，用于指导宁句城际轨道交通工程招标设计。

为保障轨道交通公安各管理部门业务的正常开展，实现轨道交通安全运营以及打击各种犯罪行为，公安通信系统应是南京市公安网络和句容市公安网络在本线路的延伸。本工程负责将各子系统分别汇聚至南京市公安局地铁分局/句容市公安局地铁派出所，各自负责上连至其上级公安部门。本工程共设 13 个车站警务站，其中南京市地铁分局管辖马群站至泉都大街站(含),共 8 个车站,设 1 个派出所;句容市公安局管辖黄梅站(含)至句容站,共 5 个车站,设 1 个派出所;区间以南京、句容两市市界划分。本工程公安通信系统由南京市公安通信系统和句容市公安通信系统组成,南京市公安通信系统按南京市地铁分局、宁句城际南京市辖公安派出所和南京市辖车站警务站三级组网,句容市公安通信系统按宁句城际句容市辖公安派出所和句容市辖车站警务站二级组网。公安、消防无线通信系统通过省公安厅平台实现互联互通,其他各子系统均按照两市单独建设,见图 2-3。

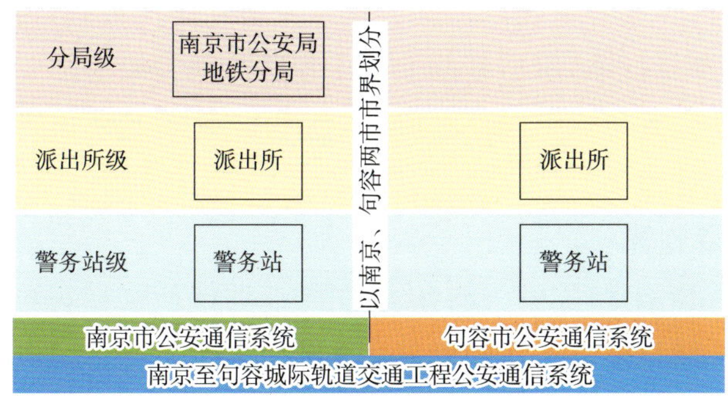

图 2-3　宁句城际公安通信系统示意

2.1.3　审批监督

轨道交通建设涉及规划许可和核验、消防设计审查和工程验收、工程质量安全监督、人防工程监督和验收,根据属地化管理原则,南京段、句容段分别由南京市和句容市相关部门负责审批和监督。

1. 规划许可与核验

宁句城际涉及南京市、句容市两个行政区域,其选址意见书由江苏省住房与城乡建设厅办理。后续建设用地规划许可证、建设项目规划条件(市政工程)、建设项目方案审查、建设工程规划许可证及建设工程规划核实合格证均由南京市规划和自然资源局、句容市自然资源和规划局分别办理。

2. 消防审查与验收

轨道交通工程属于特殊建设工程,需进行消防设计审查、消防验收。根据《建设工程消防设计审查验收管理暂行规定》(住房和城乡建设部令第 51 号),自 2020 年 6 月 1 日起,消防审验、验收主管部门由消防救援部门调整为住房和城乡建设主管部门。宁句城际由南京市城乡建设委员会、句容市住房和城乡建设局共同组织召开消防设计专家论证会,会后建设单位组织向两市住房和城乡建设主管部门申报建设工程消防设计审查,并分别取得南京段特殊建设工程消防设计审查意见书、句容段特殊建设工程消防设计审查意见书。在项目工程建成后,两市住房和城乡建设主管部门分别对建设工程进行了消防验收，并分别取得了南京段特殊建设工程消防验收合格证、句容段特殊建设工程消防验收合格证。

3. 工程质量安全监督

南京市有专门的轨道交通质量监督机构——南京市轨道交通建设工程质量安全监督站，负责南京段建设的质量监督。句容市首次建设轨道交通工程，没有专门的监督机构和监督经验，因此句容市住房和城乡建设局通过政府采购的方式，聘请江苏省土木建筑学会城市轨道交通建设专业委员会专家组和江苏省建筑工程质量检测中心有限公司协助进行质量监督，配合句容市建设工程质量监督站开展日常监督抽查，组织质量安全专项检查，进行实体质量抽测，参加分部分项工程验收和参加单位工程验收。

项目工程验收由建设单位组织，江苏省住房和城乡建设厅和南京市、镇江市、句容市的相关主管部门共同参加。

4. 人防工程质量监督

经镇江市人防办请示，江苏省人防办发文《关于明确南京至句容城际轨道交通工程句容段兼顾人防工程质量监督工作的批复》(苏防复〔2020〕72 号)明确，本着"实事求是、尊重实际、确保质量"的原则，按照"一条线路、一支队伍、一把尺子"的思路，宁句城际句容段兼顾人防工程质量监督工作由南京市人防办负责实施，镇江市人防办、句容市人防办做好服务保障工作。

南京至句容城际轨道交通工程人防工程验收会由南京地铁建设有限责任公司组织，江苏省人民防空办公室、南京市人民防空办公室、句容市人民防空办公室相关部门及相关设计、监理、施工、检测单位负责人参加。江苏省人防办、南京市人防办、句容市人防办对验收会议的形式、程序和执行标准等进行了全过程监督，对宁句城际人防工程的建设予以高度评价。南京至句容城际轨道交通工程顺利通过人防工程专项验收，为跨市域人防工程管理积累了经验。

2.1.4 立法执法

1. 立法背景

交通运输是南京都市圈区域一体化发展的先行领域、关键支撑和重要载体，除宁句城际外，十四五期间还将逐步规划和建设宁马、宁滁、宁扬等多条城际轨道交通线路。不同城市在管理依据和执法标准等方面存在差异，如何统一跨市域轨道交通的乘客行为规范等事项，是南京和都市圈其他相关城市面临的共性问题。在硬件基础设施通达的基础上，以一体化的思路和举措统筹制度设计，不仅是突破管理瓶颈、保障跨市域轨道顺利运营通车的迫切需要，也为实现同城化管理功能提供法治保障，有利于切实推动要素在都市圈内跨区域畅通流动和高效配置，凝聚更强大的合力，提升南京都市圈一体化高质量发展水平。

南京市委强调要加强与周边地区的法治协同，更好服务保障长三角一体化等战略实施和区域协调发展，要紧扣一体化和高质量，以宁句城际跨行政区执法问题为试点谋划协同立法，联手助力打通一体化发展的痛点堵点，形成高质量发展的亮点优势。“选择南京都市圈城市间共同需求、共性问题的单一事项，实质性推进‘小快灵’区域协同立法探索”正式写入第三次南京都市圈城市人大常委会主任联席会议年度行动计划。由南京牵头提出文本框架，会同其他城市运用法治思维和法治方式破解发展中的共性难题，是南京市人大常委会落实市委决策部署的切实举措，体现了南京“争当表率、争做示范、走在前列”的首位担当。

《法治中国建设规划(2020—2025 年)》提出建立健全区域协同立法工作机制。协同立法作为立法领域的新事物，反映的是区域经济社会的协调发展问题，通过整合区域立法资源优势，打破行政区划界限，满足区域改革发展的共性需求。南京市与镇江市人大创新立法工作方式，抓住主要法律关系进行制度设计，是两市实质性推进跨市域制度协同的破冰之举。南京市与镇江市分别立法，围绕实现立法题目、体例结构、核心制度“三统一”，以及立法程序、报批时间、法规宣传“三同步”的目标共同努力，力求强化有效制度供给，筑牢区域治理现代化的法治支撑，不断提升区域法治建设效能。

2. 编制过程

2020 年，镇江市人大就宁句城际句容段相关管理办法与《南京市轨道交通条例》的执法衔接问题，与南京市进行初步磋商。2021 年初，南京市提出立法动议后，法制(工)委进一步深化研究，对宁句城际跨行政区执法的问题加以梳理，建议聚焦主要矛盾，采取出台法规性决定的“小快灵”模式，需要几条就立几条，增强立法针对性、时效性和可操作性。在此基础上起草初稿，并以问题为导向开展调研，确保立法质效。

起草过程中，南京市和镇江市进行了会商，调研了广佛线跨市运营管理的做法、上海—昆山地铁执法衔接情况，召集南京地铁集团会商研究，组织相关部门、单位座谈，邀请专家深入研究理论和实务问题，及时向省人大汇报立法意向，对法规文本作出十几轮修改完善。

后经南京、镇江两市人大通过，江苏省十三届人大常委会第二十七次会议审查批准，发布了《跨市域轨道交通运营和执法管理若干问题的决定》(下称《决定》)，《决定》于 2022 年 1 月 1 日实施。2021 年 12 月 15 日上午，宁镇两市人大常委会和南京地铁集团召开《决定》颁布实施新闻发布会，解读立法亮点。

3. 主要内容

《决定》是国内首部针对跨市域轨道交通运营和执法管理工作进行规范的地方性法规，共十一条，包括立法目的、调整范围、协同机制、授权条款、禁止行为规定等。立法定位上着重把握好三对关系：

(1)两市同步立法的彼此协调关系。按照“不破行政隶属、共同依法授权”的原则，两市分别立法，强化制度对接，实现列车车厢内的执法主体、行为规范和管理标准的统一。

（2）与既有法规的新旧衔接关系。注重与既有的《南京市轨道交通条例》对接，对相关行为的规范"两法"保持一致，维护南京市法规体系稳定和内在和谐，也有助于降低守法、执法成本，提高法规可操作性。

（3）化解当前难题和促进长远发展的以点带面关系。打造开放性的法规范本，既指导宁句城际的执法实践，也为南京都市圈今后更大范围的交通互联预留制度接口，同时为国内其他城市市域轨道交通执法管理提供借鉴和参考。

4. 行政执法

南京市、镇江市联合立法，授权同一家轨道交通经营单位，行使轨道交通列车车厢内运营安全、设施容貌、环境卫生、乘车秩序等相应管理权限，并在授权范围内实施行政处罚。对于车厢以外，车站、隧道、轨道等区域的活动，两市分别按制定的《南京市轨道交通管理条例》《宁句城际轨道交通句容段管理办法》执行，同时建立地铁公安和交通综合执法队伍，负责保护区内规划、在建、运营线路的巡查执法，以及地铁车站、车厢内文明执法及票务稽查管理等工作。

2.2 时空目标

句容市处于南京都市圈的 30～50 km 圈层，根据《南京市国土空间总体规划（2020—2035 年）》，规划通过市域轨道或城际铁路实现句容市至南京市主城片区的 1 h 通勤、生活联系。根据国家发展和改革委员会批复《江苏省沿江城市群城际轨道交通网规划（2012—2020 年）》时的要求，要准确把握功能定位，线路、车站要尽量覆盖规划人口 10 万以上的城镇并深入城镇中心，最大程度拓宽吸引范围和服务半径，见图 2-4。

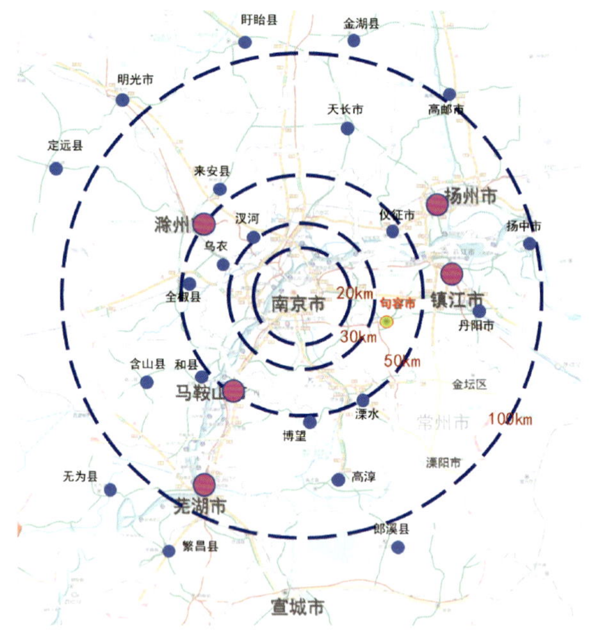

图 2-4　南京都市圈空间结构示意

2.2.1　功能定位

1. 是干线铁路服务的补充和完善，是城市轨道交通的延伸和拓展

南京、句容两市间规划有宁句城际与南沿江高铁两条快速轨道交通工程，两线在句容站换乘，两者的服务对象及功能定位存在较大差别。

宁句城际自西向东途经马群组团(19 万人)、麒麟组团(10.5 万人)、汤山组团(10.3 万人)、黄梅组团(15 万人)、句容北部新城组团(11 万人)、句容市中心(42 万人),最后到达句容南,见图 2-5。全线设站 13 座,平均站间距 3.62 km,线路选线完全覆盖南京东部至句容的主要发展带。宁句城际主要服务沿线组团的客流需求和新城的发展,对城市发展的带动模式为带状带动。

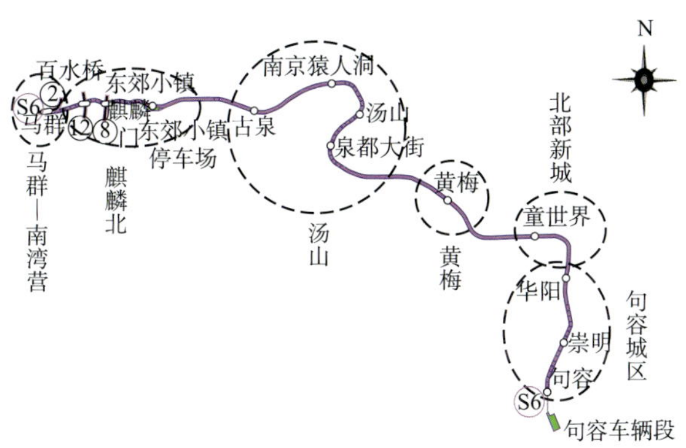

图 2-5　沿线组团分布示意

南沿江铁路设计时速为 350 km,由句容站向西经江宁接入南京南站,见图 2-6。句容站至南京南站列车运营时间约 11 min,是沿江高铁通道的重要组成部分,承担区域性通道功能,其中包括南京、句容两市之间点对点的客流快速输送,对句容城市发展的带动模式为以句容站为中心的点状带动。

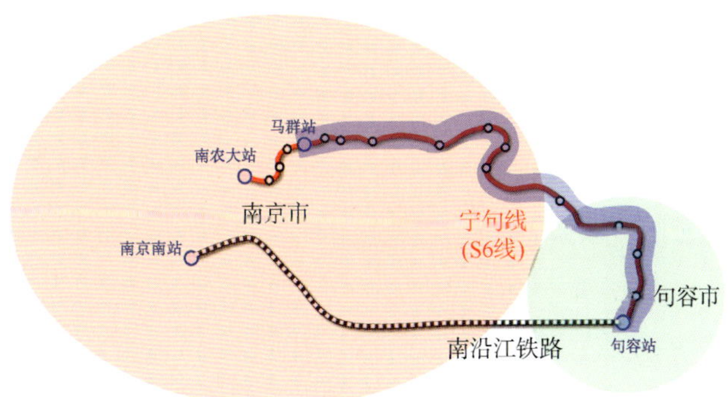

图 2-6　南沿江城际铁路与宁句城际对比

综上所述,宁句城际为服务市域组团间、组团与城市中心客流出行的都市圈轨道交通工程,是干线铁路服务的补充和完善,是城市轨道交通的延伸和拓展。

2. 是兼具城市、市域、城际复合型客流特征的都市圈轨道交通线路

在宁句城际客流中,组团内部出行以麒麟、句容两端为主要客流集散地,分别占全线客流的 20.80%和 9.22%。跨区出行中,以麒麟区段为一端的跨组团出行比例较大,合计达到 56.53%。结合马群站、麒麟门站的换乘数据，可以看出宁句城际的跨区客流是以南京主城为核心的单向吸引，见图 2-7。

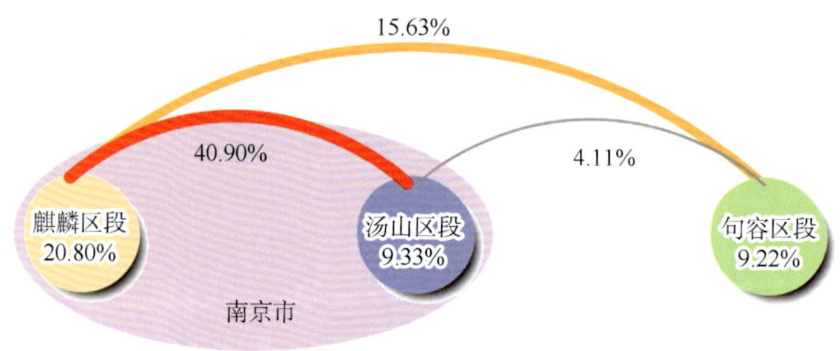

图 2-7　宁句城际远期全天客流大区 OD

句容区段对外的联系较弱，主要原因是句容主城已在南京通勤圈外，且存在较为成熟的城市中心，与南京之间的职住联系较弱，宁句城际在句容段实际承担城区内部的大运量公交骨干线路的功能。

将宁句城际的客流特征与南京市已运营的轨道交通线路进行对比，见表 2-1，可以发现宁句城际的早高峰系数、周末/工作日出行比例与城区线接近，体现了较强的城区外围组团向主城的通勤功能；而早高峰期间通勤客流占比则更接近市域线指标，体现了市域线路服务弹性客流的功能。

表 2-1　宁句城际客流特征

项　　目	断面早高峰系数/%	周末/工作日出行比/%	早高峰通勤客流占比/%
宁句城际	22	90	67.46
城区线指标	15～25	77～92	80～85
市域线指标	<10	>100	<60

综合以上分析，宁句城际承担句容至南京间弹性客流的同时需兼顾沿线组团间及组团内部通勤客流，是兼具城市、市域、城际复合型客流特征的都市圈轨道交通线路。

2.2.2　时空目标

长久以来，南京、句容两市间的公共交通出行主要依赖城际大巴、公交车，往往需要较长的接驳转车、购票等待时间，市民往来两市的单程用时约两小时；可达性不足成为两市同城化发展进程中的重大制约因素。

宁句城际承担沿线南京主城区、外围组团，以及句容外围组团、中心城镇之间的旅客运输，满足沿线组团与南京中心城之间的日常通勤出行需求及弹性出行需求。

1. 规划要求

宁句城际主要承担句容市至南京市间的通勤客流及弹性客流，国土空间总体规划要求满足句容至南京主城 1 h 通勤、生活联系。

2. 规范要求

根据《市域快速轨道交通设计规范》(T/CCES 2—2017),市域快轨的服务目标是通勤,交通出行时间不宜大于 1 h。

3. 出行竞争

马群站—句容站公交出行时间为 1.5 h,大巴出行时间 50～60 min,小汽车出行时间 45 min 左右。因此,宁句城际首末站旅行时间宜控制在 40 min 以内,方可优于公交、大巴、小汽车。

综上所述,宁句城际首末站旅行时间目标定为 40 min,乘客可通过宁句城际马群站换乘南京地铁 2 号线到达南京市中心(新街口),实现 1 h 内到达南京中心,满足总体规划及综合交通规划的要求。

2.3　选 线 设 站

根据国家发展和改革委员会 2017 年发布的《关于促进市域(郊)铁路发展的指导意见》(以下简称《指导意见》),线路要串联 5 万人及以上的城镇组团和旅游景点并设站,车站按照功能适应、设施简易、安全便捷的原则尽量设置于城镇中心,增强交通引导和提高客流聚集。宁句城际的主要功能为服务沿线通勤客流,兼顾商旅、弹性客流,因而选线设站要尽量深入组团。

《指导意见》同时提出,要因地制宜确定敷设方式,优先采用地面或高架形式,集约利用通道资源和节省工程投资。城市发展成熟区道路两侧建筑物退距一般较小、建构筑物密集,因而对振动、噪音较为敏感,轨道交通适宜采用地下敷设方式。城市发展新兴片区则有较为宽阔的街道,可在适当区间采用高架或地面敷设;但对有客流聚集潜力、值得市域轨道深入并设站的片区及组团,应尽量避免设计过长的地面段对空间造成较大的切割,不利于片区发展。

综合上述要求,宁句城际的选线设站遵循了深入组团、保护环境、把控风险、科学预留的原则。

2.3.1　深入组团,精准服务

为深入沿线 5 万人及以上的城镇组团和旅游景点,并同时保持“快线”功能,宁句城际在总体选线阶段深入对比了图 2-8 中的两个路由。其中,方案 A 强调快速进城,主要沿快速路敷设,平均站间距 5.1 km,最高速度 160 km/h;方案 B 强调服务通勤,主要沿各组团的主干道敷设,平均站间距 3.6 km,最高速度 120 km/h。方案 B 更契合“深入组团”的原则,客流效益显著高于方案 A,为推荐路由。

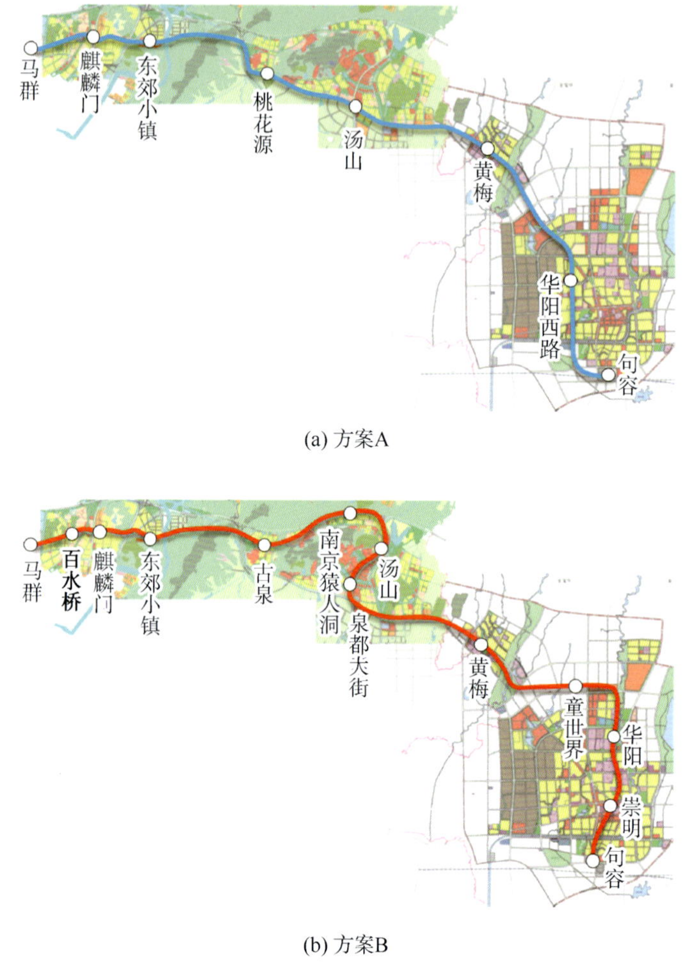

(a) 方案A

(b) 方案B

图 2-8 宁句城际总体路由比选

在此基础上，宁句城际针对汤山、句容两个组团进行了更深入的比选，力求精准服务沿线居民。

1. 汤山组团段

在汤山组团段，线路自北向南穿越汤山温泉旅游度假区后，再次转向东接入汤山大道，见图 2-9。该段区间位于汤山温泉旅游度假区（国家级旅游度假区）的中部，是世界著名温泉疗养区，居中国四大温泉疗养区之首。

片区南北向主干道包括圣汤大道、若水路两条道路，圣汤大道沿线为汤山旅游度假区内最主要的旅游设施和度假酒店，该路由可较好地服务度假区的旅客。若水路沿线主要为居住组团、景观河及绿地，该路由可更好地服务本地居民。因此，针对上述两个路由进行比选，见表 2-2。

图 2-9　若水路方案与圣汤大道方案比较示意

表 2-2　若水路方案与圣汤大道方案比较

比较内容	若水路方案	圣汤大道方案
比较范围	汤山站—天润路东侧	
线路长度	4.2 km	5.42 km
设站情况	2 座(汤山站为地下站,泉都大街站为高架站)	2 座(均为地下站)
敷设方式	部分地下(0.5 km),高架为主(3.7 km)	地下为主(3.62 km),部分高架(1.8 km)
工程实施难度	实施难度小	实施难度小
服务范围	对东部居住服务更好	对汤山度假区旅游客流服务更好
景观效果	好	好
环境影响	高架区间与现状 35 kV 架空高压线、规划 220 kV/110 kV 高压线交叉;线路出泉都大街站后改为高架敷设,与路侧沙滩排球场地有冲突。线路在 S122 交叉口附近临近炮兵学院,需做防护措施	对现状影响最小,汤山公馆、御豪温泉酒店员工宿舍、汤城汇后排住宅楼等环境敏感保护目标均在振动评价范围以外,但敏感保护目标曹村将受到一定程度的振动影响,需采取相应的减振措施
拆迁费用	无	2 942 万元
土建投资	4.5 亿元	7.8 亿元
方案推荐	比较方案	推荐方案

综合考虑对汤山旅游度假区产业发展的带动,汤山段方案推荐沿圣汤大道敷设。

圣汤大道规划道路红线宽 55 m，现状道路已实现规划；沿线规划商业用地部分已实现规划，建成多处温泉旅游度假设施，见图 2-10。考虑对度假区的景观影响，推荐采用地下敷设的方式。

(a) 汤汇城

(b) 汤城东郡

(c) 柏华丽致酒店

图 2-10　圣汤大道沿线建成旅游度假设施

2. 句容城区段

线路自北向南进入句容市后，需寻找合适廊道穿越城区并接入句容南部的高铁站。为深入客流目的地，同时保证工程经济性，结合句容市城区现状及规划，进行了东、中、西三个廊道的比选，见图 2-11。

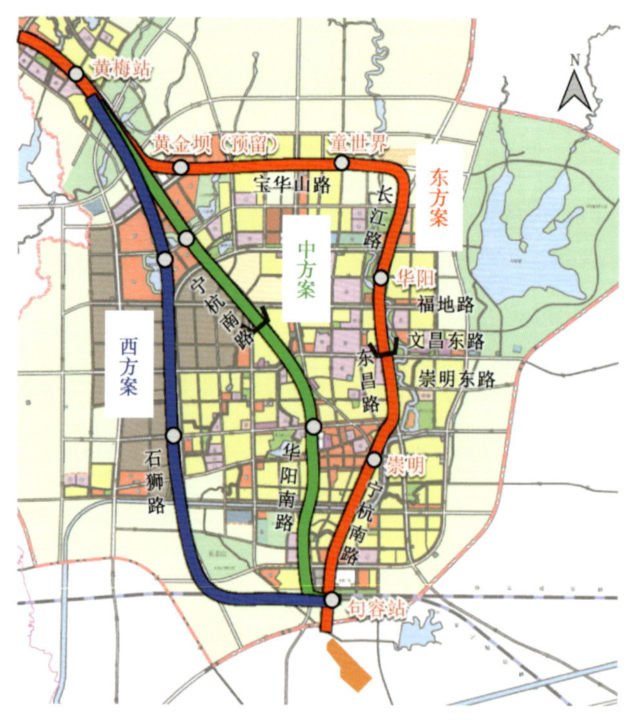

图 2-11　句容段方案比选方案

(1)东方案

线路出黄梅站后，向东沿宝华山路路中高架敷设，之后折向南，沿长江路、东昌路南下，在文昌东路路口北侧由高架转为地下敷设，之后沿宁杭南路至线路终点，共设车站 5 座(不含预留站)。

宝华山路是句容市域内连接122省道与266省道的干线公路，也是北部新城的城市干道之一。道路为东西走向，宽65 m，双向六车道，采用一级公路兼顾城市道路标准，沿线在宁句设计时尚未实现规划。长江路是一条南北走向道路，道路红线宽70 m；沿线部分实现规划，为居民小区、绿地及河流。宝华山路、长江路均较为开阔，采用路中高架敷设方式，环境影响可控。

东昌路、宁杭南路为句容市区内道路，规划道路红线宽分别为54 m、40 m，基本实现规划，沿线为居民小区、学校、商业，须采用地下敷设方式以减少振动及噪声影响，见图2-12。

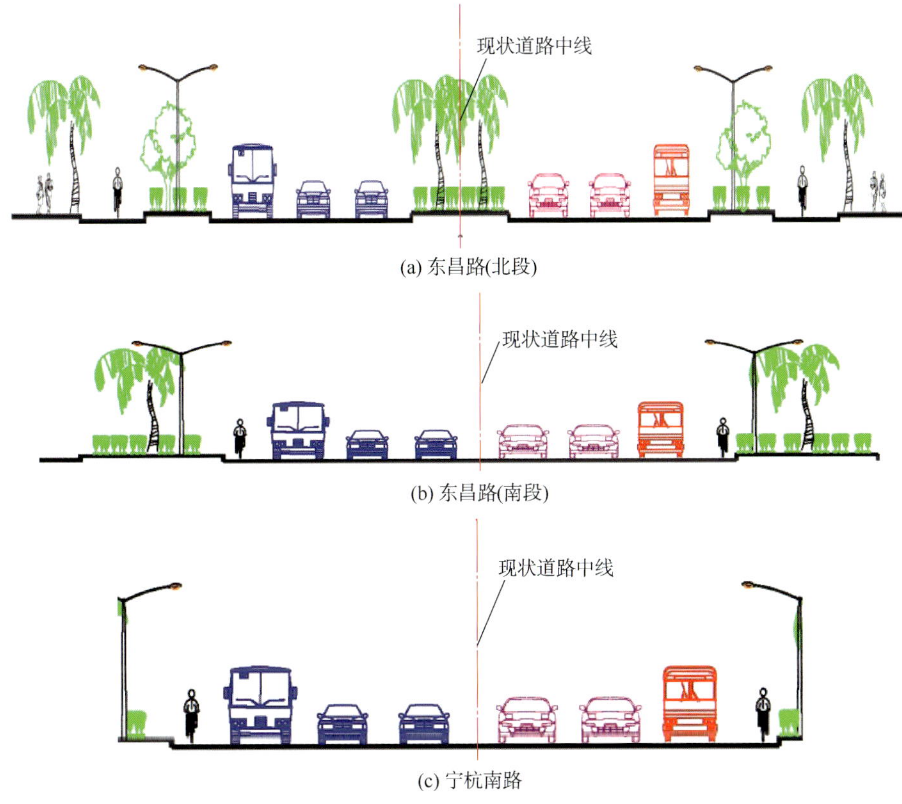

图2-12 东方案道路横断面示意

(2)中方案

线路出黄梅站后，向东南沿宁杭北路、宁杭南路、华阳南路敷设，道路宽度分别为48 m、15 m、48 m。其中，宁杭北路两侧建筑物退让较多，沿线现状为低矮厂房、新建小区，具备高架敷设条件；而宁杭南路、华阳南路两侧建筑物无退让，两侧为密集的居住区，且华阳南路作为主城中心的中轴线，两侧建成度高，该段无高架条件，见图2-13。因此，线路需在宁杭南路与福地东路路口由高架转为地下，之后向南转入华阳南路至线路终点。中方案共设车站4座，其中2座地下站，2座高架站。

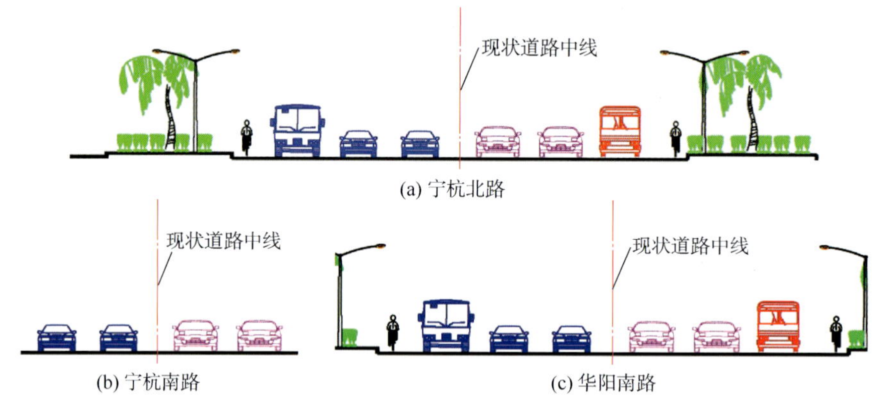

图 2-13 中方案道路横断面示意

(3)西方案

线路出黄梅站后沿石狮路向南,沿线主要为工业用地,基本实现规划;道路宽度 60 m,两侧建筑物间距离近 150 m,可采用高架形式敷设,见图 2-14;线路出石狮路后向东转至终点句容站。西方案共设车站 4 座,均为高架站。

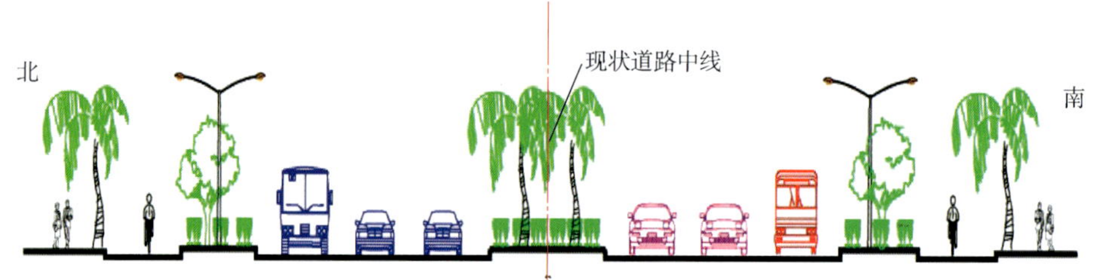

图 2-14 西方案石狮路横断面示意

综合考虑线路对句容市近期建设重点北部新城(位于童世界站周边)、东大街(位于崇明站周边)旧城改造的支持和带动,以及工程实施难度等因素,推荐采用东方案,见表 2-3。

表 2-3 句容段方案比选

比较项目	东方案	中方案	西方案
句容段长度/km	17.8	14.8	15.9
句容地下段长度/km	4.92	7.6	0
句容车站数	5	4	4
与规划一致性	较好	一般	较差
服务水平	基本覆盖句容市北部新城(童世界站)、东部、南部老城,对带动整个句容城区发展较好	主要覆盖句容市中部部片区,北部新城的支持不足	沿城市外围敷设,服务水平较差
工程实施难度	地下车站结合旧城改造同步实施,协调难度可控	地下段长度较长,且在建构筑物密集的市中心设站,协调难度大	全高架敷设,道路条件好,协调难度小
工程造价	47.28 亿元	44.52 亿元	37.22 亿元
方案推荐	推荐方案	比较方案	比较方案

2.3.2　保护环境，合理穿越

在东郊小镇站—古泉站段，线路自青龙山西侧宁杭公路的南侧高架敷设，向东穿越青龙山后接入古泉站。如图 2-15 所示，该段涉及大连山—青龙山水源涵养区生态管控区和基本农田。

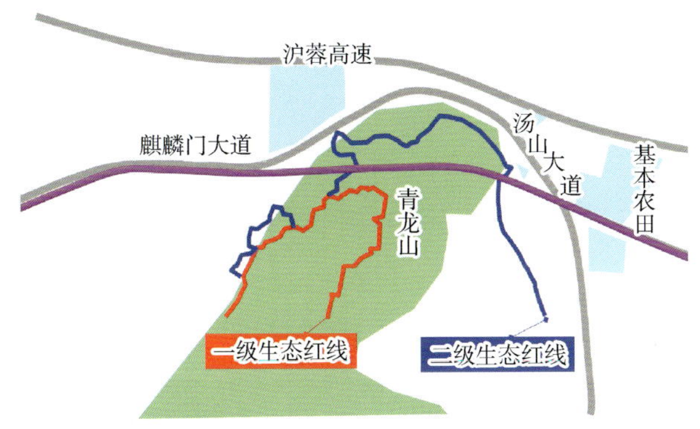

图 2-15　青龙山段示意

1. 水源涵养区

大连山—青龙山水源涵养区生态管控区为《江苏省生态红线区域保护规划》中的省级水源涵养管控区，包括一级、二级生态管控区（即生态红线）。根据《江苏省生态红线区域保护规划》和《南京市生态红线区域保护规划》，对重要水源涵养区管控的要求："一级管控区内严禁一切形式的开发建设活动。二级管控区内禁止新建有损涵养水源功能和污染水体的项目；未经许可，不得进行露天采矿、筑坟、建墓地、开垦、采石、挖砂和取土活动；已有的企业和建设项目，必须符合有关规定，不得对生态环境造成破坏。"

针对上述生态管控问题，宁句城际总体组开展《南京至句容城际轨道交通工程穿越"大连山—青龙山水源涵养区"生态影响研究报告》专题研究，综合考虑对自然环境的影响和线路平顺性两方面因素，进行绕山、穿山的方案比选，见图 2-16。

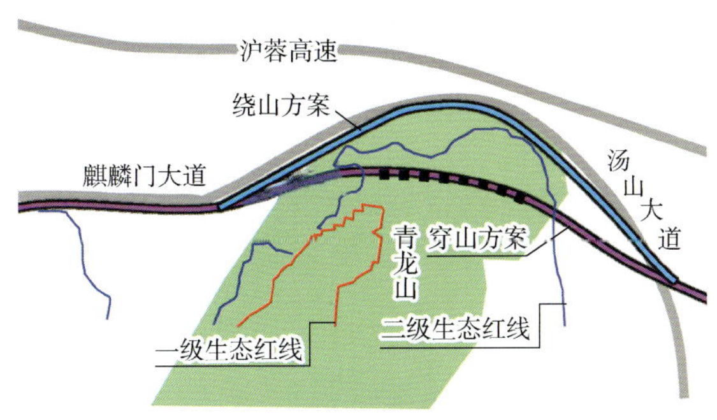

图 2-16　青龙山段平面方案比选

绕山方案受宁杭公路高架、紧贴公路北侧的永久基本农田制约，仅可在道路南侧敷设，高架区间临近青龙山山体，建设期的山体植被破坏面积较大，见图2-17。穿山方案破坏植被面积小，线路景观好、线型顺直，且矿山法穿山施工时，采用机械开挖，辅以小型爆破形式，由于区间在山体内埋深较深(约4～120 m)，对山体表面植被没有影响。矿山法区间为混凝土结构，区间内设置集水设施，由山体渗入区间内的少量地下水通过区间内排水设施排入附近市政管网，不会引起山体内水资源流失。

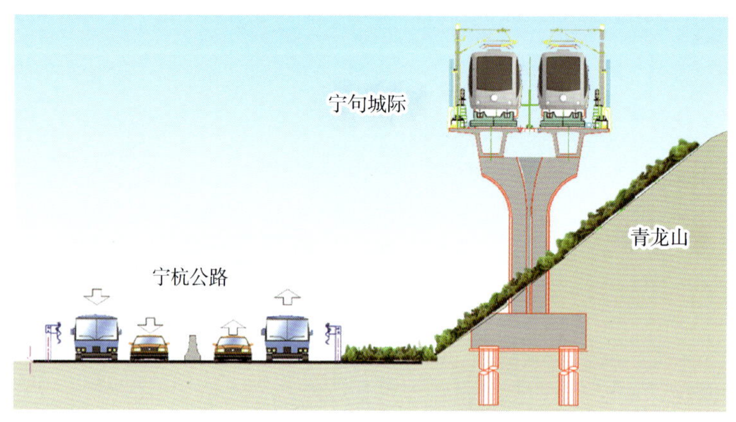

图2-17　绕山方案与青龙山相对关系

综合考虑两方案的建设效果和环境影响，见表2-4，虽然穿山方案工程造价较高，但是线形顺直、乘坐舒适性高、拆迁较少，建设方案符合“大连山—青龙山水源涵养区”二级管控区管理要求，作为最终推荐方案，获得相关生态管理部门的函复同意。

表2-4　青龙山段方案比较

项目	绕青龙山	穿青龙山
线形	最小平面半径为350 m，需要限速	顺直，无须限速，线形好
线路长度	2.4 km	2 km
植被破坏面积	3 045 m^2	800 m^2
景观	较差	好
工程造价	2.69亿元	3.23亿元
拆迁量	12 710 m^2	6 010 m^2
外规矛盾	线路基本斜穿九乡河、规划三环公路、S122，并且斜穿角度较小，与外部矛盾交织范围较大	线路基本直穿九乡河、规划三环公路、S122，与外部矛盾交织范围较小
东郊小镇站—古泉站旅行时间	较穿山方案慢17 s	—
方案推荐	比较方案	推荐方案

2. 永久基本农田

线路出青龙山隧道后，沿汤泉西路向东敷设，见图2-18。汤泉西路规划为双向四车道，道路红线宽 30 m；现状道路为双向两车道，道路宽为 20 m，暂未实现规划，见图 2-19(a)。基本农田分布在现状道路两侧、规划道路红线内；两侧基本农田间距离约 25 m。为避免宁句城际高架桥桩侵占基本农田，线路出青龙山后线路沿汤泉西路现状道路南侧非机动车道高架敷设，将桥墩布置在既有道路的人行道上，以避开既有农田和既有道路；同时，经与规划部门配合，将道路侧分带适当加宽，以放置桥墩，并考虑放置斜拉桥边墩的原因，将该段道路红线整体加宽至 39 m，以减小桥墩设置对交通的干扰，见图 2-19(b)。

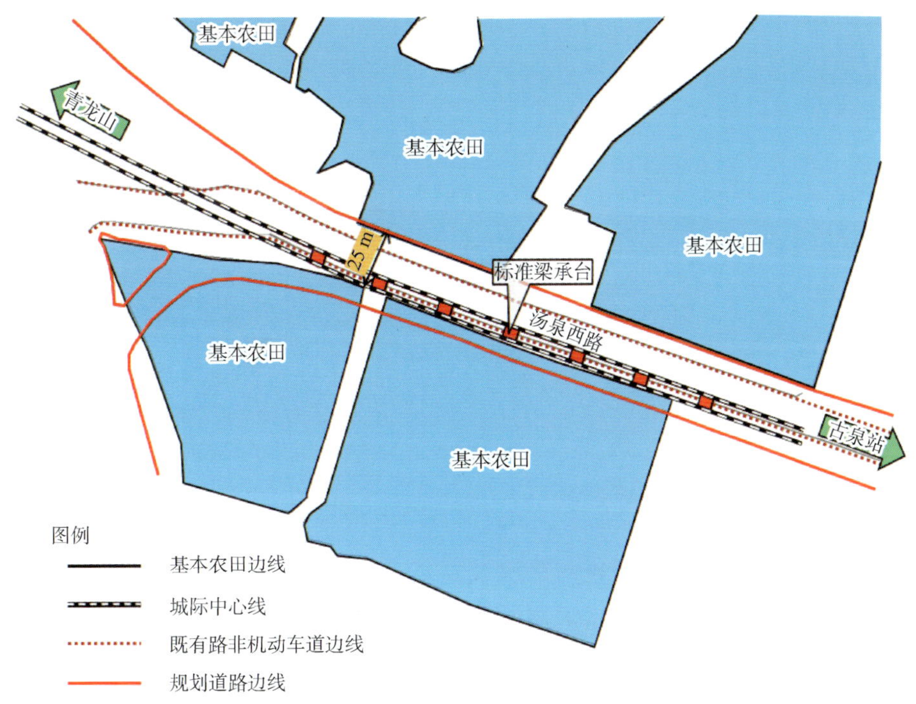

图 2-18　宁句城际躲避基本农田方案

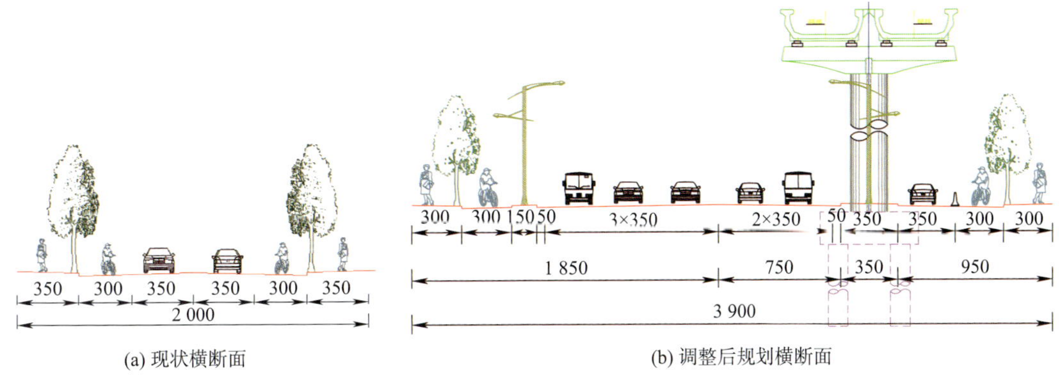

图 2-19　汤泉西路横断面(单位:cm)

2.3.3 把控风险，审慎比选

1. 穿越京沪高铁

线路在马群站—麒麟门站段，沿宁杭公路 S122 自西向东敷设，线路两侧现状主要为居民区、军事用地，见图 2-20。受制于宁杭公路路中高架桥及地下短隧，本段线路仅可沿道路一侧敷设。因居民聚集区主要集中在宁杭公路南侧，线路沿道路南侧地下敷设，以便服务乘客、减少环境影响。

图 2-20　宁句城际麒麟段沿线现状

线路出麒麟门站后，向东穿越南京绕城高速、京沪高铁后在宁杭公路南侧设东郊小镇站。经与铁路部门沟通，下穿京沪高铁隧道建设风险较高，不予批准，仅允许上跨通过；同时，在绕城高速、京沪高铁东侧，宁杭公路南侧较为开阔，具备高架敷设条件，因此线路在绕城高速东侧可尽快爬升出地面。该段进行了在宁杭公路北侧、南侧穿越京沪高铁的方案比选，分别为方案一、二(图 2-21)。两个方案在绕城高速西侧均需先从地下侧穿环评敏感地带(文物或居民区)，然后逐步爬升，下穿绕城高速(图 2-22)后再上跨京沪高铁(图 2-23)。

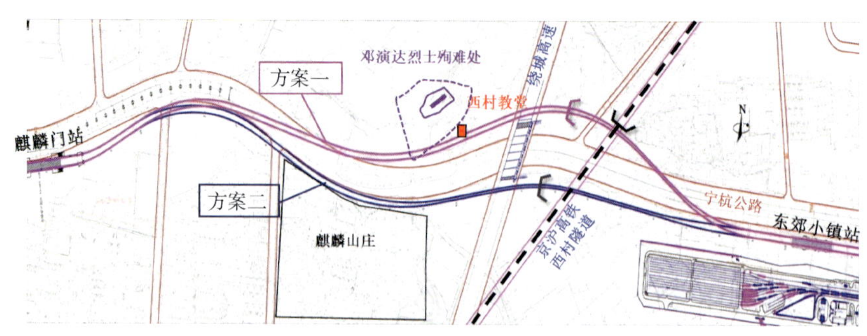

图 2-21　穿越京沪高铁方案平面示意

图 2-22　绕越高速(高架及路基段)

图 2-23　京沪高铁西村隧道洞口

2. 方案一

线路转至宁杭公路北侧,逐渐爬升,以高架形式上跨京沪高铁后转至 S122 公路南侧设东郊小镇站。该方案爬坡距离较长,可爬升至较高位置,且上跨处铁路上方覆土小,因而挖方量小,见图 2-24(a)。

3. 方案二

线路沿宁杭公路南侧向东敷设,下穿绕越高速公路后爬出地面,再以高架形式上跨京沪高铁,之后设东郊小镇站。该方案爬坡距离较短,爬升高度有限,京沪高铁隧道上方挖方量大,见图 2-24(b)。

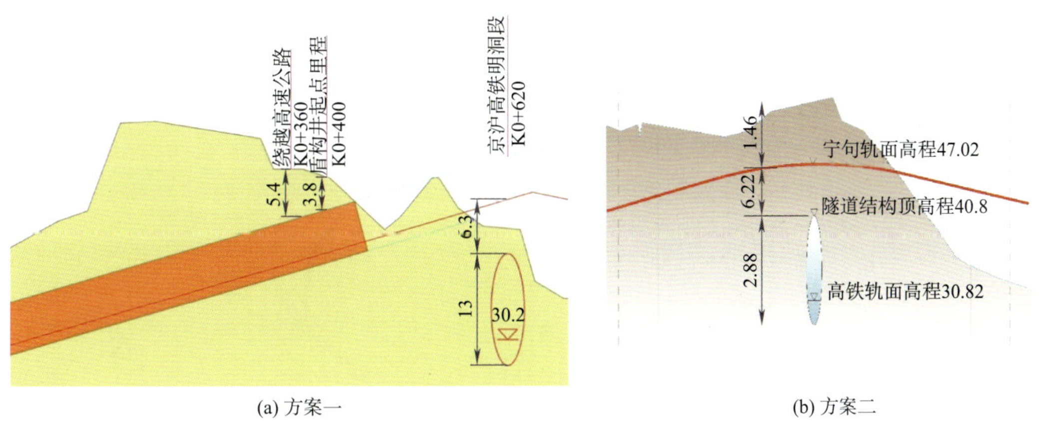

(a) 方案一　　(b) 方案二

图 2-24　穿越京沪高铁方案纵断面(单位:m)

综合比较两方案的工程风险和协调难度,见表 2-5,因方案二在高速公路、高速铁路间的爬坡距离较短,对高速、高铁的影响均较大,协调难度极大,不推荐;方案一为推荐方案。

表 2-5 穿越京沪高铁方案比较表

方案类型	方案一(S122 北侧桥梁形式上跨高铁隧道)	方案二(S122 南侧桥梁形式上跨高铁隧道)
方案描述	区间采用 1～35 m 单线简支箱梁上跨京沪高铁隧道,两侧桩基中心距离既有隧道结构外缘为 4 m;桩基直径为 1.2 m	区间采用 1～33.55 m 型钢混凝土桩盖板上跨京沪高铁隧道,两侧桩基中心距离既有隧道结构外缘为 5.5 m;桩基直径为 1.2 m
优点	采用普通钢箱梁,预制架设,技术成熟,工程风险小。工程造价和养护费用低,景观效果好	混凝土板拟采用型钢复合结构,上建高度低、桩基和梁部施工永临结合,对既有隧道影响小。桩板结构交叉角度适应能力强,跨越能力强。工程造价和养护费用低。挖方地段设置上承式结构,景观效果好
缺点	区间下穿军区、教堂,存在一定协调难度。 区间 2.5 m 浅覆土下穿绕越高速,高速东侧设盾构井,盾构大坡度浅覆土(2.5～4.5 m),需控制好进洞风险。 小角度跨越 S122,需采用大跨度连续梁并且须改移道路侧分带及辅道,总体工程造价大	下穿绕越高速处覆土浅,需明挖施工,协调难度较大;为保证区间与高铁隧道的竖向距离,区间下穿绕越高速覆土较小,风险较大;上跨京沪高铁上方须挖方,风险较大,与铁路部门协调难度极大
方案推荐	推荐方案	比选方案

2. 穿越温泉地质区

线路出古泉站后,沿汤泉西路自西向东穿越汤山老镇,依次设置南京猿人洞站、汤山站,线路两侧现状为居民区、旅游景区。该段线路涉及地热资源,需综合分析轨道交通与地热资源之间的相互影响后,综合确定线路方案,重点研究沿汤泉西路和沪蓉高速敷设的两个方案,见图 2-25 和图 2-26。

图 2-25 汤泉西路方案与沪蓉高速方案比选

为进一步了解地热及不良地质对轨道交通建设和运营的影响,建设单位组织编制了《南京地铁 S6 号线汤山段工程地热地质环境影响评价报告》,并召开“宁句城际汤山段地灾地热影响分析”专家咨询会。结合报告结论,专家提出汤泉西路方案处于宁镇山脉汤山段区域构造向斜北翼,地质结构与构造复杂,地下水位变幅较大,该段溶洞、土洞、地面塌陷等不良地质现象突出,地下水性质和作用具有复杂性和不确定性,属建设场地不利地段;沪蓉高速方案处于近汤山段区域构造向斜轴部,更具备线路工程建设适应性。

(a) 汤泉西路现状

(b) 沪蓉高速绿化带现状

图 2-26　汤泉西路方案与沪蓉高速方案沿线现状对比

综合比较两方案在建设、运营期的影响以及工程投资费用，沪蓉高速方案沿线地质条件较好，且造价低，作为推荐方案，见表 2-6。

表 2-6　汤泉西路方案与沪蓉高速方案比较

比较内容	汤泉西路方案	沪蓉高速方案
比较范围	古泉站(不含)—汤山站	
线路长度	6.4 km	7.2 km
设站情况	2 座(均为地下站)	2 座(南京猿人洞路为高架站)
敷设方式	地下为主(3.5 km)，部分高架(2.9 km)	高架为主(4.7 km)，部分地下(2.5 km)
客流吸引	照顾汤山老城，南侧为山体，属于单边客流服务	位于老城北部，靠近沪蓉高速，属于单边客流服务
带动沿线地块开发	一般	一般
工程实施难度	部分拆迁，实施难度小	部分拆迁，实施难度小
温泉影响	经过岩溶发育区，有影响	基本无
运营影响	穿越老城区，运营有一定影响	运营有一定影响
沿线拆迁量及盾构下穿	拆：32 865 m^2 其中盾构下穿面积：15 630 m^2	拆：34 448 m^2 其中盾构下穿面积：11 830 m^2
拆迁费用	5.52 亿元	5.32 亿元
土建投资	8.6 亿元(不包含岩溶处理)	7.8 亿元
方案推荐	比较方案	推荐方案

2.3.4　科学预留，灵活应对

经过技术经济专题论证，锁石村站、丁墅站、黄金坝站位于现状空地，周边初、近期不具备开发条件，存在一定客流风险，同时减站亦有助于全线提速，经研究后同步将最高设计速度提高至 120 km/h。减站后，平均站间距由 2.8 km 增大至 3.6 km，快车旅行时间由 37 min 压缩至 33 min。因此，宁句城际按取消三站设计，见图 2-27。

青龙山西侧的锁石村站、句容城区西北部的黄金坝站周边用地在新一轮国土空间总体规划中为非建设用地，2035 年前不具备开发条件，故而取消此两站；丁墅站北侧规划有居住商业用地，南侧现状为成片的农田、厂房、空地，因丁墅片区不在汤山新城的重点发展范围内，开发时间存在较大不确定性，故而取消此站。

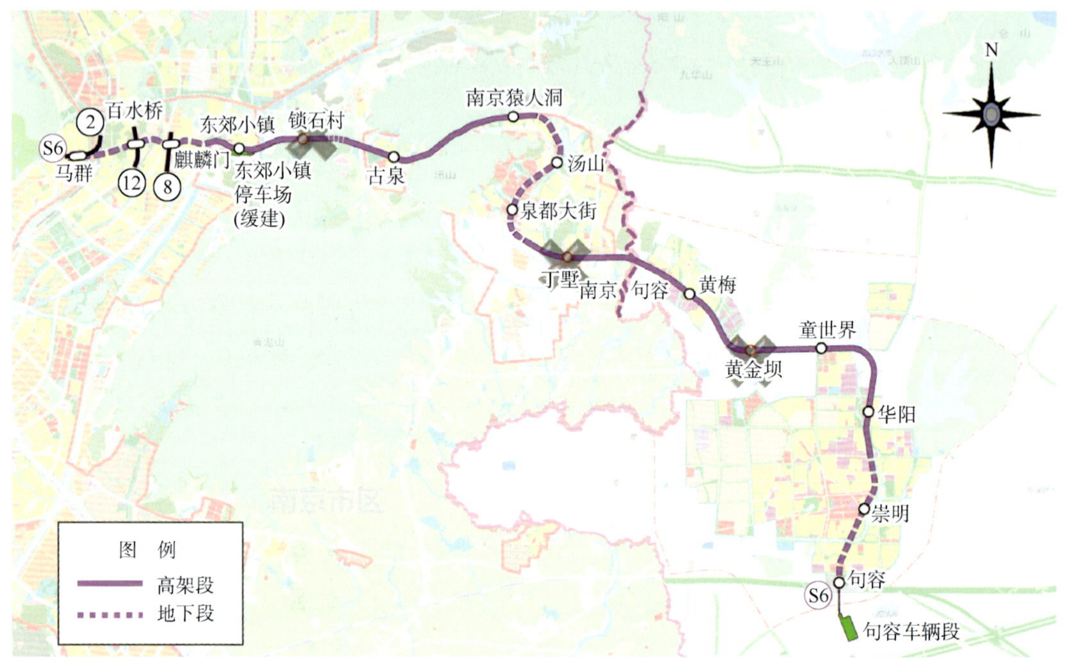

图 2-27　宁句城际减站示意

考虑上述三座车站周边较为平坦，存在大片的未开发用地，宁句城际在设计期间同步编制了《宁句城际轨道交通预留车站专题研究报告》，预留后期加站的建设条件，并以丁墅站作为案例形成详细的建设方案。

1. 锁石村站

锁石村站位于凳子山和后山附近，宁杭公路南侧，车站周边较为平坦，现状为工业厂房、居民住宅和农田，规划为非建设用地，详见图 2-28。

图 2-28　锁石村站前后区间规划示意

锁石村站预留为高架二层侧式站，周边主要控制因素为东郊小镇出场线和山体。为满足车站西侧接轨东郊小镇停车场出场线、东侧区间线路避让山体的要求，平面缓和曲线进入锁石村站有效站台约 80 m，有效站台范围内最大曲率 1/1 690，满足设置曲线站的条件。车站西侧接东郊小镇停车场出场线，为 12 号道岔，岔心距离预留锁石村站有效站台端部按照 26 m 控制；车站范围内为平坡。若车站周边用地性质在未来调整为建设用地，并启动开发程序，可在预留站位处增设侧式站。

2. 丁墅站

丁墅站位于经三路西侧、宁杭公路南侧，车站周边现状以工业厂房、居民住宅和农田为主；规划有居住、科研用地，尚未启动开发，见图 2-29。

图 2-29　丁墅站前后区间规划示意

丁墅站预留为路侧高架二层侧式站，车站位于直线、平坡范围内，可在线路桥梁两侧增设侧式站台，见图 2-30。

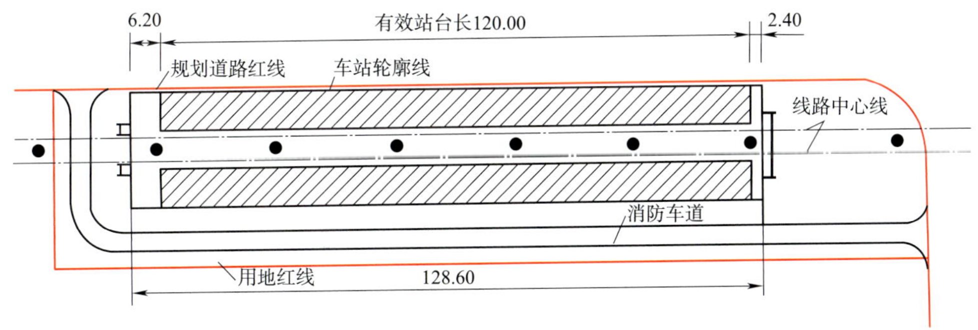

图 2-30　增设丁墅站总平面图（单位：m）

3. 黄金坝站

黄金坝站位于赤岗路东侧、宝华山路北侧地块内，车站周边现状为空地，规划为非建设用地，见图 2-31。

黄金坝站预留为路侧高架二层侧式站，车站位于直线、平坡范围内，可在预留站位处增设侧式站。

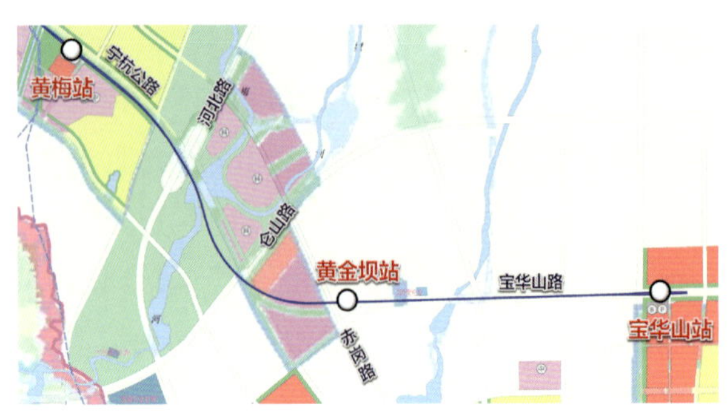

图 2-31　黄金坝站前后区间规划

新建车站宽 23.2 m，主体结构可采用“桥-建分离”结构体系，采用横向四柱框架结构，横向柱跨为 5.1 m＋12.2 m＋5.1 m，见图 2-32。实施时，中间桥梁结构不进行改造，直接在桥梁两侧实施站房结构，结构实施难度较小，对既有线运营影响小。车站标高与区间 U 形梁翼缘顶面作为站台一部分，顶面齐平；并利用 U 形梁翼缘内侧面预埋钢板焊接屏蔽门底座，安装屏蔽门。

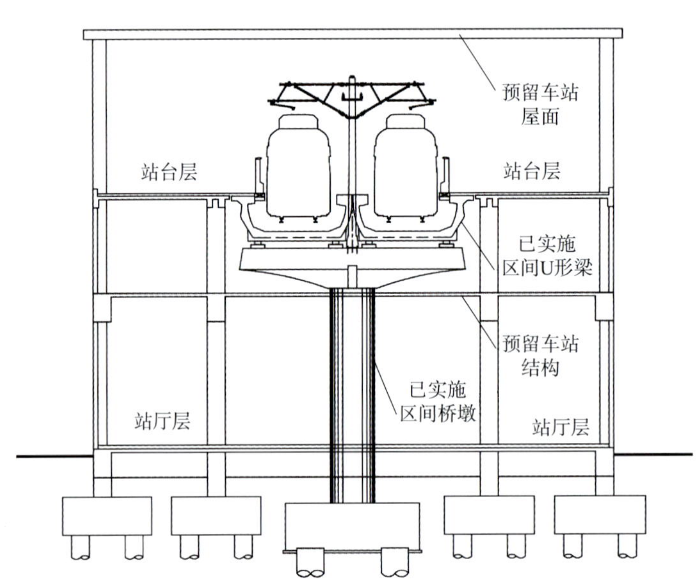

图 2-32　增设车站横剖面示意

2.4　系 统 制 式

系统制式的选择对市域轨道功能的实现、工程的经济合理性有较大的影响，是国家、地方相关部门的决策要点之一。选择过程主要包括逐步分析线路的时间目标、牵引计算结果、运能需求、资源共享方案等，然后总结出满足线路功能需求的备选车型，继而进一步对比各备选车型的建设投资和运营能耗后确定。

2.4.1　最高速度

根据功能定位、时空目标分析结论，宁句城际首末站旅行时间目标定为 40 min，据此进行最高速度的选择。

1. 站间距分析

站间距是影响最高速度标准选择的重要因素之一。轨道交通列车加减速度标准有合理的设计范围，若站间距较小、列车最高速度配置偏高，则可能在列车还未运行到最高速度或在最高速度时运行较短距离就开始减速，不符合经济运行的要求；若站间距较大、列车最高运行速度配置偏低，则列车长距离持续运营在较低的速度水平，降低了服务品质，同样也不可取。

根据轨道交通建设的一般经验，结合主流车辆的走行性能，最高运行速度与站间距合理的匹配关系见表 2-7。

表 2-7　速度目标值与站间距匹配关系

序号	区间范围/km	适宜速度目标值/(km・h^{-1})
1	<1.5	80
2	1.5～2.5	100
3	2.5～3.5	120
4	>3.5	>120

宁句城际设站 13 座，最大站间距 7.4 km，最小站间距 1.3 km，平均站间距 3.6 km。宁句城际站间距 1.5～2.5 km 的区间有 4 个，总长度 7.9 km，占全线运营长度的 18%；2.5～3.5 km 的区间有 3 个，总长度 18.7 km，占全线运营长度的 20%；大于 3.5 km 的区间有 5 个，总长度 26.3 m，占全线运营长度的 61%。因此本线采用 120～140 km/h 的最高运行速度均较为合理。

2. 速度效率分析

线路条件也是影响最高速度标准选择的重要因素之一，并以平面条件影响最为显著。受列车运营安全及乘坐舒适性的影响，在超高设置条件相当的情况下，平面曲线半径越小，列车允许运营的速度上限也越低。宁句城际在地下区段受既有建构筑物的限制，存在多处限速曲线。为了充分考虑限速曲线对全线速度的影响，需要通过行车牵引计算获得全线的速度效率。

速度效率是旅行速度与最高速度的比值，是体现车辆运行最高速度发挥效率的评价指标。一般来说，速度效率在 50%～60%时较为合理；速度效率过低则说明车辆的速度能力没有得到充分发挥，速度效率过高则显示线路尚有较大的提速潜力。

宁句城际的首末站的出行时间目标值定为 40 min，实现此目标的最低旅行速度为 65.4 km/h。按照 50%～60%的速度效率推算，最高速度在 109～130 km/h 较为合理，可进一步比选接近该速度范围的 3 种最高速度：100 km/h、120 km/h、140 km/h。

经行车牵引计算，这三种最高速度模式下，宁句城际均可通过越行实现首末站之间 40 min 内抵达的时间目标。最高速度 120 km/h 相比 100 km/h 有显著的出行时效提升（节省 4.5 min），最高速度 140 km/h 相比 120 km/h 则提升不明显（节省 1 min），见表 2-8。

表 2-8　速度-时间对比

比较范围	模式	速度方案/(km・h^{-1})	运行时间/min
全线运行	大站快车，停站 7 座	100	38
		120	33.5
		140	32.5

2.4.2　车辆与供电制式

2.4.2.1　车辆选型与经济分析

1. 车型初步筛选

经核算，全线开行马群站—黄梅站的小交路、马群站—句容站的大交路，采用 4-4/6-6 编组的市域 A、B、D 型车均可满足初、近、远期的运营组织需求（按照市区段采用 5 人/m^2 舒适度标准、市域段采用 4 人/m^2 舒适度标准）。As 车型为重庆特有，适用于山地环境，南京暂不考虑采用。车辆参数概况见表 2-9。

表 2-9　市域轨道常用车型概况

指标	车型及参数					
供电制式	DC 1 500 V			AC 25 kV		双流制式
车辆型号	A	B	As	A	D	As
6 节编组列车长度/m	140	120	120	140	140	120
宽度/m	3	2.8	3	3	3.3	3
接触网导线高度/m	4.6			5.3		
最高速度/(km・h^{-1})	100～135			140～160	140～200	100～160

注：双流制式在我国尚无运营案例，仅在重庆、北京等城市的规划或在建线路中采用；最高速度 135 km/h 的直流车辆仅在香港有案例。

(1)直流车型

B 型车与 A 型车相比，限界更小、自重更轻，因而更经济。在 B 型车已能满足线路运能及网络资源共享需求的情况下，A 型车不具备任何优势，因此直流车型中推荐 B 型车。

(2)交流车型

交流制式车辆适用于最高速度 140 km/h 以上的线路。在本工程的可行性研究阶段，长三角地区尚无成熟应用的交流市域 A 型车，最高速度 140 km/h 及以上的轨道线路均采用了市域 D 型车，因此，交流车中最高速度 140 km/h 的市域 D 型车作为备选车型。

在此基础上需进一步比选最高速度 120 km/h 的市域 B 型车（直流 1 500 V）、最高速度 140 km/h 的市域 D 型车（交流 25 kV），远期均采用 6 节编组。

2. 车辆参数对比

针对宁句城际，直流 B 型车（120 km/h）与交流 D 型车（140 km/h）地下盾构区间每双线延米造价指标估算值约差 5.4 万元；对于标准地下站，D 型车比 B 型车的车站建筑面积增加约 1 300 m^2，车站埋深和高度各增加 1.9 m；对于标准高架站，D 型车比 B 型车的车站建筑面积增加约 1 000 m^2，车站雨棚加高 1.9 m。具体见表 2-10。

表 2-10　B 型车与 D 型车相关参数对比

指标	6B 直流	6D 交流	
最高速度/(km·h^{-1})	120	140	160
接触网导轨高度/m	4.6	5.3	
盾构内径/mm	6 000	7 600(密闭)	7 600(密闭)
阻塞比	<0.4	<0.35	<0.29
车站侧墙限界/mm	2 100	2 400	
站台板至线路中心线限界/mm	1 500	1 750	
轨面以上净空限界/mm	4 900	6 400	
盾构外径/mm	6 800	8 600	
每双线延米明挖造价指标/万元	28	30	
每双线延米盾构造价指标/万元	13.6	19	
每双线延米高架段造价指标/万元	7.2	7.5	

注：造价指标为基于南京市 2018 年的估算值。

3. 经济分析

与 B 型车相比，采用 D 型车供电系统投资减少约 1.35 亿元，但由于土建投资尤其是地下区间投资的大幅增加，全线投资增加约 27 亿元，见表 2-11，增幅约 13%，综合比较 B 型车优势明显。

表 2-11　市域 B 型车与市域 D 型车投资对比

章号	工程及费用名称	投资金额/万元		
		直流 B 方案(1)	交流 D 方案(2)	增减(2)−(1)
第一部分　工程费用		1 159 655.10	1 284 661.72	125 006.61
1	车站	225 030.36	253 285.70	28 255.34
2	区间	423 354.84	521 719.96	98 365.12

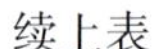

续上表

章号	工程及费用名称	投资金额/万元		
		直流 B 方案(1)	交流 D 方案(2)	增减(2)－(1)
3	轨道	73 861.62	77 554.70	3 693.08
4	通信	37 248.84	37 248.84	0.00
5	信号	54 357.86	53 667.86	－690.00
6	供电	140 862.65	127 286.99	－13 575.65
7	综合监控	6 420.00	6 420.00	0.00
8	火灾自动报警、环境与设备监控	11 168.00	11 168.00	0.00
9	安防与门禁	7 246.99	7 246.99	0.00
10	通风、空调与供暖	11 124.01	11 124.01	0.00
11	给水与排水、消防	6 950.00	6 950.00	0.00
12	自动售检票	9 005.00	9 005.00	0.00
13	站内客运设备、站台门	19 231.00	19 231.00	0.00
14	运营控制中心	1 450.00	1 450.00	0.00
15	车辆基地	128 843.94	137 802.66	8 958.72
16	人防	3 500.00	3 500.00	0.00
第二部分　工程建设其他费用		550 331.46	631 942.02	81 610.56
17	工程建设其他费用	550 331.46	631 942.02	81 610.56
17.1	前期工程费	371 073.60	437 010.40	65 936.80
17.2	其他基本建设费用	179 257.86	194 931.62	15 673.76
以上合计		1 709 986.56	1 916 603.74	206 617.17
第三部分　预备费		136 798.93	153 328.30	16 529.37
18	预备费	136 798.93	153 328.30	16 529.37
第四部分　专项费用		246 830.06	296 227.00	49 396.94
19	专项费用	246 830.06	296 227.00	49 396.94
19.1	车辆购置费	121 500.00	165 600.00	44 100.00
19.2	建设期贷款利息	123 710.06	129 187.00	5 476.94
19.3	铺底流动资金	1 620.00	1 440.00	－180.00
投资总额		2 093 615.55	2 366 159.03	272 543.58

2.4.2.2 运营能耗分析

B 型车与 D 型车的能耗不仅包括车辆自身牵引能耗，还应包括在电能传输过程中变压(流)设备及传输电网上的电能损失。

在相同的车辆条件下，除了不同类型的机车牵引重量不同外，还将牵引特性、制动特性、运行速度、车辆的外形形状和尺寸等条件基本相同的情况一起进行了对比。以典型工程的车辆及其特性为例，AC 25 kV 制式的车辆重按 408 t 考虑，DC 1 500 V 制式车辆按重 355 t 考虑。供电系统中的电能损失主要包括主变压器、中压环网、整流机组和牵引网电能损失等。其他电能损失与列车能耗的比例关系见表 2-12。

表 2-12　列车能耗对比

供电制式	AC 25 kV	DC 1 500 V
列车能耗	119%(与 DC 1 500 V 制式相比)	100%
牵引变电所	1%	2%
主变压器	0	0.50%
环网	0	0.30%
牵引网	2%	7%
合计	122%	109.8%
能耗差(以 DC 1 500 V 制式为基准)	+12.2%	0

注:表中两种车辆资料均为参考类似项目进行的牵引计算,仅供参考。

由于 AC 25 kV 的车辆上需要设置牵引变压器和整流设备,车辆重量比直流车重了约 15%,因此在牵引能耗方面也比直流车大约 19%。经初步估算,考虑电能损失后,交流制式 D 型车的全生命周期(30 年)能耗比直流制式 B 型车增加约 12.2%。

2.4.2.3　资源共享

根据《南京市城市轨道交通线网规划修编》(2021 版),宁句城际在线网中的编号为"S6"号线,规划向西延伸,与规划 13 号线贯通,直达市中心;同时,宁句城际与规划 8、12、13 号线(规划均采用直流 1 500 V 的 B 型车)设置联络线,将共享检修资源、提升运维效率。

因此,宁句城际采用直流 1 500 V 的 B 型车优势较为明显。若采用交流制式,则不具备在线网中与其他线路(12、13 号线)共享大架修基地的条件,线网须另寻车辆段升级为车辆基地,也需相应增加工程投资、造成浪费。

综上所述,直流市域 B 型车(120 km/h)在工程投资、运营能耗、资源共享等方面具有显著优势,且满足宁句城际的时间目标要求,作为本工程的推荐方案。

2018 年 6 月,江苏省发展改革委委托中国国际工程咨询有限公司对《南京至句容城际轨道交通主要工程建设方案技术经济专题》进行评审,评审结论肯定了宁句城际采用最高速度 120 km/h、DC 1 500 V 市域 B 型车 6 辆编组的方案。考虑到宁句城际地下段站间距相对较小,120 km/h 的速度效率较低,工可阶段进一步将宁句城际的最高速度细分为 120 km/h(高架段)和 100 km/h(地下段),以提高工程经济性。

2.4.3　信号系统

宁句城际工程对基于通信的列车自动控制系统(CBTC)和基于 CTCS2+ATO 模式的列控系统进行了比选:CBTC 系统在城轨工程中应用广泛,系统功能及运营模式完全满足本工程的需要，且有利于将来与线网其他规划线路实现互联互通，适应性更好。而CTCS2＋ATO系统需要使用GSM-R铁路专用频点，申请相对困难，且系统功能难以完全满足要求，运行调整功能弱，若要应用于本工程需要进行二次开发。根据CBTC和CTCS2＋ATO系统实施的难易程度，结合宁句城际与规划地铁13号线贯通运营的需求分析，本工程信号系统推荐采用基于通信的列车自动控制系统(CBTC)。

2.5 运营模式

运营组织模式由客流需求决定，与城市轨道交通线路相比，都市圈轨道穿越的区域更为多样化，沿线客流组成复杂，一般采用多种运营模式来满足沿线的多样需求。

(1)交路运行：结合运行经济性与灵活性选择大小交路。

(2)长短列车运行：结合高峰、平峰运能选择合理编组。

(3)快线运行：直达运营、越站运行、快慢混行。

(4)支线运行：Y形，支线独立运行，贯通正线混合运行。

(5)共线运行：双Y形，两条正线局部共线运行。

(6)跨线运行：两条线路之间，采用不同制式车辆跨线互通运行。

宁句城际选用市域B型车，市区段采用5人/m^{2}舒适度标准、市域段采用4人/m^{2}舒适度标准，远期需采用6辆编组方案以满足客流断面需求，初期则采用4辆编组即可，并研究长短列车运行方案。

宁句城际平均运距超过12 km，显著大于一般城市轨道交通线路，乘客出行距离普遍较长；因此，宁句城际宜结合沿线配线设置条件组织大站快车，在部分车站越行以提高旅行速度，为长距离客流提供便捷直达服务。

2.5.1 长短车运行

针对本线长短车运行需求，进一步对比4-4-6、4-4/6-6、6-6-6三种初近远期编组方案。

1. 运营组织的合理性

4-4-6方案的近期开行对数达30对/h，不符合《市域快速轨道交通设计规范》关于系统运能不宜大于24对/h的要求，且近期开行30对/h大于远期的24对/h，造成远期服务水平下降，方案不合理；采用6-6-6方案时初、近、远期高峰小时分别开行13对/h、21对/h和24对/h，满足运输能力需求；采用4-4/6-6方案时初、近、远期高峰小时分别开行19.5对/h、24对/h和24对/h，满足运输需求的同时缩短了发车间隔，服务水平更高。

2. 客流变化的适用性

本线汤山组团以东的线路客流量急剧降低，客流断面小，初期4辆编组大小交路、近期4/6编组混跑方案，可更好的兼顾句容组团客流量小、汤山组团客流断面大对运营规模的不同需求。

宁句城际的客流在高峰期呈现明显的潮汐式，高峰小时客流较大，平峰客流较小，且上下行断面不均衡性较为明显，采用初期 4 辆编组大小交路、近期 4/6 编组混跑方案在平峰时段适应性更强，有利于降低运营成本。

3. 运营成本

采用 6-6-6 编组方案与 4-4/6-6 混跑编组方案初、近期车辆走行公里及司机配备数量均存在一定的差异：采用 4-4/6-6 编组方案初期运营成本节省 680 万元/年；近期运营成本节省 257 万元/年，见表 2-13。

表 2-13　运营成本对比

阶段	6-6-6 编组方案		4-4/6-6 编组方案		运营能耗差异/（万元/年）	人力成本差异/（万元/年）
	运营里程/车公里	司机数量/人	运营里程/车公里	司机数量/人		
初期	3 145	80	2 745	108	960	−280
近期	4 206	120	3 999	144	497	−240
远期	4 881	136	4 881	136	0	0

注：按照每车公里耗电 3 kW·h、0.8 元/kW·h，司机成本按照每人 10 万元/年考虑。

综上分析，宁句城际列车编组采用市域 B 型车 4-4/6-6 辆编组方案，与本线客流量级、运营灵活性、客流风险均能良好适应，初、近、远期高峰小时运行交路图见图 2-33。

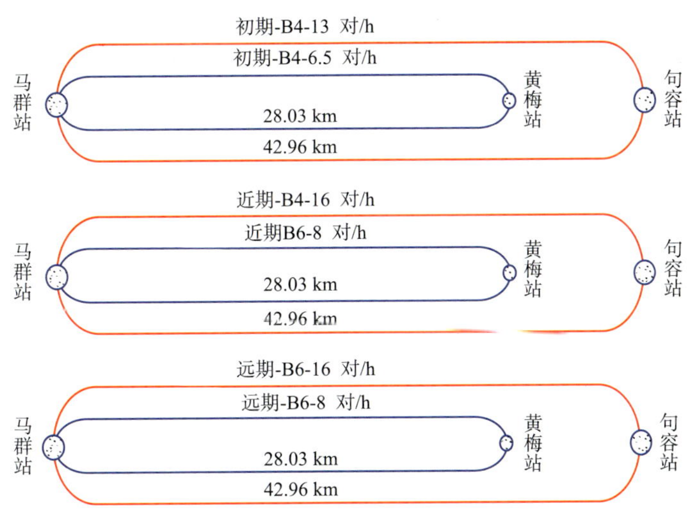

图 2-33　初、近、远期高峰小时运行交路

2.5.2　越站运营

经调研，南京市区段车流量大，尤其是麒麟镇至马群段，高峰期间较为拥堵，小汽车旅行速度约在 30～40 km/h，竞争力不足；市域段车流量则较小，汤山、句容车速普遍很高，小汽车旅行速度可达到 50～60 km/h 以上，句容南部-南京新街口的汽车出行时间

约1 h,与宁句城际换乘 2 号线进城的时间基本持平。在此基础上,小汽车出行舒适性、便捷性更好,对于市域长距离乘客来说具备一定的竞争优势。

为提高宁句城际的吸引力,诱增上线客流,促使原小汽车出行居民向轨道交通系统转移,宁句城际设计采用大站快车的运营方式,是江苏省内首条设计采用快慢车混跑运营模式的轨道交通线路。慢车站站停,快车在部分车站不停车、进一步提高旅行速度,并设置越行线供快车越过慢车。快车重点提高对中、长距离出行乘客进城的时效性,因此仅在大交路上开行快车。快车利用南京猿人洞站的越行线实现超车,超车时,慢车在两侧的待避线等待。小交路仅开行马群站—黄梅站的站站停列车,加密服务中、短距离出行乘客,见图 2-34。

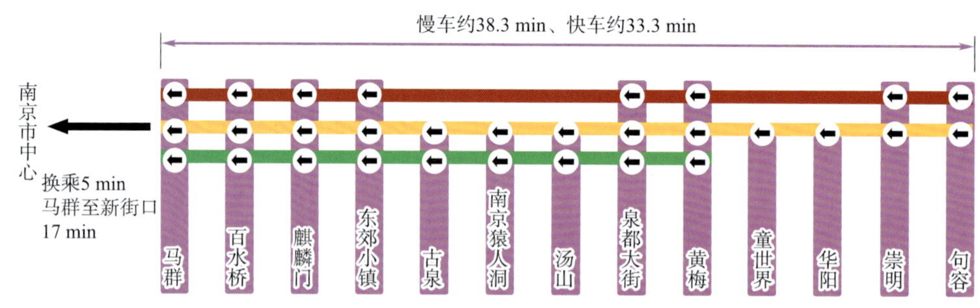

图 2-34　宁句城际快慢车运营组织方案

设计阶段结合各站客流需求预测,提出大交路每小时开行 1-2 对快车,在古泉、南京猿人洞、汤山、童世界、华阳等 5 个车站过站不停车,在南京猿人洞站越行慢车。据测算,快车全程运行时间 33.3 min,慢车运行时间 38.3 min,由句容站至新街口通过换乘 2 号线最快 56 min 可达,实现一小时连接南京、句容两市。为实现既定的运营组织方案,全线设置配线方案见图 2-35。

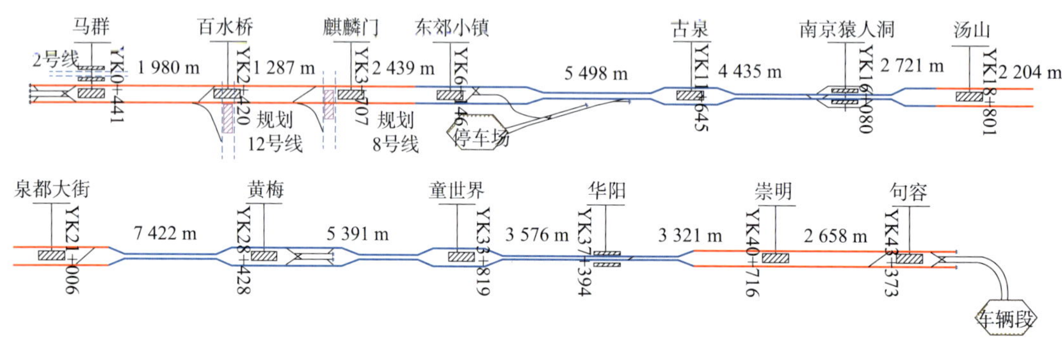

图 2-35　宁句城际配线方案

2.5.3　运营效果

宁句城际开通后客流稳步上升,2023 年 4～5 月日均客流约 5 万人次,高峰小时系数最高达到 26%,通勤功能显著。大交路在 9:00～16:00 期间每个整点对发 1 列大站快车,每日总计开行 8 对。大站快车按照设计阶段方案跳停古泉站、南京猿人洞站、汤山站、童世界站、华阳站，全程实际运行时间 35 min，常规站站停列车运行时间为 40 min，与设计阶段计算时间基本一致。开通后，大站快车吸引了大量长距离出行的乘客，满足了多元化的出行需求。

2.6 投资控制

根据《关于推动都市圈市域(郊)铁路加快发展意见的通知》(国办函〔2020〕116 号)，从严控制市域(郊)轨道交通工程造价，新建线路直接工程费用一般不高于同一地区轻轨工程费用的 75%。都市圈市域(郊)线路一般为复合功能，其通勤客流占比小于城市轨道线路，客流效益一般也低于城市轨道通勤线；因此，工程投资控制是都市圈轨道交通工程的关注重点之一。

宁句城际在工程投资控制方面进行了大量实践探索和经验总结，并取得良好的技术和经济效果。采取的主要技术措施归纳为三个方面：

(1)结合宁句城际沿线环境、规划、客流情况，选择经济合理的总体方案；

(2)结合使用需求确定合理的车站规模；

(3)根据地质和环境条件选择合适的施工工法。

2.6.1 经济合理的总体方案

通过采取高架、地面敷设方式，选用合理的车辆编组，适当减站预留，可以从总体工程规模上获得较好的减量效果。

1. 敷设方式

轨道交通高架区间的造价指标接近地下盾构区间的一半，因此尽可能采用高架甚至地面敷设可有效控制工程总投资。宁句城际通过在宽阔道路、郊野片区段采用高架、地面敷设方式，使地上敷设占比达到约 60%。

2. 车辆及编组

宁句城际通过系统制式的技术经济综合比选，采用了经济合理的直流 B 型车；为进一步提高近期服务水平，压减车辆购置费用，列车编组由工可研究初期的 6-6-6 调整为 4-4/6-6，结合减站提速，初期车辆购置数量由 186 调减至 132 列。

3. 越行站设置

结合系统能力及快车发车需求分析，通过铺画快慢车运行图，宁句城际快慢车模式选择工程量较小的“两轨线路+快车越行”模式，越行线设置于高架站南京猿人洞站，小交路折返站设置于高架站黄梅站，车站造价得到了有效控制。

4. 预留车站

都市圈轨道线路一般深入近远郊区域，沿线具备综合开发条件的车站较多，也面临车站建成后开发滞后的风险。宁句城际将三处周边用地尚不具备开发条件的车站调整为预留车站，予以缓建，一方面可以有效降低工程造价，避免建成后车站空置的风险，另一方面也为近远期发展预留增站的条件。

2.6.2 紧凑适量的建筑规模

1. 高架车站采用半包钢雨棚

作为高架车站必不可少的构件，站台雨棚的选型对于车站的建筑造型、工程投资、施工工期的影响很大，如何结合各个车站的具体情况合理选择雨棚形式是至关重要的环节。高架车站雨棚的主要用途为挡雨、遮阳及防高空落物，在满足以上要求的前提下尽量压缩雨棚的规模不仅能减少车站整体的体量也能降低工程投资、缩短施工周期。故在设计初期即确定了雨棚的设计原则：宜低不宜高、宜小不宜大，宜简不宜繁。

宁句城际 7 座高架车站(含 2 号线马群站改造)雨棚均采用半包形式，站台空间干净，视线通透。自然景观映入站台，使得站台成为观景平台。雨棚宽度根据飘雨的角度进行了优化缩小，雨棚高度结合接触网、限界、电扶梯等专业需求进行了合理降低。通过以上简约化、轻量化的优化设计，不仅提升了乘客乘车体验还降低了车站雨棚的工程投资。

2. 合理降低高架车站高度

宁句城际新建 6 座高架车站均沿市政道路路中或路侧敷设，相对于线性的高架区间来说高架车站尺度更大，对城市景观及行人的视觉和心理感受影响极大。在设计过程中通过降低高架车站高度来减少对城市景观及尺度的影响。

在设计中重点优化高架车站的平面布局，使车站更为紧凑合理，同时也对高架车站的层高进行详细梳理、优化。古泉站、南京猿人洞站优化后，车站主体结构高度均降低了 0.6 m；童世界站优化后，车站主体结构高度降低了 0.9 m。

高架车站高度降低对车站本身的工程投资影响较小，但前后一段范围内区间高度相应降低，高架区间的工程投资也相应减少。综合考虑，合理降低高架车站高度不仅减少了对城市景观及尺度的影响，同时也降低了整体工程投资。

3. 科学减小车站规模

马群站为线路起点站，原配线设计为双折返线，起点有两组车挡以及两组 9 号单开道岔。因线路开通初期仅运行 4 节编组车辆，结合现场拆迁等工程因素进行方案调整，车站西端 60 m 土建缓建，初期可满足 4 节编组车辆运营需求，待后期根据客流情况再行建设，以满足 6 节编组的运营需求；同时将车站西端 60 m 范围内的活塞风井东移至本次实施范围内，见图 2-36。

优化后，可减少本次实施范围近 3 500 m^2，减少初期投资约 4 000 万元。

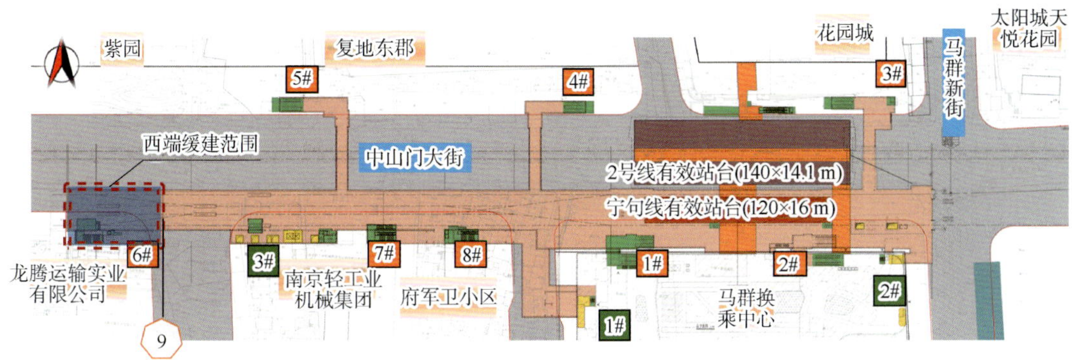

图 2-36　马群站实施方案

4. 成品设备应用

应用成品设备，可以减少现场安装时间，同时减少了设备房间的土建投资。宁句城际全线有 3 座独立区间变电所，结合工期需求及高架区间整体景观效果，采用成品箱式变电所形式，每座减少地面建筑约 550 m^2。童世界站、华阳站两座车站均为高架站，在地面一层附属用房内设置消防水池。采用成品不锈钢消防水箱形式，由承包商采购、现场组装，施工周期由 30 天节省到 10 天左右，建设成本与土建水池基本相当，但是节省了后期维护成本。

2.6.3　因地制宜的施工工法

根据行业和南京地铁已建成通车线路的工程决算分析，结构造价占土建造价的 60%～70%，其中围护结构的造价又占结构造价的 50%以上，因此结构方案的经济合理性对控制工程投资具有重要意义。宁句城际结构设计通过以下几方面实现在满足安全和功能的前提下尽量经济节约，合理控制工程造价。

1. 区间工法选择

在线路确定的敷设方式基础上，精心选择区间工法。地下区间遵循“能盾则盾”的原则，除高架与地下过渡段采用明挖之外，均选用盾构法施工；高架区间技术比选后选择先张法预制 U 形梁，标准跨径 30 m，工厂预制、整体架设；线路穿越青龙山处选用单洞双线矿山法隧道，整体达到了安全、绿色、经济、高效的效果。

2. 围护结构选型

围护结构选型是控制风险和降低投资的重要环节和措施，总体上的原则是因地制宜。结合多位于岗地地貌、周边环境相对简单的特点，宁句城际基坑围护结构形式主要选用造价较低的套管咬合桩和钻孔灌注桩，同时马群站、百水桥站、麒麟门站无地下水，未设置止水帷幕，区别于平原和漫滩地貌的钻孔灌注桩＋止水帷幕和地下连续墙形式；地下两层车站基坑竖向设置三道支撑，区别于平原和漫滩地貌的四道支撑。支护结构方案在保证施工安全的前提下有效降低了工程综合投资。

3. 盾构井布置

宁句城际有 4 处高架区间与地下区间的过渡。由于盾构区间较明挖区间每延米造价低,因此合理选择明挖过渡段与盾构区间分界的盾构井位置能有效控制工程投资。麒麟门站—东郊小镇站区间从绕越高速公路下方穿过,创新采用道路下方设置桩+盖板后盾构穿越的方案,将盾构井设置在绕越公路东侧,减小了明挖区间长度。汤山站—泉都大街站区间长度 2 050 m,按照常规的盾构掘进速度,为满足洞通目标,初步设计阶段中间设置了盾构井,用 4 台盾构机施工。施工设计阶段,结合车站施工进展、相邻区间实际盾构掘进速度经验,经研究用 2 台盾构机可满足洞通目标,因此动态调整,取消了中间盾构井,节省了工程投资约 3 000 万元。

4. 永临结合道路

永久道路与临时便道结合,可有效降低施工过程临时便道的投资,同时减少建筑垃圾排放。在句容车辆段建设过程中,将车辆段临时施工道路与车辆段永久道路结合,道路水稳层调整为混凝土层并先行施工作为施工道路,待工程接近完工、准备移交运营部门前,再实施沥青混凝土面层。高架区间要求施工单位在设置施工便道时考虑与区间检修便道位置尽量重叠,待施工完成后施工便道适当处理后便可作为检修便道,从而尽量做到永临结合,减少浪费。

该方案既满足现场施工需求及改善施工环境,节省了工程投资,又避免了多专业交叉施工带来的施工界面混乱和互相制约问题,节省工期,减少了临时道路破除后的建筑垃圾。

2.7 技术标准

2.7.1 设计规范选择

由于宁句城际兼具城市、城际功能的复合型轨道交通的功能定位,在工程可行性研究阶段为选取合理的规范依据,对相关的城际、市域、城市轨道交通的规范进行梳理对比,研究范围包括:TB 10623—2014《城际铁路设计规范》、T/CRSC 0101—2017《市域铁路设计规范》、T/CCES 2—2017《市域快速轨道交通设计规范》、GB 50157—2013《地铁设计规范》。各规范的主要技术特征见表 2-14。

表 2-14 相关设计标准对比

设计规范	城际铁路	市域铁路	市域快速轨道交通	地铁	宁句城际特征及参数
实施时间	2015-03-01	2017-04-01	2017-04-01	2014-03-01	—
颁布单位	国家铁路局	中国铁道学会	中国土木工程学会	国家住房和城乡建设部	—

续上表

主编单位	铁道第三勘察设计院	中铁第四勘察设计院	北京城建设计发展集团	北京城建设计发展集团	—
上位规划	铁路网规划、综合交通规划	城市总体规划、市域铁路线网规划、城市轨道交通线网、综合交通运输体系	城市总体规划、沿线新城、城镇分区规划、城市或区域轨道交通线网规划、建设项目审批要求	城市总体规划、城市轨道交通线网规划、建设规划	江苏省沿江城市群城际轨道交通网规划及实施方案调整，南京、句容两市城市总规
服务范围	专门服务于城市间与城市群的客运线铁路	服务于与中心城交流紧密的地区，以及组团城市联系密切的各城镇地区，不受限于行政区划	服务于大城市、特大城市中心城区及其周边新城、城镇等与中心城区交流紧密的地区，以及组团城市联系密切的各城镇地区。通勤为主，商学休旅为辅	符合城市客流走廊，有全日客流效益、大型客流点的支撑	服务南京-句容市域走廊沿线的通勤客流及弹性客流
速度与站间距	200 km/h 以下，站间距 5～20 km	100～160 km/h，站间距中心城区 1.5～3 km，城市外围 3～8 km	120～160 km/h，站间距中心城区 1.5～3 km，城市外围 3～8 km	100 km/h 以下，站间距 1～2 km	120 km/h，平均站间距 3.6 km
供电制式	交流 25 kV	交流 25 kV	直流 1 500 V 或交流 25 kV 或双流供电制式	直流 1 500 V 或直流 750 V	直流 1 500 V
车辆	动车组列车	市域 A 型车/市域 D 型车/CRH 市域型	市域 A 型车/市域 B 型车/市域 D 型车	A 型车/B 型车	待定
通信、信号	CTCS2＋ATO 国铁制式系统；无线网络通道：GSM-R（专用频段，车站须有到发线、90 m 保护距离）；仅能实现单一交路或跨线交路	对于信号制式的选择没有局限性，可选择 CBTC、iATC、CTCS2＋ATO 三种列车自动控制系统		CBTC（保护区段 50 m）轨道占用检测：计轴无线网络通道：WLAN 或 TD-LTE	拟采用 CBTC＋ATO
运行模式	可越行	可越行		站站停	越行

宁句城际的上位规划为城市群城际轨道交通网，服务范围为南京都市圈，客流包括通勤、弹性客流，最高速度为 120 km/h，平均站间距为 3.6 km，拟采用大站快车的运营模式。上述特征与《市域铁路设计规范》《市域快速轨道交通设计规范》相符。在此基础上进一步比选《市域铁路设计规范》和《市域快速轨道交通设计规范》。

《市域铁路设计规范》仅针对交流制式车辆，适用范围有局限性；而《市域快速轨道交通设计规范》包含了市域 A 型车（交流、直流）、市域 B 型车（交流、直流）、市域 D 型车（交流）在内的 5 种车型，适用范围较广。因此，宁句城际主要采用《市域快速轨道交通设计规范》。同时，考虑到本线兼顾城市轨道交通的功能，线路部分地下段的线型及站间距符合一般城市地铁特征，亦参考《地铁设计规范》。

2.7.2 主要技术标准

该线车站建筑、地下结构、场段工艺、限界、供电、通信、信号、给排水、人防等专业采用了《市域快速轨道交通设计规范》，其主要技术标准与常规地铁项目采用的《地铁设计规范》基本一致。线路、轨道、行车、高架结构、通风等专业则因为线路运行速度的提升、舒适度及灵活性要求的提高，采用了《市域快速轨道交通设计规范》及其他专业类规范。

2.7.2.1 线　　路

在线路方面，在最高运行速度提升后，为保证列车运行的安全和旅客舒适度的要求，平、竖曲线半径及缓和曲线长度均相应增大；同时，为了减缓列车进出曲线时产生的冲击对钢轨的影响，曲线间、道岔前后的夹直线长度也相应加长。

1. 平面

(1)最小曲线半径

正线：一般情况下高架段 800 m，地下段 500 m，困难情况下 300 m；

联络线、辅助线：一般情况下 200 m，困难情况下 150 m。

(2)缓和曲线

直线与圆曲线间采用三次抛物线形缓和曲线连接。缓和曲线长度根据设计速度、曲线半径和地形条件，并满足超高时变率允许值要求。缓和曲线长度取值应满足《市域快速轨道交通设计规范》要求。

(3)圆曲线和夹直线长度

圆曲线或夹直线最小长度见表 2-15。

表 2-15　圆曲线或夹直线最小长度　　m

类　　型	一般情况	困难情况	特别困难情况
正线、联络线、到发线、出入线	0.6 v	0.4 v	25

注：v 为列车通过夹直线的运行速度(km/h)。

(4)道岔与站台之间距离

在车站端部接轨，当采用 9 号道岔时，道岔前端、道岔基本轨缝至有效站台端部距离不宜小于 8 m；道岔后端、道岔警冲标(或出站信号机)至有效站台端部不应小于 12 m，当采用大型号道岔时，其道岔位置应经计算确定。

(5)相邻道岔间距

相邻道岔间插入短轨的最小长度应符合《市域快速轨道交通设计规范》规定，同时应满足道岔结构的要求。

(6)安全线

在车站接轨点前，当出入线的线路不具备一度停车条件或停车信号机至警冲标之间小于 60 m 时，应设置安全线；采用八字形布置在区间与正线接轨时，应设置安全线；安全线自道岔基本轨缝(含道岔)至车挡前长度应为 60 m(不含车挡)，特殊情况下，可采取限速和增加阻尼措施来缩短长度。

2. 纵断面

(1)最大纵坡

区间正线最大坡度一般为 30‰，困难地段为 35‰；出入线最大坡度一般为 35‰，困难条件下 40‰。

(2)竖曲线半径

正线：区间一般 6 000 m，困难情况 4 000 m；车站端部一般 3 000 m，困难 2 000 m。

(3)竖缓重叠

地下线竖曲线与缓和曲线(或超高顺坡段)在有砟道床不得重叠。无砟道床曲线半径 400 m 以下地段，宜避免竖缓重叠，当出现竖缓重叠时，轨道的超高顺坡率不得大于 2.0‰。

2.7.2.2 限　　界

(1)车辆限界和设备限界按 CJJ 96—2018《地铁限界标准》中的 B 型车相关标准执行。

(2)行车速度：本工程高架区间及穿山段山岭隧道限界列车计算速度为 120 km/h(限界设计时按车辆构造速度 132 km/h 进行考虑)，地下区间限界列车计算速度为 100 km/h(限界设计时按速度 110 km/h 进行考虑)，不越行的车站限界计算速度为 60 km/h，考虑越行时车站限界计算速度为 80 km/h。

(3)高架 U 形梁线间距：接触网立柱设置在线路外侧，两线间 U 形梁翼缘兼做区间疏散通道，直线段线间距为 4 800 mm。

(4)区间直、曲线段圆形隧道建筑限界：圆形隧道建筑限界直径为 5 300 mm，盾构施工误差为 100 mm，故盾构施工时的控制限界为直径 5 500 mm。

(5)高架 U 形梁桥面限界：两线间设置 U 形梁翼缘兼作疏散通道，直线段两线间翼缘至线路中心线为 1 700 mm，直线段线间距为 4 800 mm；桥边侧翼缘至线路中心线为 2 040 mm。

(6)直线段防护隔断门限界：左、右钢门框至线路中心线限界为 1 800 mm，结合国内新线开通运营安全设施验收专家意见，人防门门框应考虑与车体之间的间隙，以满足人员通过要求，因此人防门门框距线路中线按 2 000 mm 设计；钢门框顶面至轨面高度限界为 4 500 mm。

(7)区间疏散：道床面作为区间疏散通道，正线地下区间及过渡段有条件地段均按设置区间疏散平台进行限界设计；高架区间两线间 U 形梁翼缘兼做区间疏散通道，见

图 2-37。区间隧道联络通道底板与轨面齐平。

图 2-37　双线 U 形梁疏散通道

2.7.2.3　车　　辆

(1)市域 B 型车,车体宽为 2.88 m,采用直流 1 500 V 架空接触网供电,设计最高运行速度 120 km/h(地下段 100 km/h)。

(2)初期采用 4 辆编组(3 动 1 拖)形式,近期采用 4 辆/6 辆编组(4 动 2 拖)混合运行形式、远期采用 6 辆编组形式。

(3)每辆车自重:≤35 t;平均轴重:≤14 t。

2.7.2.4　轨　　道

(1)轨距:1 435 mm。

(2)钢轨:正线及配线采用 60 kg/m;车场线采用 50 kg/m。

(3)扣件:弹性分开式扣件。

(4)道岔:东郊小镇停车场出场线为区间接岔,为适应东郊小镇—古泉区间 120 km/h 的最高速度,该处采用了 12 号道岔;正线其余道岔均为 9 号道岔,车场线采用 7 号道岔。

(5)道床。

正线、配线的地下及高架一般地段:长枕式整体道床;

浮置板地段:短轨枕式整体道床;

场段库外线:碎石道床;

场段库内线:整体道床。

(6)减振降噪。

按照环保要求,线路对临近、穿越居民区、文物的区段采用不同等级的减振措施。各等级减振措施方案如下:

中等减振措施:压缩型减振扣件;

高等减振措施:隔离式减振垫道床;

特殊减振措施:钢弹簧浮置板道床。

(7)超高:曲线段最大超高值提高至 150 mm,以匹配本工程 120 km/h 的时速,使乘坐舒适性更好。

2.7.2.5　行　　车

市域快轨沿线客流具有长距离出行、部分时间段出行较为集中、对出行时间要求较高等特点，因此行车组织方案较为灵活，在技术标准上与地铁相比存在如下差异：

(1)市域快轨应按分车站、分地段、分时期的方式制定差异化运营模式。

(2)市域快轨系统远期高峰小时最大列车开行对数不宜大于 24 对/h；土建和设备配置能力应满足运营组织的最小行车间隔需求。最大开行对数的降低，主要是考虑到高速运行会使得终点站折返能力降低、列车之间的安全保障距离提高；同时，快车对慢车的越行也会造成通过能力的折减。设备系统能力按照单一交路 30 对/h 预留。

(3)市域快轨可采用站站停模式、快慢车越行模式或其他模式；当行车间隔达到 10 min 以上时，为减少乘客等待时间，可采用时刻表运营管理模式。

(4)设站台门时，越站列车在站台范围内的实际运行速度不宜低于 80 km/h，并不得低于列车旅行速度。

(5)考虑在地铁设计停车线间距 10 km、救援时间控制在 30 min 基础上，适当放大救援时间至 45 min，正线应每隔 5 座～6 座车站(约 15 km)设置停车线，其间每相隔 2～3 座车站(5～8 km)应加设渡线。

(6)为了平衡超高峰时段的舒适度和运营的经济性，在车厢站席舒适度标准高于地铁的情况下，市域快线的设计运输能力预留不小于 10%的运能裕量。

(7)以提高管理效率、精简机构和人员的原则确定运营组织架构，市域快轨运营人员配置指标可控制在 30～40 人/km。

2.7.2.6　车站建筑

(1)站台长度：有效站台长度按照 120 m 设计。

(2)站台宽度：按车站乘降量计算，但岛式站台不得小于 11 m，岛式站台侧站台不得小于 2.5 m。

(3)地下站站台层和站厅层吊顶下净高分别不小于 3.0 m 和 3.2 m。

(4)车站发生火灾事故时，乘客疏散按 4 min 全部撤离站台，并能在 6 min 内全部疏散至站厅公共区或其他安全区。

(5)全线统一考虑无障碍设计，车站设置垂直电梯和残疾人专用厕所及盲道等无障碍设施，在出入口及站内设置供残疾人使用的垂直电梯，车站设置母婴室、第三卫生间。

2.7.2.7　结构与防水

1. 地下结构

(1)地下结构的耐久性设计按现行国家标准 GB/T 50476《混凝土结构耐久性设计规范》的规定执行。

(2)普通钢筋混凝土结构的最大计算裂缝宽度允许值应根据结构类型、使用要求、所处环境和防水措施等因素确定。

处于一般环境中的结构，按荷载准永久组合并考虑长期作用影响计算时，最大计算裂缝宽度允许值，可按表 2-16 中的数值进行控制。

表 2-16　最大计算裂缝宽度允许值

结构类型		允许值	附　注
钢筋混凝土管片		0.2 mm	环境作用等级Ⅰ-A 或Ⅰ-B
其他结构	水中环境、土中缺氧环境	0.3 mm	环境作用等级Ⅰ-A 或Ⅰ-B
	洞内干燥环境或洞内潮湿环境	0.3 mm	环境作用等级Ⅰ-A 或Ⅰ-B
	迎土面地表附近干湿交替环境	0.2 mm	环境作用等级Ⅰ-C

注：(1)裂缝宽度计算时，当保护层厚度超过 30 mm 的宜按 30 mm 取值。
(2)厚度大于 300 mm 的钢筋混凝土结构可不计干湿交替作用。

2. 高架结构

(1)主体结构设计使用年限为 100 年，钢罩棚设计使用年限为 100 年，钢结构设计防腐体系使用年限为 20 年。

(2)横向三柱及以上的高架车站结构按现行国家标准 GB 50011《建筑抗震设计规范》的有关规定进行抗震设计及设防，抗震设防类别为重点设防类。横向独柱或双柱高架车站墩柱结构，应按照国家现行标准 GB 50111《铁路工程抗震设计规范》有关规定进行抗震设计，抗震设防类别应化为 B 类。

(3)列车竖向活载包括列车竖向静活载及列车动力作用，为列车竖向静活载乘以动力系数$(1+\mu)$，见图 2-38。

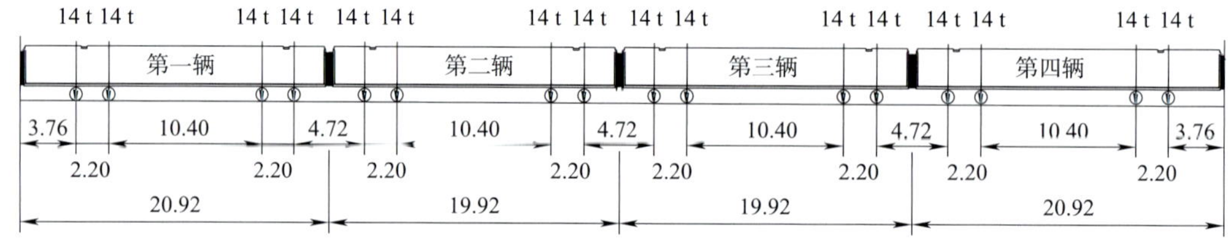

图 2-38　列车活载示意(单位：m)

《地铁设计规范》中，车辆最大车速为 100 km，μ 的取值按现行行业标准《铁路桥涵设计基本规范》规定的值乘以 0.8。宁句城际高架区间最高运行时速 120 km/h，导致列车动力响应较地铁活载有所增加，动力系数偏于安全的直接取 μ，不再乘以 0.8。

(4)依据 GB/T 51234—2017《城市轨道交通桥梁设计规范》，斜拉桥由列车竖向静活载所产生的梁体竖向挠度不宜大于计算跨度的 1/600。

(5)无缝线路简支梁桥桥墩的墩顶纵向最小水平线刚度限值按《城市轨道交通桥梁设计规范》规定取值。

该条要求中对 30 m 标准跨桥墩纵向水平刚度限值为 240 kN/cm，较地铁设计规范的限值 320 kN/cm 有所降低。地铁设计规范取值与铁路桥涵设计规范接近，但由于轨道交通的轴重较轻，且运行速度低，列车轴重引起的动弯应力要明显小于铁路，因此在同样的钢轨上，轨道交通允许的附加应力数值可更大，可降低桥墩的线刚度控制标准，继而可减小桥墩尺寸、降低造价。

（6）桥下净空。

跨越规划道路及既有道路时，桥下净高按其将来改造或修建的标准考虑。跨越高速公路时桥下净空不小于 5.0 m；跨越快速路、主干路和支路对应的净空标准为机动车 4.5 m、小客车 3.5 m、非机动车和人行 2.5 m；以上桥下净空在满足相关限界要求的基础上，预留 0.2 m 空间满足结构沉降、施工误差以及公路路面翻修的需要；跨越河流或大型水体及沿河布置的桥梁，其桥跨布置应按 1/100 洪水频率进行设计，技术复杂、修复困难的大桥、特大桥应按 1/300 洪水频率进行设计；非通航河流桥梁的桥下净空应符合现行行业标准 CJJ 11—2011《城市桥梁设计规范》的规定；通航内河桥梁的通航水位和桥下净空应符合现行国家标准 GB 50139—2014《内河通航标准》的规定。

2.7.2.8　路　　基

（1）受洪水位影响地段的路基路肩高程应按照 1/100 洪水频率标准进行设计。

（2）路堤的路肩宽度不宜小于 0.8 m，困难条件下应不小于 0.6 m；路堑的路肩宽度应不小于 0.6 m。

（3）全线路基应设置隔离栅进行线路防护，防护高度不低于 2.5 m。

（4）区间正线有砟轨道路基工后沉降量应不大于 200 mm，路桥过渡段应不大于 100 mm，沉降速率均应不大于 50 mm/年。

（5）区间正线无砟轨道路基工后沉降量应不大于 20 mm，沉降比较均匀且调整轨面高程后的竖曲线半径满足舒适度要求时，工后沉降可为 30 mm。

（6）在不同结构的分界部位应设计过渡段，过渡段长度不小于 20 m。

2.7.2.9　供　　电

（1）全线设两个主变电站，通过 35 kV 环网供电网络向降压变电所或牵引降压混合变电所供电。

（2）用 110/35 kV 两级集中供电方式，中压网络采用牵引动力照明混合网络，系统构成为环网方式。

（3）牵引变电所、降压变电所、牵引降压混合变电所，均从中压网络引入两路独立的 35 kV 电源。

（4）牵引网络系统的供电制式为直流 1 500 V，隧道内采用刚性接触网；其余采用柔性架空接触网。

2.7.2.10 信　　号

结合在建及建成的国内外轨道交通线路的信号设备选型情况，并从城市轨道交通信号系统(CBTC)与国铁信号系统(CTCS2＋ATO)比选分析，推荐宁句城际信号系统采用基于连续式通信(CBTC)的移动闭塞 ATC 系统。

2.7.2.11 通风与空调

(1)地下站站厅层设计温度为干球温度不大于 29 ℃，相对湿度为 40%～70%；站台层设计温度为干球温度不大于 28 ℃，相对湿度为 40%～70%；正常和阻塞运行时，隧道内夏季最高温度≤35 ℃。

(2)地下站人均新风量，空调季节 20 m^3/h，非空调季节 30 m^3/h。

(3)GB 51251—2017《建筑防烟排烟系统技术标准》对补风管道，排烟管道及加压送风管道提出了明确的耐火极限要求。当通风管道耐火极限≤1 h 时，管道采用“钢板＋耐高温玻璃棉”的型式；当管道耐火极限＞1 h 时，管道采用“钢板＋耐高温玻璃棉＋防火板”的形式。

2.7.2.12 给 排 水

1. 给水

(1)工作人员生活用水量为 50 L/班·人，小时变化系数 2.5。

(2)空调冷却水系统补充水量为冷却循环水量的 2.0%。

(3)车站冲洗用水量为每次 1 L/m^2，冲洗时间按 1 h 计。

(4)消火栓用水量：地下车站室内、外 20 L/s，地上车站室内、外消火栓用水量按《消防给水及消火栓系统技术规范》确定，地下区间隧道及人行通道消火栓用水量 10 L/s。

(5)生产用水量按工艺要求确定。

2. 排水

(1)生活污水排水量按用水量的 95%计算。

(2)生产设备排水按工艺要求确定。

(3)地下结构渗水排水量按 1 $L/m^2 \cdot d$ 计。

(4)消防排水量与用水量相同。

2.7.2.13 车辆基地

根据目前国内轨道交通车辆段检修经验和 T/CCES 2—2017《市域快速轨道交通设计规范》的相关规定，宁句城际检修周期见表 2-17。

表 2-17　车辆修程、检修周期及停修时间

检修修程	检修周期		检修时间/d
	里程/10^4km	时　　间	
大修	120	10 年	35
架修	60	5 年	20
定修	15	1.25 年	8
三月检	3	3 月	2
双周检	0.5	0.5 月	0.5
例检	—	每天或每两天	—

第3章 技术创新

3.1 高架桥梁装配式下部结构

3.1.1 应用背景

预制拼装在安全、质量、工期、环保等方面有显著优势，具有快速化、标准化、工厂化等工业化特点，已成为高架桥梁工程建设的主要发展趋势之一。预制装配式桥梁是基于“创新、协调、绿色、开放、共享”的发展理念，提出的一种新型的桥梁设计、施工方式，可实现高质量、高效率的可持续发展。

目前，桥梁下部结构的预制拼装，国内外多应用于市政及公路工程中。由于轨道交通工程特有的受力状态，其下部结构的预制拼装工法应用较少，尚处于起步阶段。宁句城际通过对轨道交通高架桥梁下部结构预制构件连接及施工方案等关键技术的深入研究，探索出适用于轨道交通工程的桥梁下部结构预制拼装设计方案，并研究出一整套的高架桥梁下部结构预制拼装施工工艺，从而构建出一套适合轨道交通的完整、经济、美观、绿色、便捷的装配式结构体系，成为国内轨道交通行业首个规模应用预制盖梁、预制桥墩的城际轨道交通工程。

3.1.2 研究现状

3.1.2.1 国内外研究现状

桥梁预制拼装技术最早起源于法国。弗莱西奈在1945—1948年期间首先对预应力混凝土桥进行了预制拼装施工。在过去的几十年间，利用预制拼装工艺来缩短桥梁建造时间的方法在欧美各国已逐渐受到重视。

20世纪60年代起，我国开始尝试在混凝土桥梁上部结构中采用预制节段拼装工艺。随着技术进步，预制节段拼装桥梁上部结构在我国得到越来越广泛的应用。对于桥梁立柱，在东海大桥、杭州湾大桥、港珠澳大桥等工程中，预制拼装桥墩技术均得到了成功应用，但仅限于大吨位运输和现浇湿接头方式，并不适用于城市桥梁下部桥墩的建造。

国内外轨道交通高架桥，如迪拜轨道交通高架桥、巴基斯坦拉合尔橙线、我国台湾内湖线轨道交通工程、上海地铁五号线中均运用了桥墩预制拼装工法，其中上海地铁五号线仅做了三个试验墩，见图3-1。

图 3-1　上海地铁五号线预制桥墩

接缝是预制拼装构件设计的关键，由于预制构件是分别制作完成后拼装连接，接缝是最容易破坏、劣化的部位。预制拼装桥墩因构造方式不同，其力学特性与常规现浇桥墩存在差异。

根据当前收集到的国内多个下部结构采用预制装配技术的工程应用案例分析可知，预制拼装桥墩在城市及公路桥梁中大量应用，高烈度区、寒冷地区和沿海地区均有应用，连接构造类型多种多样，有灌浆套筒连接、灌浆波纹管连接、预应力筋连接、承插式连接、插槽式连接等，其中灌浆套筒和灌浆波纹管连接应用案例相对较多；轨道交通桥梁由于其特有的受力特点，下部结构预制拼装应用较少。可见，预制桥梁下部结构技术尚未在国内轨道交通领域得到真正推广应用。

3.1.2.2　轨道交通桥梁特点

轨道交通桥梁与公路、市政桥梁相比，在设计荷载、设计标准、设计方法、运营管理等方面均差异较大：

(1)轨道交通桥梁设计荷载＞城市/公路荷载。

(2)轨道交通下部结构有特有荷载：轨道力、列车横向摇摆力、考虑单侧活载质量的横向地震力，引起盖梁、墩柱、承台连接点弯矩比公路、市政桥梁大。

(3)轨道交通桥墩纵向有严格的刚度要求，见表 3-1，横向有转角位移要求，桥墩尺寸普遍比公路、市政桥梁墩柱尺寸大。市政公路桥梁对结构刚度无要求，仅满足墩顶位移要求即可。

表 3-1　桥墩纵向水平刚度限值(双线)

跨度 L/m	最小水平刚度/(kN · cm^{-1})
$L \leqslant 20$	240
$20 < L \leqslant 30$	320
$30 < L \leqslant 40$	400

(4)轨道交通桥梁宽度较小,约 10～11 m,多采用独柱墩;市政公路桥梁宽度较大,约 20～30 m,多采用双柱或多柱墩,可靠性更高,见图 3-2。

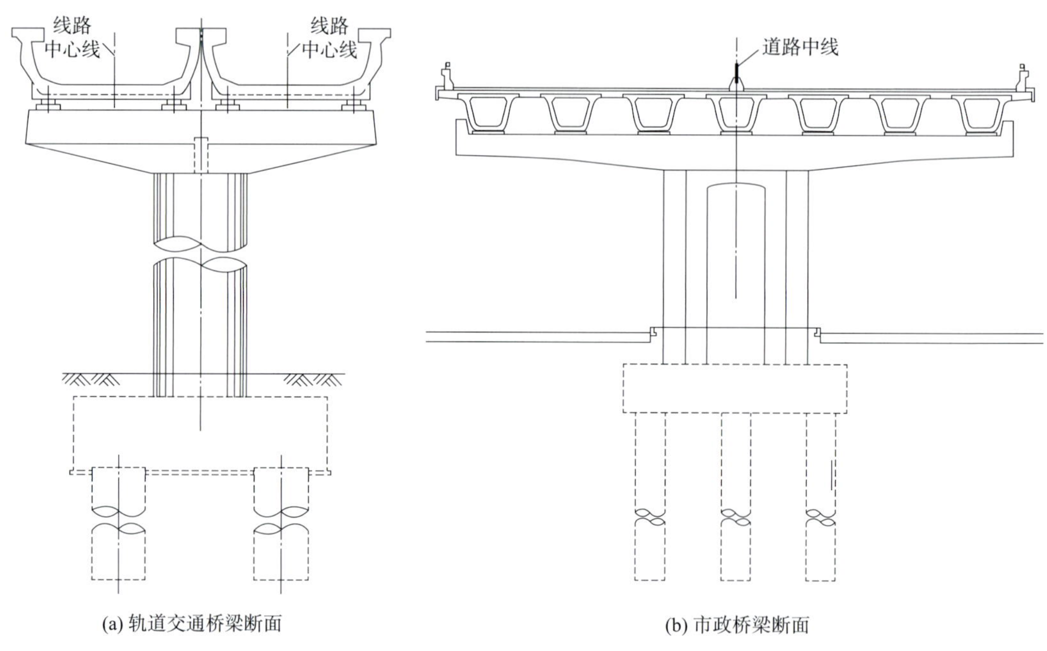

图 3-2　轨道交通与市政桥梁下部结构方案对比

(5)轨道交通桥梁只能夜间停运天窗期进行检修,白天中断运营检修属重大事故。市政、公路桥梁使用阶段出现问题,车辆可绕行,全天候进行桥梁检修。

3.1.3　预制桥墩连接方案研究及应用

3.1.3.1　预制墩柱预应力连接类型

由于预制节段是分别预制完成后拼装成整体,接缝是整个结构的薄弱点。预制桥墩构件与盖梁、承台与基础的连接节点基本都存在明显的薄弱接缝,外部环境中的水分、气体以及侵蚀性物质比较易于通过接缝界面进入墩柱内部,从而可能对内部钢筋产生锈蚀作用等不利影响。

针对轨道交通预制拼装桥墩特点,在接缝处配置竖向预应力,使预制墩接缝在常规荷载下处于受压状态,可有效改善接缝受力、保证桥墩刚度。

预制桥墩按照预应力筋与混凝土之间是否有黏结力分为无黏结预应力桥墩、有黏结预应力桥墩。通过对两种预应力型式的研究表明,无黏结预应力结构预应力全部由锚具传递,对于使用年限 100 年的轨道交通桥墩,其耐久性尚需验证。因此,有黏结预应力结构更有适合应用于轨道交通桥墩。

3.1.3.2　预制墩柱预应力连接方案

句容车辆段试车线高架段全长 268.22 m，桥梁跨度为 2×28 m+5×26 m+28 m+2×26 m，上部结构为单线 U 形梁，下部结构采用独柱 T 形墩，基础采用钻孔灌注桩。为方便预应力布置，墩柱采用 1.6 m×1.6 m 矩形断面，盖梁尺寸 2.4 m×4.1 m×1.6 m，墩高为 10 m（含盖梁高度），墩柱、盖梁均采用预制拼装结构，见图 3-3。

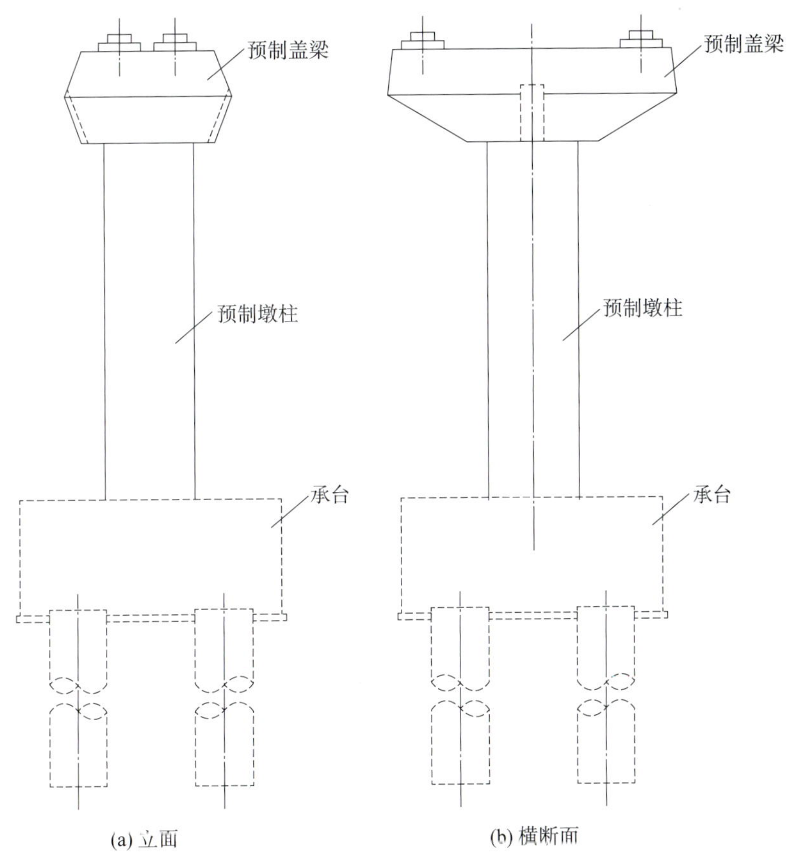

图 3-3　单线预制桥墩、预制盖梁构造

车辆采用市域 B 型车，试车线最高设计时速 85 km/h，采用接触网供电，全线一次性铺设无砟轨道。

经研究，对于宁句城际设计配置预应力的预制桥墩，采用有黏结预应力钢束与普通钢筋连接相结合的形式，最终确定如下连接方案：

（1）根据预制墩高度及吊装重量，将墩柱和盖梁各分为一个预制构件，预制盖梁及预制墩柱内预埋预应力波纹管，供预应力钢绞线通过。

（2）预制墩底部预埋灌浆套筒，相对应的预制墩及承台内预埋连接钢筋，预制盖梁底部预埋灌浆金属波纹管。

(3)承台内预埋自锁式预应力钢绞线锚固端,预制盖梁顶预埋自锁式预应力钢绞线张拉端。

(4)自下而上按次序吊装预制墩柱及预制盖梁,墩底与承台交接面、预制盖梁与预制墩交接面设置砂浆垫层,墩柱节段连接钢筋伸入灌浆套筒,墩柱与盖梁连接钢筋伸入预制盖梁底部灌浆波纹管内,灌浆连接。

(5)从盖梁顶面自上而下安装自锁式预应力钢绞线,以"串糖葫芦"的方式,完成预制桥墩与承台、预制墩柱与预制盖梁连接。

(6)承台内预埋压浆管,自下而上灌注灌浆料,使钢绞线与墩柱黏结成统一的整体。

预应力和普通钢筋具体规格为一个墩柱内竖向配置 4 束 15-15 自锁式预应力钢绞线,32 根直径 32 mm 普通钢筋,见图 3-4 和图 3-5。

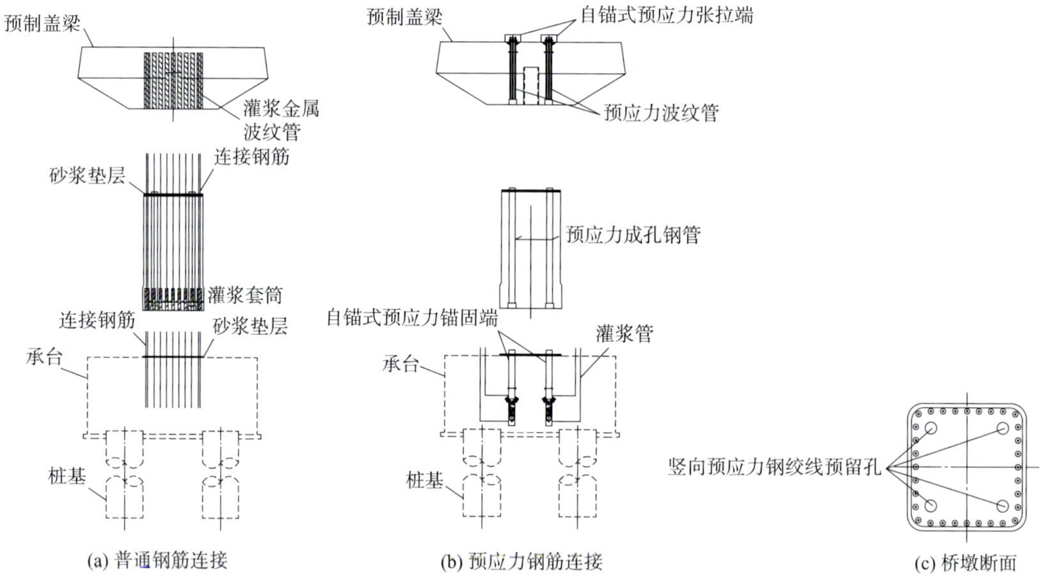

图 3-4 单线预制桥墩、预制盖梁示意

(a) 预制桥墩吊装

(b) 预制盖梁吊装

图 3-5 单线预制桥墩、预制盖梁拼装

3.1.4　预制盖梁连接方案研究及应用

3.1.4.1　预制盖梁与墩柱连接方案研究

常见预制盖梁、桥墩连接方式与预制桥墩、承台连接类似，略有差别。按照接缝构造特点和施工方法的不同，分为有预应力和无预应力两大类，常用的接头方式有：钢筋锚固、后张预应力、插槽式、钢构件焊接、UHPC 连接、组合式连接等，见表 3-2。

表 3-2　常用的预制拼装接缝形式

序号	接缝名称	构造特点	应用部位
1	钢筋锚固连接	构件上预留钢筋形成钢筋骨架，插入另一构件的预留槽内，或将钢筋互相焊接，再灌注半干硬性混凝土。常用的有灌浆套筒连接、灌浆波纹管连接	墩柱与承台、墩柱节段间、盖梁与墩柱
2	后张预应力连接	采用预应力钢绞线、精轧螺纹钢将预制构件串联成整体，在构件的拼接段上涂以环氧树脂水泥胶薄层或高强砂浆垫层，在其硬化前使拼接面接触密贴，提高结构抗剪能力、整体刚度和不透水性	墩柱与承台、墩柱节段间、盖梁与墩柱
3	插槽式	构件预留钢筋插入另一构件的预留槽中，然后预留槽内浇筑混凝土，完成预制构件的连接	墩柱与承台、盖梁与墩柱
4	钢构件焊接	将预埋在构件中的钢板与另一构件的预埋钢板用电焊连接，外部再用混凝土封闭。这种接头易于调整误差，多用于水平连接构件与立柱的连接	预制盖梁与墩柱连接
5	UHPC 连接	采用 UHPC 超高性能混凝土，钢筋不焊接，搭接连接，实现墩与承台之间、墩身节段之间或墩与盖梁之间连接的锚固构造	墩柱与承台、盖梁与墩柱
6	组合式连接	多采用钢筋锚固与后张预应力组合，钢筋通过连接器实现连接后，同时施加竖向预应力，是接缝处于受压状态，提供安全储备的同时，增强接缝耐久性	墩柱与承台、墩柱节段间、盖梁与墩柱

3.1.4.2　宁句城际预制盖梁方案

1. 工程概况

宁句城际黄梅站—童世界站区间，桥梁沿宝华山路路中敷设。宝华山路规划宽度 65 m，路中设隔离带，机动车道与非机动车道之间设置 4 m 宽侧分带。

宁句城际桥梁上部结构采用双线并置简支 U 形梁，单片梁宽 5.21 m，采用架桥机整孔架设；下部结构采用 T 形桥墩，盖梁为宝石型截面，盖梁尺寸（9.7×2.4×1.7）m，混凝土 37.09 m^3，重 96.4 t，采用预制拼装施工；桥墩高度 10～11.5 m，墩柱为圆形截面，墩径 2.2 m，采用现浇施工；桩基采用钻孔灌注桩，桩径 1.2 m。

宝华山路现状车流量较多，要求桥梁施工尽量减少对既有路的影响。因此在本区间交通最为繁忙的 1 km 范围内设置预制盖梁，见图 3-6。

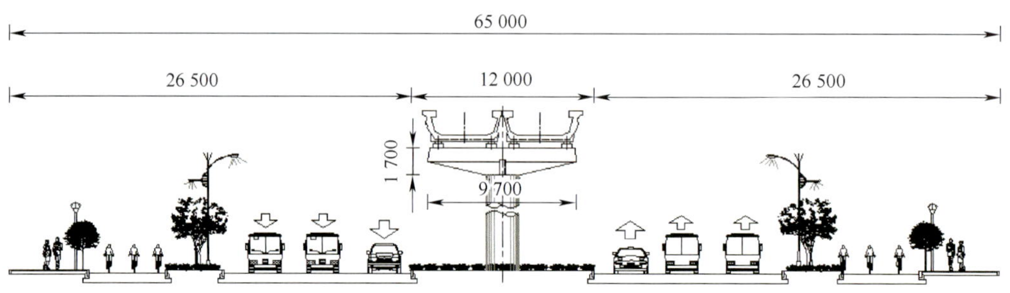

图 3-6　桥梁与既有路关系(单位:mm)

2. 双线预制盖梁连接方案

双线预制盖梁与墩柱的连接采用竖向预应力钢筋与普通钢筋相结合的方式,墩顶预留结构钢筋及预应力锚固钢筋,盖梁在钢筋相对应位置用金属波纹管预留孔洞,盖梁吊装完成后,张拉预应力并灌浆,完成预制盖梁的拼装。

现浇桥墩内设置 36 根 ϕ32HRB400 钢筋,桥墩墩顶以下 3 m 范围内设置 8 根高强精轧螺纹钢,螺纹钢布置于桥墩普通钢筋内侧。盖梁底根据桥墩钢筋及精轧螺纹钢布置情况,预留与连接钢筋相匹配的孔洞,供普通钢筋、精轧螺纹钢与盖梁锚固连接,构造见图 3-7 和图 3-8。

(a) 墩柱施工

(b) 盖梁张拉预应力

(c) 盖梁拼装

图 3-7　双线预制盖梁拼装

具体连接方式如下:

(1)在承台上浇筑墩柱,墩柱顶面预埋预应力筋和普通钢筋,预应力筋和普通钢筋均高于墩柱的顶面。

(2)预先制作预制盖梁,在预制盖梁上预埋与预应力筋和普通钢筋对应的预留孔。

(3)墩柱顶面设置砂浆垫层,将预制盖梁与墩柱进行定位拼装,使预应力筋、普通钢筋插入预留孔内。

(4)在普通钢筋预留孔内灌注灌浆料,强度均满足要求后,对预应力筋的顶端进行张拉并通过张拉锁紧件进行固定,然后灌注灌浆料。

(5)通过封锚块将预应力筋张拉端进行封堵。

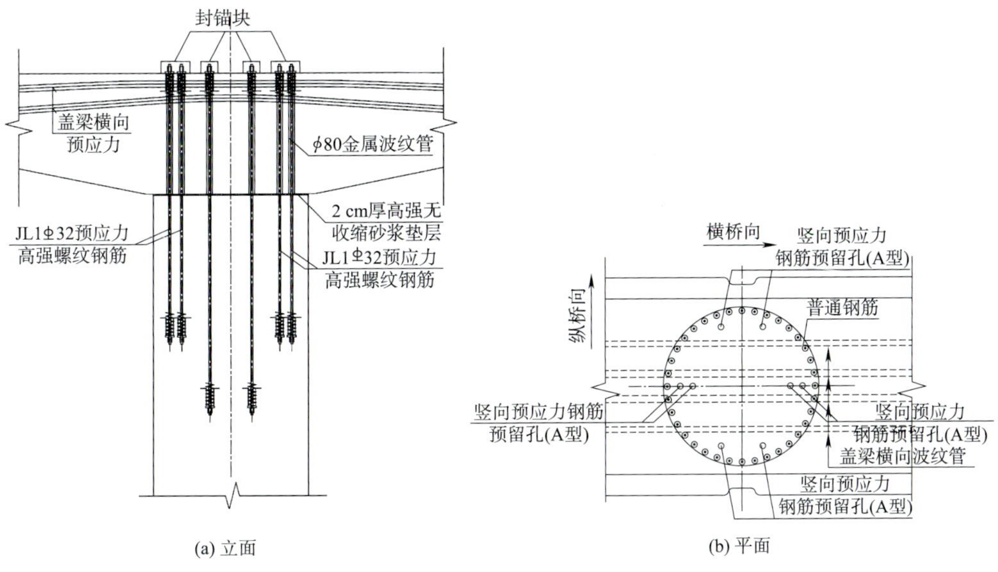

(a) 立面　　(b) 平面

图 3-8　双线预制盖梁连接布置

3.1.5　预制盖梁足尺试验研究

为充分探究预制盖梁拼装后结构拼接面的受力特性，同时也为了验证数值模型的可靠性，对预制盖梁结合数值模拟进行了多工况足尺试验，并对模型结果与试验结果进行了对比分析。

1. 试验设计

预制盖梁足尺试验模型包括盖梁和墩柱两部分。其中，盖梁构造除预留加载用波纹管孔道外，与原设计图一致。墩柱仅取 2.0 m 高，配筋方式与原设计图一致。为对盖梁施加竖向荷载，特别设计了预应力地梁，并预留加载用波纹管孔道。加载方式是通过张拉预应力钢束的方式进行。试验模型总体布置见图 3-9。

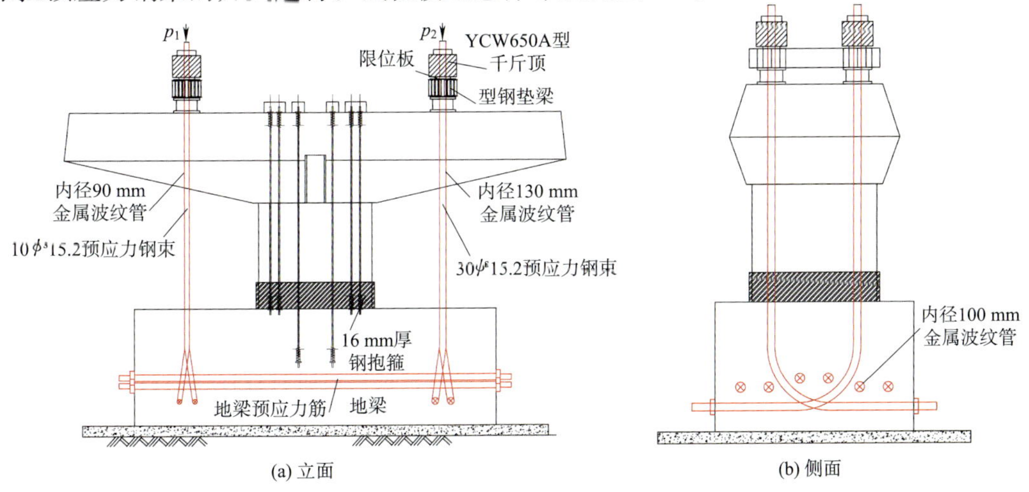

(a) 立面　　(b) 侧面

图　3-9

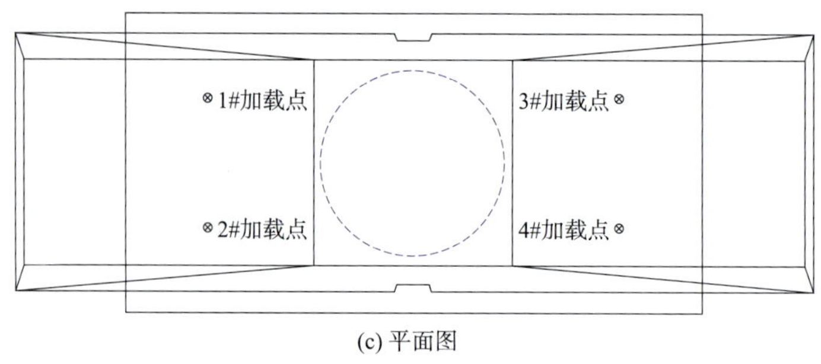

(c) 平面图

图 3-9 试验总体布置

2. 加载方案

加载分三阶段进行，包括 12 个荷载工况，包含了从单片梁架设、单线列车荷载、常遇和罕遇地震力直至多倍活载等组合工况，最终在“恒载＋单侧 6 倍活载”工况下将预制盖梁压至破坏，试验通过图 3-9 中所示的 p_1 和 p_2 端张拉预应力束加载。试件加载示意见图 3-10。

图 3-10 试件加载示意

3. 试验结果对比分析

将试验数据与模型计算结果进行对比分析发现，测点混凝土应力试验值与模型计算值变化趋势基本一致，且相同工况下测点混凝土的应力计算值略大于试验值，测点应力最大值压应力的计算值为－7.61 MPa，试验值为－5.77 MPa，均小于 C40 混凝土的容许应力 13.5 MPa，拼接面混凝土均处于弹性受力状态，受力良好。

与混凝土应力对比相似，各工况下钢筋应力变化趋势计算值与试验值基本一致。其中，钢筋拉力的最大值试验值为 16.2 MPa，计算值为 10.26 MPa，均处于弹性受力状态。

综合上述混凝土和钢筋应力分析，预制构件拼接面在各工况下均处于弹性受力状态，受力状态良好，数值计算与试验结果基本吻合，受压侧混凝土应力计算值略大于试验值，模型计算的安全性与可靠性得以验证。

综上所述，结合有限元计算与预制盖梁试验结果对比分析，对于采用预应力连接方式的预制盖梁受力性能进行分析得到以下主要结论：

(1)数值计算与试验结果基本吻合，模型计算的安全性与可靠性得以验证。

(2)运营各工况下，拼接面基本处于弹性状态，全截面受压，受力良好。

基于本项目的设计、施工等工作研究，得出了桥梁预制装配技术具有施工质量可控、施工速度快、现场污染少、低碳绿色等优点，符合当前“双碳”背景下轨道交通桥梁发展方向。

3.1.6 结　论

通过对宁句城际项目对预制桥墩、预制盖梁的实际应用，形成以下成果：

(1)形成了有黏结预应力预制桥墩成套技术，使其能满足轨道交通桥梁在全寿命周期内桥墩受力及耐久性要求，是轨道交通预制桥墩发展的重要方向。

(2)通过理论计算和足尺试验，证明预制盖梁所采用的有黏结预应力加普通钢筋的连接方式，安全性与可靠性可以满足运营要求。

(3)形成了一套可行有效的轨道交通下部结构装配式技术，相关技术已申请并获得了发明专利，推广应用前景广阔。

基于该创新技术，获得了多项发明和实用新型专利，授权多项施工工法。与城市轨道交通绿色设计技术、数字设计标准和体系、装配式结构工业化施工体系一起，研究成果总体达到国际先进水平，其中有黏结竖向预应力灌浆套筒组合式连接预制桥墩技术处于国际领先水平。该技术获得江苏省土木建筑学会2023年度科学技术奖一等奖。

3.2 高架桥梁规模突破

3.2.1 国内轨道交通连续梁最大跨度矮塔斜拉桥

3.2.1.1 应用背景

矮塔斜拉桥作为组合结构体系，充分发挥了连续梁桥和斜拉桥的结构受力特性，主梁高度较连续梁低，克服了梁高过大带来的压迫感，桥塔设置具有斜拉桥宏伟壮观的视觉效果，具有良好的经济性和景观效果。一般认为，预应力混凝土矮塔桥的经济跨径在100～200 m，在大跨度桥梁方案比选中属于非常有竞争力的桥型。由于梁的刚度比较大，更适合于变形和刚度控制要求高的轨道交通大跨度桥梁。特别是主梁采用悬臂浇筑施工的矮塔斜拉桥，可跨越河流、桥梁等各种障碍。

在轨道交通领域,上海轨道交通 16 号线于 2011 年建成首座(80+140+80) m 大治河矮塔斜拉桥,塔墩分离。佛山市城市轨道三号线跨顺德水道采用(93.55+168.5+93.55) m 塔墩梁固结体系的连续刚构矮塔斜拉桥。宁句城际采用(90+160+90) m 塔梁固结支座体系的连续梁矮塔斜拉桥,为国内轨道交通领域连续梁最大跨度矮塔斜拉桥。

宁句城际东郊小镇—古泉站区间,青龙山隧道出洞口至 S122 与汤泉西路交叉口之间,节点复杂,有九乡河、西气东输管道、规划三环公路及匝道、S122 主道高架、汤泉西路、军用光缆等。其中,S122 主道高架为双向六车道,地面辅道为双向四车道,两侧设置人行道和非机动车道,道路红线宽 60 m。既有汤泉西路为双向两车道,规划红线为 30 m。宁句城际线路和 S122 省道斜交,夹角约 37°,因主道为高架桥结构,路中无条件立墩,采用一跨过 S122 的方案,同时考虑两侧节点,采用(90+160+90) m 的孔跨布置,见图 3-11。

图 3-11 矮塔斜拉桥效果

3.2.1.2 结构参数

矮塔斜拉桥是主梁、桥塔及斜拉索协同作用的结构体系。桥塔、主梁、斜拉索的刚度与其分配情况对矮塔斜拉桥的力学特性有决定性的影响。关键结构参数有:结构体系、边中跨比、主梁刚度、桥塔刚度、无索区长度、拉索间距。

1. 结构体系比选

主要进行了塔墩梁固结的刚构与塔梁固结的支座体系比选。

塔墩梁固结体系,结构刚度大、无大吨位支座的使用,无须设置临时固结,缺点在于固结处负弯矩大,主梁对地震、温度荷载作用较为敏感。

支座体系为塔梁固结、塔墩分离形式,主梁为具有弹性支撑的连续梁,主梁的内力大小与主梁与桥塔的抗弯刚度比值有关。支座体系显著减小了主梁跨中段承受的轴向拉力,索塔和主梁的温度应力也较小。桥墩高度较低,高跨比 1/14.5,通过受力分析比选,采用塔梁固结的支座体系。

2. 边中跨比

边中跨比若太小，在活载作用下会导致边跨支座处出现拉力；边中跨太大，边跨主梁会出现较大正弯矩，不利于边跨斜拉索与预应力钢束的配置。为方便悬臂施工且边支点不产生拉力，边中跨比宜与连续梁桥边中跨比取值相当，宜为 0.55～0.6。本桥边中跨比为 0.562 5，属于矮塔斜拉桥合理的边中跨比范围。

3. 桥塔刚度

桥塔主要承受来自斜拉索的斜拉力及由两侧索力差引起的弯矩。矮塔斜拉桥的桥塔高度将直接决定斜拉索主梁之间的夹角大小，从而影响斜拉索分担竖向荷载的大小。铁路矮塔斜拉桥的桥面以上塔高与中跨跨度比为 1/8～1/6，比公路的 1/12～1/8 略大。轨道交通桥梁刚度要求与铁路接近，活载介于铁路、公路之间。其矮塔斜拉桥合理的桥塔高度及刚度有必要进行比选研究。经景观、经济性、力学性能比选，轨道交通矮塔斜拉桥合理的塔梁高跨比为 1/8～1/6。

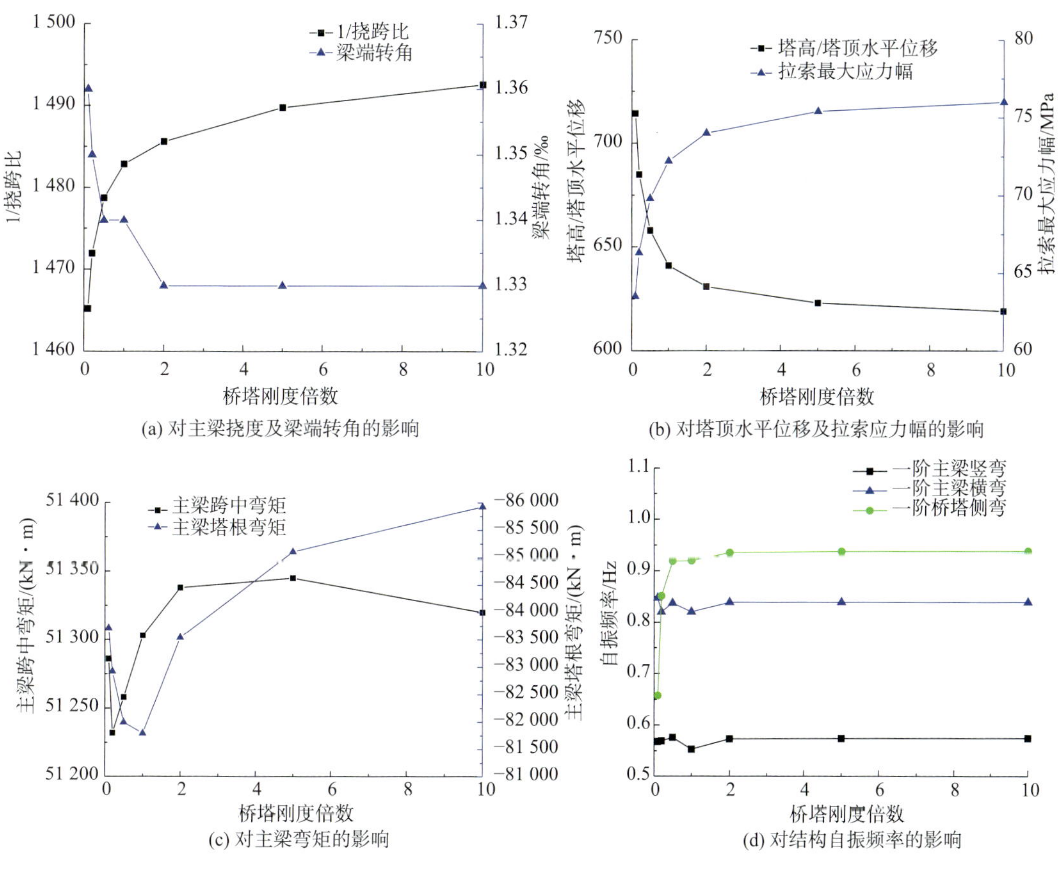

图 3-12　桥塔刚度对主梁影响计算结果

图 3-12 计算结果表明，活载作用下，桥塔刚度增大，主梁挠跨比、梁端转角呈减小趋势，且减小幅度较小，主梁跨中挠度最小值为最大值的 98.2%，梁端转角最小值为最

大值的97.8%；塔顶水平位移和拉索应力幅逐渐增大，塔顶水平位移的最大值为最小值的1.15倍，拉索应力幅最大值为最小值的1.2倍；主梁跨中弯矩变化幅度很小；主梁塔根处弯矩先减小后增大，塔根处弯矩最大值为最小值的1.05倍。

桥塔刚度增大，主梁一阶竖弯和横弯频率变化均较小，桥塔一阶侧弯频率先明显增大，后保持不变，可知桥塔刚度对主梁的振型影响很小，对桥塔自身的频率影响较大。桥塔刚度增大，对主梁的受力影响很小，而对桥塔自身及拉索的受力影响稍大，总体来说，改变桥塔刚度对矮塔斜拉桥受力特性的影响很小。因此，对于以主梁受力为主的矮塔斜拉桥，其桥塔刚度满足自身的受力性能要求即可。

4. 无索区长度

矮塔斜拉桥受力特性接近于连续梁桥，整体刚度由主梁提供，斜拉索作为体外预应力筋。与常规斜拉桥不同的是，矮塔斜拉桥在中跨与边跨都存在明显的无索区段。塔根无索区对主梁的影响见图3-13。

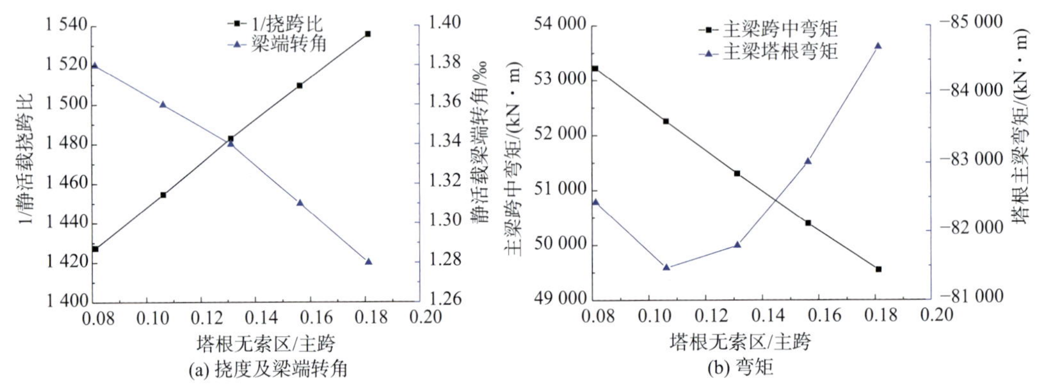

图3-13　塔根无索区对主梁的影响

由图3-13可知，在活载作用下，塔根无索区长度增大，主梁挠跨比、梁端转角、塔顶水平位移呈减小趋势，且减小幅度较小，主梁跨中挠度最小值为最大值的93.0%，梁端转角最小值为最大值的92.8%，塔顶水平位移最小值为最大值的86.2%；拉索应力幅逐渐增大，拉索应力幅最大值为最小值的1.08倍；主梁跨中弯矩呈减小趋势，跨中弯矩最小值为最大值的93.1%，主梁塔根处弯矩逐渐增大，塔根处弯矩最大值为最小值的1.03倍。增大塔根无索区长度可改善主梁跨中位置受力性能。

5. 拉索间距

拉索间距增大可提高结构整体刚度，但作用有限，轨道交通矮塔斜拉桥宜采用稀索体系，间距取8 m左右，在满足悬臂浇筑的要求下，拉索间距尽可能取大值。拉索间距对主梁的影响见图3-14。

由图3-14可知，在活载作用下，拉索间距增大，主梁挠跨比、梁端转角呈减小趋势，且减小幅度较小，主梁跨中挠度最小值为最大值的98.1%，梁端转角最小值为最大值的

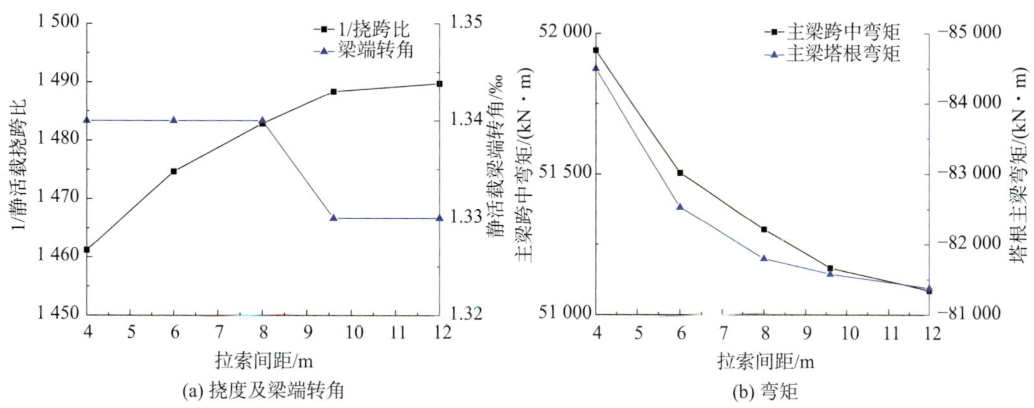

图 3-14 拉索间距对主梁的影响

99.3%;塔顶水平位移和拉索应力幅逐渐减小,塔顶水平位移的最小值为最大值的 96.8%,拉索应力幅最小值为最大值的 97.3%;主梁跨中弯矩和塔根处弯矩呈减小趋势,跨中弯矩最小值为最大值的 98.4%,塔根处弯矩最小值为最大值的 96.3%。

从受力性能上分析,拉索间距增大,结构的受力性能改善,但当索距超过 8 m,其优势也并不明显;从经济角度上分析,密索布置下拉索的利用效率较低。在材料用量及利用效率上都远没有稀索布置经济。但是索距过大,拉索在施工过程中对主梁的帮扶有所减弱。综合上述,采用稀索布置对于矮塔斜拉桥较为有利,能满足结构受力要求。

为提高桥梁整体景观效果,塔上的拉索,应尽量紧凑,联合厂家研究后,理论上竖向间距 0.7 m 是拉索构造布置并且可实施的最小间距,两排索距横向为 1.2 m。斜拉索在桥塔上采用分丝管穿过,设置索鞍,因拉索间距小,桥塔局部应力集中明显。

模拟情况及计算结果见图 3-15～图 3-18。

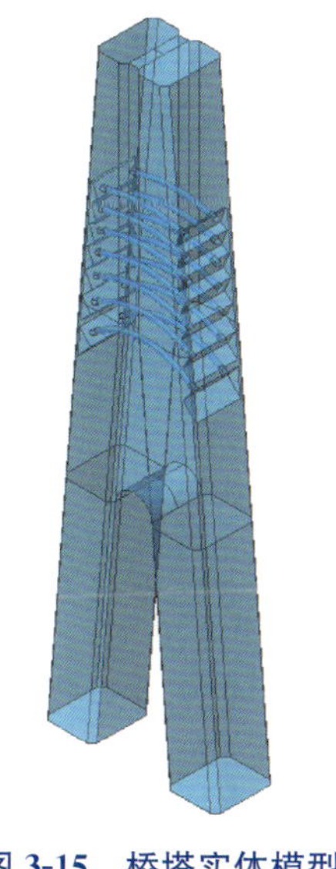

图 3-15 桥塔实体模型

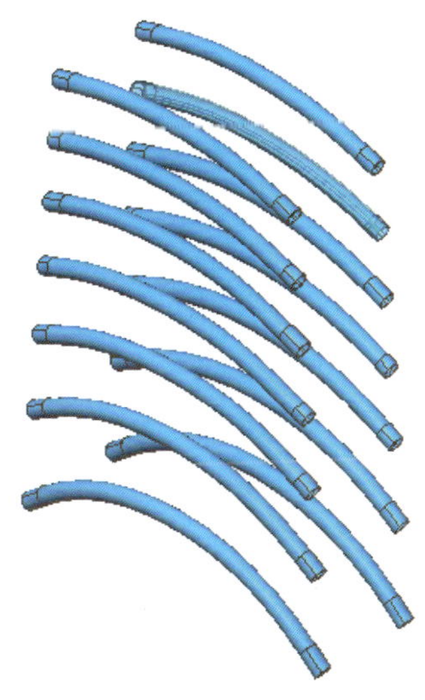

图 3-16 分丝管钢套管模型

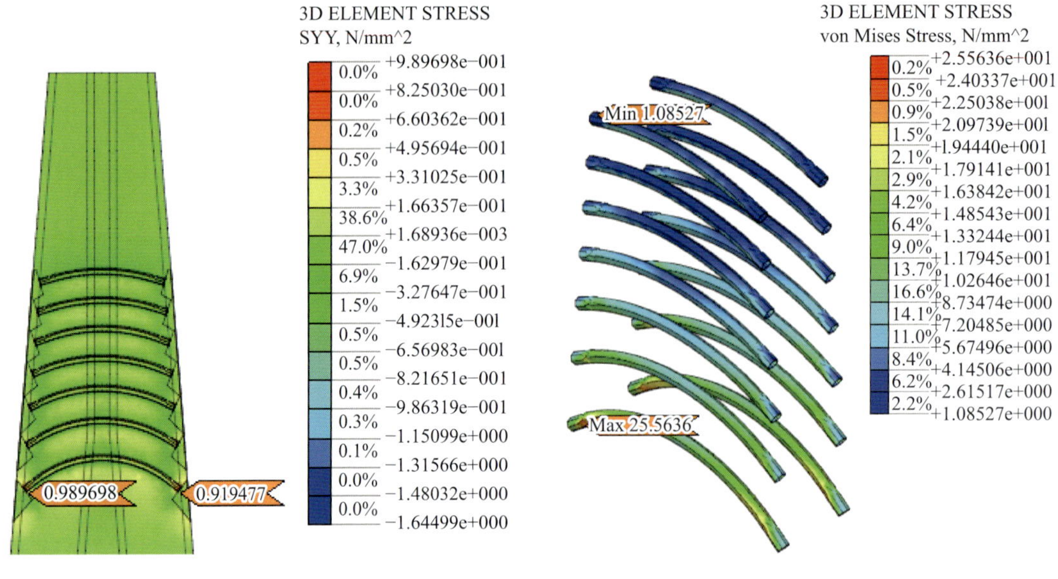

图 3-17　横桥向劈裂应力云图　　图 3-18　钢套管 mises 应力云图

由图 3-15～图 3-18 可知，竖向压应力是从上至下呈扩大趋势，最下方的索鞍侧面处混凝土横向劈裂应力最大，为 0.99 MPa，满足规范要求。同时在鞍座位置配置横桥向的钢筋以改善该部分混凝土受力。钢套管最大 mises 应力为 25.6 MPa，远小于钢套管的容许应力 210 MPa。由此可知，索塔锚固区的设计满足规范要求。

3.2.1.3　结构设计

1. 结构主体设计

经技术经济比选，跨 S122 省道方案采用(90＋160＋90)m 矮塔斜拉桥塔梁固结支座体系。主梁采用三向预应力混凝土箱梁。拉索为双索面扇形布置，每个桥塔设置 14 对斜拉索，斜拉索锚固在箱梁中腹板两侧，斜拉索在梁上张拉，塔上采用分丝管鞍座。索塔采用独柱式混凝土塔，塔身横向两侧和两个过渡墩顶设置横向阻尼装置；索塔处设置纵向阻尼装置。塔区附近设置风障。桥墩为花瓶墩，基础为钻孔灌注桩。桥梁模型见图 3-19。

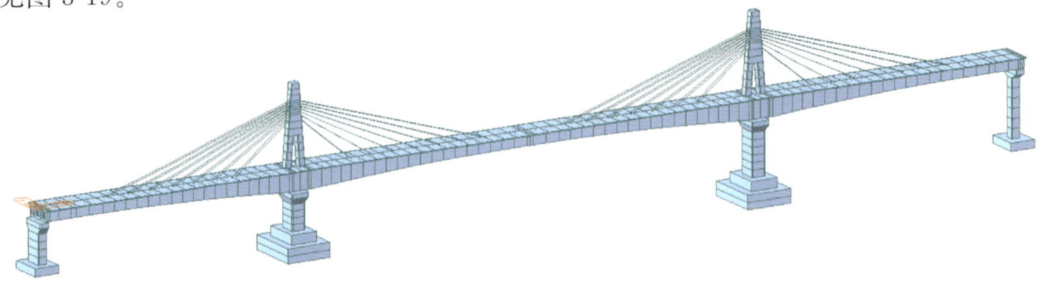

图 3-19　(90＋160＋90) m 矮塔斜拉桥模型示意

(1)主梁设计

主梁采用 C55 混凝土,为直腹板单箱双室混凝土箱梁,梁高 3.8～6.6 m,中支点梁高与主跨比为 1/24。中支点等高段长 8 m,跨中等高段长 52 m,变高段长 50.0 m,按照 1.8 次抛物线变化。箱梁顶宽 12.0 m,底宽 8.5 m。断面构造见图 3-20。

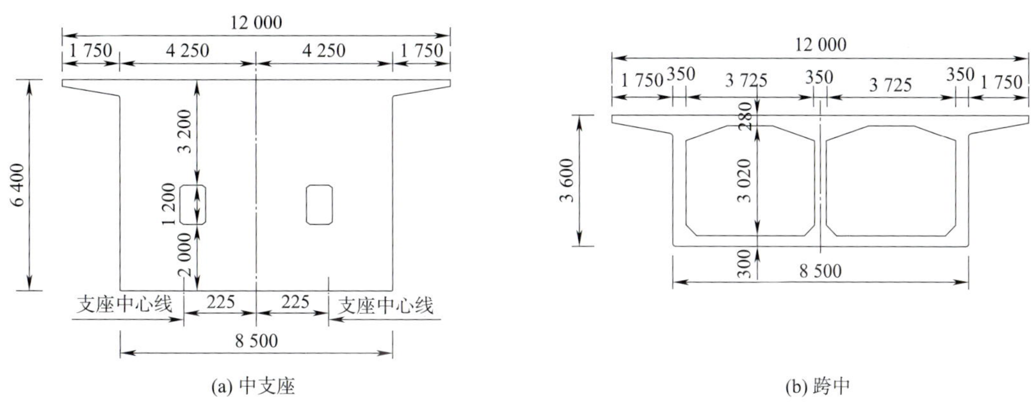

图 3-20　斜拉桥横断面构造(单位:mm)

(2)拉索及锚固体系设计

斜拉索采用单丝涂覆环氧涂层预应力钢绞线斜拉索体系,外套 HDPE,斜拉索规格为 ϕ^{s}15.2—37,抗拉强度标准值 1 860 MPa。斜拉索在索塔内通过,并通过鞍座锚固于塔身,两侧对称锚固于梁体。采用分丝管鞍座,鞍座结构采用钢结构外壳,由钢板组焊而成,鞍座弯曲半径为 3.0～5.5 m,见图 3-21。

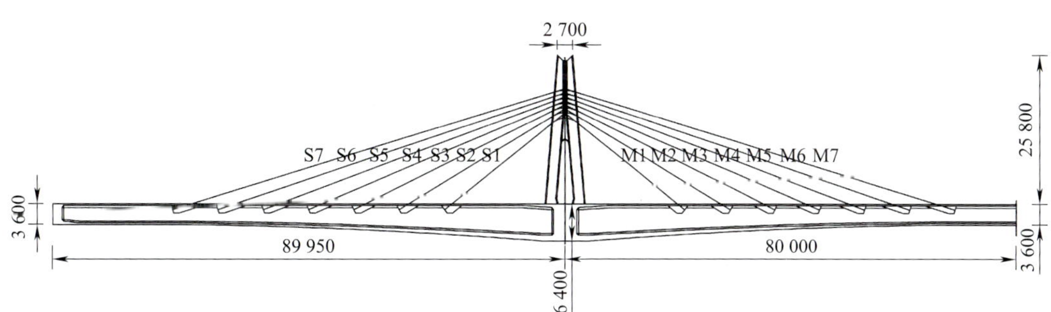

图 3-21　1/2 桥桥塔与斜拉索立面布置(单位:mm)

(3)主塔设计

主塔采用 C50 混凝土,采用钢筋混凝土结构,横向为单柱式,桥面以上塔高 20 m。桥塔截面为矩形实心截面,塔柱横截面轮廓四周设 25 cm×25 cm 的倒角处理,顺桥向塔底宽 5.0 m,塔顶宽 4.0 m;横桥向宽度 2.5 m。在桥塔塔顶顺桥向设有 0.8 m×0.8 m 的切角处理,见图 3-22。

(4)下部结构

主墩采用钢筋混凝土结构，混凝土等级 C40，为花瓶墩，墩身纵向宽度 4.5 m，横向宽度 5.5 m。基础采用 20 根直径 2.0 m 钻孔灌注桩，按柱桩设计。

2. 结构优化设计

(1)结构细化设计

矮塔斜拉桥西接(45＋3×80＋45)m 五跨连续刚构，东顺简支 U 形梁。其中，连续刚构边支墩梁高 2.5 m，斜拉桥边支墩梁高 3.6 m，高差 1.1 m，相接处边墩采用高低墩结构；U 形梁支座处底板厚 0.4 m，高差 3.2 m，采用牛腿结构。细化后的结构，连接顺畅，景观效果较好，见图 3-11。

(2)后浇挡板设计

主梁后浇挡板与简支 U 形梁腹板外观一致，连接过渡顺畅；采用钢筋混凝土结构，后续运营养护方便、成本低；混凝土耐久性好，对 S122 省道的安全性较好。

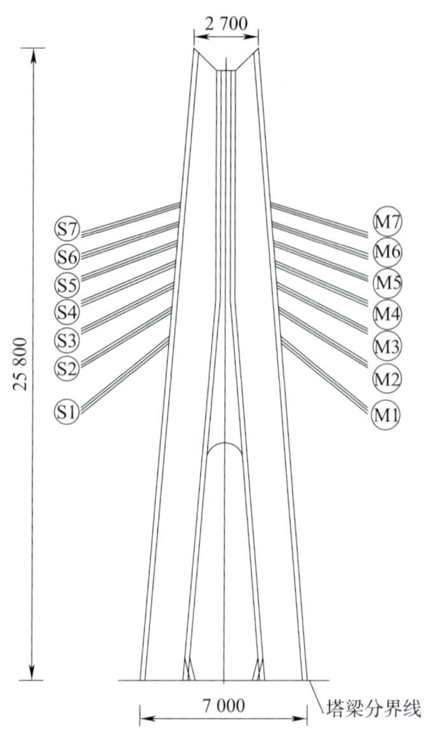

图 3-22　桥塔立面布置(单位：mm)

(3)结构特殊处理

受平面线形影响，斜拉桥大里程侧局部结构处于平面缓和曲线上，为确保斜拉索的结构受力对称，同时不影响限界，有索区悬浇段采用等宽箱梁断面，在边跨现浇段通过调整悬臂长度，对缓和曲线做局部处理，减少施工难度，提高施工效率。

(4)索距优化设计

为提升矮塔斜拉桥斜拉索的整体刚性美，通过桥塔索鞍处的局部应力分析，与厂家进行多次细化沟通实现拉索施工的可能，最终确定主梁上索间距 8 m，桥塔上拉索理论间距为 0.7 m，该间距也是目前已实施轨道交通斜拉桥拉索间的最小间距。

桥梁采用塔梁固结、墩梁分离的结构体系，桥塔为 A 字形单柱式塔，塔梁固结处 A 字形塔根与单箱双室中腹板固结，首次使用十字形结构，使得塔梁固结区复杂的受力变得传力途径清晰明确、受力合理，同时为中支点提供更安全更舒适的过人孔，见图 3-23。

(5)抗震支座

支座采用大吨位弹塑性钢阻尼抗震支座，可以有效减小桥墩尺寸，提高景观效果，见图 3-24。

(6)健康监测

考虑结构的特殊性和重要性，确保运营期间桥梁的安全，需要掌握桥梁的健康状

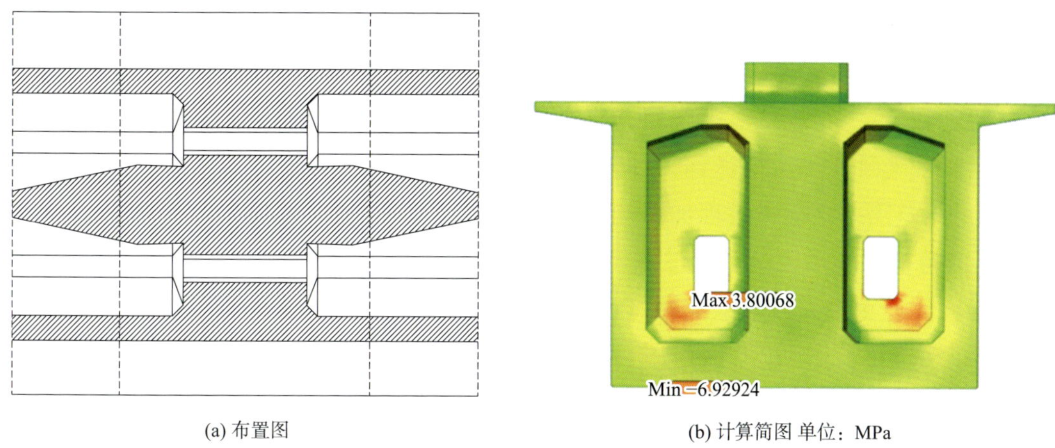

(a) 布置图　　(b) 计算简图 单位：MPa

图 3-23　零号块十字形结构示意

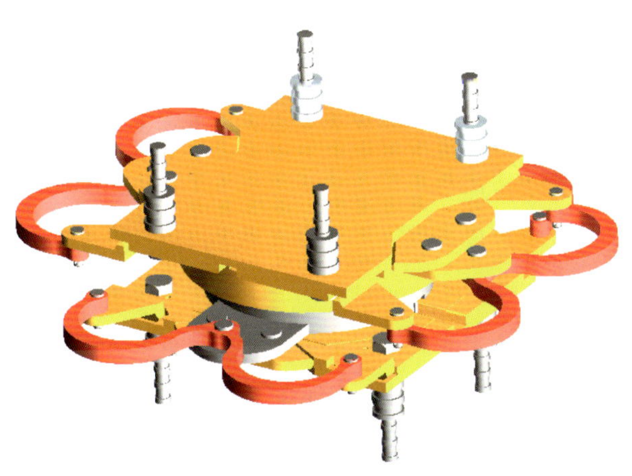

图 3-24　大吨位弹塑性钢阻尼抗震支座

态，特别是金属结构的斜拉索。在建设期间提前预埋磁通量传感器，对拉索的索力进行实时监测，并通过数据采集仪器，利用网络传输，将结果传送至控制中心，经过计算机处理后告知运营养护部门桥梁所处状态。

3.2.1.4　线形控制

1. 大跨桥梁线形控制设计注意事项

桥梁设计应根据桥上线路总体轨顶竖曲线高程和梁体上拱度设计值，拟合出匀顺的轨顶控制高程。

由于预应力混凝土梁的徐变发展时间较长，因而对大跨桥梁的竖向变形影响较大，需重点分析，以免导致运营阶段轨道线型不平顺，影响行车安全和旅客舒适度，甚至将造成梁体上拱度过大而无法使用。

施工中，往往将铺轨后的徐变变形视为恒载变形考虑至恒载预拱度中，而实质上线路铺装时该徐变变形量尚未发生。则产生两类问题：

(1)若线路铺装中不考虑该部分变形,则徐变发生完毕后(2～3 年后),轨道线型将呈曲线状;

(2)若铺装中予以考虑,则线路开通前期轨顶呈曲线状,需等到后期徐变全部发生完成,轨顶线形理论上方能达到设计线形。

以上偏差需要在运营过程加以调整。

2. 大跨桥梁线形控制施工注意事项

(1)设计计算中需考虑悬浇挂篮及模板荷载,监控单位在施工时应与设计值校核。

(2)图纸提供的挠度值为设计理论值,立模标高应考虑预拱度后确定。

(3)梁体线形变化与混凝土质量、预应力张拉、挂篮变形、温度、混凝土收缩徐变等多种因素有关,如实际施工条件与设计不符,应及时进行调整。

(4)施工过程中需对梁面高程进行量测、记录,再根据记录总结出实际线形变化规律,及时作出调整修正。

(5)托架、挂篮等施工结构均应进行预压,消除非弹性变形数据。

3. 线形控制铺轨注意事项

设计及施工过程中均应按照线路竖曲线高程考虑梁体预拱度值及成桥线形,铺轨专业在施工中应在监测单位指导下施工,不可按线路高程直接施工。

4. 线形监控

(1)监测内容

矮塔斜拉桥施工过程中变形监测内容主要包括主梁线形、轴线偏位、主塔塔偏等。

此外在体系转换、合龙钢束张拉等个别工况,根据实际情况增加监测工况。

(2)线形监测

主梁挠度测点包括临时挠度测点和永久挠度测点,共布设 88 个截面,每个截面 6 个测点,总计 528 个测点,见图 3-25。

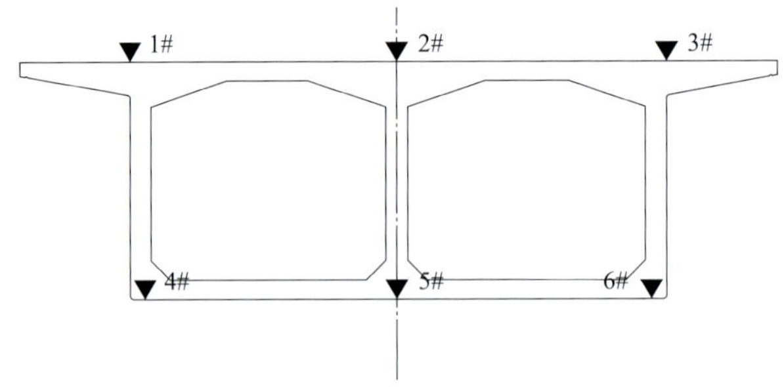

图 3-25　主梁变形测点横向布置

主梁顶临时挠度测点(块段分界处测点)和永久挠度测点横向布设相同,每断面横向布设 3 个。

为尽量减少温度的影响,主梁挠度的观测数据应以结构温度比较稳定时测得的为准，在每一个监控阶段，一般应选择在清晨 7:00（春、冬季）、6:00（夏、秋季）以前完成测量外业工作，且固定测量时间，以减少温度变化对测量的影响。以这些观测数据为依据，进行有效的施工控制。

（3）监测成果

每一节段施工前，由第三方监测单位通过监控指令的方式，给施工单位提供用于下一节段的立模标高，称为指令立模标高。主梁指令立模标高与实测立模标高偏差见图 3-26。由图 3-26 可知，各块段立模实测值与理论值偏差在±15 mm，其中绝大多数立模标高满足监控指令要求，实测立模线形与目标线形基本吻合，满足监控要求。

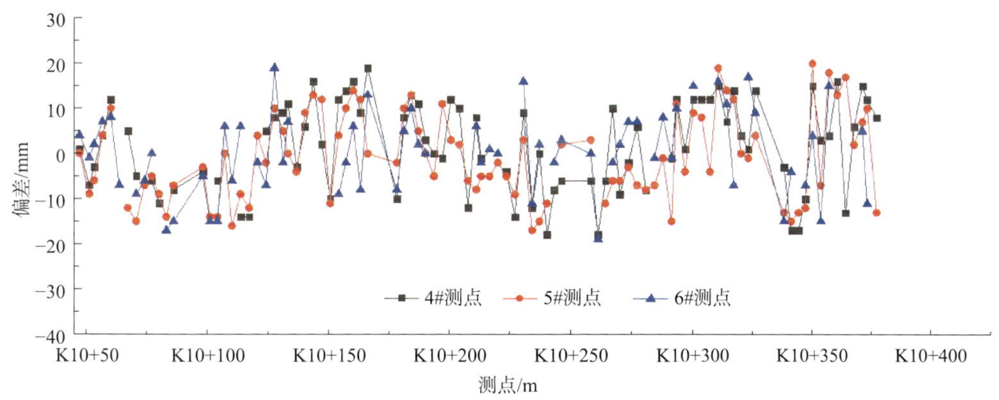

图 3-26　主梁指令立模标高与实测立模标高偏差

全桥合龙监测数据见表 3-3。由表 3-3 中监测数据可知，边跨合龙口和中跨合龙口两侧节段高程差值均小于施工监测控制值±15 mm，满足监控及设计要求。

表 3-3　全桥合龙监测数据　　m

位　置		合龙前理论预期梁底标高	理论预期梁底标高差值	实测梁底标高差值	合龙标高偏差
小里程侧边跨合龙	59 号墩直线段合龙口	48.166	−0.030	−0.038	−0.008
	60 号塔边跨合龙口	48.196			
中跨合龙	60 号塔中跨合龙口	50.168	−0.026	−0.036	−0.010
	61 号塔中跨合龙口	50.194			
大里程侧边跨合龙	61 号塔边跨合龙口	52.241	−0.025	−0.020	0.005
	62 号墩直线段合龙口	52.266			

根据监测结果，斜拉索二次张拉后实测桥面线形趋势与预期线形基本吻合，部分断面测点实测标高与预期标高存在一定偏差，分析原因主要是由于主梁部分区域因施工原因存在桥面不平整现象，导致部分测点标高与预期标高值之间存在一定的标高偏差。

根据监测结果，铺轨后矮塔斜拉桥实测轨面线形平顺无突变，轨面纵坡趋势与设计趋势较吻合。

通过对矮塔斜拉桥整个施工过程的监控、量测,可得出如下结论:

①悬臂施工过程中,各块段立模标高实测值与理论值偏差在±15 mm之间,满足监控要求。

②悬臂施工过程中,各块段混凝土自重引起的结构实际变形及钢束张拉引起的结构实际变形均与理论计算值接近,满足监控要求。

③各跨合龙口两侧箱梁节段底板底面高程差值在−10~5 mm范围内,均小于等于施工监测控制值±15 mm,满足监控及规范要求。

④主桥经过全过程的有效监控,铺轨后的轨面线形平顺无突变,轨面纵坡趋势与设计趋势较吻合,达到设计要求。

3.2.1.5 应用结论

在矮塔斜拉桥的设计中,有如下创新点:

(1)研究并成功实施了国内轨道交通领域的最大跨径单索面矮塔斜拉桥,结构设计合理,技术经济性好,景观效果优美;

(2)针对A字形塔梁固结体系,创新性地提出并设计了十字形传力构造,改善了塔梁锚固区的受力状态;

(3)通过对城际轨道交通矮塔斜拉桥结构参数的系统性研究,提出参数合理取值范围,解决了城际轨道交通大跨度矮塔斜拉桥结构设计的关键技术难点;

(4)首次开展城际轨道交通领域矮塔斜拉桥的脉动试验和交会试验,实测并验证了结构动力系数与行车速度的关系,见图3-27。

(a) 车辆交会照片

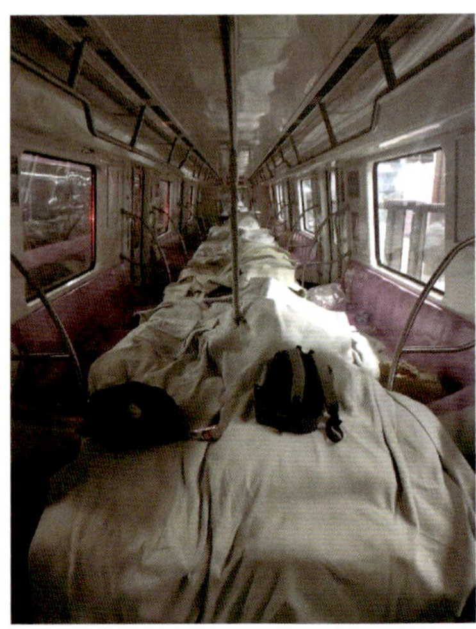

(b) 车辆荷载模拟

图 3-27　矮塔斜拉桥动载试验

通过该桥在宁句城际的成功应用，得出以下结论：

(1)矮塔斜拉桥的主梁刚度对结构竖向刚度影响较大，拉索及桥塔刚度作用效果有限。塔高增大可减少主梁根部及跨中弯矩，具体塔高及刚度应结合受力、经济性、景观效果进行比选，合理塔梁高跨比为1/8～1/6。拉索间距在满足悬臂浇筑的要求下，应尽可能取较大值，合理取值为8 m左右。塔根无索区长度增加可改善主梁跨中位置受力性能。

(2)矮塔斜拉桥接简支U形梁，高差较大，采用牛腿设计，连接顺畅，景观效果好。支座采用大吨位弹塑性钢阻尼抗震支座，可以优化桥墩构造尺寸，提高景观效果。

(3)大跨度桥梁桥上轨面高程应考虑梁体预设拱度影响，施工过程中应根据线形变化规律总结出实际线形变化规律，及时作出调整修正，最终在桥面二期恒载施工完成后，使轨道达到设计线形。

3.2.2 国内轨道交通最长联长曲线连续刚构桥

3.2.2.1 应用背景

连续刚构桥具有结构受力性能较好、能适应一定的平面线形变化、行车舒适性高、后期养护工作量小等特点。采用悬臂法施工，对机具、场地及运输条件的要求低，对于山高坡陡、施工场地狭窄的山区，具有很强的适应性。双薄壁刚构桥桥墩尺寸小，在桥墩较高的情况下，整体景观效果较连续梁更为优美。

宁句城际自青龙山隧道引出，先后跨越九乡河、西气东输燃气管线、规划三环路高架，接(90＋160＋90)m矮塔斜拉桥。由于位于R＝800 m小曲线半径段且线路自隧道引出后线间距变化，决定了该桥需通过调整结构宽度以满足线路限界需求，见图3-28和图3-29。经多方案比选，采用(45＋3×80＋45)m连续刚构方案。该桥为目前国内轨道交通领域最长联长曲线变宽连续刚构桥，充分适应节点周边环境和外部条件，既满足所跨越的控制节点要求，又与周边环境高度融合，衔接顺畅，景观优美，见图3-30。

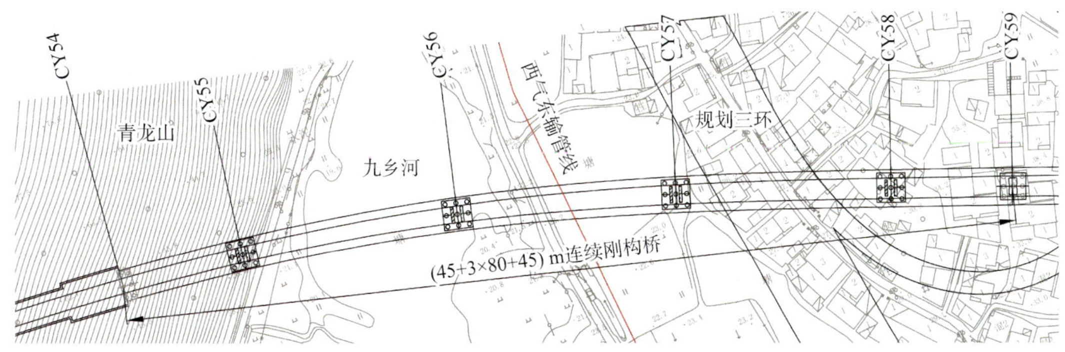

图3-28 (45＋3×80＋45)m连续刚构平面布跨示意

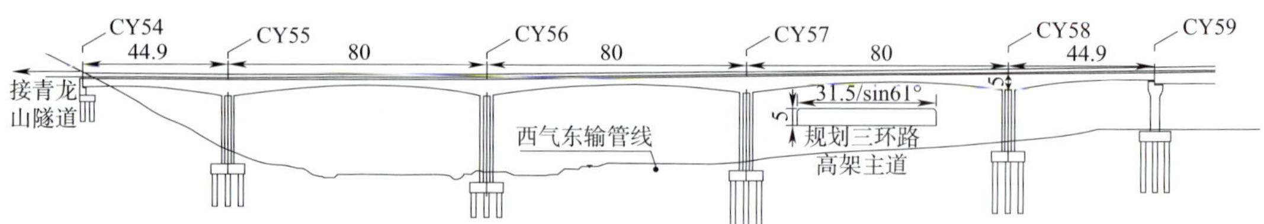

图 3-29 （45＋3×80＋45）m 连续刚构立面布置

图 3-30 五跨连续刚构桥实景

该桥梁顶宽 9.95～12 m，梁底宽 6.45～8.5 m，箱梁翼缘悬臂长为固定值 1.75 m，以方便施工时的挂篮及模板调整。刚构桥两端接口处桥梁断面图见图 3-31 和图 3-32。主梁后浇挡板与简支 U 形梁腹板外观一致，连接过渡顺畅；采用钢筋混凝土结构，后续运营养护方便、成本低。该桥采用双薄壁实体墩，最高墩高 27 m，配合梁截面梁高 2.5～5 m，展示出连续刚构的柔性美，景观效果较好。

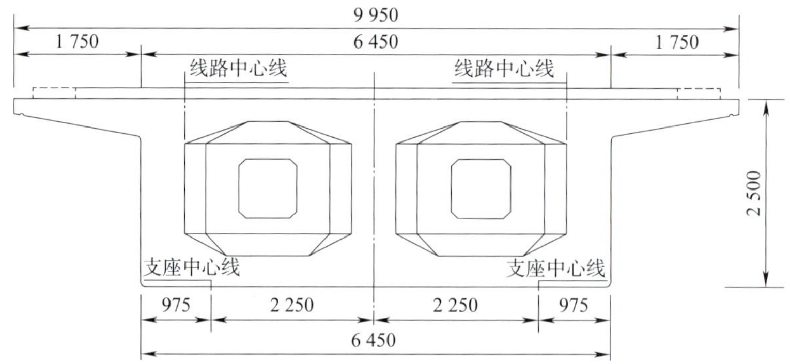

图 3-31 与青龙山隧道衔接处线结构横断面构造（单位：mm）

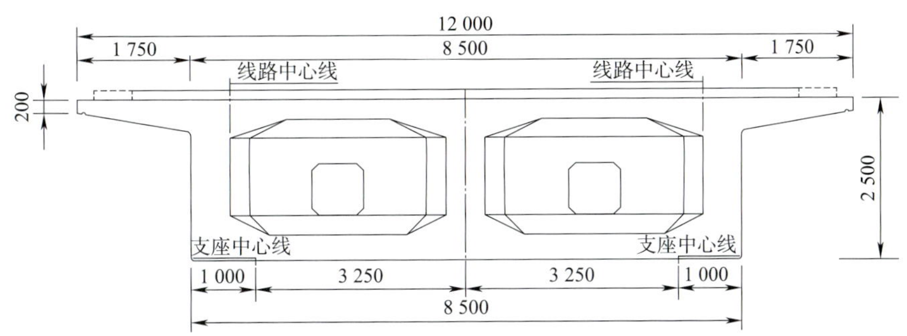

图 3-32　与矮塔斜拉桥衔接处结构横断面构造(单位:mm)

3.2.2.2　结构参数

连续刚构桥采用墩、梁固结结构,属于多次超静定结构,由预应力、混凝土收缩徐变、温度变化所引起的结构纵向位移产生较大的次内力,因此,通过桥墩的高度及刚度可以很好地调整次内力效应。连续刚构的墩高一般不小于跨径的 1/10,宜取 1/4～1/8,利用高桥墩的柔性,以适应主梁的纵向变形,减小次内力。采用双薄壁墩,顺桥向允许变位大,可减小主梁墩顶负弯矩,使结构内力分配合理,墩顶负弯矩有两个峰值,较单壁墩峰值可减小 25%。当墩高＜40 m 时,一般优先选用双薄壁墩,以增加主墩柔性。

连续刚构桥结构整体性能好,抗扭潜力大,受力合理,对本区间段所涉及的小曲线半径、变宽线间距条件具有很好的适应性。

3.2.2.3　结构设计

1. 梁部结构设计

该桥采用挂篮悬臂工法,先边跨合龙后中跨合龙。梁体采用单箱双室直腹板箱梁截面,梁顶宽 9.95～12 m,梁底宽 6.45～8.5 m。箱梁中支点截面梁高 5 m,跨中和边支点截面梁高 2.5 m。箱梁梁底按 2 次抛物线变化。

箱梁内仅在墩顶设置横隔板,边跨端部横隔板厚 1.5 m,中墩位置设置两道横隔板,厚 1 m。为满足施工和管理需要,每道横隔板均设置了过人孔。

主梁每侧分 10 个节段进行悬臂浇筑,节段长度为 3.0 m/3.5 m,节段最大重量约 131.0 t,最小重量为 78.256 t。

主梁采用先边跨后中跨再次中跨的合龙顺序,在中跨合龙结束后、次中跨合龙之前施加对顶力 300 kN。

2. 桥墩结构设计

从结构受力分析,桥梁跨度和桥墩高度的比值较小,适宜采用柔性桥墩,优化抗震性能的同时,提高了桥梁的整体刚度;从桥梁景观分析,采用双薄壁墩,桥墩与梁底宽度同宽,增加通透性的同时,提高了桥梁的美观性,使桥梁看起来更加轻盈简洁;从运营养护分析，桥墩和梁体固结，取消了支座的设置，在此处没有检修通道，避免出现高墩后期养护困难的问题；从过水断面分析，位于九乡河中的桥墩，把桥墩设置成双薄壁墩，能增加过水断面，减小阻水率。

基于以上原因，该桥桥墩采用双薄壁实体墩，薄壁墩间距 2 m，桥墩顺桥向尺寸均为 1.0 m，横桥向宽度与梁底宽度一致，墩身采用 C50 钢筋混凝土，墩高分别为 21 m、27 m、24 m、19 m，见图 3-33。

图 3-33　五跨刚构桥双薄壁墩实景

3.2.2.4　应用效果

宁句城际应用五跨连续刚构桥，较好的连接了青龙山隧道和跨 S122 矮塔斜拉桥，还通过大跨连续结构跨越了规划三环路，优化了景观，减少了桥墩数量，降低造价，并通过墩梁固结结构取消了支座设置，减少了后期维护检修工作量，取得较好社会经济效益。

3.2.3　国内首座上跨京沪高铁明洞隧道的轨道交通高架桥

3.2.3.1　工程概况

宁句城际线路出麒麟门站后，盾构下穿 S122（宁杭公路），拐至其北侧，依次下穿邓演达烈士殉难处、西村教堂、西村战术场军事用地、绕城高速公路后爬出地面，再以高架形式上跨京沪高铁、S122 后拐至 S122 南侧设东郊小镇站。

宁句城际上跨京沪高铁西村隧道明洞段，与京沪隧道交叉角度约为 111°，位于 $R=$ 400 m 圆曲线及缓和曲线上，上跨隧道处线路为两条单线，距离隧道洞口 59 m，见图 3-34。

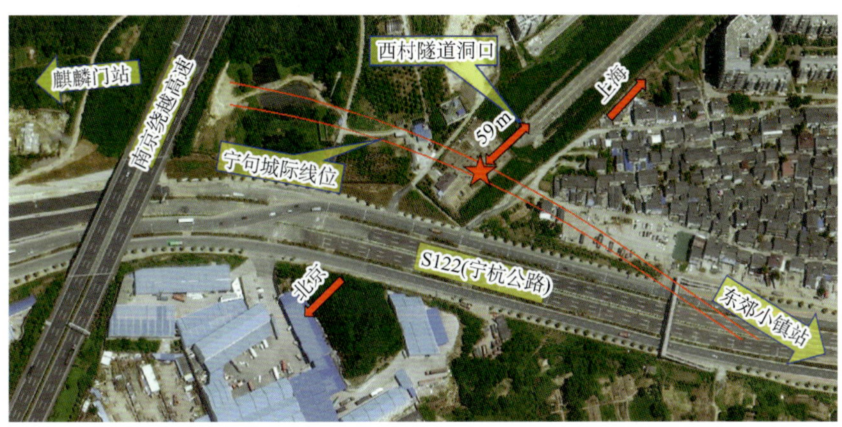

图 3-34　宁句城际与京沪高铁平面关系

京沪高速铁路，简称京沪高铁，是京沪重要客运通道，线路全长 1 318 km，设 24 个车站。京沪高铁西村隧道位于南京市江宁区麒麟镇，由三段明洞、两段暗洞相间组成。西村隧道采用马蹄形复合式衬砌＋径向锚杆，见图 3-35 和图 3-36。

图 3-35　京沪高铁西村隧道洞口

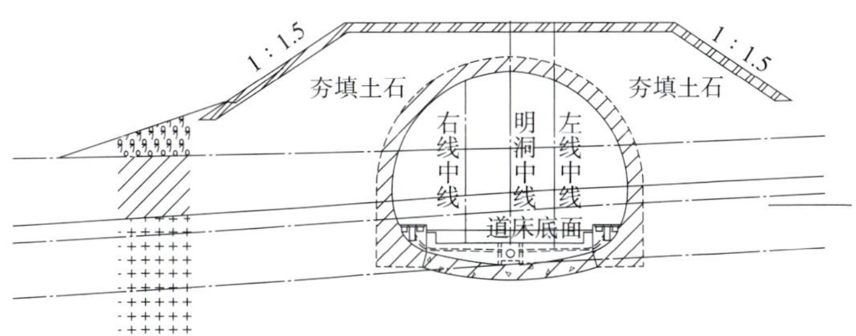

图 3-36　京沪高铁西村隧道断面

3.2.3.2 方案研究

按照铁路部门要求，尽量减小施工对高铁隧道影响，轨道交通桥墩基础与隧道结构净距按不小于6倍桩径控制，因此，桥梁跨度需不小于40 m。拟定1-40 m简支钢混结合梁、1-40.0 m预应力钢筋混凝土槽型梁、1-40.0 m简支钢桁梁(下承式)三种方案。考虑到该段线路处于线间距变化的曲线段，且无法支架施工，只能吊装架设，主梁重量不宜过大，因此钢桁架方案和槽型梁方案均不使用，推荐采用1-40.0 m简支钢混结合梁方案，见图3-37。

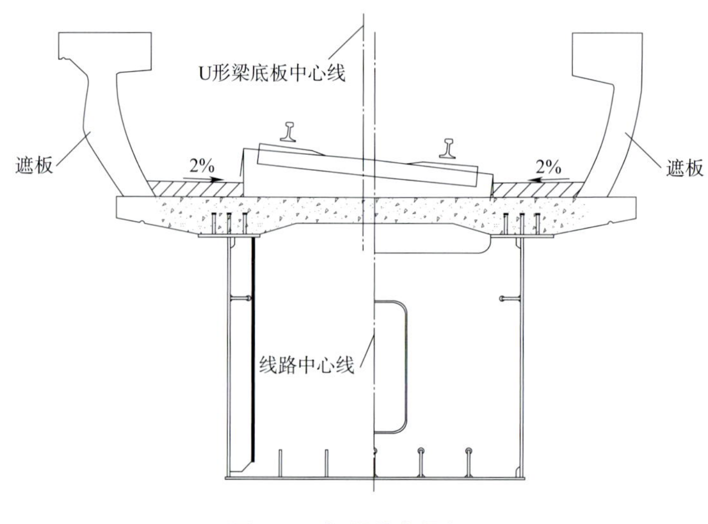

图3-37 钢混结合梁断面

3.2.3.3 方案介绍

40 m钢混结合梁跨越既有京沪高铁施工步骤主要有：基础、承台和墩身施工；钢箱梁分三个节段在工厂制作，并完成剪力钉的焊接，部分涂装；运输至现场后钢箱梁节段螺栓连接，进行现场拼装，然后采用650 t吊机进行吊装；钢箱梁吊装就位后现浇桥面板混凝土，待混凝土强度达到设计值的90%后，施工附属工程，安装轨道线路设备。通过钢箱梁整体吊装，可避免在隧道上方搭设支架，钢箱梁吊装就位后再在钢梁上施工桥面板和附属，从而可以减小吊装重量，将施工对京沪高铁隧道的影响降至最小。

1. 设计措施

单箱单室钢混结合简支箱梁为直腹板构造，桥面板为C50现浇钢筋混凝土，与钢梁顶板通过剪力钉连接，结合梁梁高2.65 m。钢梁采用开口单箱单室截面，梁高2.3 m，顶板宽0.5 m，底宽2.86 m。顶板厚28、36 mm，底板厚24、32 mm，腹板厚16 mm。底板设连续纵向板肋，腹板设水平加劲板肋。梁端15 m范围内每4.8 m间距设置一道横隔板，跨中每4.95 m设置一道横隔板，横隔板间等间距设置2道腹板竖向加劲肋。

采用 MIDAS 按照结合梁实际尺寸建立双梁单元模型，上层单元为混凝土板梁单元(不计钢筋)，下层单元为钢箱梁单元，两层单元之间的结合采用刚性连接进行模拟。按照设计荷载、施工阶段受力进行建模，见图 3-38。

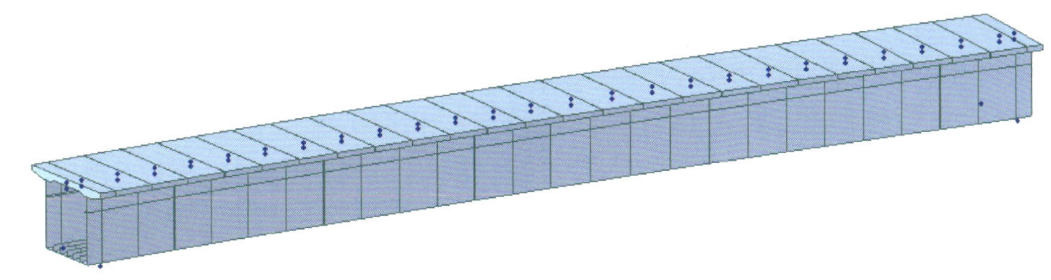

图 3-38　钢箱结合梁整体计算模型

主梁桥面板采用 C50 高性能混凝土，混凝土桥面板中部厚度 25 cm，钢混连接处厚度 35 cm，混凝土桥面板全宽 5 m，见图 3-39。

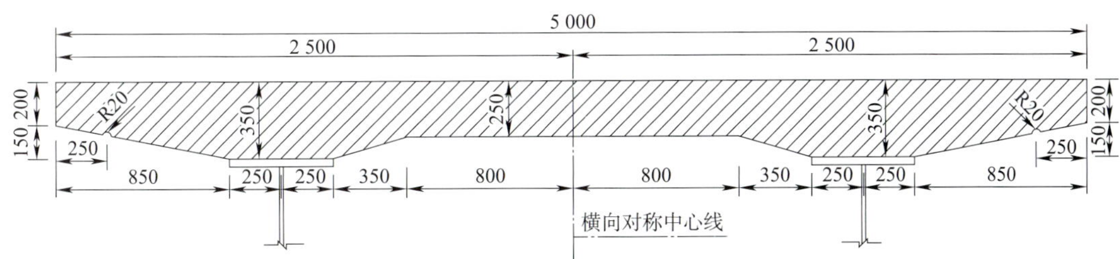

图 3-39　混凝土桥面板断面图(单位：mm)

2. 施工措施

(1)施工组织

①顺京沪高铁线路中心线两侧 10 m 范围和顺宁句城际中心线 25 m 范围划定为施工保护区，在该范围内应禁止施工机具进入；

②临近隧道的基础施工时应控制工期，尽快施工结构主体、做好回填、恢复原状；

③梁部吊装要在铁路部门批准的天窗时间内完成；

④桩基础施工时严禁采用冲孔钻及爆破施工；

⑤钻孔桩施工控制钻孔进尺，钢护筒及时跟进，加强监控；

⑥增加防落物措施。

(2)下部结构施工

本桥基础均为钻孔灌注桩，采用旋挖钻施工，施工时严格按图中要求尺寸控制承台的开挖边线，且施工时应采取钻孔桩或钢板桩防护措施。

(3)上部结构施工

本桥上部结构为钢混结合梁，为减少上部结构施工对铁路行车安全的影响，采用预制拼装、现场吊装，单片钢梁吊装时间按 90 min 控制。主要施工步骤如下：

①钢结合梁在加工厂按照现场安装方案进行加工制作运输，减少现场焊接，保证钢结合梁的质量。

②现场制作胎架，在胎架上拼装钢梁。

③吊机布置于京沪高铁围墙外侧，距离京沪高铁中心线 27.7 m，距离京沪高铁西村隧道边缘 20 m，吊机靠近京沪高铁一侧设置钻孔桩防护。吊机吨位选择主要考虑工作幅度、吊臂长度和最大起吊荷载，单片钢梁重 83 t，由于吊机位置距最远钢梁起吊位置 28 m，选择吊机额定起重量为 650 t。

3.2.3.4 应用效果

宁句城际跨越京沪高铁西村隧道明洞段，为国内轨道交通高架桥首次跨越高铁明洞结构，受线路条件限制采用 40 m 简支钢混结合梁，采用钢箱预制吊装、桥面板现浇施工方法，通过精心筹划、周密组织，在各方的协作下，施工期间没有对京沪高铁安全和运营产生影响，实现了国内首座轨道交通桥梁上跨京沪高铁明洞隧道，为今后类似工程提供了宝贵的经验，建成效果见图 3-40。

(a) 近景

(b) 鸟瞰

图 3-40　钢混叠合梁实景

3.3　运营高架车站加宽改造

北京地铁 15 号线建设时曾对 5 号线高架站大屯路东站加宽改造，在江苏省内尚无高架站加宽改造的先例。既有 2 号线马群站已运营 10 年，原有车站侧站台已不满足远期高峰时乘客使用需求，结合本线建设急需同步进行加宽改造以满足远期高峰时期和宁句城际通车后的换乘客流需求，同时车站的加宽改造结合下方中山门大街拓宽改造，如何确定加宽的宽度和立柱位置，如何最大限度减小改造对既有线运营的影响，都是设计的难点。为满足加宽段高架下的道路规划宽度要求，需采用双柱单侧悬臂双层高架站结构方案，该结构形式上大下小、头重脚轻、结构平面不规则、抗震设计复杂，属于轨道交通领域的抗震不利结构形式。此外，在不改动既有站台钢雨棚的情况下，实现了在两侧加宽站台范围内新建大跨度钢雨棚的目标。

3.3.1　工程概况

1. 既有2号线马群站

既有2号线马群站位于中山门大街路中，沿中山门大街东西向敷设，为高架三层站，利用中山门大街路中绿化带设置车站柱网，见图3-41。

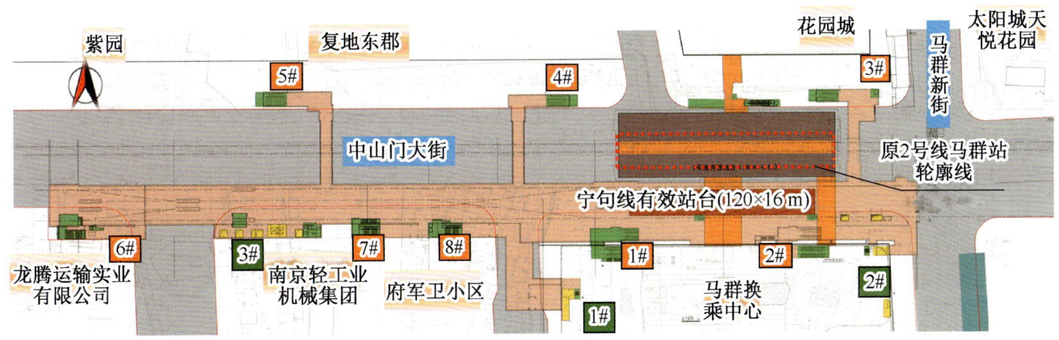

图3-41　马群站总平面

2. 宁句城际马群站

宁句城际马群站位于中山门大街与马群新街交叉口西南侧，沿中山门大街敷设，为地下二层岛式站，小里程端设置停车线。

3. 换乘方式

2号线马群站站厅层通过过街天桥接入中山门大街南侧马群换乘中心，在马群站换乘中心内通过楼扶梯、垂梯换乘至宁句城际马群站站厅层，实现通道换乘。

4. 改造概况

为缓解两线车站换乘的客流对既有2号线马群站的冲击，需对既有2号线车站进行加宽改造，保留2号线马群站既有结构、部分设备用房、北侧天桥以及站台雨棚。主要利用和改造内容如下：

(1)拆除既有2号线马群站站台楼扶梯，进行孔洞封堵，新加宽区设置新的楼扶梯，利用旧站台作为加宽后车站的侧站台；

(2)站台新加宽区设置新的钢结构雨棚，利用新旧雨棚组合作为加宽后站台层雨棚；

(3)加宽北侧出入口天桥，仍保留既有天桥，天桥加宽区采用结构悬挑的形式；

(4)南侧利用站厅加宽区设置换乘天桥接于南侧马群换乘中心，与宁句城际马群站实现通道换乘。

3.3.2 改造原因

1. 客流增长需求

原2号线客流预测报告显示，马群站远期(2034年)全日客流量为进站38 120人(次)、出站53 697人(次)。但根据运营提供的资料，2018年1～12月内，车站日均进站量约为32 967人，出站量约为30 239人，进站量已接近预测远期客流量，现状高峰期已出现客流拥堵现象。根据最新与宁句城际换乘后2号线客流预测资料计算，远期上行侧站台(南侧)须加宽至3.31 m、下行侧站台(北侧)须加宽至3.82 m才能满足乘客正常使用要求。

2. 客流换乘需求

考虑到宁句城际建成后有大量乘客换乘2号线进入城市中心区域，换乘客流会对2号线车站造成较大冲击，因此考虑对2号线马群车站两侧站台进行加宽改造，并与宁句城际同步实施。

3.3.3 改造设计

3.3.3.1 改造范围与建筑设计

1. 平面功能调整

(1)地面一层

原2号线地上一层为设备层，改造后仍为设备层，但2号线马群站拓宽改造在中山门大街增加4排立柱。

(2)进出站口及天桥

原2号线马群站北侧进出站口为一扶两楼和一部垂直电梯，改造后为三扶一楼和一部垂直电梯。由于车站北侧为既有花园城商业建筑，其地下出入口距离2号线出入口较近，改造方案将北端原有通道加宽至14 m，增大北侧的进出站空间。原2号线马群站南侧进出站口为一扶一楼拆除，在此位置增设宽度24 m的换乘天桥接入马群换乘中心。为确保施工期间乘客的安全疏散，在南侧设置临时紧急疏散口，最终改造完成后在2号线马群站东南角设置连通天桥接入马群换乘中心，借用换乘中心东北角的进站大厅解决2号线进出站问题，见图3-42。

(3)站厅层

原2号线站厅层中部为非付费区，两端为付费区，改造后2号线站厅层为一个连通的付费区，取消原出入口连通道的非付费区。此外为了不影响换乘流线，部分房间(如车站控制室、AFC配线间、部分工区用房等)调整位置，集中布置。

下行侧站厅(北侧)调整：远期早高峰宁句城际换乘至该侧客流17 329人，换乘客流量大。原2号线仅在该侧设置了1部上行扶梯、2部楼梯，远远不能满足客流的使用要求。根据客流计算及动态客流模拟，拆除该侧站厅既有的楼扶梯，使其成为公共区，新

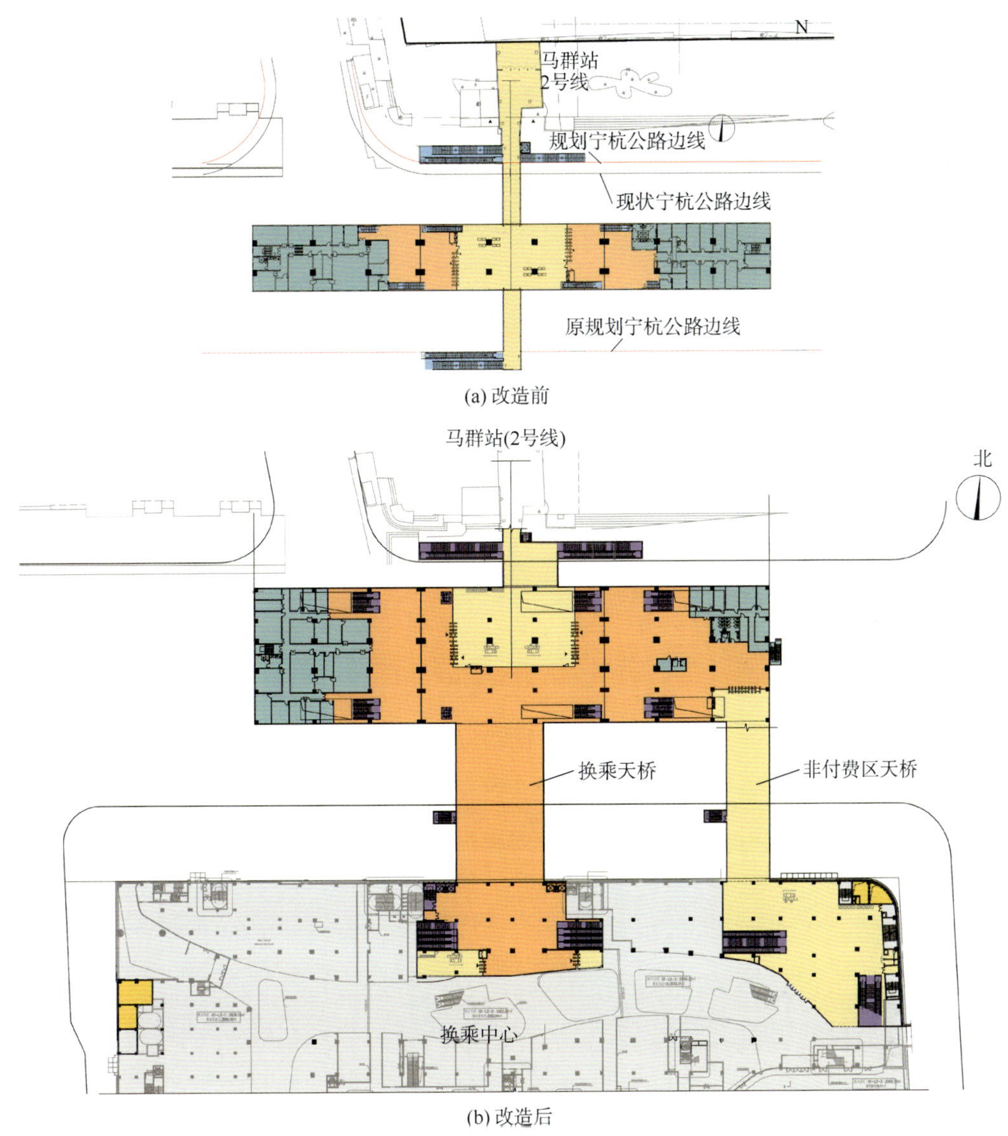

(a) 改造前

(b) 改造后

图 3-42 2 号线马群站站厅层平面

设 6 部扶梯、2 部楼梯及 1 部垂直电梯，满足远期客流正常使用及疏散要求。

上行侧站厅(南侧)调整：原 2 号线仅在该侧设置了 1 部上行扶梯、2 部楼梯，不能满足换乘客流的使用要求。根据客流计算及动态客流模拟，拆除该侧站厅既有的楼扶梯，使其成为公共区，新设 6 部扶梯、2 部楼梯及 1 部垂直电梯，满足远期客流正常使用及疏散要求，见图 3-43。

(4)站台层

改造后，通行能力由 2 扶 4 楼，增加为 12 扶 5 楼，原楼扶梯孔洞进行土建封堵，加宽 2 号线马群站的侧站台宽度，并增设两部垂直电梯，大大地提高了服务标准。侧站台宽度由 2.5 m 加宽至 4.55 m，见图 3-44。

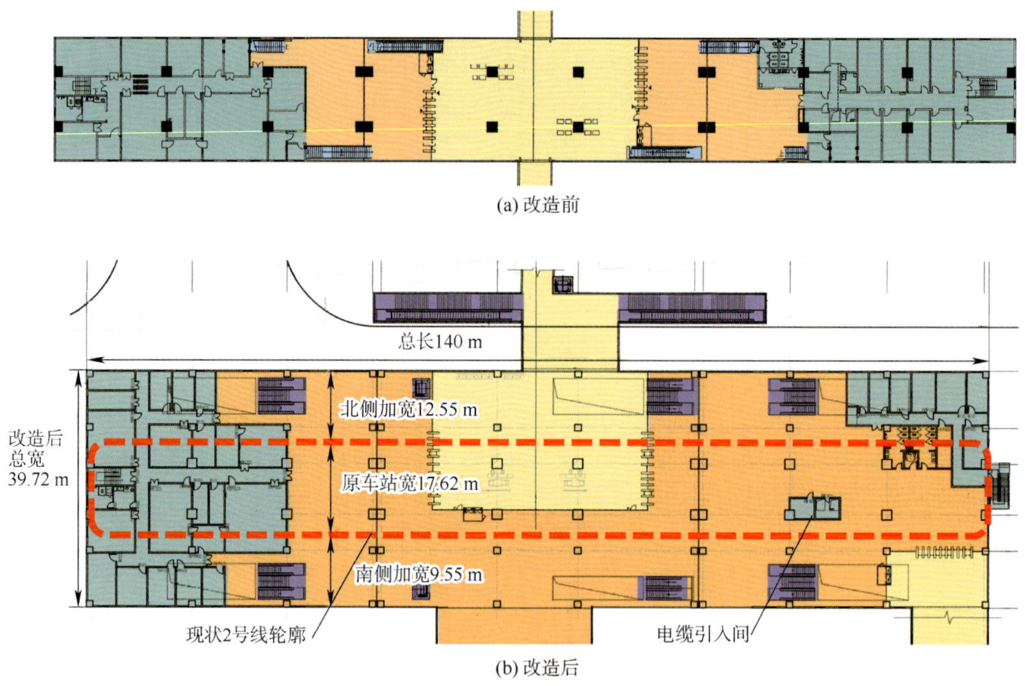

(a) 改造前

(b) 改造后

图 3-43　2 号线站厅层平面布置

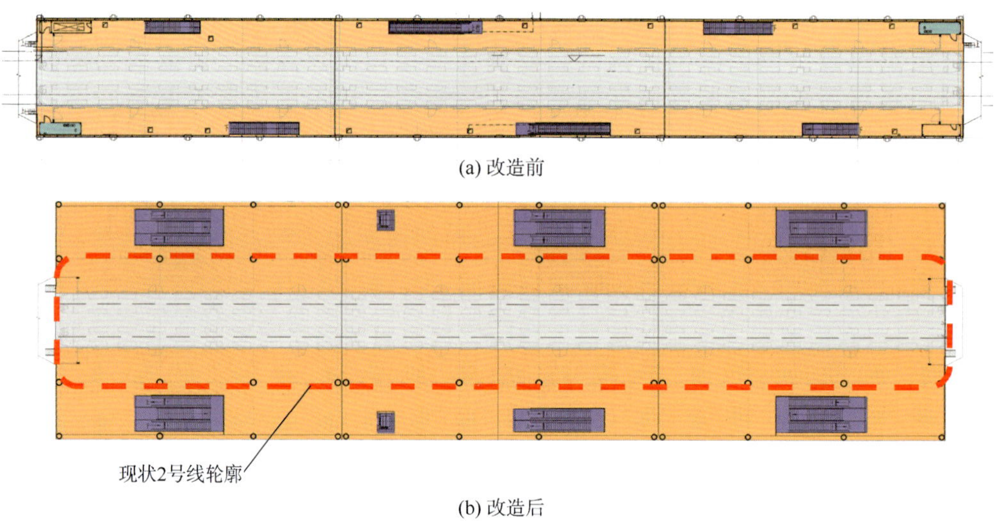

(a) 改造前

(b) 改造后

图 3-44　2 号线马群站站台层平面布置

2. 车站拓宽与市政道路改造整合设计

根据客流增长及客流换乘的需求，2 号线马群站进行了加宽，同时车站加宽部分的立柱需考虑结合中山门大街加宽车道断面布置，原有 2 号线马群站两侧采用不同加宽度，车站北侧加宽 12.55 m，南侧加宽 9.55 m。2 号线马群站拓宽改造在中山门大街新增 4 排立柱。

2 号线马群站北侧加宽区新增柱子与既有柱子之间悬挑 2.8 m,新旧柱子间距离 7.1 m,设置 2 车道(3 m+3 m);新增两柱间距 7.8 m,设置 1 条 3.25 m 宽非机动车道+1 条 3.5 m 宽车道;新增外边柱设置 2.15 m 宽非机动车道。南侧加宽区站厅东端梁优化上翻 0.5 m,梁下道路净高约 5 m,既有结构梁下道路净高 4.2 m,新旧柱子间距离 7.65 m,设置 2 车道(3.25 m+3.25 m);新增两柱间距 4.25 m,设置 1 条 3.25 m 宽机动车道。

同时车站受现场拆迁影响,采用南北两侧分期加宽施工方式。为降低车站施工带来的安全隐患和乘客使用上的不变,保留既有雨棚,在两侧加宽段上各新建雨棚,并用最短的封站时间完成加宽改造,不影响全线运营。

3. 站台雨棚与外立面造型

为减少对既有 2 号线马群站运营的影响,减少施工难度和工期,采用保留既有雨棚、两侧加宽区新增钢结构雨棚方案,新增雨棚采用单柱悬挑形式。

3.3.3.2 改造结构设计

2 号线马群站改造新增部分采用双柱框架结构形式,分别与既有 2 号线马群站设置变形缝进行分离,形成独立结构体系。新增主体结构地上一层为架空层,地上二层为站厅层,地上三层为站台层,纵向长度约 140 m,柱网布置同既有 2 号线马群站。主体结构基础形式为桩基础,采用全回旋套管跟进工艺。2 号线马群站改造桩基施工采取上述措施基本消除对既有 2 号线马群站主体结构影响。

通过与规划局、交通局的沟通,为满足车站下道路设置需求,车站南北两侧扩建主体结构形式均采用双柱悬挑框架结构形式;为增加车站站台使用面积,扩建钢雨棚为单柱悬挑结构。但此主体结构形式不满足现行《建筑抗震设计规范》中第 6.1.5 条“甲、乙类建筑以及高度大于 24 m 的丙类建筑,不应采用单跨框架结构”的相关要求,因此进行了抗震专项设计,通过调整梁、柱、板等结构布置,保证该类型结构体系在多遇地震下计算结果满足规范及有关规定的要求,保证结构在罕遇地震下最大响应位移小于容许位移,潜在塑性铰区域的塑性转角小于塑性铰区的最大容许转角,从而保证该结构能够经受住罕遇地震的考验。

3.3.3.3 设备利旧设计

设备用房中通信设备室、公安通信设备室、通号电缆引入间在原有的基础上扩大;公安值班室与既有现状保持一致;车控室和车控室机房由信号设备室右侧整体搬迁至信号设备走廊对面;新增弱电井和警务室。2 号线马群站改造后剖面见图 3-45。

为满足改造施工期间越站运行的要求,节约改造费用,本工程尽量利用原通信系统设备和终端,对部分不适用的终端进行了更新或升级。

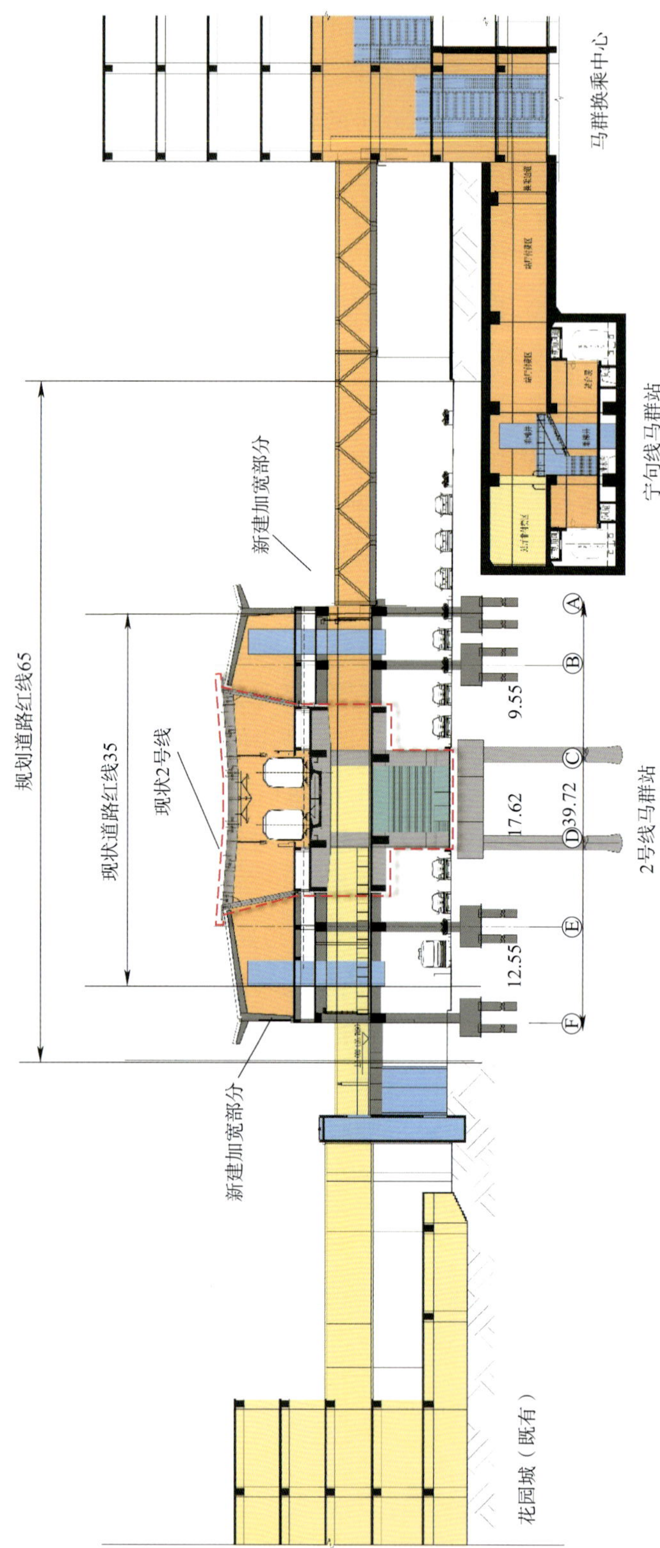

图 3-45　2号线马群站改造后剖面（单位：m）

3.3.4　改造工序

考虑减小扩建施工对车站运营的安全风险影响，同时保证 2 号线的运行，经市政府批准，采取了封站措施，2 号线马群站临时封闭，乘客通过接驳车从钟灵街乘坐 2 号线。

1. 第一步：宁句城际马群站施工

封闭南侧地面道路，先拆除 2 号线车站既有南侧出入口，增设 1 号紧急疏散口(结构形式为钢结构楼梯)，保证地下站主体施工期间列车及车站正常运营。新增疏散楼梯开口位于现有天桥口以东 7.0 m 处，需拆除部分幕墙及附属结构，疏散楼梯宽度 2.4 m，满足通行要求。楼梯出站厅层后向东下行至平台后向北侧转向，从现有高架下方向东下至地面。然后开始宁句城际马群站基坑和结构施工，完成车站主体结构。

2. 第二步：南侧站台加宽施工

待宁句城际马群站主体施工完成后，保留 2 号线北侧原出入口及增设的紧急疏散楼梯，先施工 2 号线马群站南侧加宽站台，架设 2 座过街天桥。

3. 第三步：北侧站台加宽施工

车站南侧加宽部分分区施工完成后，道路导改至车站南侧，开展北侧站台加宽施工。待北侧加宽部分施工完成后，实施北侧天桥加宽段，拆除北侧东向楼梯，增设两部扶梯。在此期间车站利用南侧已经加宽施工完成后的中部天桥，设置一部临时进出站楼梯，实现乘客进出站功能，见图 3-46。

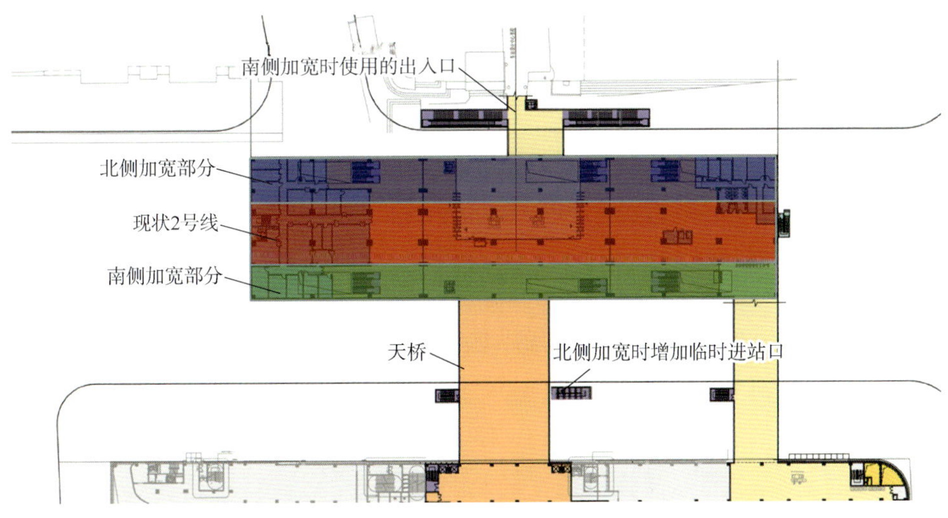

图 3-46　楼扶梯及站台改造平面示意

4. 第四步：屋盖钢结构施工

加宽段站台及楼梯完成后，进行 2 号线马群站两侧加宽站台的钢罩棚安装。

5. 第五步：既有站范围内改造施工

加宽段土建施工完成后，2020 年 11 月 1 日零时至 12 月 10 日 24 时(共 40 d)2 号线马群站封闭，线路跳站运营，开展既有车站范围内隔墙、设备安装、装修施工。经过精密筹划，在 40 d 内顺利完成了既有站内的改造施工。

2 号线马群站的顺利加宽改造完成，标志着江苏省内首次成功对既有运营高架车站进行加宽改造工程。2 号线马群站结合换乘方案、现场拆迁及道路导改方案，采用了分部加宽改造方案。综合考虑本站在施工期间对周边乘车居民的影响，在前期使用老站的同时新建加宽区，不影响车站运营，最后封站集中改造既有公共区。在以最小改动既有车站设备房间布置、充分利用新建加宽区实现新设功能的设计理念下，设计出充分压缩封站改造时间的方案，保证既有线路运营，将原计划的 3 个月封站改造时间压缩至仅 40 d 的跳站运营时间，最终完成了江苏省内首次对既有高架车站的加宽改造工程。自 2021 年改造完成使用至今，运营良好，优化了进站和在站台上候车的空间，提高了乘客使用的舒适度。

在工程中设置合理的抗震性能目标，解决了高架站结构改造的抗震难题，同时有效控制了改造车站结构的经济指标。2 号线马群站加宽段采用双柱单侧悬臂双层高架站结构方案，设定了经济合理的抗震性能目标，采用抗震性能化分析手段确定了车站主要构件尺寸与配筋，并采用弹塑性时程计算分析方法探究了本结构形式在罕遇地震下的损伤过程，根据计算结果采取有针对性的加强措施，找到了安全与经济的平衡点。

创新性提出了高架站加宽段站台钢雨棚无柱设计方案。在马群高架站结构改造项目中，针对加宽段新建站台钢雨棚，采用单侧悬挑钢梁方案、缩减钢雨棚柱距、埋入式刚接柱脚、钢梁与钢柱变截面处理、精准风荷载模拟等措施，实现了新增钢雨棚在站台范围内无柱的目的。

3.4 特殊地貌隧道建设技术

3.4.1 江苏最长单洞双线矿山法山岭隧道

青龙山隧道位于东郊小镇站—古泉站区间，隧道总长为 1 061.736 m，其中明洞段长度 273.736 m，暗洞长度 788 m，最大埋深约 52 m，见图 3-47。隧道为单洞双线五心圆马蹄型断面，宽度 12.2 m，高度 9.78 m。暗洞隧道是南京地铁开挖面积最大、长度最长、风险最大的矿山法隧道，总投资约 2 亿元。

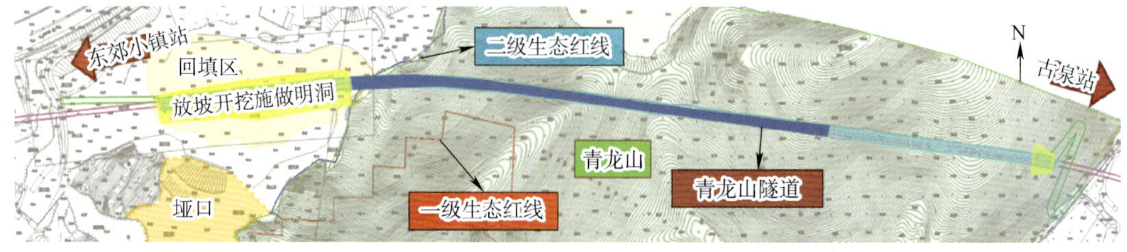

图 3-47 青龙山隧道平面

3.4.1.1 围岩地质概况

青龙山隧道区间地貌主要属剥蚀残丘地貌，拟建场地内岩土层分布不均匀，填土层厚度0.3～6.8 m，填土层之下为晚更新世晚期沉积的②-1b2-3粉质黏土、中早更新世沉积的④-3a1-2＋b1-2粉质黏土、黏土和④-4e层含碎石粉质黏土。场地下伏基岩主要为沉积岩，局部有岩浆岩侵入，基岩埋深0.4～8.8 m。岩性主要为泥岩、砂质泥岩和闪长玢岩侵入体，岩体完整性差异较大。

根据勘察揭示的青龙山隧道区间地层结构和地下水赋存条件，本场地地下水为孔隙潜水和基岩裂隙（岩溶）水。潜水稳定水位埋深为8.2～13.4 m，高程为50.30～52.60 m；基岩裂隙（岩溶）水水位埋深为7.7～39.8 m，高程为51.55～93.75 m。场地松散层孔隙潜水与下部基岩裂隙（岩溶）水水力联系较为密切，水位受季节性变化影响较大，年变化幅度大于3 m，隧道区间穿越茅山群、观山组和擂鼓台组紫红色砂岩等地层，这些地层中铁含量较大，造成区间内地下水矿化度极高。

青龙山隧道暗洞穿越范围有两个坡峰，坡峰间地形起伏较大，所穿越地层主要为强风化粉砂岩、强风化泥岩、砂质泥岩。隧道区间内发育多条大型断裂构造，断裂处岩石破碎、透水性及富水性较大，系压性、压扭性性质，详见图3-48。场地主要为林地，北侧山脚下分布有混凝土厂等厂房和企事业单位。

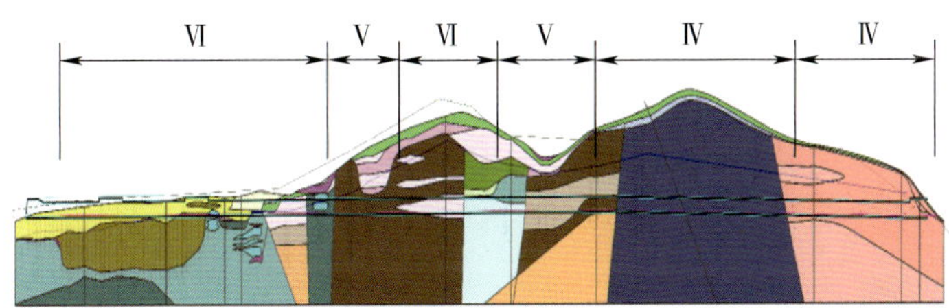

图3-48 青龙山隧道地质纵断面

3.4.1.2 地质雷达探测

为进一步查清岩层和破碎带分布情况，勘察单位采用瑞典生产的MALA ProEx第三代数字式探地雷达（ProEx）系统对青龙山隧道进行探测。采用25 MHz、50 MHz非屏蔽天线和100 MHz屏蔽天线进行野外探测。采用Reflexw多功能数据处理软件，通过参数设置、系统校准、数据采集、滤波处理、图形编辑、时间-深度转换、多道采集和图形打印等进行室内数据处理。根据拟建隧道位置情况，勘察单位沿隧道轴线两侧布置测线进行地质雷达探测，其中先期现场地质雷达探测测线共计33条，非屏蔽天线测点间距0.5 m，100 MHz屏蔽天线测点间距0.3 m和0.2 m，测线总长度约1.7 km。

根据地质雷达探测结果，结合场地工程地质条件，将南侧11条测线、北侧13条测线的成果各放到一张图上，形成左右线的地质断面。

3.4.1.3 工法断面比选

隧道两端接高架区间，由于线间距拉开后，对出隧道后五跨连续刚构梁桥影响较大，需设置左右线两座五跨连续刚构梁桥，因此隧道采用单洞双线断面，出洞后可设单座双线桥梁。隧道考虑防灾通风，设置壁龛式射流风机，断面需局部外扩，且大直径盾构造价高，另外有岩溶分布，盾构超前处理条件受限，矿山法适用性更好，经比选后推荐采用矿山法施工。

从造价、工期及对环境的影响等方面对双连拱隧道和单洞双线隧道方案进行研究比选。考虑到单洞双线隧道断面虽大，但投资、工期较双联拱断面有优势，施工组织较简洁，且对两侧高架影响小，因此推荐采用单洞双线隧道断面，见表3-4。

表3-4 青龙山隧道暗洞断面比选

开挖工法	双连拱隧道	单洞双线(马蹄形)
隧道断面	83.5 m^2	97 m^2
造价	总造价约1.6亿元	总造价约1.3亿元
工期	19个月	14个月
对地下水影响	施工过程中会揭露含水带，隧道成为地下水的低位排泄通道，地表水、地下水通过导水断裂构造和破碎带下渗，排入洞内，从隧道大量流出，造成区域地下水位下降，溪沟流量骤减。同时，施工过程会造成地下水资源污染	
地下水保护方案	隧道施工前，采用超前地质预报、物探等多种勘察措施查明隧道穿越地层地下水分布。施工过程中采用超前帷幕注浆措施堵水，对围岩喷射混凝土防水性能低或出现局部漏水的情况采用径向注浆堵水。隧道采用全包防水设计	
优缺点	由于双联拱隧道施工工序复杂，需先施工中导洞，后施工正洞，故工期比较长，投资大	单洞双线隧道断面最大，投资、工期较双联拱断面有优势，施工组织较简洁，对两侧高架影响小
方案性质	比较方案	推荐方案

3.4.1.4 隧道设计参数

隧道为单洞双线断面，结构类型为五心圆马蹄型，断面宽度12.2 m，高度9.78 m。根据不同围岩等级，矿山法隧道采用三台阶法、CD法、三台阶预留核心土法及CRD法开挖。

参考《铁路隧道设计规范》确定各工法的初期支护参数，见表3-5。在断层破碎带地下水丰富，增设径向超前帷幕注浆；在地层围岩较破碎段设置洞内超前长管棚。

表3-5 青龙山隧道开挖工法

围岩级别	开挖工法	初支厚度/mm	锚杆			钢筋网	钢架	超前小导管预注浆间距/m
			位置	长度/m	间距			
Ⅳ	三台阶法	350	边墙	3	1 m×1 m	150 mm×150 mm双层设置	四肢25 m格栅钢架，间距1 m一榀	0.5

续上表

围岩级别	开挖工法	初支厚度/mm	锚杆			钢筋网	钢架	超前小导管预注浆间距/m
			位置	长度/m	间距			
Ⅴ硬质岩	CD 法	350	边墙	3.5	0.8 m×1 m	150 m×150 m 双层设置	四肢 25 m 格栅钢架，间距 0.8 m 一榀	0.4
Ⅴ破碎岩	三台阶预留核心土法	350	边墙	3.5	0.8 m×1 m	150 m×150 m 双层设置	工 18 型钢钢架，间距 0.8 m 一榀	0.4
Ⅵ	CRD 法	350	边墙	4	0.8 m×0.8 m	150 m×150 m 双层设置	工 20b 型钢钢架，间距 0.5 m 一榀	0.3

二衬结构厚度除局部山峰区段水头过高加厚至 800 mm 外，其余均为 600 mm。根据隧道限界和通风需求，拟定隧道断面尺寸见图 3-49。

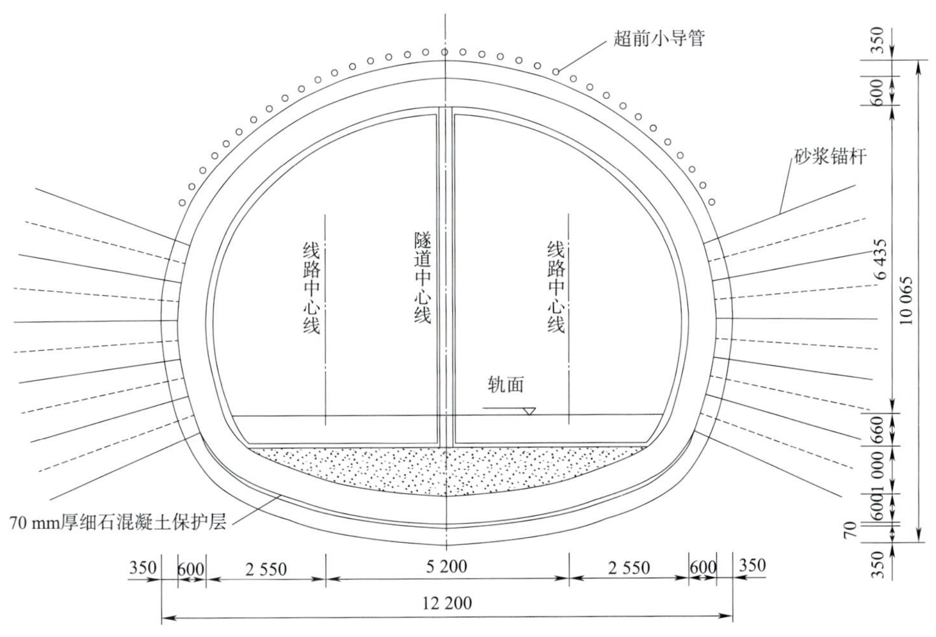

图 3-49　隧道标准断面(单位:mm)

3.4.1.5　断裂发育区稳定性分析

为分析断裂破碎带对隧道的影响，进行了三维有限元模拟分析。

经简化处理以青龙山隧道断层破碎带为背景，根据勘察资料揭示的断层相对位置及断层深度，确定三条不同走向的断层破碎带，破碎带宽度为 6 m。根据圣维南原理，取隧道周围 3～5 倍洞径作为分析对象，模型长 100 m、宽 100 m，高度从地表至隧道底板以下 50 m，隧道断面为五心圆马蹄形，模型见图 3-50。

围岩模型材料采用摩尔-库伦准则计算，围岩主要为松散杂填土、灰岩、泥岩、泥质粉砂岩，断层区域弱化围岩强度进行模拟，计算参数采用室内实验数值；该工程的支护方式主要包括初期支护和二次衬砌，初期支护采用 350 mm 厚的 C25 混凝土，二次衬砌

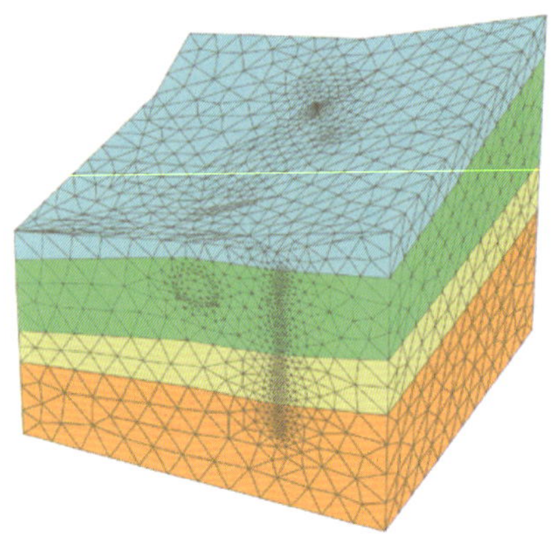

图 3-50　模型示意

采用 600 mm 厚的 C35 混凝土，其中，衬砌部分采用实体单元来模拟，支护材料采用线弹性屈服准则。

模拟结果显示，围岩变形见图 3-51，围岩应力见图 3-52，隧道位移见图 3-53，隧道应力见图 3-54，隧道各断面最大变形量见表 3-6。

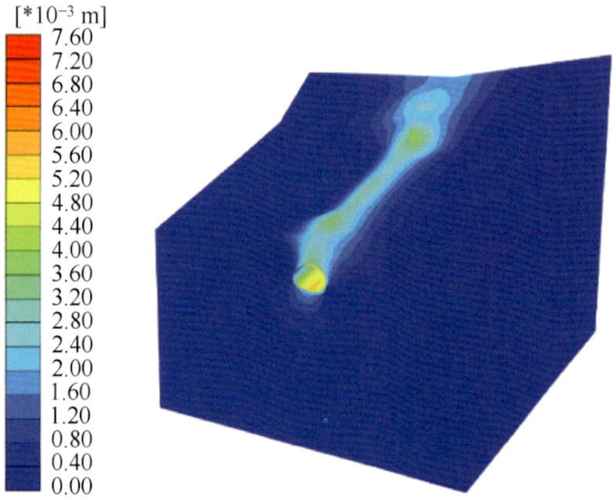

(a) 围岩总位移

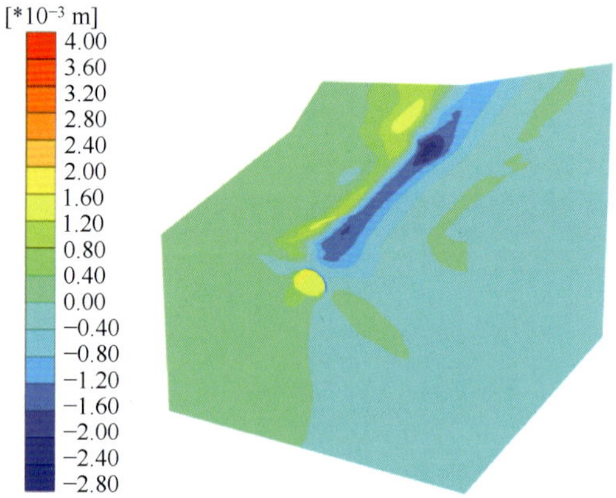

(b) 围岩水平向位移u_x

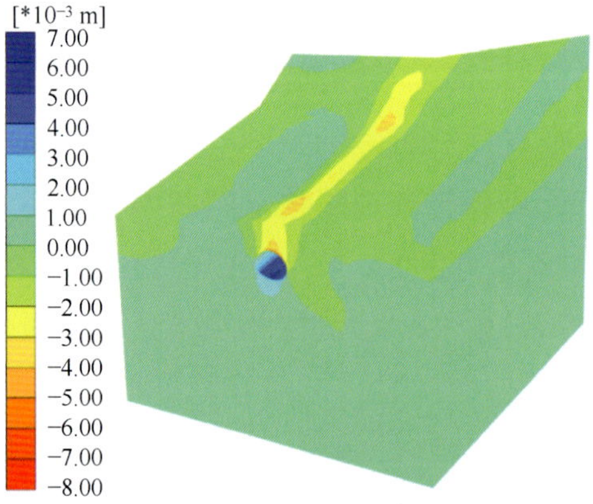

(c) 围岩竖向位移u_z

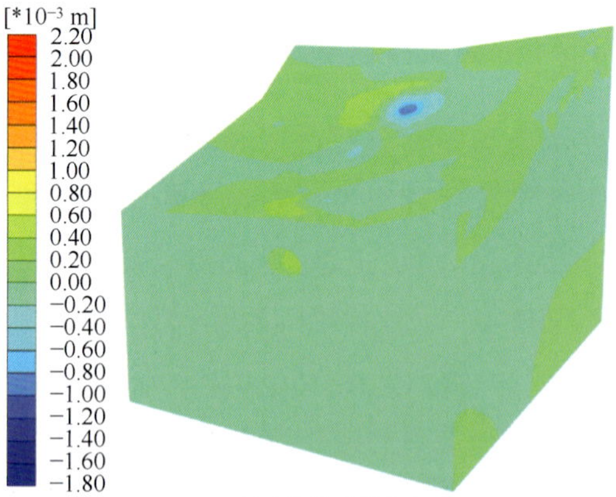

(d) 围岩沿隧道轴线位移u_y

图　3-51

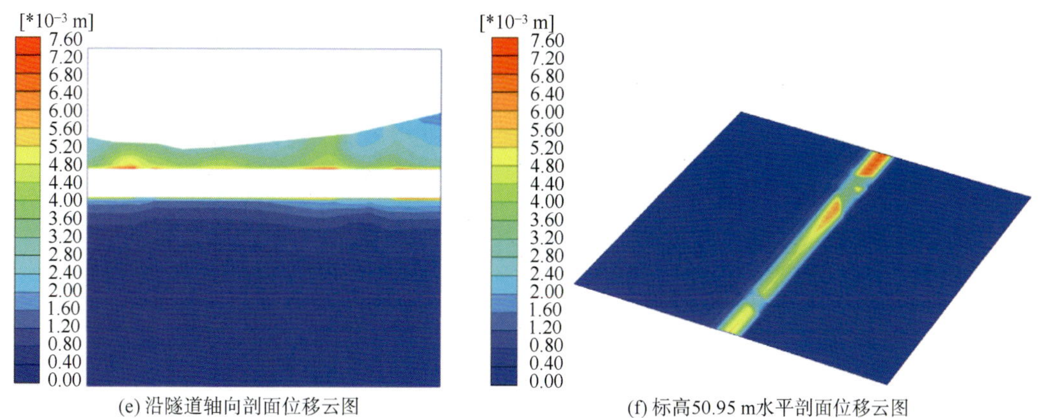

(e) 沿隧道轴向剖面位移云图　　(f) 标高50.95 m水平剖面位移云图

图 3-51　围岩变形情况

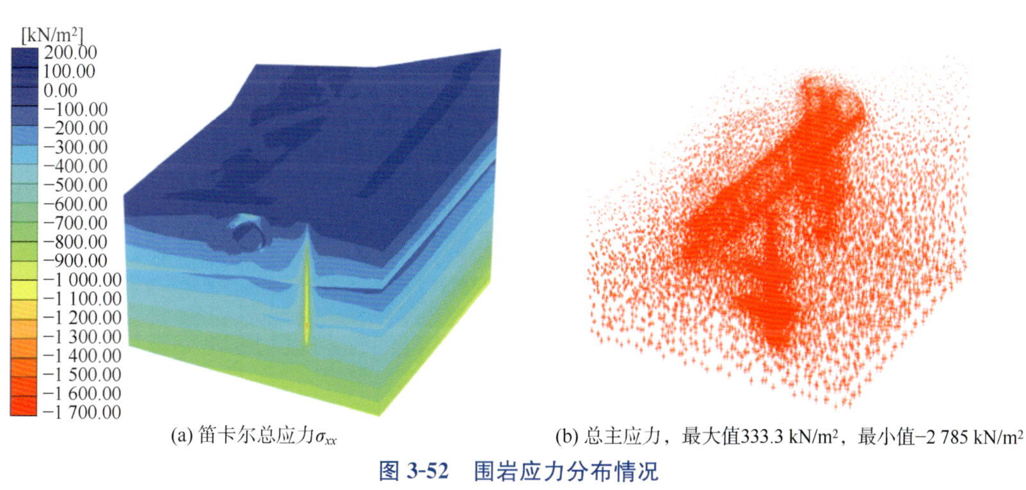

(a) 笛卡尔总应力σ_{xx}　　(b) 总主应力，最大值333.3 kN/m²，最小值−2 785 kN/m²

图 3-52　围岩应力分布情况

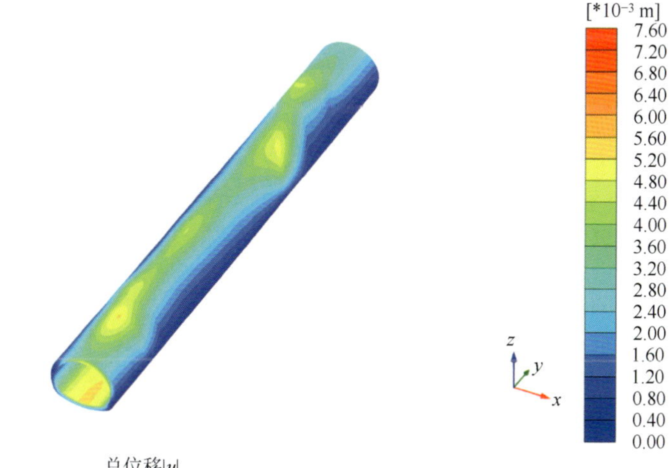

总位移|u|

最大值=7.574×10⁻³ m(单元8 901在节点30 082处)

图 3-53　隧道衬砌位移云图

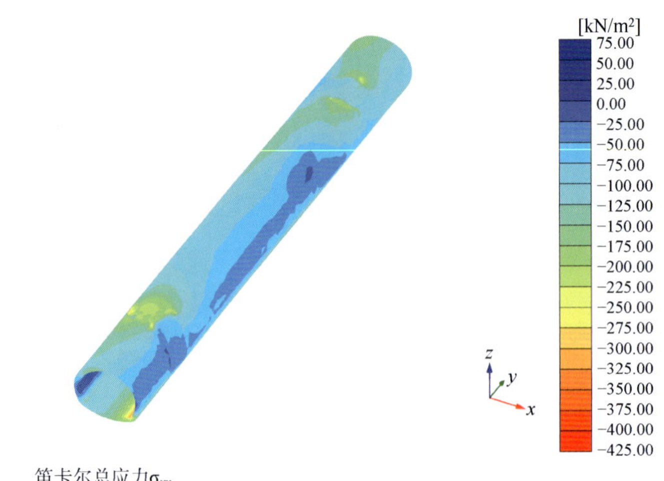

图 3-54 隧道衬砌笛卡尔应力分布

表 3-6 各断面最大变形量

断面位置/m	最大变形量/mm	断面位置/m	最大变形量/mm
$y=5$	5.634	$y=55$	5.442
$y=10$	6.683	$y=60$	6.386
$y=15$	5.612	$y=65$	7.607
$y=20$	6.026	$y=70$	6.624
$y=2$	5.226	$y=75$	5.095
$y=30$	5.040	$y=80$	5.795
$y=35$	5.357	$y=85$	5.558
$y=40$	5.459	$y=90$	6.762
$y=45$	5.150	$y=95$	6.879
$y=50$	5.063	$y=100$	6.915

根据上述计算结果，从围岩总位移、围岩水平位移与竖向位移以及各个剖面的位移、围岩应力分析了断层带隧道的稳定性。从位移和应力分布图来看，断层破碎带位置的变形和应力是隧道施工中薄弱的位置，破碎带区域支护结构的最大应力比破碎带两侧普通围岩区域支护结构最大应力大一个数量级，因此必须采取相应的支护方式予以加强。在隧道正上方的地表位移量是最为明显的区域。从水平剖面以及沿隧道轴向剖面位移云图中也可以发现，在断层破碎带与隧道相交位置拱顶拱底的变形量都十分明显。

针对青龙山西出口 100 m 段的建模结果分析，青龙山隧道西出口虽穿越较多的断层破碎带，但是整体变形量都是在安全控制范围之内的，说明设计的可靠性相对较好，隧道结构在原有断层的影响下不会发生严重变形。

通过以上分析可知，穿越断层破碎带的隧道稳定性受到断层破碎带的影响较大，尤其在与断层破碎带交叉部位及周边一定范围内，衬砌及围岩变形量都是显著增加的。因此，在实际工程中应当对断裂破碎带岩体采取注浆、加设锚杆等加固措施，改善围岩的稳定性，以提高隧道的承载性能。

隧道穿越断层破碎带及地下水发育地段开挖后，应尽快分批次进行径向注浆堵水加固，保证开挖工作面安全。隧道穿越断层破碎带范围共计 135 m，为确保隧道开挖围岩稳定性，设置洞内管棚，管棚长度 30 m 一环，环向间距 400 mm，两环之间的搭接长度 3 m，每环长管棚施做前需扩大开挖设置管棚工作洞室。

3.4.1.6　超前地质预报及动态设计

工程施工的动态设计，是一个不断优化动态循环的实施过程，相关工程管控、地质监测等部门在施工过程中，要严格依据修改后的设计方案进行监控量测，再次获得变化信息并反馈，如此反复循环，直至工程完工交付使用为止。

1. 超前地质预报

（1）超前钻探技术

超前钻探法是通过在隧道施工掌子面设置钻孔并取芯进行相关力学试验，通过信息比对探测地质岩性节理、围岩力学参数、溶洞空间构造分布以及地下水文特征等各项地质信息，以此判断前方围岩级别、各种地质病害类型及分布规律。

（2）地质雷达预测

地质雷达技术是采用超高频电磁波针对隧道地下岩层介质界面进行扫描，检测地下岩层结构的地质特征，以确定其内部结构形态或位置的技术，对于隧道开挖面前方 20～30 m 的断裂破碎带、含水带等地层变化具有很好的预报性能。

青龙山隧道施工过程中综合采用地质雷达预测和超前钻孔技术进行掌子面前方地质超前预报，每开挖 25 m 预报一次，将预报结果与详勘揭露地质进行对比，隧道参建各方结合地质对比结论，综合研判后续隧道支护参数的选择。

2. 动态信息反馈设计

现场结合超前地质预报结论，每开挖 15 m 重新评估隧道掌子面前方围岩等级及富水情况，根据工程水文地质评估结论合理选择对应开挖工法及支护参数。详勘揭露隧道大部分穿越Ⅵ级围岩，开挖工法选择 CRD 法，通过超前地质预报，摸清了隧道掌子面前方的围岩等级基本是Ⅴ级，隧道开挖工法也对应调整为台阶法开挖，支护参数也是按照Ⅴ级围岩对应的参数实施。动态设计是保障隧道工程施工安全质量的重要管控措施，根据隧道施工过程中实时反馈的相关量测信息进行必要的动态设计与修改，有效地保障了青龙山隧道施工的安全、质量和进度。

3.4.1.7　隧道东侧洞口回填

隧道东端洞口位于山腰陡坡，明洞部分形成的施工边坡需要恢复；洞口外新增桥墩，桥墩以下山体边坡需要永久防护。

明洞边坡采用浆砌片石回填，形成永久边坡坡面坡度为纵向 1∶1.25、横向为 1∶8 和 1∶1.5。坡顶覆土 1 m，边坡设置骨架护坡，坡顶设置截水天沟。因修建便道把南侧临时边坡清除掉的部分利用浆砌片石砌筑，坡脚砌成 1 m×3 m 的矩形，形成收坡挡墙，并与南侧山体顺接，见图 3-55。

东侧边坡高架段共设两级坡，一级坡坡率 1∶0.5，二级坡坡率 1∶1。采用框架锚索施工，框架内进行喷混植生，坡顶铺砌六棱空心砖，填充草植。整个边坡全部进行植生覆盖，可恢复边坡绿化，景观效果好，见图 3-56。

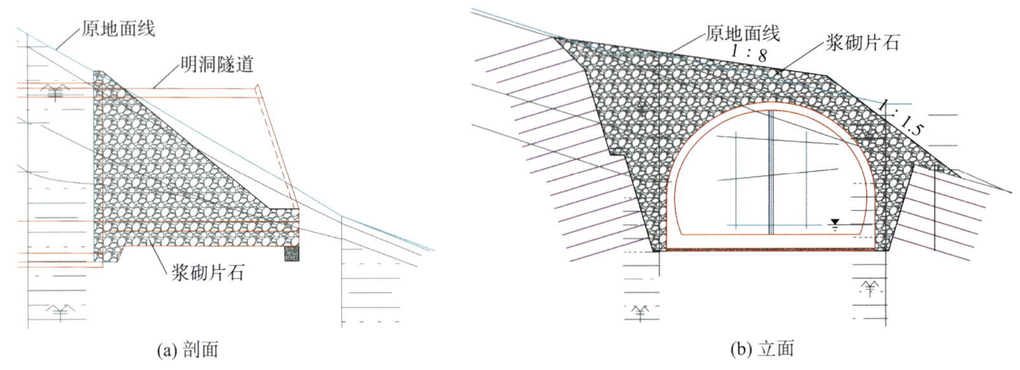

(a) 剖面　　(b) 立面

图 3-55　东侧明洞边坡恢复示意

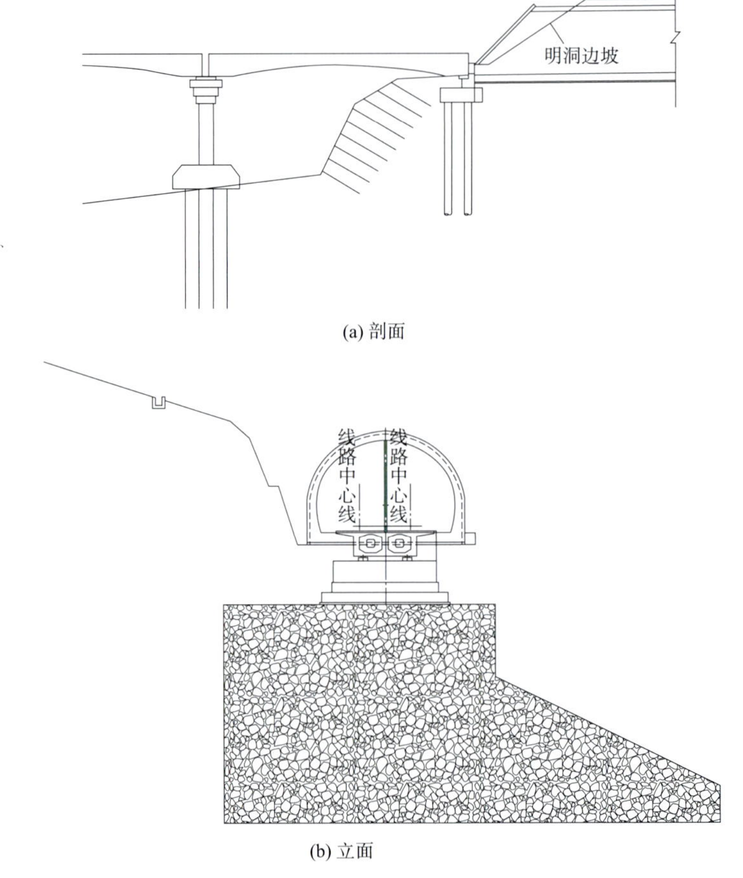

(a) 剖面

(b) 立面

图 3-56　东侧桥墩边坡示意

综上所述，青龙山暗挖隧道为江苏省长度最大的单洞双线矿山法山岭隧道，地质条件复杂，在设计确定的设计参数基础上，通过施工阶段的超前地质预报，及时调整施工参数，安全完成隧道建设。隧道建设过程中，创新采用地质雷达变炮间距探测识别不同类型溶洞群技术，解决了水源涵养区岩溶及破碎带地段大断面矿山法隧道开挖施工技术难题，获多项专利和工法，经鉴定达到国际先进水平，获江苏省岩土力学与工程学会2022 年度科学技术奖特等奖。

3.4.2 国内首个宕口回填区明洞隧道

3.4.2.1 宕口历史成因

青龙山隧道明洞段位于青龙山西北麓，场地早期为采石坑，于 2005 年前后停止开采，既有钻孔揭示的最大开采深度在 50 m 左右(按现状地面算)，于 2016 年前后开始生态修复，矿坑回填处理形成缓坡。场地范围现为空地，地形起伏大，地面高程 39.4～74.9 m(国家 85 高程基准)。

3.4.2.2 地质条件及稳定性

宕口回填区呈北低南高的趋势，南北高差约 13.8～17 m，坑底岩面呈锅底形，北侧岩面比南侧岩面低约 20 m。详勘资料揭露，明洞洞身位于①-1a、①-1b 松散杂填土地层；杂填土由粉质黏土混碎砖和风化岩碎块等填积，粒径 3～50 cm，个别大于 1 m，填龄 3 年左右；结构底以下填土厚度最深约 32 m，下伏破碎状中风化灰岩，见图 3-57、图 3-58。

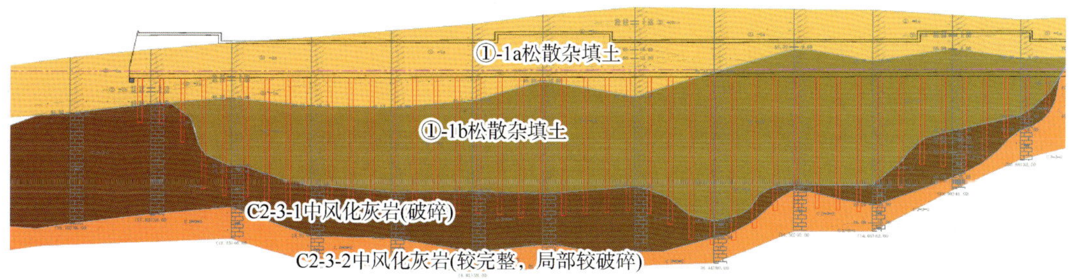

图 3-57 地质纵断面

场地地下水主要为松散层孔隙潜水和基岩溶(裂)隙水。孔隙潜水含水层主要为①层人工填土，结构松散，有利于地下水的渗透及汇集，含水较为丰富，雨季时出水量较大，属弱透水地层；基岩裂隙水主要赋存于基岩强风化层和中风化岩体中的风化裂隙和构造裂隙中；岩溶溶隙水赋存于 C2-3-1、C2-3-2 层灰岩洞隙填充物及灰岩溶蚀空洞中，渗透性较好。

先前在回填土缓坡地段打井，发现井口中喷出大量地下水，说明缓坡内形成了高水头的暂时性承压水。

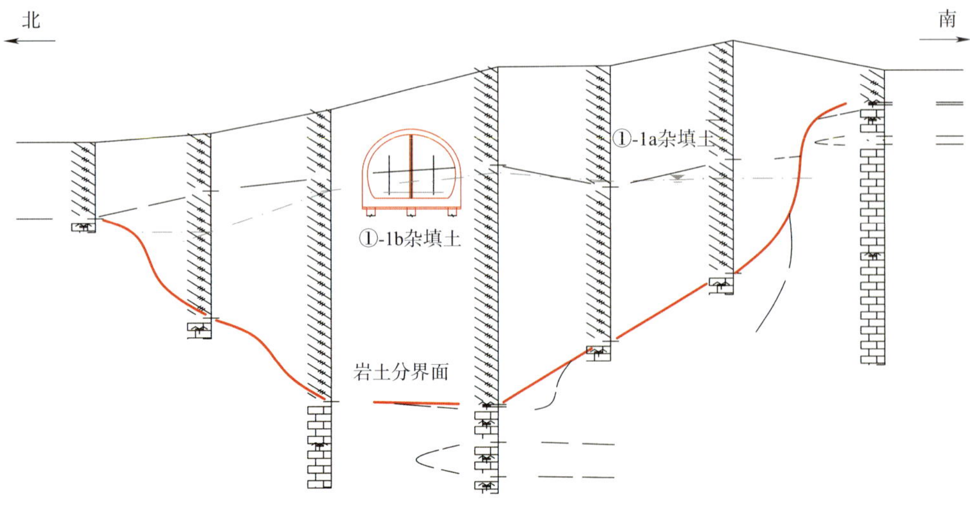

图 3-58　明洞地质横剖面

青龙山隧道明洞段位于宕口回填区，为新填土场地，勘察报告认为，场地基本稳定，经处理后可以作为建设场地使用。为了定量分析场地稳定性，选择 4 个典型断面核算场地边坡稳定性，通过计算结果可知，回填场地整体稳定安全系数最小为 1.261，大于三级永久边坡安全系数为 1.25 的要求。另岩土分界面为下凹状，所以可以判断，该回填场地是稳定的，可做为建设场地使用。

3.4.2.3　设计、施工难度

拟建场地为矿坑填埋场，人工填土层厚度大，最厚处达 50.0 m。矿坑填埋工作主要在 2016 年之后进行，填龄较短。基坑开挖极易坍塌变形、易透水。桩基施工时会产生孔壁坍塌、钻进困难等现象；松散杂填土未经人工压实，会产生固结沉降。

场地下伏基岩为石碳系灰岩，其中 C_{2-2}层强风化灰岩具有遇水易软化的特性。C_{2-3-1}层和 C_{2-3-2}层中风化灰以较硬岩为主，岩石强度较高，最大为 109 MPa。会导致桩基施工进尺慢、难度大。下伏基岩属可溶岩，部分区段揭示有溶洞分布。桩基施工时会产生漏浆、掉钻等现象，混凝土浇筑时会产生充盈系数增大现象。

3.4.2.4　明洞设计方案

1. 地基处理的必要性

拟建场地为矿坑填埋场，由于原有露天采矿坑为无序杂填，厚度较大。为满足隧道地基承载力要求，控制工后地基变形以满足运营要求、保证隧道结构安全，需采取可靠的基础方案。同时为满足线路纵断面需求，隧道施工需开挖 2～8 m 深的基坑，需进行边坡处理。

2. 边坡加固方案

为合理确定场地加固方案，增强边坡的稳定性，结合地质条件、工法适用性及周边环境，研究了强夯加固后放坡开挖、场地整平后放坡开挖、钢花管注浆加固后放坡开挖、垂直支护和排桩支护共五个方案，最终确定采用经济、可靠的强夯加固后放坡开挖方案，见图 3-59，现场实施见图 3-60。

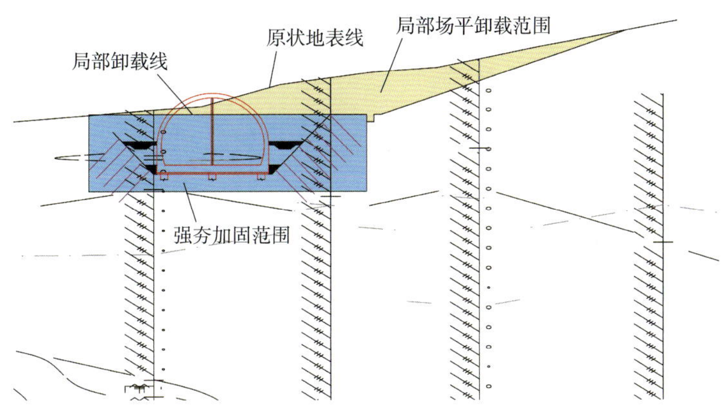

图 3-59　宕口边坡强夯加固剖面示意

图 3-60　强夯加固现场

先对场地进行局部整平卸载，整平标高为 60.0 m。场地平整后，边坡开挖深度为 2～8 m。根据勘察报告深化设计，为保证强夯有效加固深度至结构底板以下，强夯夯击能取6 000 kN·m。为减少强夯对既有边坡的影响，强夯区域外侧挖隔震沟。

强夯加固土层后，采用 1∶1 坡率放坡开挖，坡面采用喷锚防护。采用 ϕ22 砂浆锚杆，L=6 m，间距 1.5×1.5 m，梅花形布置；采用 20 cm 厚 C25 网喷混凝土，设置 ϕ8 钢筋网，间距 20 cm×20 cm。

3. 明洞隧道基础

为控制隧道沉降，研究采用明洞底部设置 3 排桩基础形成暗桥的结构形式，桩间距 6.7 m×5 m 矩形布置，桩径 1 m，桩底进入中风化岩 3 m，桩顶设置 1.2 m×1 m 横向暗梁，桩长 13～42 m，见图 3-61。

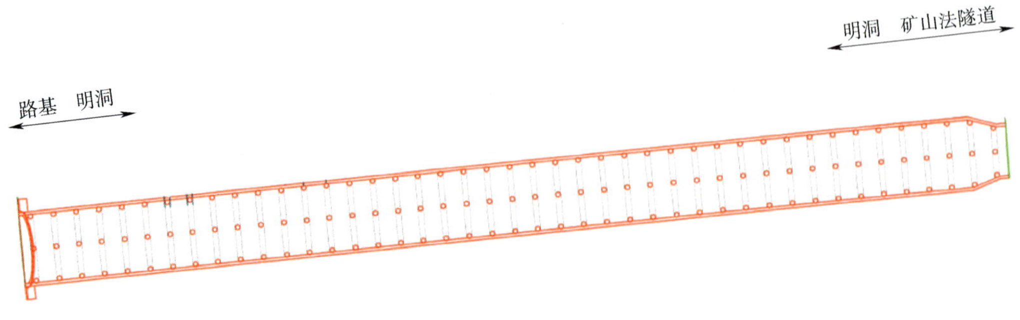

图 3-61　明洞桩基布置平面

4. 明洞隧道结构

宕口回填区明洞宽度 15.4 m，高度 10.645 m，结构厚度 600 mm，底板厚度 1 000 mm，见图 3-62。消防设计将上下行线分隔成两个防火分区，并在中隔墙上设置联络门洞，发生火灾时区间上下行线互为疏散救援通道，一条线的通风排烟不会影响另一条线的疏散人员，因此隧道设置中隔墙。国铁列车在国铁隧道发生火灾事故后，首先将事故列车拉到洞外明线或救援站进行疏散，如果事故列车不能驶出洞外，应控制列车停靠在紧急出口或避难所进行疏散，因此国铁山岭隧道不设置中隔墙。

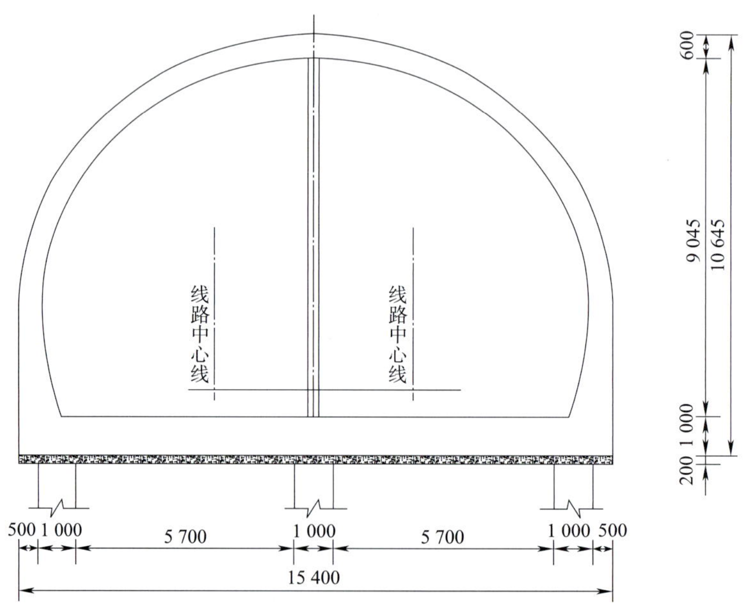

图 3-62　明洞横断面(单位：mm)

5. 明洞回填方案

为了明洞受力均衡，回填面采用人字形坡面，通过采用水泥土回填，确保边坡稳定；为提升景观效果，坡面设置了骨架护坡及绿化，见图 3-63 和图 3-64。

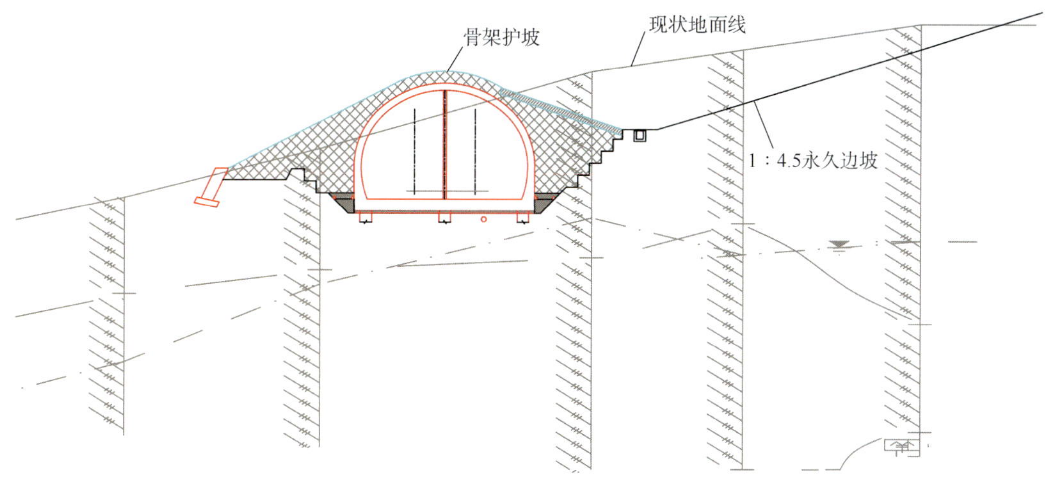

图 3-63　西侧宕口明洞回填横断面

图 3-64　西侧洞门回填实景

边坡坡脚底部回填 1 m 厚素混凝土，在隧道北侧回填 6%水泥土，坡度 1：2，北侧边坡设置骨架护坡（骨架间喷草籽＋灌木）；在隧道南侧回填 6%水泥土，坡度 1：3，南侧边坡上覆耕植土（撒草籽＋灌木）；在素混凝土与填土之间设置 0.5 m 过滤层，过滤层内埋设直径 200 mm 打孔波纹管，北侧回填边坡坡脚设置收坡挡土墙。1：3 临时边坡修整为 1：4.5 永久边坡，坡顶设置截水沟，坡脚设置沿隧道纵向排水沟。

6. 垭口段边坡抗滑措施

场坪边坡坡顶外 24 m 处存在局部填高 40 m 的垭口段，见图 3-47。根据收集到的垭口段相关资料并与垭口施工单位负责人沟通，垭口回填土未经压实处理，且坡底挡土墙为重力式挡土墙，墙底仅埋入填土层 1 m 左右。为保证临时边坡开挖期间及运营阶段垭口边坡的稳定性，需要在现有挡土墙前设置永久抗滑移措施。经计算，沿挡墙外侧设置直径 1.8 m、间距 2.5 m 钻孔灌注桩，桩顶设置 2×2 冠梁，钻孔灌注桩嵌入中风化岩不小于3 m。冠梁设置一排预应力锚索，锚索入射角度 10°，全长 50 m，自由端 42 m 长，锚固段8 m，采用 $4\phi^{s}21.6$ mm 钢绞线，见图 3-65。

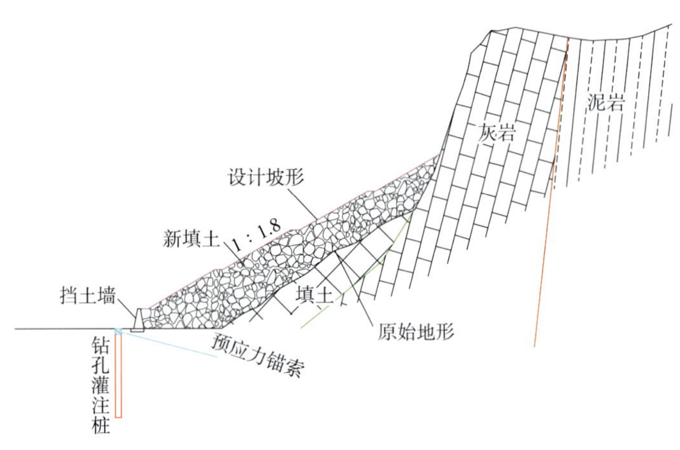

图 3-65　抗滑桩布置剖面

3.4.2.5　应用小结

针对矿坑深厚回填垃圾、垭口不稳定边坡、宕口持力层标高复杂多变、区间结构偏载严重等工程难点，创新采用暗桥＋套拱的结构型式，成功规避不良地质风险，确保运营线路安全。线路投入运营两年半以来，隧道整体状况良好，未发生明显变形及渗漏水等结构病害，边坡稳定性良好，绿植长大后景色美观。

3.5　盾构区间内置套筒＋外置槽道技术

3.5.1　应用背景

目前轨道交通盾构隧道设备支架常规的安装工艺有化学锚栓打孔安装和预埋槽道工艺。由于运营阶段车辆的反复动载以及化学锚栓植筋胶的老化，传统的化学锚栓需要定期检查与更换，增加了后期运营维护成本。根据调研目前国内运营城市地铁区间隧道统计得知，传统钻孔＋锚栓形式在施工期间和后期维保过程中存在安装工期长、施工作业环境差、隧道健康状况不良、运营维护工作繁重等问题。为避免钻孔对区间隧道的结构损伤，保证隧道结构本身的完整性和耐久性，部分城市将国内高铁屏蔽门及接触网预埋技术引进到轨道交通盾构隧道，即预埋槽道技术。但预埋槽道需全环预埋，而且槽道后期无法更换。因此，在轨道交通盾构隧道研究并采用了外置槽道技术。

3.5.2　方案比选

初步设计阶段，宁句城际盾构区间设备支架槽道方案经过多轮比选与研究。现场调研发现，目前槽道技术有以下三种。

1. 预埋槽道

部分城市采用了预埋槽道技术。为了满足机电设备安装的要求，目前预埋槽道采用全环预埋，存在预埋槽道被闲置浪费的问题，造价较高；而且槽道大部分外露，容易锈蚀，后期无法更换。

2. 挂耳＋外置槽道

外置槽道通过专用固定件（挂耳）与盾构管片纵向连接螺栓固定，U 形槽道与挂耳固定，无须在管片生产期间进行槽道预埋，可使用与之配套的 T 形螺栓安装区间隧道内的设备。挂耳槽道见图 3-66。

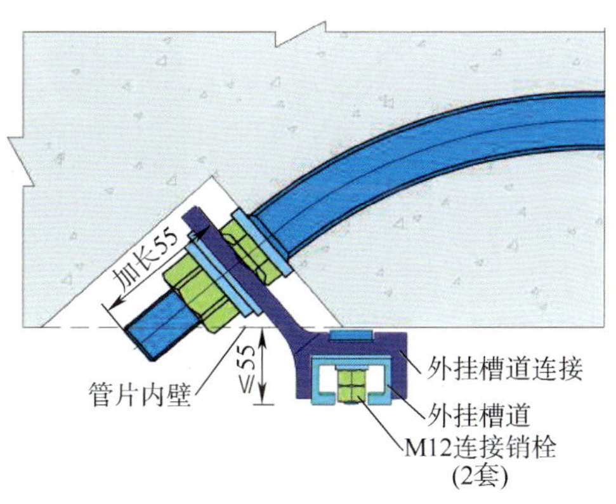

图 3-66　挂耳槽道示意（单位：mm）

3. 预埋套筒＋外置槽道

近两年国内部分城市如广州已在盾构隧道内试验内置套筒＋外置槽道技术。预埋套筒＋外置槽道技术有以下优点：

(1)避免现场打孔，保护管片；

(2)槽道可以更换；

(3)套筒可以实现标准化生产；

(4)提高机电安装施工效率，实现快速、绿色、标准化安装。

预埋套筒＋外置槽道技术可以解决盾构管片预埋槽道不可更换及全环预埋等问题，不仅能满足机电设备安装的各项要求，且安装方法简单易行，在隧道内可更换和分段安装。因此，可以避免盾构管片预埋槽道技术上存在的浪费问题，有较好的经济价值。

综上，预埋槽道需全环预埋，而且槽道后期无法更换；挂耳＋外置槽道技术需借用管片连接螺栓，影响其安全度。因此，为满足槽道后期可更换的要求，减少施工协调难度及降低槽道安装和后期更换的安全风险，宁句城际盾构区间推荐采用预埋套筒＋外置槽道方案。

3.5.3 设计方案

1. 方案简介

盾构管片混凝土浇筑时，预埋套筒按设计方案均匀埋置于盾构管片，见图 3-67。待区间隧道贯通后，外置槽道通过内六角紧固螺栓与预埋套筒连接固定，区间设备安装阶段使用 T 形螺栓将设备支架固定于外置槽道，见图 3-68。单个设备也可以直接安装固定在预埋套筒上，不与外置槽道产生关联。

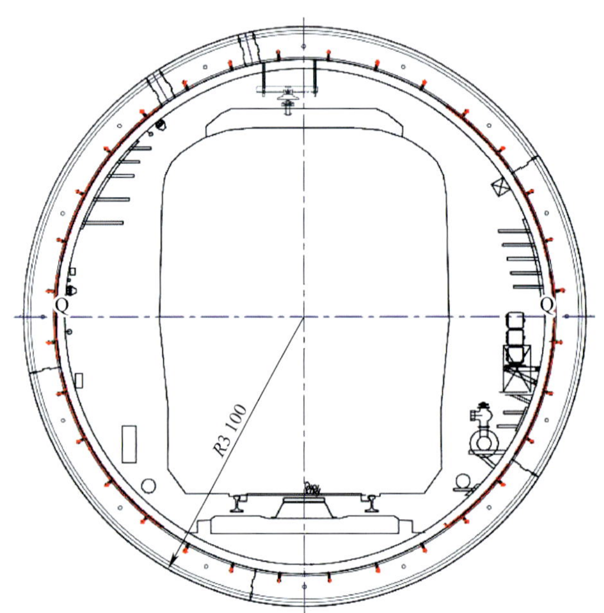

图 3-67　盾构隧道预埋套筒断面示意（单位：mm）

图 3-68　外置槽道安装后照片

2. 预埋套筒

预埋套筒为带内螺纹的预埋构件，材质为不锈钢，外径 M20，内螺纹内径为 12 mm，见图 3-69。预埋套筒和外置槽道通过内六角紧固螺栓连接固定。紧固螺栓材质为不锈钢，外径 12 mm，见图 3-70。

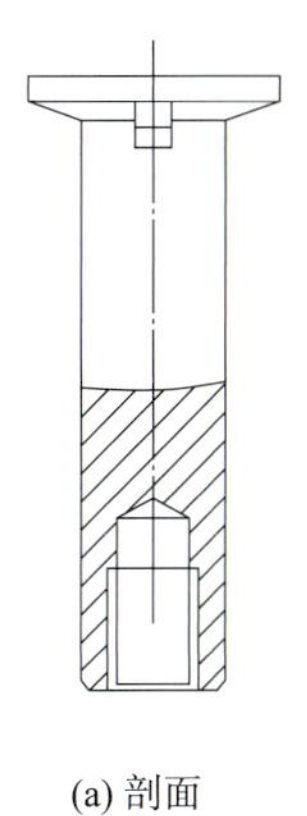

(a) 剖面

(b) 实物(一)

图 3-69　预埋套筒

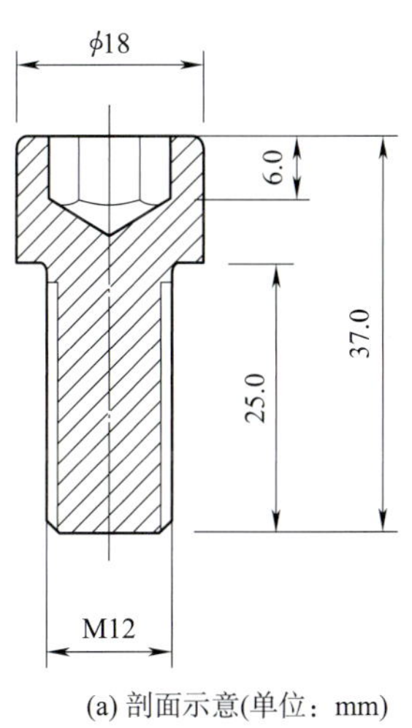

(a) 剖面示意(单位：mm)

(b) 实物(二)

图 3-70　内六角紧固螺栓

宁句城际盾构隧道内径为 5.5 m。针对不同的管片组合形式均能保证前后环对应的点位上都能有套筒在同一纵向上，经套筒个数和槽道长度组合研究，最后确定套筒全环预埋。不同管片组合封顶块旋转的最小角度为 22.5°，为满足前后环套筒都能在同一纵向上，且综合考虑外置槽道的跨度以及套筒的费用情况，将套筒间的角度确定为 11.25°，即每环管片全环预埋 32 个套筒，弧间距 540 mm。盾构隧道封顶块左偏 22.5°情况下，套筒布置断面见图 3-71。

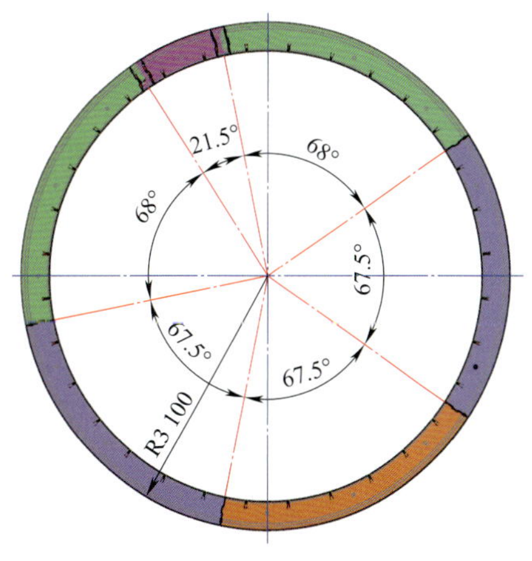

图 3-71　套筒布置断面

3. 外置槽道

考虑到外置槽道及配套的紧固螺栓具备可更换条件，为节省投资，设计使用年限定为 50 年。外置槽道的材质性能要求不低于国标合金低碳钢 Q355B，材料应符合 GB/T 1591—2018 国家标准要求，槽道截面见图 3-72。

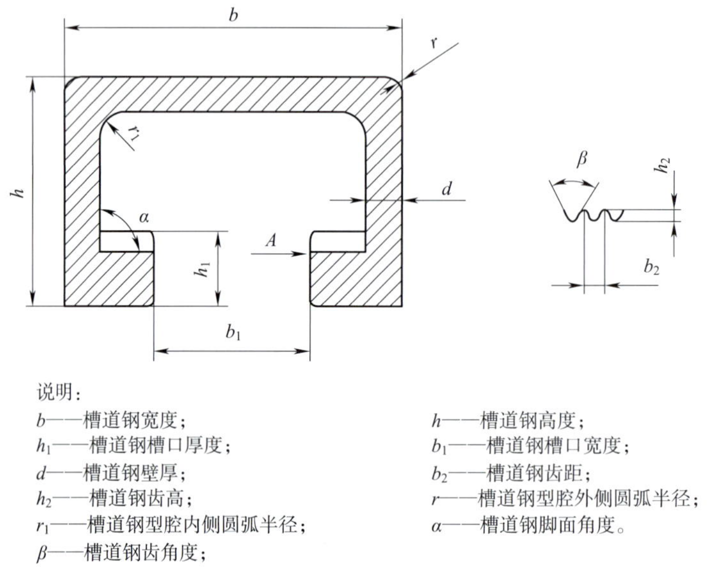

图 3-72　外置槽道断面

宁句城际盾构隧道外置槽道截面型号为 5334，截面参数见表 3-7。

表 3-7　外置槽道断面参数

槽道型号	尺寸/mm					预埋套筒型号	T 形螺栓型号
	宽度 b	高度 h	开口宽度 b_1	厚度 d	h_1		
5334	53	34	22	4	7	M20	M20

宁句城际道床形式为现浇道床，根据减振情况分为普通道床、中等减振道床、高等减振道床、特殊减振道床。宁句城际高等和特殊减振道床高度为 940 mm，盾构曲线段隧道有偏移、道床有超高。综合考虑减振道床、隧道偏移、道床超高以及盾构管片的施工误差，得出道床最不利布置的盾构圆环，图 3-73 给出了普通道床与特殊减振道床在偏移与超高同时产生的情况下的外置槽道断面布置图。

通过对宁句城际现场盾构管片拼装情况调查，盾构管片封顶块位置情况有 9 种，分别位于隧道左右两侧的拱顶、拱腰及拱肩。

综上，考虑道床减振、偏移、超高及封顶块位置多变的情况，在道床最不利布置的盾构圆环上布置 9 种外置槽道方案，外置槽道长度共 3 种类型：1 480 mm、1 580 mm、2 120 mm。其中，1 480 mm 和 1 580 mm 槽道由 3 个套筒固定，2 120 mm 槽道由 4 个套筒固定。槽道可以跨管片缝，为减小相邻管片存在微小偏差情况下外置槽道的安装难度，每根槽道最多 1 个套筒跨缝。

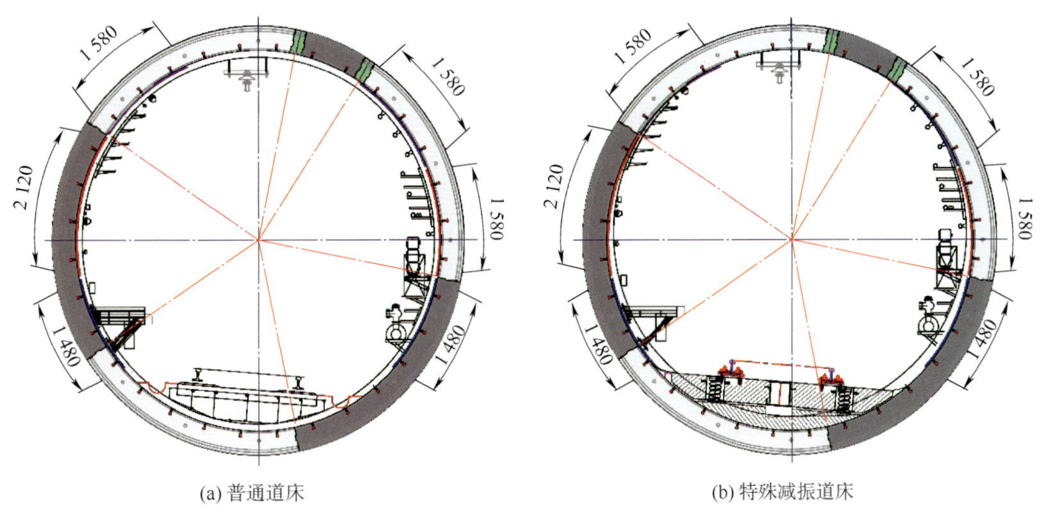

(a) 普通道床 (b) 特殊减振道床

图 3-73 外置槽道断面布置(单位:mm)

4. 技术要求

预埋套筒定位和管片拼装必然存在偏差,为减小上述的偏差对外置槽道安装产生的影响,槽道开孔采用椭圆孔,开孔尺寸适当加大,见图 3-74。

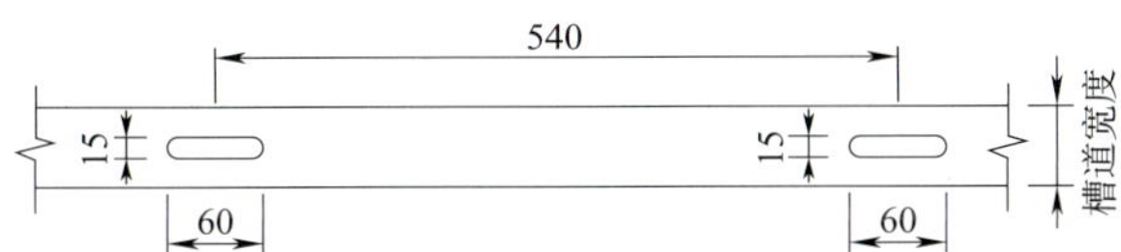

图 3-74 外置槽道开孔示意(单位:mm)

外置槽道可以跨管片的接缝进行布置。隧道管片在拼装时,平面曲线及竖向曲线段,管片有多种布置形式(封顶块位置多变)。外置槽道为了适应多种管片布置形式,需要进行跨缝布置,既能满足设备支架的安装,也不影响轨道道床的铺设。

预埋套筒的定位需满足设计文件给出的精度要求,预埋套筒安装及管片混凝土浇筑时需加强钢模及管片的验收,在管片生产过程中加以控制。

槽道之间的设备通过槽道横向连接杆可进行环间任意位置的设备安装,横向连接杆见图 3-75。

图 3-75 设备支架的横向连接杆

区间隧道内设置消防管网及压力排水管网,材质为球墨铸铁管。管道单根长度为

6 m,采用三角支架固定。固定支架的间距可根据槽道间距确定。如图 3-76 所示,管道中间型支架间距 2.4 m,管道接口处或阀门安装处安装接口型支架,间距 1.2 m。

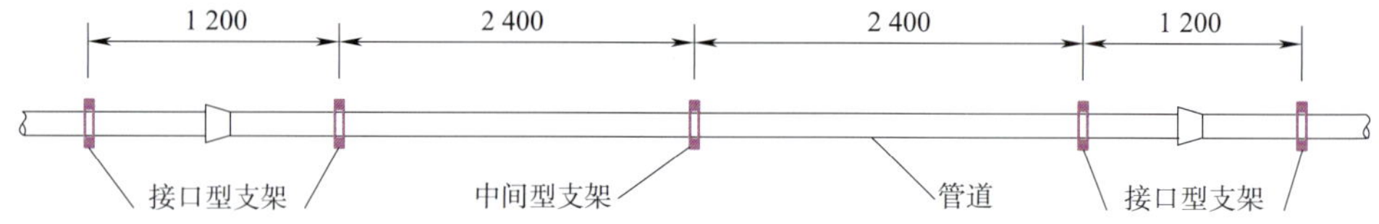

图 3-76　隧道内水管与支架(单位:mm)

盾构管片混凝土浇筑时,在预埋套筒螺孔内部设置塑料螺旋定位塞,避免混凝土泥浆灌入预埋套筒内部。管片脱模后,第一时间使用手枪钻拆卸预埋套筒的螺旋定位塞见图 3-77,拆卸后采用塑料堵头封堵见图 3-78。在后续管片养护及运输拼装过程中避免杂物进入套筒造成堵塞。

图 3-77　螺旋定位塞

图 3-78　塑料堵头

3.5.4　计算验证

1. 外置槽道内力计算

对盾构区间各专业设备支架荷载进行统计分析可知,区间疏散平台(图 3-79)设备荷载最大,其余荷载较小,因此仅针对疏散平台支架计算外置槽道的最大荷载,疏散平台与外置槽道间按铰接考虑。

疏散平台荷载:平台宽度 1.2 m,横向长度 0.7~1.2 m,横向计算长度 L 取 1.2 m,恒载 1.8 kPa,人群活荷载 4 kPa,隧道风压 0.6 kPa,计算简图见图 3-80。

疏散平台(每环)均布荷载 $q=(1.3\times1.8+1.5\times4+1.5\times0.6)\times1.2$ kN/m$=$11.088 kN/m。以简图中 A 点取矩,计算 B 点处垂直 AB 方向的拉力 F,即疏散平台端部设备支架的拉力。经计算,$F=9.504$ kN。疏散平台端部由 2 根 T 形螺栓连接,所受拉力分别为 $N_1=F\times140/240=5.544$ kN、$N_2=F-N_1=3.96$ kN,即设备支架 T 形螺栓对外置槽道的拉力为 5.544 kN、3.96 kN,取 T 形螺栓对槽道的最大拉力设计值 N 为 6 kN。

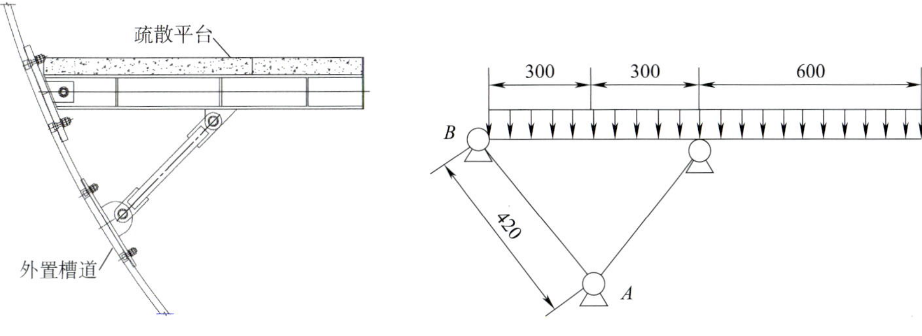

图 3-79　疏散平台设计　　图 3-80　疏散平台计算简图(单位:mm)

在设备荷载作用下,外置槽道及 T 形螺栓强度应满足钢材的屈服强度、螺栓抗拉抗剪要求。在最大工作荷载作用下槽道挠度和强度需满足下列规范要求:

挠度控制,参考 GB/T 17116.1—2018《管道支吊架》,挠度变形应符合 1/500L,且不应大于 2.3 mm。

强度控制,参考 TB/T 3329—2013《电气化铁路接触网隧道内预埋槽道》,在 1.5 倍工作荷载(槽道法向承受最大拉力)作用下,不产生塑性变形,即槽道应力小于钢材的屈服强度,在 3 倍工作荷载作用下,不应产生功能性失效破坏。

经计算分析,在最大工作荷载作用下外置槽道最大变形为 0.5 mm,最大应力为 106.9 MPa,满足规范要求。

2. 外置槽道仿真分析

如图 3-81 所示,将单跨外置槽道(跨度 540 mm)进行仿真分析,最大拉力取值 6 kN,计算的内力及变形结果见图 3-81。

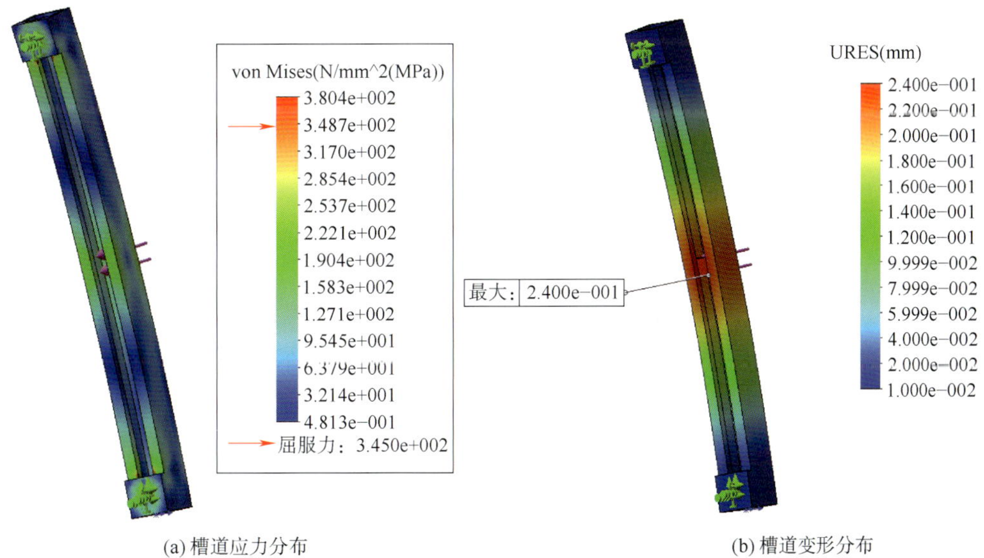

(a) 槽道应力分布　　(b) 槽道变形分布

图 3-81　极限荷载下槽道仿真分析结果

经模拟计算，按预埋套筒间距 540 mm，在极限荷载作用下外置槽道最大变形为 0.24 mm，槽道最大应力为 280 MPa，满足规范要求。

3.5.5 质量检验

经建设单位组织设计单位、检测单位共同商定，明确了宁句城际预埋套筒、外置槽道与 T 形螺栓的质量检验要求，见表 3-8。

表 3-8　检验项目及要求、频率

序号	检验项目		检验类型			检验数量/检验批
			出厂检验	进场检验	型式检验	
1	外观检查*		√	√	√	5
2	尺寸检查*		√	√	√	5
3	扭转度*		√	√	√	2
4	防腐层厚度		√	√	√	5
5	材质检测*		—	√	√	1
6	静承载力	裸件的静承载力检测*	√	√	√	2
7		预埋于混凝土中的静承载力检测*	—	√	√	2
8	T 形螺栓承载力*		√	√	√	2
9	疲劳试验*		—	—	√	2
10	预埋在混凝土中的疲劳试验*		—	—	√	2
11	预埋槽道盐雾试验		—	—	√	2
12	T 形螺栓盐雾试验		—	—	√	2
13	耐冲击性能		—	√	√	3
14	涂层附着力试验		—	√	√	3
15	耐碱试验		—	√	√	2
16	防松性能试验*		—	—	√	1
17	耐火性能试验*		—	—	√	1
18	晶间腐蚀试验*		—	—	√	1

注："*"为适用于不锈钢材质预埋槽道性能检测；"√"为必检项目；"—"为选择性检测项目；检验批划分按《预埋槽道型钢》确定。

3.5.6 工程实施

预埋套筒+外置槽道已在宁句城际全部盾构区间应用，应用效果较好。

1. 应用效果

预埋套筒按设计要求在管片模具上定位，套筒避开管片钢筋，见图 3-82。套筒安装完成后，采取较轻柔的方式加注混凝土，并采用混凝土振动台振捣。

(a) 钢筋笼就位前

(b) 钢筋笼就位后

图 3-82　套筒定位安装照片

外置槽道及紧固螺栓倒运至施工现场，工人取出塑料堵头然后安装外置槽道。外置槽道和设备支架安装完成后的盾构隧道实景见图 3-83。

图 3-83　盾构隧道外置槽道实景

2. 难点及解决方案

预埋套筒＋外置槽道技术在南京首次应用，总体安装效果较好。出现的个别问题及解决方案如下。

(1)拆定位塞困难

部分管片生产后未及时取出螺旋定位塞更换塑料堵头，定位塞被混凝土覆盖，部分外露部分断掉、变形导致个别定位塞取出困难。

解决方案：利用架子车与手持冲击钻、丝锥进行定位塞处理，用电钻对定位塞进行破坏清理后利用丝锥对预埋套筒进行二次攻丝。

(2)套筒内螺纹不能拧入

部分紧固螺栓存在拧固困难,导致螺栓断在预埋套筒内部。

解决方案:管片厂加强进场检验和内螺纹检验,如果已经出现通规不能拧入的现象,可采用 M12 的丝锥对内螺纹重新攻丝后继续使用。管片生产期间确保套筒与定位塞和密封圈完全拧紧且无缝隙,对于已出现漏浆问题的套筒,需采用 M12 的丝锥重新攻丝。

(3)消火栓口安装高度偏大

受盾构管片偏转及道床型式变化的影响,部分普通道床段消火栓口安装高度达到 1.3 m,高于规范“栓口距离完成面宜为 1.1 m”的要求。

解决方案:调整槽道边距,将普通道床最下段槽道(长 1 480 mm)上边距调整为 150 mm,下边距调整为 250 mm;合并支架,将区间消防水管与废水管的支架合并,一个支架两层管托,降低原两个水管的空隙,可降低消防水管安装高度以满足 1.1 m 的高度要求,见图 3-84。

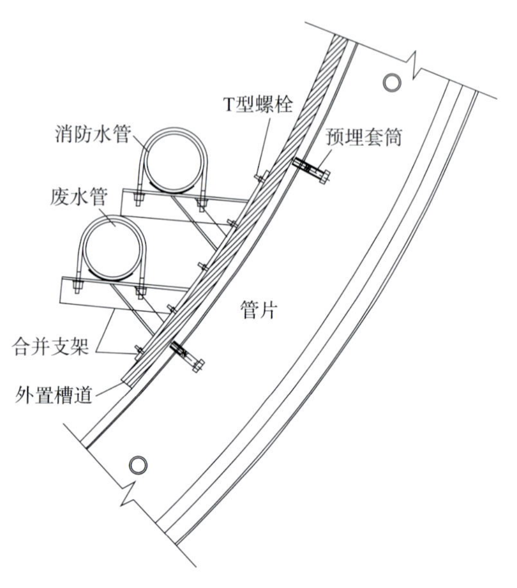

图 3-84　合并支架示意

3.6　新型装配式轨道板技术

宁句城际选取了高架、地下、减振、非减振的多种典型工况进行了预制板式轨道结构试验,总长 791.6 m(单线)。地下段 341.6 m 板下采用了钢纤维细石混凝土填充层,进行了揭板试验、上浮试验,具有施工工序简单、施工速度快、劳动强度低、用工数量少等诸多优点。

3.6.1　应用背景

装配式轨道源于预制板式轨道,我国的高速铁路大量采用了高精度预制板式轨道结构,在可靠性、平顺性、舒适性方面优势突出。南京、上海、苏州、广州、成都、重庆、青岛、深圳等城市轨道交通已大面积应用装配式预制轨道技术,其中南京、上海、成都、深圳、苏州等城市已明确后续线路全部采用装配式轨道技术。板式轨道技术已成为城市轨道交通轨道结构的重要发展方向。其主要优点为:

(1)轨道板采用预制结构,质量可靠,外观整洁美观,避免道床开裂;

(2)稳定性、平顺性好,耐久性好;

(3)具备一定的更换、改造能力;

(4)减少现场工作量,改善作业环境;

(5)现场钢筋绑扎、混凝土浇筑量少,有利于环境保护;

(6)大幅度提高工程质量,降低工程缺陷概率,同时提高施工机械化水平,降低劳动强度,避免人为、管理因素影响;

(7)更好的施工便捷性,预制轨道板可通过轨排井、盾构井灵活下料,缩短运输距离,方便轨道铺设。

目前国内城市轨道交通主型装配式轨道主要有以下三种方案。

1. 高铁 CRTSⅢ型轨道板方案:成都、上海

该轨道结构由钢轨、扣件、预制轨道板(单元板)、调整层(自密实混凝土)、限位结构(门型筋+凹槽)、中间隔离层和钢筋混凝土基底组成。预制板下设门型钢筋,自密实混凝土灌注后,通过门型钢筋使预制板和自密实混凝土层连接成为一体,形成“复合板”结构。自密实混凝土层与底座板之间设置两层土工布。底座板中部设置限位凹槽,与上部自密实混凝土层相连,凹槽内侧填充弹性垫层,详见图 3-85。

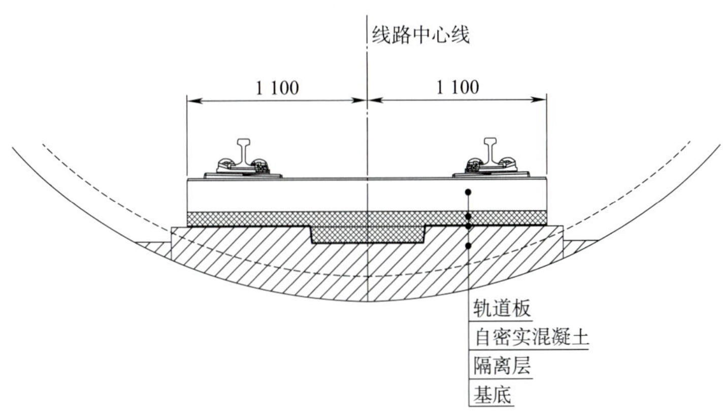

图 3-85　高铁 CRTSⅢ型轨道板示意(单位:mm)

2. 优化 CRTSⅢ型轨道板方案:深圳、广州、南京

类似于 CRTSⅢ型板式无砟轨道结构,由钢轨、扣件、预制板、自密实混凝土、限位凸台等构成。取消了预制板底部的门型筋及基底的凹槽限位结构,改为现浇限位桩;隔离层调整到板下设置,实现板与下部自密实混凝土结构隔离,方便更换预制板。南京轨道通用图即为该方案,见图 3-86。

3. 新型装配式轨道板:苏州、青岛

新型装配式轨道由钢轨、扣件、预制板(带承轨台)、钢纤维混凝土等组成。预制板为非预应力板,直线、曲线板型统一;预制板与填充层之间采用 PTN 防水,填充层设置小型侧沟,有效防止水沟内的水进入板下隔离层;非减振预制板采用厂内喷涂改性聚氨

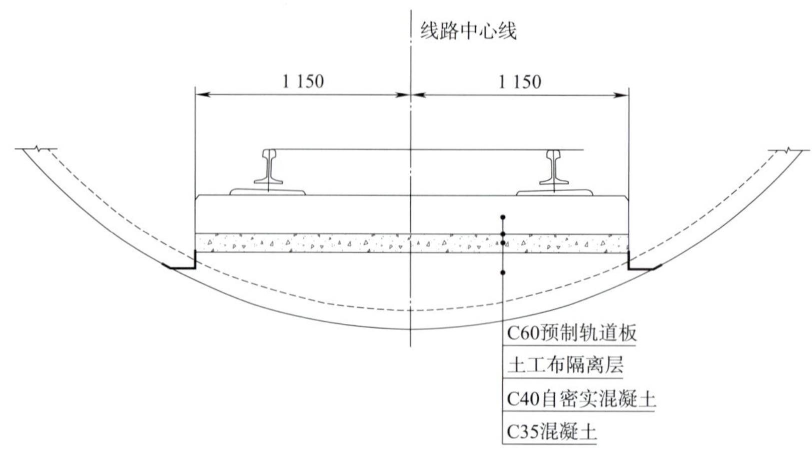

图 3-86　优化Ⅲ型轨道板示意（单位：mm）

酯隔离材料的方法实现预制板与下部填充层的隔离，减振轨道板与非减振轨道板板型完全一致，用减振垫替代隔离层即可实现，板垫复合在工厂内一体化完成，见图 3-87。

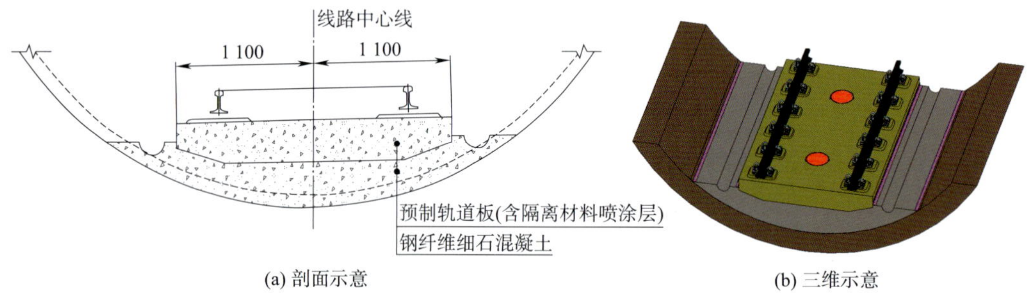

(a) 剖面示意　　(b) 三维示意

图 3-87　新型装配式轨道方案（单位：mm）

3.6.2　技术方案

3.6.2.1　采用预制板-隔离层一体化供货

传统板式轨道自上而下依次为钢轨、扣件、预制板、自密实混凝土、隔离层、底座构成，限位凸台设置于底座之内，施工时，因轨道结构组成部分过多，需经常进行交叉作业，铺设速度较慢。

宁句城际结合地铁的结构特点和施工需求，优化了板式轨道结构。采用的板式轨道结构将灌注孔兼做限位孔及观察孔，自上而下依次为钢轨、扣件、预制板（含灌注孔）、板下填充调整层，取消了底座、限位凸台及底座上敷设的隔离层等，并采用轨道板-隔离层一体化供货，将原本需要在现场实施的隔离层“移至”工厂，在厂内进行装配。地下线预制板采用“楔形”断面，与盾构尺寸相匹配，减少现场混凝土的浇筑量，并且在灌注调整层时，更有利于板下气体的排出，见图 3-88。

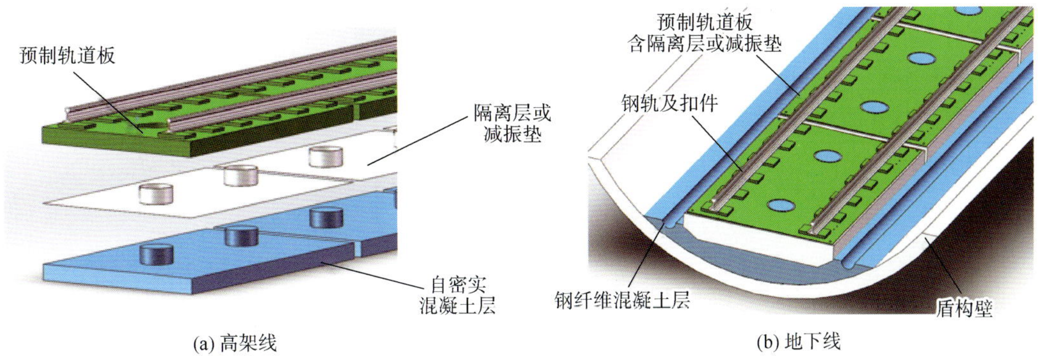

(a) 高架线　　(b) 地下线

图 3-88　宁句城际典型板式轨道构造示意

该种装配式轨道结构简化了施工工序，减少了施工时的交叉作业，提升轨道施工速度，从而降低作业时间和控制施工成本。

3.6.2.2　地下线填充层首次采用钢纤维细石混凝土

钢纤维混凝土为在水泥基混凝土中均匀掺入乱向分布的短钢纤维形成的复合材料，这些乱向分布的钢纤维能够有效地阻碍混凝土内部微裂缝的扩展及宏观裂缝的形成，显著改善混凝土的抗拉、抗弯、抗冲击及抗疲劳性能，具有较好的延性，已有相应的标准和规范。

钢纤维混凝土技术成熟，已广泛应用于工业及物流地坪首层地面、机场跑道、盾构管片等领域。钢纤维混凝土有利于限制混凝土自身收缩、徐变及外部因素引发填充层开裂；钢纤维具有控裂、无序、全截面分布的优势，对填充层混凝土进行全断面增强，见图 3-89。自身高抗拉强度的设计可以抵抗混凝土内裂缝产生的高局部应力而不被拉断，两端弯钩的外观又保证了足够的锚固能力。

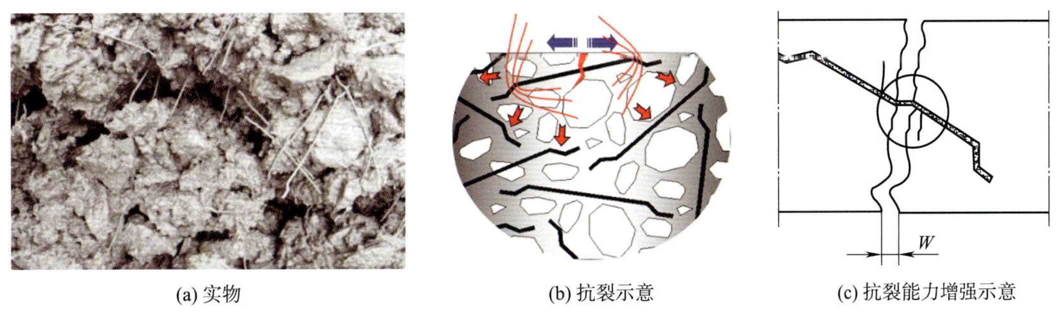

(a) 实物　　(b) 抗裂示意　　(c) 抗裂能力增强示意

图 3-89　钢纤维细石混凝土

地下线填充层直接采用钢纤维混凝土的形式，减振垫预制板道床板侧不设混凝土挡墙，见图 3-87。

“钢纤维混凝土”与常规的“钢筋＋自密实混凝土”相比，能够完全满足轨道工程的功能需求。如果采用“钢筋＋自密实混凝土”的方案，则在铺设预制板之前，需要绑扎钢筋，由此带来相应的工作量和劳动强度；而“钢纤维混凝土”方案，省略了现场钢筋绑扎的工作量，提升了施工效率，节省了工程造价。

钢纤维混凝土与钢筋＋自密实混凝土方案费用估算见表3-9。宁句城际试验段通过采用钢纤维混凝土，节省材料费约28万元。

表3-9　价格估算对比

方案	项目	数量	单位	估算单价/元	合价/万元
钢筋＋自密实混凝土	自密实混凝土	396	m^3	1 000	39.60
	钢筋	36 253	kg	5	18.13
钢纤维混凝土	钢纤维混凝土	390	m^3	750	29.25
材料费差值					－28.48

3.6.2.3　施工成套技术研发

新型板式轨道可采用人工施工和机械化施工两种方式。随着人工成本的提升，机械化施工逐渐成为主流。针对新型板式轨道，采用目前最先进的专用施工装配进行铺轨施工，装备涵盖了运板、卸板、调板、换板及板下混凝土灌注等装配式轨道施工的关键环节，全面实现了板式轨道施工的机械化和铺板作业的自动化。相关技术已经在西安、上海、深圳等多个城市成功应用，且装备在不断升级和优化中。

施工进度方面，因洞内罐车运输距离较长，故大部分时间消耗于混凝土的洞内运输过程之中。此外，因本工程工期较紧及各方条件因素所限，未采用全系列的施工装备，如精调系统、自变形轨道施工车、自适应工程运输车，加之仅为试验段，长度有限，每工作面施工综合进度约为70 m/d。将来随着规模化施工及大量系列化施工装备的使用，每工作面施工进度可在100 m/d以上。

3.6.3　应用效果

前两种装配式道床均采用“轨道板-调整层-底座”的层状结构体系，要求先施工基底、再铺板灌注混凝土，工序仍较多。宁句城际装配式轨道试验段的实施表明，与传统预制轨道板整体道床技术相比，新型装配式轨道采用“预制板＋钢纤维混凝土”两层结构，结构更简单，具有以下优势：

（1）新型装配式轨道板厚330 mm，板更重，抗上浮能力更强、更稳定。

（2）两边做倒棱处理，土建误差适应性更好。

（3）采用高分子隔离层，绝缘效果更好。

（4）厂内喷涂型隔离材料及厂内实现板垫复合的方式，省去了人工现场铺设施工的工序。在简化施工工序的同时，提高了隔离层的耐久性和绝缘性能，有利于杂散电流防护。

(5)板下开放式空间，板四周无须封模；板下空间大，混凝土要求低，施工方便，质量易保证；地下线板下钢纤维细石混凝土填充，填充层内无须绑扎钢筋。在确保板下填充层抗裂性满足要求的同时，大幅简化了施工工序，同时相比传统的自密实混凝土填充材料，其拌制、运输及浇筑的要求较低，降低了施工质量控制难度。

(6)采用装配式施工技术的"铺板＋灌注"两步逆作法，大幅度减少施工工序、提升施工进度，单工作面预制板铺设用工数量较传统板式轨道减少约 60％，相较于现浇道床减少 50％。

装配式轨道技术已成为当前轨道技术的主要发展方向，对于提高轨道工程建设质量，提高铺轨效率，缓解劳动力紧缺，方便轨道维修及改造等具有重要作用，同时引领了城市轨道交通工业化、绿色建造技术的发展，对于推动行业科技进步作用巨大。装配式轨道试验段在宁句城际的成功实施，为装配式轨道技术在南京及全国的推广应用起到了重要的引领示范作用。

3.7　拟声子晶体高分子道床减振技术

3.7.1　研究背景

目前轨道交通轨道减振措施主要有钢弹簧浮置板、减振垫道床、弹性扣件等。潜艇、隐形飞机及军事通信应用声子晶体理论，采用特殊材料滤除振动波与噪声，可达到吸收或滤除雷达波的目的。应用声子晶体理论，研制类似材料应用到轨道减振，东南大学缪林昌教授团队进行了开创性研究。

3.7.2　技术方案

1. 声子晶体与带隙机理

由两种或两种以上介质周期排列而成的材料或结构通常称为声子晶体，当弹性波在该介质或结构中传播时，在结构周期性和单散射体米氏散射的相互作用下，形成弹性波带隙，位于带隙频率范围内的弹性波会受到屏蔽。声子晶体带隙对波频率的选择性通过作用，在隔振、声聚焦、声学滤波、波导和能量收集等领域显示出潜在的应用价值。在声子晶体中，相互之间不连通的材料为散射体，联通为一体的材料称为基体。根据基体和散射体的周期排列形式，可划分一维、二维和三维声子晶体结构，见图 3-90。

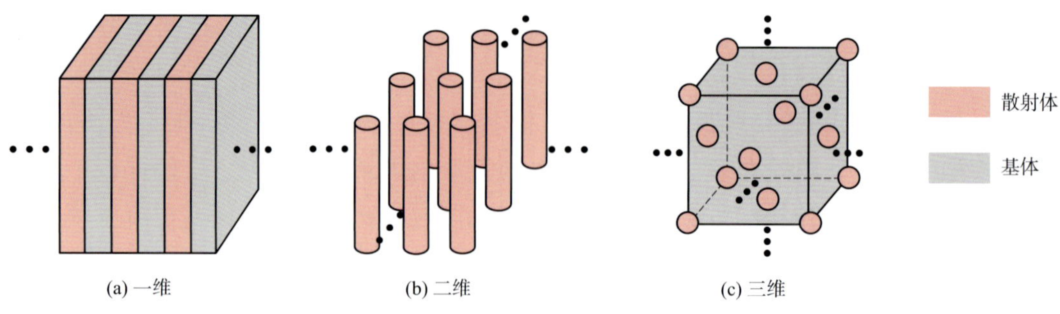

图 3-90　声子晶体结构

弹性波在声子晶体中传播时，受其周期结构作用形成特殊的色散关系，将没有色散关系曲线的对应频率范围称为带隙，带隙相当于滤波器，在对应波段把振动信号和能量率除掉。

2. 拟声子晶体超原胞模型

传统的声子晶体复合材料并不能打开所期望的低频带隙。基于声子晶体理论，缪林昌等研究提出了拟声子晶体理论模型与质量-弹簧模型，这是一种晶胞聚合体（超原胞），并以晶胞聚合体为周期分布。研究得到超原胞复合材料的传输函数（图 3-91），可以看出，超原胞复合材料有 6 个低频带隙。与传统的声子晶体模型相比，拟声子晶体超原胞模型更易打开低频带隙，有利于低频减振。

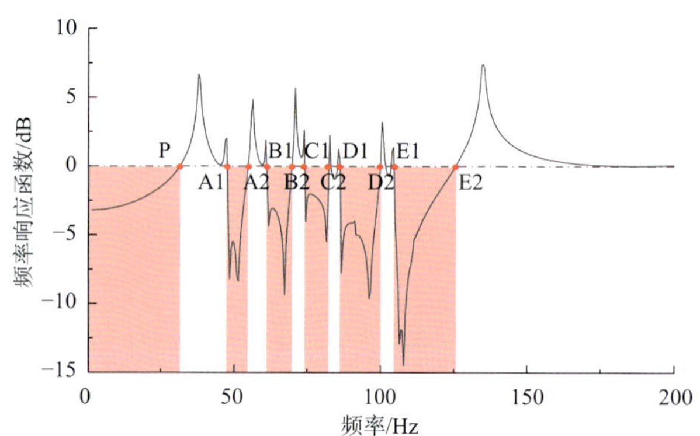

图 3-91　拟声子晶体超原胞模型频率响应函数

3. 预制道床板的减振特性

基于声子晶体复合材料的特点，研究团队研制出了拟声子晶体高分子混凝土道床板。试验采用 C50 高分子混凝土预制道床板，高分子颗粒的体积含量为 16%。应用丹麦的 B&K 振动测试系统检测道床板的减振效果，测得的传输响应结果见图 3-92。从图 3-92 可以可到有 6 个低频带隙，拟声子晶体高分子混凝土道床板能够打开低频带隙，达到了预设效果。

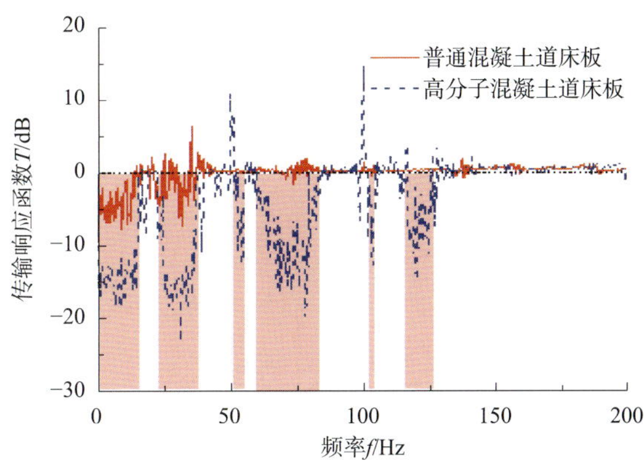

图 3-92　道床板振动传输响应曲线

3.7.3　应用效果

将制作好的预制拟声子晶体高分子混凝土道床板安装到宁句城际汤山站—南京猿人洞站区间，图 3-93(a)为现场监测设备安装的情况，图 3-93(b)～图 3-93(d)分别是在钢轨、道床面和隧道侧壁监测到的振动信号，其中黑色曲线为普通道床断面监测到的振动信号，红色曲线为拟声子晶体高分子混凝土道床断面监测到的振动信号。基于现场监测的振动信号通过三分之一倍频程计算，分析得出减振效果，图 3-94(a)为拟声子晶体高分子混凝土道床段钢轨、道床面和隧道壁的振动量级对比图，图 3-94(b)为普通道床段隧道壁与拟声子晶体高分子混凝土道床段隧道壁振动量级对比图，计算得出 1～80 Hz 最大 Z 振级插入差值为 12.5 dB，减振效果明显。

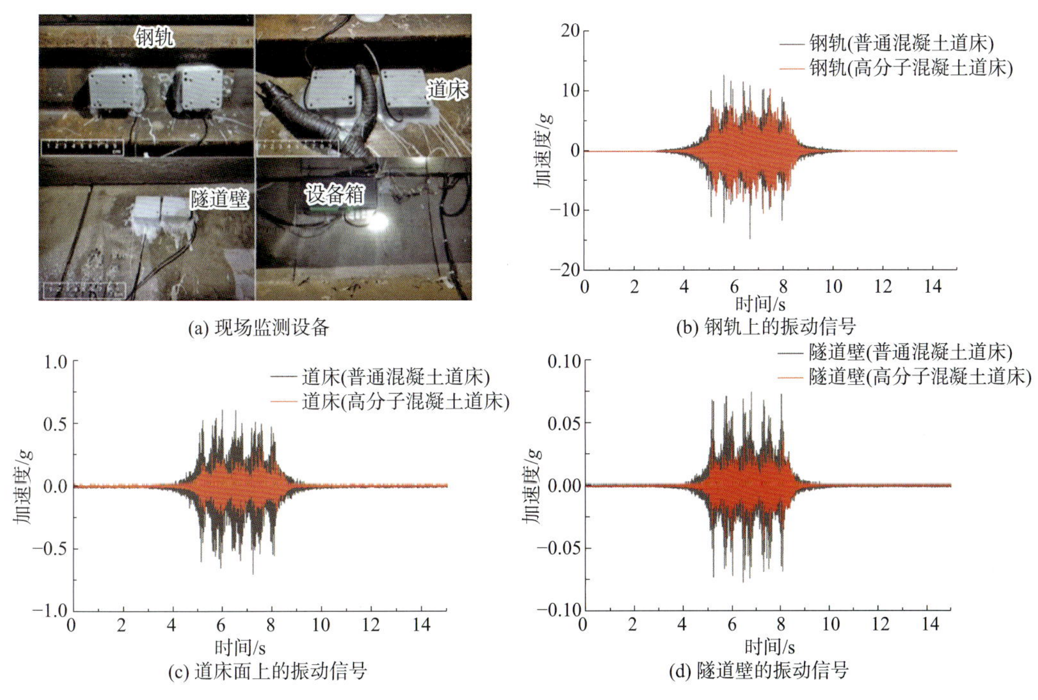

图 3-93　振动监测设备安装与监测到的振动信号时程曲线

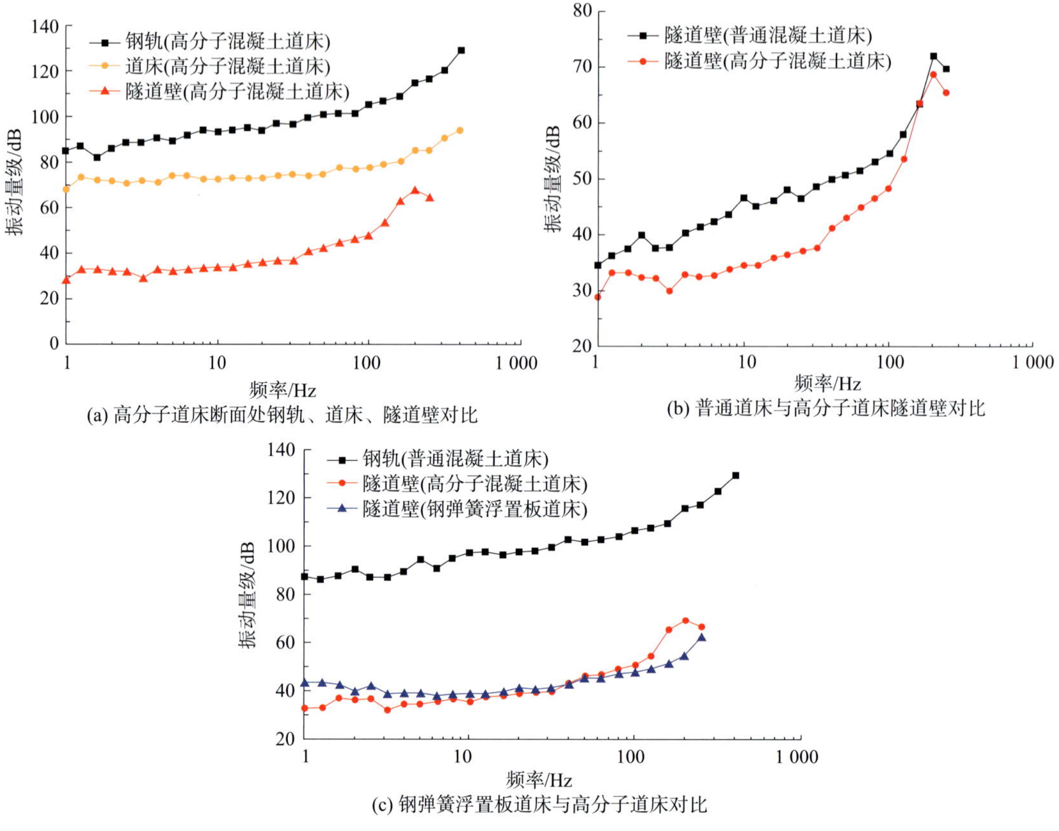

(a) 高分子道床断面处钢轨、道床、隧道壁对比

(b) 普通道床与高分子道床隧道壁对比

(c) 钢弹簧浮置板道床与高分子道床对比

图 3-94　隧道内现场振动信号的 1/3 倍频程振动量级对比

拟声子晶体高分子混凝土减振道床，在 0.1～100 Hz 频率范围内的减振效果超过了钢弹簧浮置板道床的减振效果，如图 3-94(c)，尤其在 0.1～20 Hz 频率范围内高分子混凝土道床的减振优势更明显，突破了传统减振技术瓶颈，打破了国外减振技术的垄断，首创拟声子晶体高分子混凝土地铁减振道床，实现了减振技术和工程应用超越，这是轨道交通减振技术的原创性革命。

该技术经鉴定认为“研究成果丰富，创新突出，革新了现有轨道交通减振技术，社会、经济与环境效益显著，具有重要的理论意义和工程应用价值，研究成果具有原创性，总体处于国际领先水平”，获江苏省政府 2022 年度科学技术奖二等奖。

3.8　钢弹簧浮置板道床智能监测系统

3.8.1　研究背景

振动和噪声是人们公认的影响面最为广泛的公害之一，也是近年来轨道交通发展所面临的一项亟待解决的难题。现有轨道交通的减振降噪技术中，实践应用最为广泛的是构件浮置技术，典型的是浮置道床技术，其隔振效率高，工作性能稳定，已经成为业内的共识。钢弹簧浮置板减振技术是目前在地铁线路噪声振动敏感区域中采用的最常见的减振措施，该技术的减振系统由钢轨及扣配件、浮置的轨道板、隔振器、混凝土基础等组成，采用"质量-弹簧"体系降低振动对外部环境的影响，减振效果显著，一般可以达到 15 dB 以上。

隔振器是钢弹簧浮置板的核心设备，见图 3-95。随着使用时间的增加，在已投运的地铁线路中，如上海、深圳、广州、南京等多地浮置板道床都出现过隔振器故障问题，其中最常见的问题就是钢弹簧出现了疲劳失效或断裂情况。钢弹簧浮置板轨道应用于轨道交通隧道结构内，普遍存在养护维修天窗短、工作环境复杂等困难，钢弹簧浮置板损坏不易察觉，钢桶及钢弹簧易损坏且较难维修。现阶段钢弹簧浮置板轨道结构维修状态多为计划修，养护维修存在滞后性，易引起工程事故，不能实时反馈轨道结构状态。所以，在隔振器减振效果已非常成熟的情况下，如何实时了解隔振器工作状态，及时发现弹簧故障，保障车辆安全运行已成行业重点研究的领域。

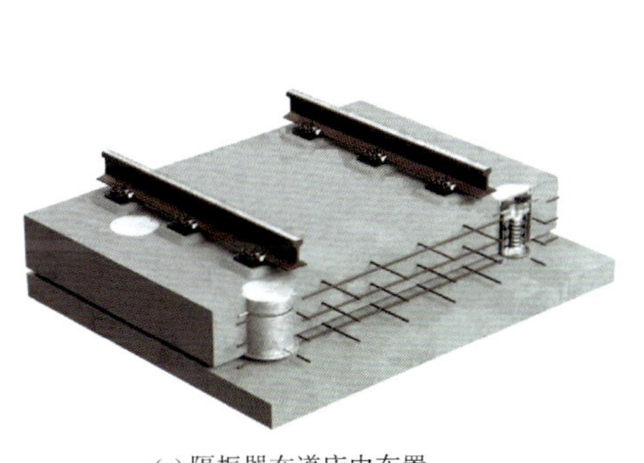

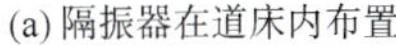
(a) 隔振器在道床内布置

(b) 隔振器

图 3-95　钢弹簧浮置板隔振器

为防止浮置道床结构中用于支撑浮置板的弹性元件的自然失效或意外损坏带来的危险，运营过程中需要经常确认上述弹性元件的高度变化，以便了解和掌握弹性元件的工作状况，根据实际情况随时进行维修更换，以保证安全。目前，针对隔振器弹簧的故障监测，国内外开发了机械式、指针式、电子式等不同类型的监测装置，其中，机械式是将带有刻度标定尺的指示杆安装在外筒中，下部与地基接触，人员直接在刻度标尺读取外筒相对地基的形变量，见图 3-96。指针式由指示表、指针传动板、指示表锁紧块等组成，它将内筒高度变化通过指针传动板传送给指示表，在指示表中显示内筒高度的变化，见图 3-97；电子式则是通过位移传感器将内筒高度变化的最大值进行采集的方式进行监测。

机械式监测装置结构简单，但是精度较低，只能大致测出位移量，并不能精确反映，可靠性一般；指针式监测装置采用机械间接测量方式，当指针传动板疲劳或顶盖有形变时，其精度也会受到影响，可靠性一般；电子式监测装置目前在天窗时间才可进行数据采集，没有实现全时段在线数据采集，三种监测装对比见表 3-10。

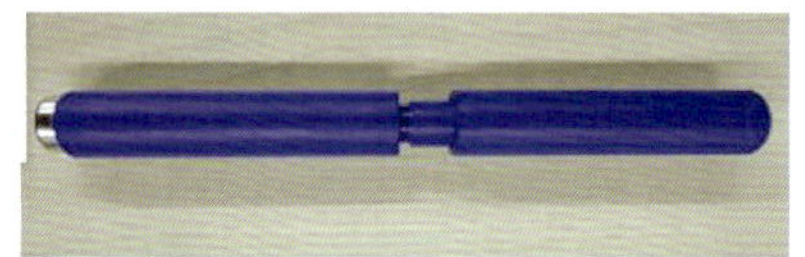

图 3-96　机械式隔振器弹簧监测装置

图 3-97　指针式隔振器位移指示装置

表 3-10　不同类型隔振器弹簧监测装置对比

装置类型	机械式	指针式	电子式
工作原理	将带有刻度标定尺的指示杆安装在外筒中,下部与地基接触	指示表、指针传动板、指示表锁紧块等组成,它将内筒高度变化通过指针传动板传送给指示表,在指示表中显示内筒高度的变化	通过位移传感器将内筒高度变化的最大值进行采集
测量精度	低	低	较高
数据采集时段	不可采集	不可采集	天窗时间
是否可监测动态数据	否	否	否
监测效果	较差	一般	一般

3.8.2　系统组成

在线监测钢弹簧浮置板减振系统主要由可检测型隔振器、位移传感器、数据采集箱、数据处理平台组成。传感器产生实时数据后,通过数据采集箱收集后传输到数据处理平台。

3.8.3　应用效果

南京地铁联合南京华创交通设备有限公司,在马群站—百水桥站区间,进行了钢弹簧浮置板道床智能监测系统的首次应用,实现了对隔振器弹簧形变量全天候实时精确监测,见图 3-98,为国内首创;实现了弹簧断簧或疲劳的报警功能,彻底解决钢弹簧浮置板道床隔振器故障发现难,查找难的问题;实现数据全时段在线监测、采集功能,通过数据处理与分析,可以提前预判弹簧故障;通过浮置板垂向静态位移数据,可以研究分析道床下沉趋势;减少运营后运行维护的工作量,进一步保障线路的安全运行。

图 3-98　钢弹簧浮置板道床智能监测系统安装

基于该技术开展的《钢弹簧浮置板智能监测系统研究与应用》课题，经江苏省交通运输厅组织进行成果鉴定，处于国际领先水平。

3.9　基于压力波研究开展设计

3.9.1　研究背景

理论与实验研究表明，列车在隧道中运行产生的压力波主要与列车时速、车体形状、列车断面尺寸、车头流线型长度、隧道断面尺寸等因素有关，压力波舒适性标准与地域、通勤性质、运行速度、发车密度、客流强度、区间数量及型式、车辆型式等有密切相关性。

根据既有研究成果，列车运行时速、车辆密闭性能、隧道阻塞比是影响列车内压力变化率的关键指标。车速越高，车内压力变化率越大，压力波引发的舒适性问题愈明显；列车密闭性能越弱，车内压力变化率越大，压力波引发的舒适性问题愈明显；阻塞比越大，车内压力变化率越大，压力波引发的舒适性问题愈明显。三个因素之间相互影响，耦合严重。根据国内相关工程实际运营情况反馈，列车在高速运行过程中，尤其在列车高速通过隧道断面变化处、区间风井处和隧道洞门处，司机和部分乘客存在不同程度的不适感，由于压力波引发的舒适性问题频发。

宁句城际作为南京都市圈首条设计时速 120 km/h 的多敷设方式市域快轨，压力波影响控制方面尚无成功经验可供借鉴。因此，需结合工程实际特点及压力波变化特性，进一步研究，通过优化隧道断面、缓压段型式、提升列车密闭性能等方式，提升司乘人员乘车舒适性体验、保障线路行车的运行安全。

3.9.2　研究方法

目前，列车空气动力学的研究方法主要有实车试验、模型实验和数值模拟等三种方法。主要关注的内容是空气的总压力变化（Pa，帕）及其变化率，即 dp/dt（帕/秒），这两个值直接影响司乘人员舒适性。

实车试验是最直接可靠的试验方法，通过实验可以获得真实列车气动特性参数，可用来验证模拟计算结果与方法的正确性。但该方法多用于列车制造后，多以验证、评估、考核为主，每次实验的成本高、周期长、周围环境不可控，重复性难以保证，研究耗费大，经济性较差。因此，在市域快轨实验研究中应用相对较少。

模型试验以相似准则为原理进行气动特性参数的测量，可为市域快轨压力波研究提供有力支撑。相较于实车试验，搭建动模型平台进行相关试验，亦可获得接近实际的数据，可用来验证模拟计算结果和方法的正确性。当前动模型平台广泛应用于高速铁路的研究工作中，但尚无针对列车运行速度在 100～160 km/h 范围内，采用动模型实验的方式进行研究的先例。

随着计算机性能和计算技术的发展，通过建立三维模型进行数值仿真分析的方式也发展较为迅速。计算机三维模型仿真研究，可通过相对较低的成本即可得到列车附近详细的流动细节，获得满足工程实际需求的数据。另外，三维模型已被大量应用于高速铁路隧道洞口缓冲结构、区间中间风井、区间压力变化的气动效应分析，特别是用于斜切式缓冲结构的气动效应分析。三维仿真模型研究成果经过大量工程验证，其准确性可满足工程应用需求。从工程工期、成本及实际需求等方面综合考虑，本次研究采用数值模拟方法，选用三维 CFD 模拟软件，采用传统 NS 方程进行求解。

3.9.3 研究内容

本次研究为基于压力波舒适性标准和本工程线路及车辆特性（非密闭车），通过数值模拟仿真优化青龙山隧道断面尺寸，确定隧道洞口段缓压段设置要求，同时通过研究确定本线屏蔽门及声屏障承压标准。为实现上述研究目的，开展了如下内容的研究：

（1）结合青龙山穿山隧道具体土建设置情况，研究列车分别以 120 km/h、110 km/h、100 km/h，高速进、出洞口及区间内行驶过程中车体表面的压力变化规律和不同气密指数下车内压力变化情况，研究不同缓压结构下车体表面的压力变化规律。

（2）针对南京猿人洞站—汤山站隧道具体土建设置情况，研究列车在 100 km/h 高速进、出洞口及区间内行驶过程中车体表面的压力变化和不同气密指数下车内压力变化情况。

（3）针对全封闭声屏障，研究列车以 120 km/h 速度会车时引发的压力波变化特性，考察不同气密指数下车内压力波变化特性以及声屏障和车体外表面压力变化特性。

（4）研究列车分别以 80 km/h、90 km/h，100 km/h 速度越行汤山站时，列车本体及屏蔽门的压力变化规律。

3.9.3.1 青龙山隧道

研究采用 B 型车六节编组，鼓型车，青龙山隧道标准段断面面积约 25.28 m^2，阻塞比为 0.39。

青龙山隧道由多个不同的隧道断面组成，隧道总长约为 1 062 m，隧道两端设置缓压段，缓压段最大断面面积按照 1.5 倍的隧道断面积确定，简化计算隧道外形见图 3-99。

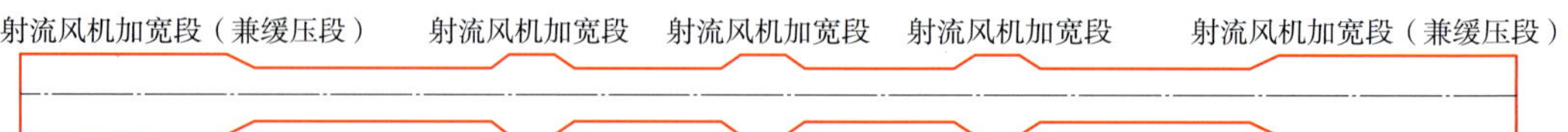

图 3-99 青龙山隧道原始外形示意

当列车以 120 km/h，从室外进入青龙山隧道时，仿真模拟结果，见表 3-11。

表 3-12　v=120 km/h 工况下车身不同部位测点压力变化率（既有方案）

工况一	MH2(车头)	MM22(车中)	MT2(车尾)
室外压力波峰值	−1 451.08 Pa	−1 428.95 Pa	−1 518.59 Pa
	781.74 Pa	436.34 Pa	10.19 Pa
车内压力变化率（τ=0.5 s）	1 341.93 Pa/3 s	1 189.13 Pa/3 s	1 086.08 Pa/3 s
	1 002.64 Pa/s	945.84 Pa/s	851.89 Pa/s
车内压力变化率（τ=3 s）	630.29 Pa/3 s	573.05 Pa/3s	475.24 Pa/3 s

根据仿真模拟结果可以看出，若列车密封指数为 0.5 s，基于既有的土建条件，列车以 120 km/h 速度通过青龙山隧道时，所有测点压力变化率均不能满足 800 Pa/3 s 舒适性标准。若列车密封指数提升为 3 s，可满足 800 Pa/3 s 舒适性标准。

结合仿真结果对既有隧道进行分析，由于青龙山隧道内射流风机采用分散布置方案，隧道断面变化多，导致列车内压力变化率超标，因而对隧道进行优化。为减少区间隧道断面的突变次数，结合射流风机的设置要求，在满足射流风机功能的前提下，将区间射流风机集中设置于隧道两端，隧道风机安装段兼做缓压段，西段缓压段长度 215 m，东端缓压段长度 21 m，调整后的隧道计算外形见图 3-100。

射流风机加宽段（兼缓压段）　射流风机加宽段（兼缓压段）

图 3-100　青龙山隧道缓压段平滑处理后外形示意

调整后，当列车以 100 km/h，通过青龙山隧道时，其仿真结果见表 3-12。

表 3-12　v=100 km/h 工况下车身不同部位测点压力变化率

工况二	MH2(车头)	MM22(车中)	MT2(车尾)
室外压力波峰值	−600.83 Pa	−617.80 Pa	−650.07 Pa
	90.39 Pa	69.75 Pa	1.31 Pa
车内压力变化率（τ=0.5 s）	494.77 Pa/3 s	434.51 Pa/3 s	313.43 Pa/3 s
	341.66 Pa/s	276.33 Pa/s	218.70 Pa/s

调整后，当列车以 110 km/h，通过青龙山隧道时，其仿真结果见表 3-13。

表 3-13　v=110 km/h 工况下车身不同部位测点压力变化率

工况三	MH2(车头)	MM22(车中)	MT2(车尾)
室外压力波峰值	−967.20 Pa	−925.17 Pa	−934.64 Pa
	149.11 Pa	78.19 Pa	5.79 Pa
车内压力变化率（τ=0.5 s）	785.82 Pa/3 s	649.16 Pa/3 s	538.63 Pa/3 s
	516.43 Pa/s	476.01 Pa/s	361.75 Pa/s

调整后，当列车以 120 km/h，通过青龙山隧道时，其仿真结果见表 3-14。

表 3-14　v=120 km/h 工况下车身不同部位测点压力变化率

工况四	MH2(车头)	MM22(车中)	MT2(车尾)
室外压力波峰值	−1 411.88 Pa	−1 341.69 Pa	−1 341.93 Pa
	196.30 Pa	88.04 Pa	2.11 Pa
车内压力变化率(τ=0.5 s)	1 216.06 Pa/3s	1 037.22 Pa/3s	961.62 Pa/3 s
	866.62 Pa/s	783.56 Pa/s	629.26 Pa/s
车内压力变化率(τ=3 s)	536.86 Pa/3s	483.56 Pa/3s	404.85 Pa/3 s

根据隧道结构优化后的仿真结果，随着列车车速的提升，列车内、外压力变化率明显提升。通过对比“工况一”与“工况四”的仿真结果，可以看出，随着区间隧道断面突变减少、隧道缓压段长度的加长，车、内外压力变化率均有明显改善。

3.9.3.2　南京猿人洞站—汤山站隧道

研究采用 B 型车六节编组，鼓型车，南京猿人洞站—汤山站隧道断面面积约 21.04 m^2，阻塞比为 0.47。

南京猿人洞站—汤山站隧道总长约为 1 880 m，从地面至地下隧道洞口段设置缓压段，缓压段最大断面面积按照 1.5 倍的隧道断面积确定，缓压段长度约 21 m，缓压段上部设置开孔，开孔率约 10%，简化计算隧道外形见图 3-101。

图 3-101　南京猿人洞站—汤山站隧道计算外形

当列车以 100 km/h，从室外进入南京猿人洞站—汤山站隧道时，其仿真模拟结果见表 3-15。

表 3-15　南京猿人洞—汤山站隧道车身不同部位测点压力变化率

部位	MH2(车头)	MM22(车中)	MT2(车尾)
室外压力波峰值	−1 389.18 Pa	−1 357.92 Pa	−1 404.68 Pa
	576.73 Pa	346.08 Pa	35.29 Pa
车内压力变化率(τ=0.5 s)	885.17 Pa/3 s	794.38 Pa/3 s	721.62 Pa/3 s
车内压力变化率(τ=3 s)	532.61 Pa/3 s	452.00 Pa/3 s	380.11 Pa/3 s

由数值仿真模拟结果可以看出，当列车密封指数为 0.5 时，本区段车头压力变化率略超 800 Pa/3 s 的要求。列车密封指数为 3 时，本区段压力变化率满足 800 Pa/3 s 要求。

3.9.3.3　全封闭声屏障

针对列车在声屏障内以 120 km/h 速度会车工况进行压力波分析，研究声屏障表面的压力波变化特性。计算模型为 B 型车 6 辆编组，声屏障总长度1 000 m。因列车外形因素中影响压力波最重要的是列车的横截面积，为了提升计算效率，在确保压力波计算准确的情况下，研究忽略掉转向架、受电弓、风挡等结构。根据实际声屏障外形，基于其物理机理进行简化建模。在简化模型中，保留了声屏障顶部正中的缝隙，宽度约为 1 m。由于该缝隙的存在，因而压力波强度要远小于一般的隧道压力波。声屏障表面测点设置见图 3-102，其中 TU6 为会车点。仿真结果见表 3-16。

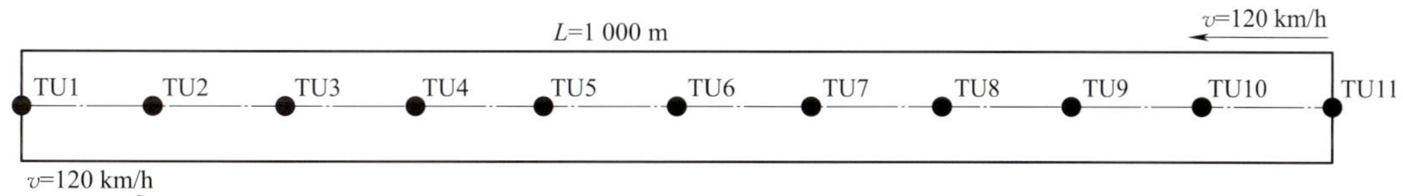

图 3-102　声屏障测点设置示意

表 3-16　v=120 km/h 声屏障会车时测点压力波波幅

测点	TU1/Pa	TU2/Pa	TU3/Pa	TU4/Pa	TU5/Pa	TU6/Pa
max	426	258	258	264	263	409
min	−170	−222	−229	−250	−241	−253
幅值	596	481	488	514	504	663

根据仿真结果，当声屏障内列车会车时，压力波瞬时最大值为 409 Pa，此时压力波波幅约 663 Pa。

3.9.3.4　越行汤山站隧道压力波特性研究

为检测屏蔽门上的压力波数据，在屏蔽门上共设置 5 个测点，从列车运行进站到出站分别命名为 TU1 到 TU5，见图 3-103。

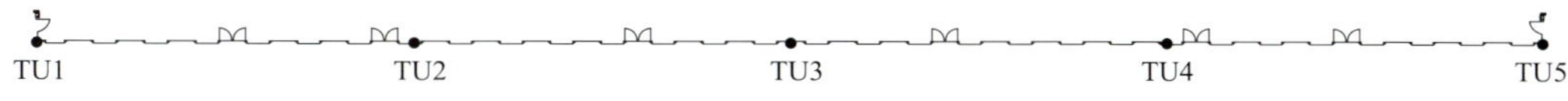

图 3-103　屏蔽门测点示意

当列车以 80 km/h 越行汤山站时，根据仿真模拟结果，表 3-17 给出了 5 个测点屏蔽门承压结果。

表 3-17　v=80 km/h 越行方案屏蔽门不同测点的压力峰值

测点	TU1/Pa	TU2/Pa	TU3/Pa	TU4/Pa	TU5/Pa
max	844	839	833	828	825
min	−912	−979	−959	−921	−852
幅值	1 755	1 818	1 793	1 749	1 677

根据仿真结果，当列车以 80 km/h 越行汤山站时，蔽门承受瞬时正压力值最大值为 844 Pa，屏蔽门承受瞬时最大负压值为−979 Pa。

当列车以 90 km/h 越行汤山站时，根据仿真模拟结果，表 3-18 给出了 5 个测点屏蔽门承压结果。

表 3-18　v=90 km/h 越行方案屏蔽门不同测点的压力峰值

测点	TU1/Pa	TU2/Pa	TU3/Pa	TU4/Pa	TU5/Pa
max	1 017	101	1 009	1 004	1 002
min	−884	−967	−943	−832	−858
幅值	190	1 981	1 952	1 837	1 860

根据仿真结果，当列车以 90 km/h 越行汤山站时，屏蔽门承受瞬时正压力值最大值约 1 017 Pa，屏蔽门承受瞬时最大负压值为−967 Pa。

(3)当列车以 100 km/h 越行汤山站时，根据仿真模拟结果，表 3-19 给出了 5 个测点屏蔽门承压结果。

表 3-19　v=100 km/h 越行方案屏蔽门不同测点的压力峰值

测点	TU1/Pa	TU2/Pa	TU3/Pa	TU4/Pa	TU5/Pa
max	1 206	1 203	1 198	1 195	1 194
min	−1 502	−1 649	−1 473	−1 334	−1 134
幅值	2 709	2 852	2 672	2 529	2 328

根据仿真结果，当列车以 100 km/h 越行汤山站时，屏蔽门承受瞬时正压力值最大值约 1 206 Pa，屏蔽门承受瞬时最大负压值为−1 649 Pa。

3.9.4　成果应用

3.9.4.1　隧道对压力变化率的影响

设置缓压段可有效降低列车高速运行时产生的压力波。随着缓压段长度的增长，压力变化率控制效果显著。该线在南京猿人洞站—汤山站地面转地下洞口段，泉都大街站—黄梅站区间地面转地下洞口段以及华阳站—崇明站区间地面转地下洞口段设置缓压段，缓压段均采用 U 形槽顶部局部加盖的方案，并在缓压段上均匀开孔，缓压段长度 30 m，缓压段最大断面面积按照 1.5 倍的隧道断面面积确定，缓压段盖顶均匀开孔，开孔率不小于缓压段投影面积 10%，见图 3-104。

根据本次研究成果，区间突变越少，压力变化率越小。根据仿真结果，优化青龙山隧道缓压段设置，采用缓压段与射流风机安装段合建的方案，见图 3-105。方案优化后，缓压段长度由 21 m 调整为 215 m。同时，缓压段与主体隧道之间衔接方式由“断面突变

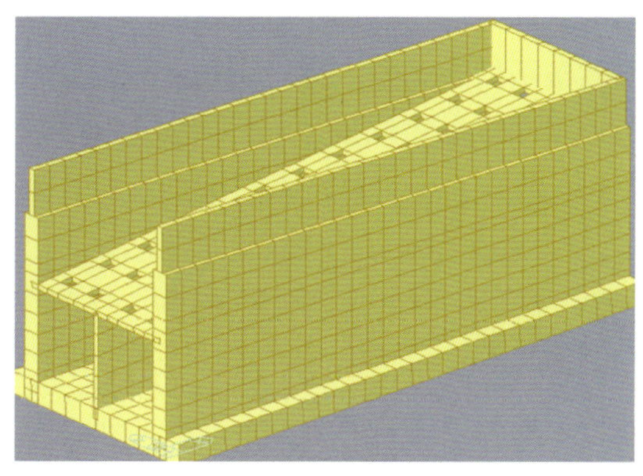

图 3-104　缓压段示意

方案"方案调整为"平滑过渡方案"，过渡段长度为 6 m。优化后，当列车以 120 km/h 通过隧道时，车内压力变化率由 1 341.93 Pa/3 s 降低至 1 216.06 Pa/3 s，优化幅度明显。因此，建议后续工程设计时，射流风机宜集中靠近地面洞口布置，兼做缓压段使用，以减少隧道断面变化，达到降低压力波影响的目的。

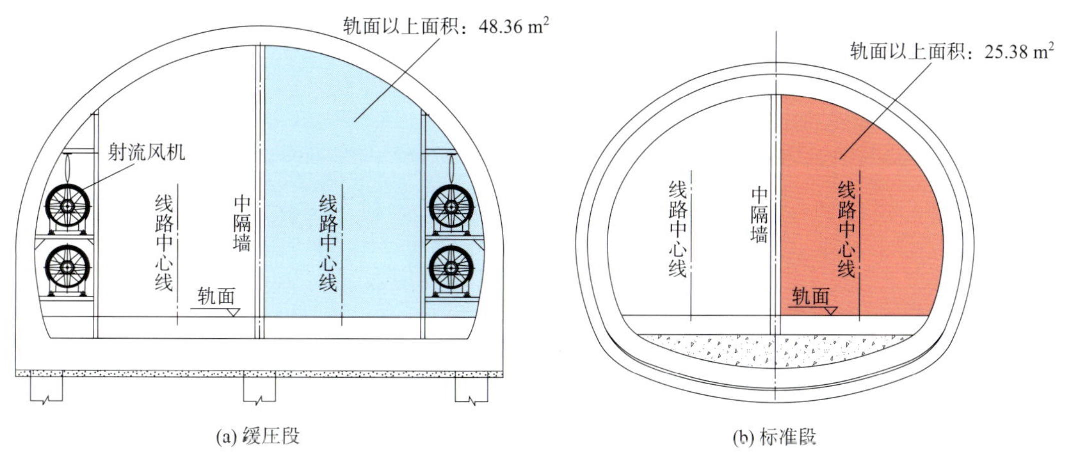

图 3-105　青龙山隧道标断面示意

3.9.4.2　车辆对压力变化率的影响

根据仿真研究成果，在相同的阻塞比及运行速度的条件下，列车密闭性能越好，车内压力变化率越小。在阻塞比及列车密闭性能一定的情况下，列车运行速度越高，车内外压力波变化率越大。

根据仿真模拟的结果，当列车以 110 km/h 速度穿越青龙山隧道时，采用非密闭型车，车内压力变化率为 785.82 Pa/3 s，满足压力变化率 800 Pa/3 s 的要求；当列车以 120 km/h 时速穿越青龙山隧道时，其最大压力变化率约 1 216.06 Pa/3 s，超过标准规定的 800 Pa/3 s 的要求。考虑压力波变化的复杂性；车辆电动废排装置由传统的被动式改为主动式，在废排中设置变频调速风机和速动废排风阀，且风阀采用电动压力保护风阀；客室及司机室车门上下部位设置两对平衡轮；调整乘客室门护指密封胶条截面结构，贯通道系统采用三层篷布结构。上述措施均能有效改善列车密闭性能，减小压力变化率，因此，建议穿越青龙山隧道仍按照 120 km/h 的速度进行设计，后续进一步对车内压力变化率进行在线实测并调研舒适性情况，结合实测结果及调研结果，确定是否按照 110 km/h 进行限速运营。

3.9.4.3 压力波对声屏障的影响

对全封闭声屏障而言，当列车以 120 km/h 速度由室外进入声屏障时，压力波对声屏障的冲击最大，声屏障承受的瞬时压力（正压）约 430 Pa，声屏障内会车时瞬时压力（正压）约 410 Pa，声屏障承受最大负压约－250 Pa，从结构安全考虑，本工程按照声屏障瞬时压力±500 Pa 提资给结构及桥梁专业，作为设计输入资料。

3.9.4.4 压力波对站台门的影响

当列车以 80 km/h 越行地下车站时，屏蔽门承受的瞬时最大正压约 844 Pa，承受的瞬时最大负压约在－979 Pa，从结构安全考虑，屏蔽门风压荷载可按照±1 200 Pa 进行取值。

列车以 90km/h 越行地下车站时，屏蔽门承受的瞬时最大正压约 1 017 Pa，承受的瞬时最大负压约在－967 Pa，从结构安全考虑，屏蔽门可按照±1 200 Pa 进行取值。

当列车以 100 km/h 越行地下车站时，屏蔽门承受的瞬时最大正压约 1 206 Pa，承受的瞬时最大负压约在－1 649 Pa，从结构安全考虑，屏蔽门可按照±2 000 Pa 进行结构设计。结合本工程越站速度，屏蔽门风压荷载按照±2 000 Pa 取值。

3.10 车辆密封减振技术

宁句城际高架段与过渡段长度，占比达 61.56%；高架段设计最高速度 120 km/h，地下段设计最高速度 100 km/h，具有车辆速度高、高架线路占比大等特点，对车辆的运行安全性和乘客舒适度提出更高的要求。结合本工程特点，车辆采用多项新技术进行多方面提档升级，增强列车在高速工况下的稳定性及密封性，提升车辆运行安全性及乘坐舒适度。

1. 配备主动式废排装置，减小进入隧道压力波变化

宁句城际从南京往返句容的过程中要通过一公里多的青龙山隧道。由于隧道内与户外行驶有压差，如不采取相应措施，乘客坐在列车上进隧道的时候耳朵会“嗡”的一下感觉。宁句城际在南京首次将车辆电动废排装置由传统的被动式改为主动式，设置主动式电动排风装置，当车辆以 120 km 时速冲进隧道时，列车会在车站进入隧道前和进入隧道后，提前把废排风道关闭（关闭时间 8～10 s），保证车辆的气密性，减小进入隧道时压力波变化，减少压力波对司乘人员耳朵、身体的冲击感，有效提升舒适性。

2. 车门系统密封性能结构优化，提升车辆气密性

江苏省内首次在客室及司机室车门上下部位设置两对平衡轮，见图 3-106。增加车辆在高速运行工况进出隧道时压力变化的拉紧力，并调整乘客室门护指密封胶条截面结构，有效提高车门的密闭性。

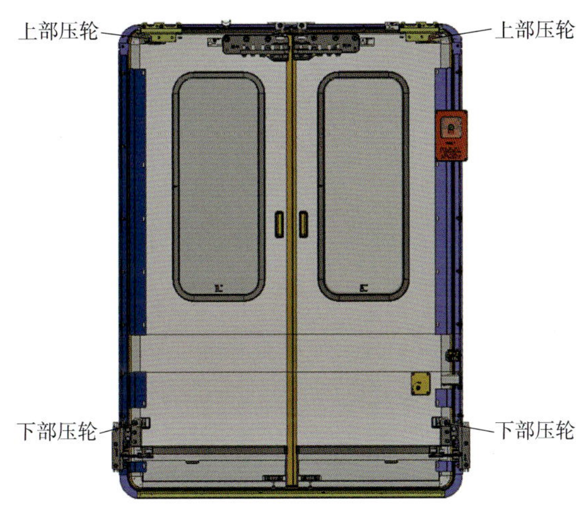

图 3-106　车门系统密闭性结构

3. 贯通道系统密封性能结构改进，提升车辆气密性

贯通道系统江苏省内首次采用三层篷布结构，可隔绝 42 dB 的噪声，有效提高车辆的气密性和隔音性能，见图 3-107。

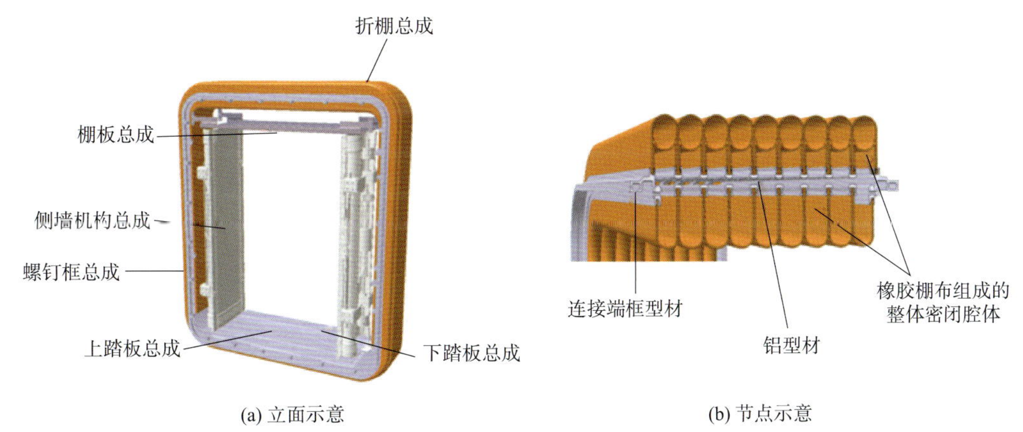

(a) 立面示意　　(b) 节点示意

图 3-107　贯通道系统采用三层篷布结构

4. 车辆配备抗蛇形减振系统，提升车辆运行稳定性

当车辆以较高速度运行时，转向架在横向可能产生一种周期性大振幅的摇摆运动，即蛇形振动。高速车辆必须具备高的蛇形失稳临界速度，否则将影响到其运行平稳性以及乘客的乘坐舒适性，甚至会引起列车脱轨等安全事故。本工程鉴于高架段和地下段的设计最高速度分别达到 120 km/h、100 km/h 的情况，首次在南京轨道交通车辆的

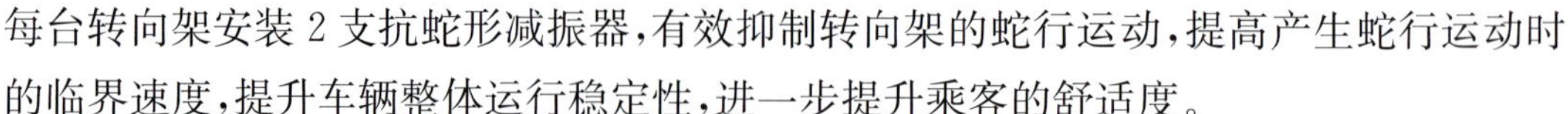

每台转向架安装 2 支抗蛇形减振器，有效抑制转向架的蛇行运动，提高产生蛇行运动时的临界速度，提升车辆整体运行稳定性，进一步提升乘客的舒适度。

5. 使用阻尼隔音材料降低车辆噪声

在列车转向架及电气柜区域敷设减振隔音垫材料，全面降低车下轮轨之间、车下吊挂设备发出的噪声，提升乘客乘坐的舒适性。

第 4 章　绿色智慧城轨示范

4.1　高架桥梁绿色建造技术

4.1.1　应用背景

面对日益严峻的气候问题，中国提出要力争于 2030 年前达到碳排放峰值，于 2060 年前实现“碳中和”，并在 2021 年 9 月 22 日发布的《中共中央、国务院关于完整准确全面贯彻新发展理念做好碳达峰碳中和工作的意见》中提出，“实施工程建设全过程绿色建造”。

国务院于 2020 年 12 月发布的《关于推动都市圈市域（郊）铁路加快发展的意见》中明确提出，市域（郊）铁路要“从严控制工程造价，新建线路直接工程费用一般不高于同一地区轻轨工程费用的 75%”。因此，为控制投资，市域轨道以地面和高架为主要敷设方式。同时，为响应国家“碳达峰、碳中和”的政策要求，市域轨道高架桥梁的发展不能仍以现浇施工为主，而应贯彻创新、协调、绿色、开放、共享的发展理念，鼓励桥梁工业化的发展，引导市域轨道大力向绿色建造方向发展。

宁句城际线路全长 43.590 km，其中高架线 25.799 km，高架长度占比达 59%，因此有必要推动桥梁绿色建造技术在本工程的应用，为轨道交通高架桥梁向造价可控、低碳环保、绿色建造方向发展积累有益的经验。

4.1.2　绿色梁型研究

轨道交通梁型的选择直接影响高架区间的土建规模。为落实绿色策划和绿色设计的要求，提升高架桥绿色化水平和工业化水平，对桥梁选型进行综合研究分析，选择更适合轨道交通高架建设的绿色梁型。

4.1.2.1　常用梁型介绍

根据中国城市轨道交通协会的统计数据，截至 2022 年底，我国各城市轨道交通运营线路里程为 10 287.5 km，其中高架段运营里程为 1 986.5 km，占比 19.3%。轨道交通高架桥主要梁型有大箱梁、并置小箱梁、U 形梁等多种形式，结构形式以简支梁为主，部分项目也采用连续梁体系。其中箱梁是目前国内桥梁广泛采用的高架桥梁断面，适应性强。

U形梁是近年来轨道交通发展的一种较为新型的梁型,以其外形简洁、建筑高度低、降噪效果好、综合造价低等优点,符合绿色建造技术,已得到了业界越来越多的认可。

据统计,2010年以前轨道交通高架线中标准梁型采用U形梁的总长度约为10.5 km,占高架线总长度不到5%;截至2022年的运营高架线中U形梁总长度约345.6 km,占高架线总长度比例为17.4%。这充分说明近些年U形梁在轨道交通领域作为一种较新的梁型,得到了广泛的认可和推广。

4.1.2.2　桥梁体系研究

我国大部分轨道交通线路的标准梁均采用简支梁体系,采用连续梁和连续刚构的线路也多为早期建设。在轨道交通领域,从结构受力角度,简支体系和连续体系均能满足高架桥相关要求;从绿色建造的发展理念,简支体系有工效较快、资源节约、造价较低、全生命周期养护费用较低等优势。因此,轨道交通结构标准梁建议采用简支体系。

4.1.2.3　桥梁工法研究

高架桥梁的施工工法选择应力求符合绿色建造的方向,同时应因地制宜,根据高架桥梁总长,桥梁结构的跨度、孔数、截面形式和尺寸,地形、气候、运输条件,设备能力、设备的周转使用,车站、节点桥的位置与数量等条件综合选择。目前,简支桥梁施工工法主要有整孔预制、节段拼装和现浇三种方式。

从环境保护、节约资源、减少排放、安全耐久、施工周期和综合造价等方面,对桥梁工艺方案进行综合比较,得出如下结论:

(1)从保护环境角度出发,尽量减小城市交通干扰,统筹考虑工程投资、工程进度的需要,标准梁宜采用整孔预制简支梁,根据工程实际情况采用线上或线下运输,更符合绿色建造理念。

(2)高架区间跨越普通障碍物时,可采用支架现浇施工工法;对跨越高速公路等不能中断交通的路口,可采用节段拼装施工工法。

4.1.2.4　绿色建造比选研究

为贯彻绿色发展理念,推进绿色建造、节约资源、保护环境、减少排放,提升轨道交通高架桥的工程建筑品质,在桥梁体系研究和桥梁工法研究的基础上,对轨道交通主要梁型从环境保护、绿色减排、综合造价等方面比选研究。

1. 降噪性能研究

城市轨道交通高架线属于地面交通,多在城区穿楼过市,列车运行噪声对周围环境的影响不可避免，尤其对学校、医院、住宅等噪声敏感区，城市轨道交通噪声是一个不可忽视的污染源，过大的噪声会影响居民生产和生活，干扰睡眠、损伤听力，同时可能对人体生理造成影响。

城市轨道交通高架线的噪声主要包括轮轨噪声、机电系统噪声、空气动力噪声和结构体噪声，是一个不可忽视的污染源，在绿色轨道交通设计时应充分考虑。

设置声屏障是城市轨道交通高架桥最为广泛的噪声治理措施，它利用声波的绕射衰减原理，通过控制噪声传播途径来减小受声点噪声值。但声屏障造价较高，且声屏障屏体的使用寿命一般为 15 年，在桥梁设计全寿命周期内需多次更换及养护，后期运维成本较高。

箱梁由于两侧为开放的结构，不具有任何遮挡噪声效果，须设置声屏障才能具有降噪效果；U 形梁腹板对列车车体有一定的围护作用，且顶部翼缘挑檐又有包裹作用，进一步增加了遮挡噪声的等效高度，因此 U 形梁可以起到天然的屏障作用，见图 4-1。

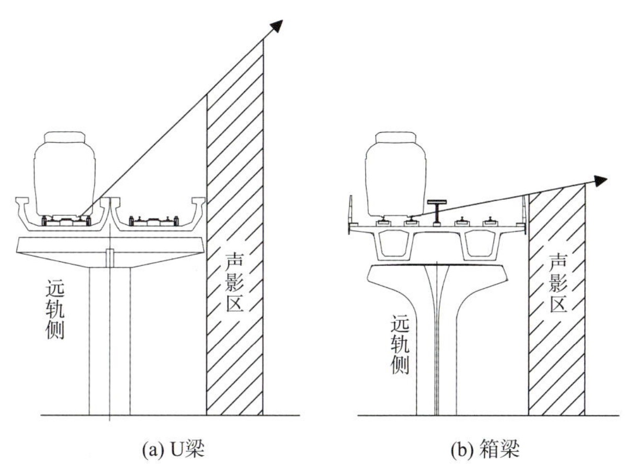

图 4-1　噪声源示意

通过理论计算和实测对比 U 形梁和箱梁的降噪能力可知，U 形梁由于其对远轨噪声有较好的阻挡作用，其总体降噪效果与传统箱梁设置 3 m 高声屏障效果相当，昼间及夜间等效降噪量均为 6 dB 左右，更符合绿色建造中环境保护的要求。

2. 绿色减排计算研究

轨道交通高架桥全寿命周期中的碳排放计算边界可划分为建材生产、运输及施工、运营养护三个碳排放阶段（建材生产、运输及施工属于建设阶段），其中，建材生产阶段的碳排放占建设阶段约 90%，因此，应将碳排放量作为结构选型的指标之一。

选取一条与宁句城际技术标准相同、实施条件相同、桥型不同的 10 km 高架线在建设阶段的碳排放计算，标准体系分别为预制简支 U 形梁＋T 形桥墩和预制简支小箱梁＋花瓶墩，见图 4-2，主要对建材生产阶段的碳排放进行对比计算。

根据实际工程量清单，在建材生产阶段，不考虑附属设施，仅计上下部土建结构，小

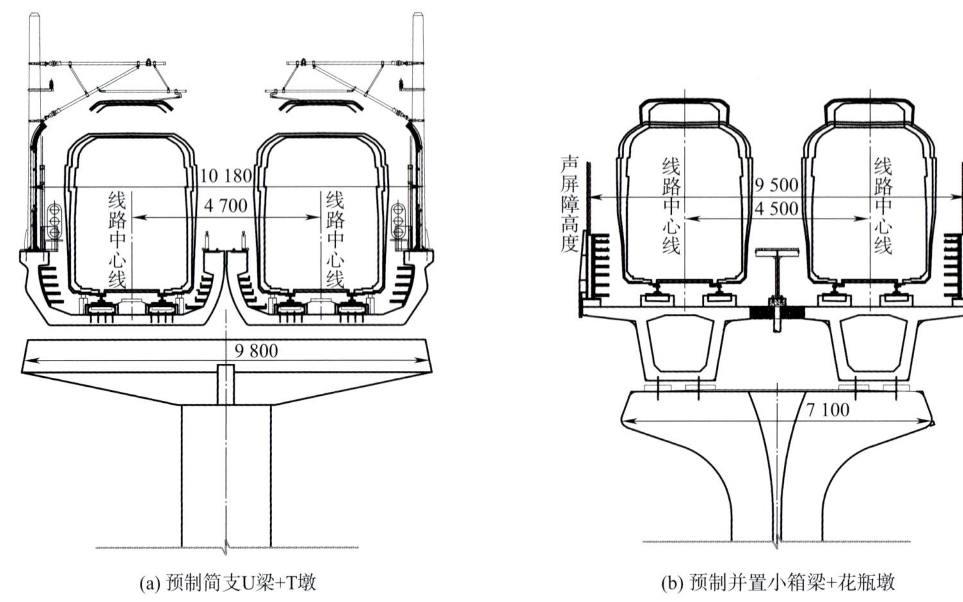

(a) 预制简支U梁+T墩

(b) 预制并置小箱梁+花瓶墩

图 4-2　桥型断面图(单位:mm)

箱梁＋花瓶墩桥型碳排放总计约 116 250.8 t,U 形梁＋T 形墩桥型碳排放总计约 106 178.9 t,U 形梁方案碳排放降低约 8.7%;在考虑运输及施工建造阶段碳排放后,小箱梁＋花瓶墩桥型碳排放总计约 125 316.8 t,U 形梁＋T 形墩桥型碳排放总计约 114 801.1 t,U 形梁方案碳排放降低约 8.4%,因此,结构选型导致的材料和工程量差别是绿色建造中节能减排的关键要素。

在项目建设阶段,计入附属设施和上下部结构,在不考虑降噪区段,两种桥型均不设置声屏障的情况下,小箱梁＋花瓶墩桥型碳排放总计约 146 380 t,U 形梁＋T 形墩桥型碳排放总计约 110 213 t,U 形梁方案碳排放低约 24.7%。

在考虑降噪区段,小箱梁＋花瓶墩桥型设置声屏障,碳排放总计约 153 732 t;U 形梁＋T 墩桥型不设置声屏障,碳排放总计约 110 213 t,U 形梁方案碳排放低约 28.3%。

项目全寿命周期(100 年)内,声屏障隔音板材使用寿命一般为 15 年,按 100 年内更换 7 次(含首次建造),小箱梁＋花瓶墩桥型碳排放总计约161 631.8 t,U 形梁＋T 形墩桥型碳排放依旧为约 110 213 t,U 形梁方案碳排放低约 31.8%。

根据上述碳排放计算结果,可得到以下结论:

(1)从建设阶段总碳排放中各阶段占比角度,建材生产阶段碳排放占比约 92.5%,运输阶段碳排放占比约 0.9%,施工阶段碳排放占比 6.6%,与以往相关研究趋势接近,因此桥型结构方案的选择导致的工程量差别,是绿色建造中控制碳排放的关键因素。

(2)从桥梁组成部位在建材生产阶段的碳排放角度,选用 U 形梁＋T 形墩桥型时,上部结构碳排放占比 57.7%,下部结构占比 40.9%,附属结构占比 1.3%;小箱梁＋花瓶墩桥型中,上部结构碳排放占比 45.3%,下部结构占比 30.3%,附属结构占比

24.4%。可知 U 形梁梁型由于可降低声屏障高度，节省疏散平台等附属结构，因此材料碳排放量减少。

(3)在仅考虑主体结构情况下，U 形梁＋T 形墩桥型相比小箱梁＋花瓶墩桥型的材料碳排放量少约 8.7%；在计入桥梁附属结构情况下，不考虑降噪区段，建造阶段总体碳排放量可减少约 24.7%，考虑降噪区段，建造阶段总体碳排放量可减少约 28.3%；而全寿命周期(100 年)内可减少约 31.8%。因此 U 形梁＋T 形墩桥型在绿色减排上更具有优势，更符合绿色理念。

3. 经济性研究

降低工程造价和节约资源也是绿色建造的重要要求。因此对 U 形梁＋T 形桥墩、小箱梁＋花瓶墩两种高架桥型进行同等设计标准和条件下的建设阶段经济性比选和全寿命周期(100 年)内经济性进行比选。

根据两种不同桥型的工程量，计算一公里高架线路分别采用两种桥型的情况下的土建经济造价和指标。

根据计算可知，预制小箱梁每延米造价为 24 745 元，花瓶墩及基础每延米造价为 20 406 元，桥面附属每延米造价含声屏障等为 20 143.7 元，不含声屏障为 13 493.8 元。总计后采用小箱梁桥型(设置声屏障)的综合造价为每延米 6.53 万元，经济指标为 0.68 万元/m^2，采用小箱梁桥型(不设置声屏障)的综合造价为每延米5.86 万元，经济指标为 0.62 万元/m^2。

预制 U 形梁每延米造价为 21 764 元，T 形墩及基础每延米造价为 19 162 元，同等对比条件下的桥面附属每延米造价为 2 885.6 元，采用 U 形梁桥型的综合造价为每延米 4.38 万元，经济指标为 0.43 万元/m^2。

在建设阶段，同等设计标准下的 U 形梁桥型比小箱梁桥型的主体结构造价低 9.36%，其中主要原因是小箱梁比 U 形梁造价高，而对应的下部结构造价接近；在计入桥面附属后，有降噪需求区段的 U 形梁桥型比小箱梁桥型的综合造价低约 32.9%，无降噪需求区段的 U 形梁桥型比小箱梁桥型的综合造价低约 22.7%，主要原因为 U 形梁桥可节约部分疏散平台、声屏障以及外挂挡板的造价。

在全寿命周期中计入声屏障屏体更换 7 次后，小箱梁桥型的综合造价为每延米 9.4 万元，经济指标为 0.989 万元/m^2。U 形梁桥型可比小箱梁桥型的全寿命综合造价低约 53.4%。

综上，预制 U 形梁桥型从自身结构上的经济造价比预制小箱梁低，同时由于其截面特点，能集约利用和减少桥面附属设施、较大程度的降低工程总体造价，是经济性能相对更优越的梁型。

4.1.2.5　绿色梁型发展方向

通过对国内轨道交通常用梁型、桥梁体系和工法、U 形梁和箱梁系统进行研究分析，主要在节约资源、保护环境、减少排放、提高效率、保证质量等方面进行综合比选，得出以下结论。

（1）轨道交通高架线标准梁应采用简支体系，并宜采用标准跨布置，有工期较短、节约资源、造价成本低、全生命周期养护成本较低等优势，在简支体系难以满足要求的重大节点、道岔区等可单独采用连续体系。

（2）当轨道交通高架线路较长、有规模效应后，建议采用整孔预制简支梁，线上/线下运架梁。工厂预制能有效减少临时占地、线路周边征拆量，降低施工沿线污染物排放，同时预制构件质量高，更能保证结构安全耐久性，符合绿色发展的要求。对跨越节点处可采用预制拼装或支架现浇的连续梁施工工艺。

（3）经分析和计算比选，同等设计标准下的U形梁桥型相比小箱梁桥型，在环境保护、减少排放、资源节约和工程造价上均有一定优势，更符合绿色梁型的理念，有利于提升轨道交通建设的绿色化水平。因此在轨道交通高架桥梁中，采用预制简支U形梁作为标准梁型，更符合绿色建造发展方向。

4.1.3 预制简支U形梁关键技术

南京是国内首个应用完全自主知识产权U形梁高架系统的城市，在U形梁高架系统做了有益的尝试，继青岛、深圳、上海、天津之后，在宁句城际项目上采用先张法预制U形梁，填补了江苏省内技术空白。对于先张法U形梁，具有耐久性好、施工方便的特点，当高架线路较长时，相对于后张法U形梁具有经济优势，应用推广前景广阔。

4.1.3.1 预应力施工工艺研究

预制U形梁根据施工工艺不同可分为先张法U形梁和后张法U形梁。目前，我国已运营高架线路中，上海地区的U形梁沿用早期国外设计院的做法以先张法为主，其他地区的U形梁均以后张法为主。近年来，先张法U形梁已经逐渐在各地推广应用。两种施工工艺技术都较为成熟，但由于预应力布置及传力特点不同、施工工艺不同等，先张法、后张法有其不同的适用范围，基于绿色建造的理念对两种施工工艺进行对比。

1. 工艺特点及耐久性研究

（1）预应力束布置特点

后张法U形梁的预应力束布置分为底板束和腹板束，底板束为直线束，腹板束为弯起束，在端部向上弯起至U形梁顶翼缘；先张法U形梁预应力束布置一般采用直线束，布置在底板和腹板与底板交接处腋角内，一般无弯起束。

先张法和后张法U形梁在跨中位置，由于钢束均布置在底板或靠近底板处，其抗弯承载能力均较好；但在梁端位置由于后张法U形梁的腹板束弯起，可提供抗剪能力和降低主拉应力，而先张法U形梁端部抗剪性能不如后张法，主拉应力略大于后张法，且端部上缘局部会出现拉应力，需通过加强普通钢筋进行补强。

(2)施工质量特点及耐久性比较

①后张法

后张法 U 形梁由于钢束和混凝土间力的传递是通过锚具实现，因此锚下集中力较大，需在锚下布置密集的加强钢筋。由于 U 形梁板厚较薄，使得锚下混凝土振捣困难，不易密实，且 U 形梁采用 C55 高等级的混凝土，塌落度较低，如现场施工处理不当，会影响锚下混凝土质量或出现局部微裂缝等病害。

U 形梁为薄壁构件，缺少环向约束，使得锚后混凝土在长期运营的情况下易出现裂缝，影响锚头的耐久性。

后张法施工预留的波纹管孔道，在张拉后需压浆处理。目前国内对压浆质量缺乏有效检测手段，如孔道压浆质量得不到有效保证，会导致预应力束传力效果不理想且钢束易受腐蚀，使 U 形梁结构质量和耐久性都受到影响。

②先张法

先张法预应力张拉生产需要专门的张拉台座，张拉台座需有一定的强度和刚度。先张法不需要预埋波纹管和压浆工序，因此混凝土下料及振捣相对容易，也不存在压浆不密实等病害，能更好保证混凝土质量。先张法钢束为分散布置，端部不需要锚垫板，是通过钢束与混凝土的黏结产生预压力，因此不再承受锚下集中的张拉力，减小可能由锚下张拉导致的裂缝。因此先张法 U 形梁结构自身施工相对简单，可能发生的病害相对较少，从工艺控制的角度来讲能更好地保证结构质量和耐久性。

根据以上分析，得到先、后张预应力 U 形梁在施工工艺及耐久性等方面的对比，汇总见表 4-1。

表 4-1　先张法与后张法 U 形梁对比

项目	先张法	后张法
传力模式	摩擦力	锚具、夹片
钢束布置	直线束	弯起束＋直线束
受力性能	较好	好
施工质量	工艺相对简单，易控制质量	工艺、工序相对复杂，质量控制难度相对高
耐久性	较好	一般，主要在于：波纹管压浆不密实，锚下易出裂缝

2. 经济性分析

两种预应力张拉工艺的技术经济比较主要为预制梁本身的造价和预制梁厂及配套设备的造价组成，见表 4-2。

表 4-2　先张法与后张法技术经济比较分析

项目	先张法	后张法
场地建设	需要较大的台座或成批的钢模、养护池等固定设备，同步放张对台座底模及侧模加工、安装质量、精度要求更高，一次性投入较大	后张台座构造简单，投入张拉设备少，施工简便，速度快，一次性投入费用低

续上表

项目	先张法	后张法
主要大型设备	龙门吊、轮胎式提梁机、装载机、混凝土搅拌站、混凝土运输车、混凝土输送泵、布料机等	龙门吊、轮胎式提梁机、装载机、混凝土搅拌站、混凝土运输车、混凝土输送泵、布料机等
工期	先张长线台座法各工序衔接多，工序节拍时间较后张法长，需要耗费较大劳动力来缩短工序节拍，工期 6～7 d/2 片	后张台座独立设置，工序交叉施工影响少，人员投入较少，工序节拍时间容易控制，工期 5～6 d/片
工艺流程	施工简单，预应力筋同混凝土结构紧密结合，靠黏结力自锚，梁体预应力体系合理，结构耐久性好；不必耗费特质锚具，临时锚具可以重复使用，大批量生产时经济、质量稳定，抗裂性能突出，；预应力筋布置较多数为直线形，预应力损失及变形易控制	施工工序较多，工艺复杂，锚具不能重复使用，且增设了孔道预埋、孔道压浆、封锚及封端工序。后张法梁端部应力集中，薄壁 U 形梁结构腹板端部及锚下裂纹难以控制，严重影响 U 形梁结构耐久性；预应力筋可采用曲线布置，但预埋孔道成型较难保证预应力筋精确位置，预应力损失和变形控制较难
成本控制	梁体综合成本高，但梁体直接成本低	梁体综合成本低，但梁体直接成本高

以 10 km 高架区间为基准，采用跨径 30 m 预制简支 U 形梁，在同等条件下对先张法和后张法两种施工工艺的 U 形梁造价进行对比，得出先张法梁场由于台座投入较高，较后张法梁场建场多投入约 2 800 万元。但单榀后张梁总成本高出先张梁约 5.2 万元，主要原因是后张梁钢筋、混凝土用量要高于先张梁，且增加了锚具、波纹管、孔道灌浆、封锚、封端等工序。两种成本经过相关抵消可知，在不同规模下的经济性不同，即如果一个梁场生产总量 540 片以上，则应优先选择先张法，如果一个梁场生产总量小于 540 片则应优先选择后张法。宁句城际全线标准梁数量超过 2 000 片，因此推荐采用先张法。

3. 碳排放研究

从绿色建造的角度，对先、后张预应力 U 形梁的碳排放进行计算，计算结果见表 4-3。

表 4-3　先张法与后张法 U 形梁碳排放计算

材料及规格	碳排放因子	单位	先张法碳排放量/kg	后张法碳排放量/kg
C55	423.5	kg/m³	31 664.30	31 664.30
C55 干硬性聚合物	423.5	kg/m³	—	61.75
聚丙烯纤维	3 720	kg/t	131.16	131.16
HRB400	2 206	kg/t	38 825.60	38 825.60
HRB300	2 206	kg/t	3 154.58	3 154.58
15.2 钢绞线	2 757	kg/t	10 231.01	9 396.68
直径 20 mm	7.93	kg/kg	0.07	—
环氧砂浆	5 910	kg/t	3.90	—
压浆 M50	735	kg/t	—	1 386.23
ϕ80 金属波纹管	1 382	kg/t	—	146.80
ϕ90 金属波纹管	1 382	kg/t	—	247.04
圆锚 M15-9	1 382	kg/t	—	120.51

续上表

材料及规格	碳排放因子	单位	先张法碳排放量/kg	后张法碳排放量/kg
圆锚 M15-10	1 382	kg/t	—	36.21
圆锚 M15-11	1 382	kg/t	—	229.41
合计/t			84.01	85.4

根据表 4-3 计算结果，30 m 跨径预制简支 U 形梁在采用先张法施工工艺的情况下，建材生产阶段的碳排放值为 84.01 t；采用后张法施工工艺下的碳排放值为 85.4 t。后张法施工比先张法施工的每片梁碳排放多产生 1.39 t，约 1.65%。

主要原因是后张法预应力需使用较多的金属波纹管及锚具，且需进行后压浆工艺。因此从先、后张预应力 U 形梁的结构生产过程来看，先张法 U 形梁的碳排放量略低于后张法 U 形梁，相对更符合绿色建造中的低碳减排理念。

4.1.3.2　力学行为

U 形梁为开口薄壁结构，在基于平截面假定的初等梁设计理论上，还存在剪力滞、约束扭转翘曲、剪扭等效应，空间受力特性明显。

1. 扭转效应分析研究

U 形可归类于开口薄壁结构，截面不封闭，抗扭刚度较箱形梁等结构大为降低。作为非封闭截面，在受到扭转作用时，除了产生自由扭转（圣维南扭转），还会出现约束翘曲扭转，进而产生翘曲扭矩和翘曲弯矩。对于桥梁弯剪扭构件的计算，需将纯扭矩和剪力产生的剪应力进行叠加，使其总和不超过规定剪应力限值，如公式（4-1），避免出现混凝土先于钢筋破坏的情况，发生脆性破坏：

$$\frac{V}{bh_0}+\frac{T}{W_t}\leqslant[\sigma_{tp\text{-}1}] \tag{4-1}$$

式中　V——腹板计算剪力；

b——腹板总宽度；

h_0——截面有效高度；

T——腹板计算扭矩；

W_t——截面抵抗矩；

$[\sigma_{tp\text{-}1}]$——有箍筋及斜筋时的容许主拉应力。

对 U 形梁截面进行分析，约束扭转惯性矩远大于自由扭转惯性矩，同时根据 Vlasov 的理论计算结果，单位自由扭矩产生的剪应力约为翘曲扭转的 7 倍，自由扭转效应产生的剪应力相对起控制作用，因此在设计过程进行弯剪扭强度检算时，仅考虑自由扭转产生的纯扭矩。

根据公式（4-1），U 形梁截面剪力主要由腹板承担，扭矩可按单个截面与总截面的受扭塑性抵抗矩的比值分配给腹板、翼缘及顶底板。根据分配关系，将 U 形梁截面划分为顶部翼缘 A1 和 A5、腹板 A2 和 A4 及底板 A3，共 3 个部分，见图 4-3。根据计算可得出腹板 A2 和 A4 受扭塑性抵抗矩占总截面抵抗矩约 36%。表 4-4 列出了本项目不同类型的 U 形梁弯剪扭工况下的截面尺寸验算情况，当采用 30 m 跨径 U 形梁，直线段(5.21 m 宽)U 形梁的腹板截面尺寸满足剪扭计算要求，且有一定富余量；当采用曲线段(5.61 m 宽)U 形梁，腹板截面尺寸仍能满足要求，但腹板剪应力已经接近限值$[\sigma_{tp\text{-}1}]$；当采用非标准大跨 U 形梁时(35 m 跨径，5.41 m 宽)，应加宽腹板尺寸和提高混凝土等级，否则不能满足剪扭截面尺寸要求。

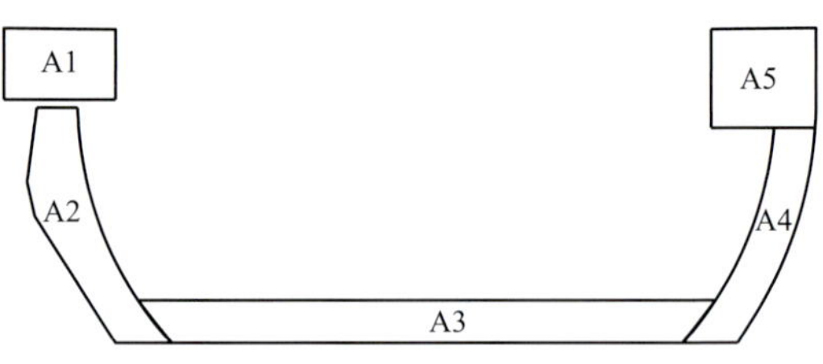

图 4-3　U 形梁组合截面离散

表 4-4　不同梁宽 U 形梁的弯剪扭截面验算

项目	5.21 m 宽、30 m 跨径 U 形梁	5.61 m 宽、30 m 跨径 U 形梁	5.41 m 宽、35 m 跨径 U 形梁
支点梁高/m	1 940	1 940	1 940
腹部总宽度/m	624	624	700
腹板计算剪力/kN	1 436	2 232	2 292
腹板计算扭矩 T/kN·m	164	180	258
弯剪扭截面计算：$\frac{V}{bh_0}+\frac{T}{W_t}$	2.01	2.76	2.86
$[\sigma_{tp\text{-}1}]$	2.97	2.97	3.15
结果	满足要求	满足要求	满足要求

根据表 4-4 计算结论分析，在设计过程中 U 形梁的剪扭计算不应忽略，特别对于线路曲线段加宽的简支 U 形梁和大跨简支 U 形梁，由于 U 形梁扭矩相对较大，受扭塑性抵抗矩较小，扭矩产生的剪应力不能忽略，且 U 形梁腹板宽度拟定以及主梁混凝土强度等级的确定可能受弯剪扭最小截面计算的限制。U 形梁质心和剪切中心相对关系见图 4-4，在扭转时的变形见图 4-5。

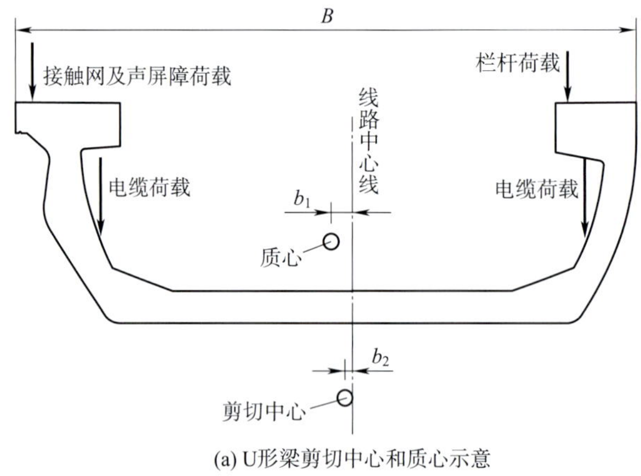

(a) U形梁剪切中心和质心示意

图　4-4

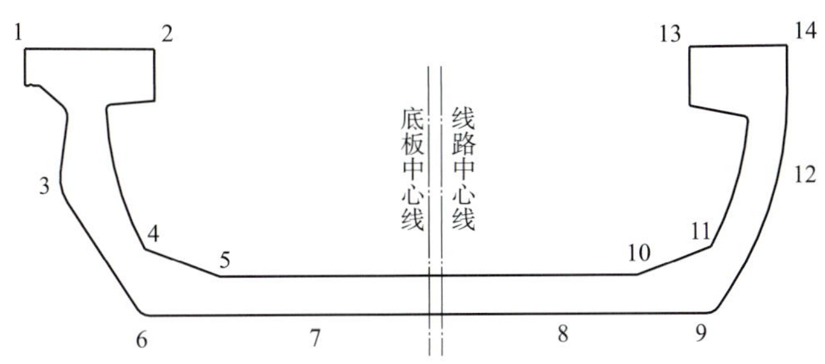

(b) U形梁跨中截面空间节点分布

图 4-4　U 形梁计算构造示意

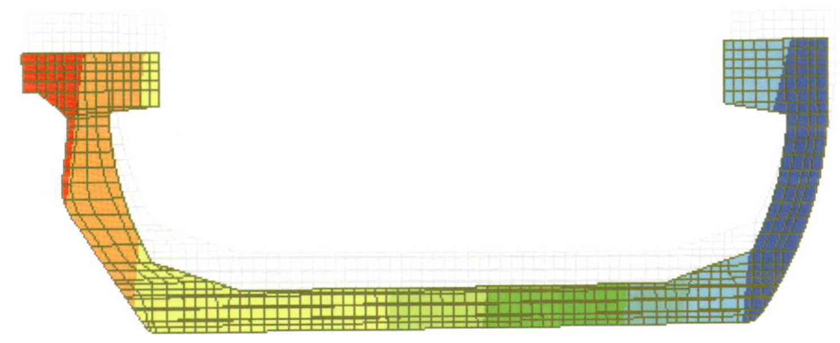

图 4-5　U 形梁扭转变形

2. 翘曲效应分析研究

在有限元计算中，普通的杆系梁单元为 6 自由度，未考虑翘曲产生的正应力和剪应力，同时也不能考虑“剪力滞”效应。U 形梁为薄壁下承式肋板结构，翘曲效应和“剪力滞”效应相对显著，如仅采用普通杆系单元分析，结果偏不安全，因此采用实体单元进行翘曲效应研究，并对杆系单元计算进行复核。

根据理论分析，U 形梁的实际正应力和剪应力的组成应包含下式几个部分。

$$\sigma_z=\sigma_M+\sigma_W+\sigma_{dW}$$

$$\tau=\tau_M+\tau_K+\tau_W+\tau_{dW}$$

式中　σ_z——实际正应力；

σ_M——纵向弯曲正应力；

σ_W——约束扭转产生的翘曲正应力；

σ_{dW}——畸变产生的翘曲正应力；

τ——实际剪应力；

τ_M——纵向弯曲剪应力；

τ_W——约束扭转剪应力；

τ_K——自由扭转剪应力；

τ_{dW}——畸变剪应力。

通过对U形梁的7自由度单元，根据表4-5可以分析得出图中的外腹板侧节点6在自重及桥面恒载作用下产生的翘曲正应力σ_W为拉应力，内腹板侧节点9产生的翘曲正应力σ_W为压应力，与在列车活载作用下产生的翘曲正应力σ_W刚好相反，可知翘曲正应力σ_W的大小和拉压情况与外荷载在U形梁结构中的位置有关。

对表4-5、表4-6计算结果分析得出，该项目U形梁结构在不同荷载工况下的σ_W/σ_M最大比值约为8%，比例相对较大，对结构设计不可忽略；τ_W/τ_K不到6%，一般可不考虑约束扭转剪应力产生的影响，但是设计时需计入自由扭转剪应力值，设计时将扭转剪应力和弯曲剪应力叠加，并满足不超过规定剪应力限值。

表4-5　结构自重和桥面恒载下最大正应力

U形梁节点位置	σ_M/MPa	σ_W/MPa	σ_W/σ_M
节点6	7.4	0.5	6.7%
节点7	6.4	−0.5(压)	7.8%

表4-6　结构自重和桥面恒载下最大剪应力

τ_M/MPa	τ_W/MPa	τ_K/MPa	τ_W/τ_K
1.7	0.1	1.9	5.3%

由于U形梁的翘曲效应产生的正应力和剪应力与U形梁结构外形、外荷载加载位置有关，结构外形越不对称，荷载偏载越大(距离U形梁质心越远)，产生的翘曲效应越大，设计时越不应忽略该效应。

3. 剪力滞效应分析研究

常规箱梁的上下翼缘板存在剪力滞效应，即在同一高度处翼缘板弯曲正应力分布不均匀现象。U形梁主要传力途径为:底板—腹板—端横梁，由底板直接承受列车活载和轨道荷载等，参与纵向受力时也存在剪力滞效应。

设计规范对于箱梁翼缘板的计算宽度，一般采用有效宽度来考虑剪力滞效应，对U形梁缺乏相关研究，现选取该项目U形梁支点附近截面、1/4截面、跨中截面作为关键截面研究剪力滞分布情况。

以实体有限元单元计算为基础，假定U形梁底板纵向应力均匀分布，以同一高度的总应力面积和最大应力与有效宽度的乘积相等为原则进行等效，可求出底板的有效宽度。令$\psi=b_e/b$为U形梁底板有效宽度和实际宽度的比值。

$$b_e=\frac{\int_0^b \sigma(x)\mathrm{d}x}{\sigma_{max}}$$

根据分析结果可知，支点附近剪力滞效应较明显，与以往研究经验基本吻合，对于简支U形梁，支点附近正应力值较小，一般不控制设计。对本项目的U形梁1/4截面和跨中截面，底板的有效宽度比值约为0.94(表4-7)，在设计中不可忽略；U形梁内外腹部剪力滞效应不同，根据表4-8可得出外侧截面底板的有效宽度比值约为0.98，内侧截面底板的有效宽度比值约为0.93，U形梁底板的应力云图呈现出从外腹板侧底板～内腹板侧底板逐渐减小的趋势，如图4-6所示，因此在设计过程中需通过实体单元复核或底板有效宽度考虑剪力滞效应产生对U形梁内外侧腹板的正应力影响。

表4-7　不同位置U形梁截面有效宽度计算

位　置	最大应力/MPa	实际宽度 b/mm	有效宽度 b_e/mm	$\psi=b_e/b$
跨中截面	12.39	3 959	3 727	0.94
1/4截面	9.2	3 959	3 736	0.94
支点附近截面	2.86	3 712	2 095	0.56

表4-8　跨中截面U形梁内外侧截面有效宽度计算

位　置	最大应力/MPa	实际宽度 b/mm	有效宽度 b_e/mm	$\psi=b_e/b$
跨中截面-U形梁外侧部分	12.39	1 808	1 831	0.98
跨中截面-U形梁内侧部分	12.16	1 756	1 881	0.93

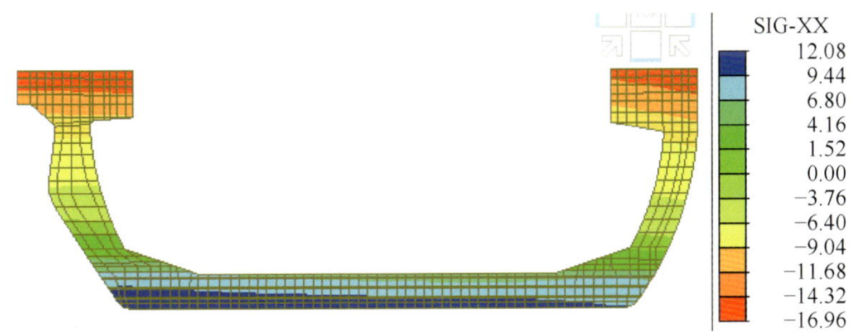

图4-6　U形梁实体模型跨中截面正应力云图

4.1.3.3　受力特点

宁句城际标准U形梁采用先张法，在U形梁底板共布置4排预应力束，先张束分为4种类型：无套管束(39根)、两端各2.2 m套管失效段束(14根)、两端各3.2 m套管失效段束(15根)以及两端各4.7 m套管失效段束(39根)，共计107根。其中，设置梁端失效套管的原因，一是先张束没有弯起束，在梁端将部分钢束失效，避免其在梁端上缘产生过大拉应力；二是尽量减少大量钢束在同一截面放张，避免产生应力集中现象，因此需将不同种类套管横向均匀分开布置，见图4-7和图4-8。

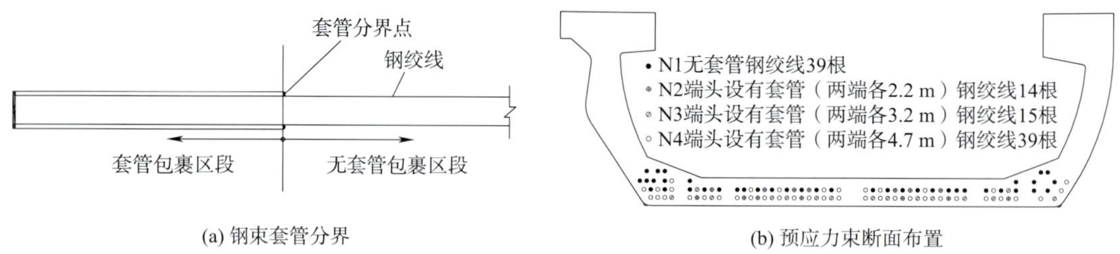

(a) 钢束套管分界　　(b) 预应力束断面布置

图 4-7　先张法 U 形梁预应力设置

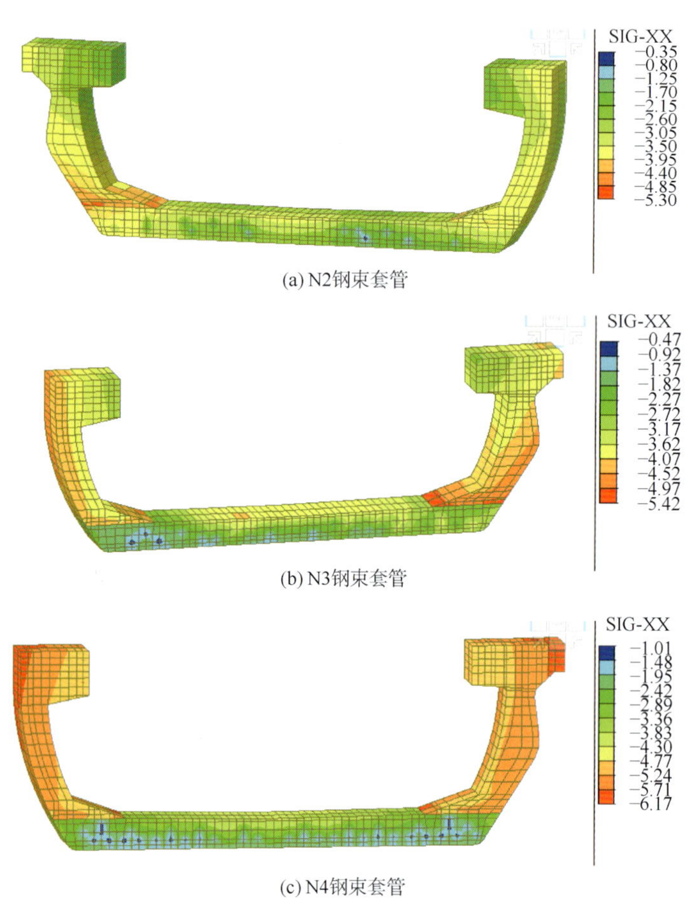

(a) N2钢束套管

(b) N3钢束套管

(c) N4钢束套管

图 4-8　分界断面顺桥向主力应力云图

通过对预应力束进行优化调整，使 N2～N4 尽量分散布置，减小放张时局部应力集中效应，见图 4-7(b)。U 形梁在主＋附加力作用下，N2 钢束套管分界 U 形梁底板断面纵向预应力值维持在－1～－3 MPa，局部区域为－0.35 MPa；N3 钢束套管分界 U 形梁底板断面纵向预应力值维持在－1.5～－3 MPa，局部区域为－0.47 MPa；N3 钢束套管分界 U 形梁底板断面纵向预应力值维持在－2～－4 MPa，局部区域为－1.01 MPa，均未产生局部拉应力。

通过对 U 形梁先张钢束的布置分析，得出以下结论。

(1)U 形梁先张钢束应分段设置套管失效段和无套管段,建议在支点～1/4 跨径范围内共设置 3～5 种失效段长度不同的钢束类型,避免钢束放张时应力集中在某一个断面。对每个套管分界断面,均需验算其在设计工况下的应力情况,避免出现拉应力。

(2)不同种类的先张束应尽量分散布置,减少放张时的应力集中现象。无套管束应集中布置在 U 形梁腹板与底板连接的腋角处,改善支座上方的底板、腹板连接处的受力状况。

4.1.3.4　应用效果

基于项目设计、施工等工作研究,得出了先张法施工工艺相比后张法,具有施工速度快、预应力布置方便、节约锚具、耐久性好、碳排放低等优点。现场照片见图 4-9。

(a) 先张法预应力筋

(b) 成型U梁

(c) U梁架设

图 4-9　先张法预制 U 形梁施工

通过应用先张法预制 U 形梁,并对 U 形梁系统的优化,形成如下成果:

(1)宁句城际高架区间标准梁采用先张法 U 形梁,是符合绿色建造理念的“绿色梁型”。

(2)U 形梁为开口薄壁结构,与轨道交通高架箱梁结构受力区别较大,基于该项目研究了剪力滞、约束扭转翘曲、剪扭等对 U 形梁结构产生效应,并给出相应设计参考数值,成功将先张法应用于标准梁结构。

(3)基于先张法 U 形梁的受力特点进行计算分析,给出了 U 形梁先张预应力束的布置及失效套管的设置原则,为后续相关工程设计提供参考。

4.1.4　连续 U 形梁关键技术

为发挥 U 形梁腹板顶作为区间疏散平台的作用,同时考虑到预制架设的便捷性、经济性,预制简支 U 形梁的适用跨度一般不超过 35 m。当线路跨越较宽的河流、道路等障碍时,简支 U 形梁的跨度无法满足使用需求,于是,在简支 U 形梁的基础上,又衍生出连续 U 形梁这一结构型式。连续 U 形梁既从景观和桥面系统上与 U 形梁一致,很好地解决了结构过渡的问题,又可满足跨越较大障碍物的需求,因此在南京、长春、郑州、青岛、上海、天津等城市轨道交通高架线上得到推广应用。

由于连续U形梁为开口截面，配束空间有限，且仅中支点附近底板较厚，其他位置底板很薄，无法固定挂篮，因此不适用于悬臂浇筑工法。

连续U形梁在国内轨道交通工程主要采用支架现浇施工方法，但该种方法在跨越无法采用支架施工的障碍物时难以适用。随着节段拼装工法在国内的逐渐成熟，通过与节段拼装工法的结合使连续U形梁采用非支架施工跨越障碍物成为可能。

宁句城际全线高架采用U形梁系统，标准梁采用双U形并置预制U形梁，共6座50 m跨以下节点桥采用连续U形梁。

宁句城际跨越黄东线立交节点桥采用了(30.5＋50＋30)m节段预制拼装连续U形梁，全桥梁长110.5 m，采用墩梁固结的连续刚构方案，见图4-10，其余5座连续U形梁采用现浇法施工。

图4-10　跨黄东线立交节点段预制拼装连续U形梁

4.1.4.1　结构设计

1. 结构构造

(30.5＋50＋30)m节段预制拼装连续U形梁梁长110.3 m，边支座中心距梁端0.6 m。标准节段长度3 m，全桥共计2个现浇0号段、32个预制节段和7个湿接缝。全桥立面布置见图4-11。

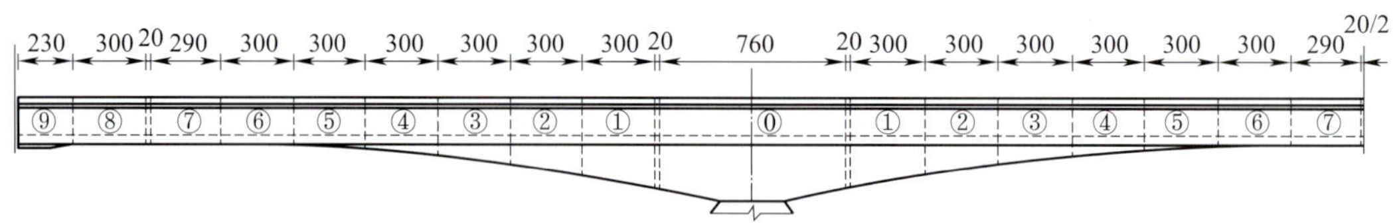

图4-11　节段预制拼装连续U形梁立面布置(单位：cm)

墩顶截面采用 U 形与箱形组合截面，全宽 10.88 m，主要由箱梁结构＋U 形护栏板共同构成；跨中截面采用 U 形截面，由底板及 3 个腹板组成。

中支点处截面梁高 4.2 m，底宽 5.6 m，顶板厚度由 0.36 m 增加至 0.5 m，底板厚度由 0.35 m 增加至 0.67 m，横隔梁设置 800 mm×800 mm 进人孔；其他 U 形与箱形组合截面顶板厚 0.36 m，底板厚 0.35 m，见图 4-12。

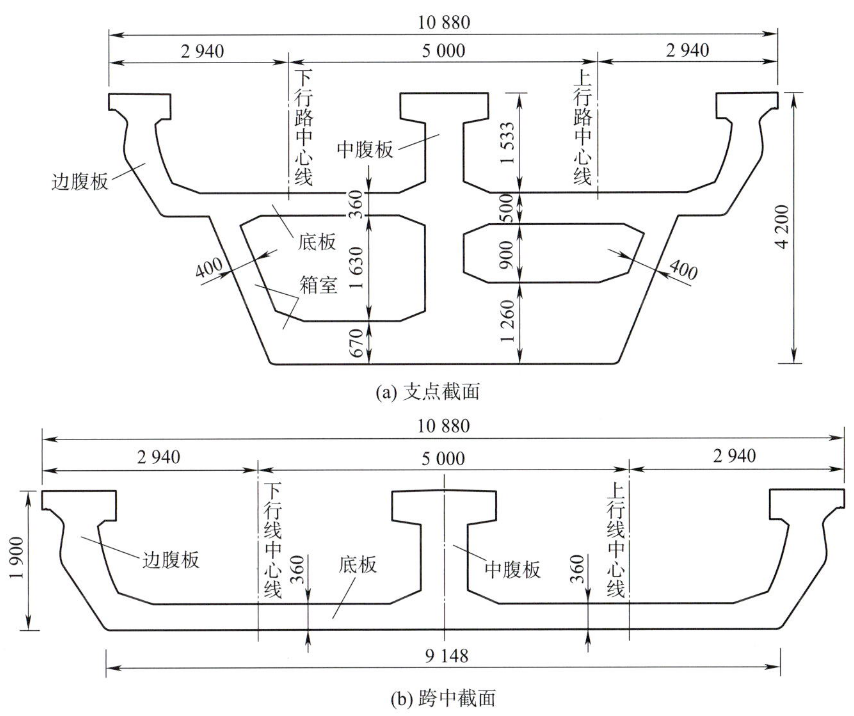

(a) 支点截面

(b) 跨中截面

图 4-12　连续 U 形梁截面设计图(单位：mm)

2. 节段划分

梁体节段划分考虑造桥机的吊装重量及模板的重复利用，最长的节段长 3 m，最短的节段长 2.3 m。其中最重节段 1 号节段重量 89.86 t，最轻节段 8′号节段(长 2.5 m)重量 43.93 t。

3. 剪力键设计

剪力键主要有腹板剪力键、顶板剪力键、底板剪力键及腹板与顶板、底板结合区剪力键，作用主要是提供抗剪能力和定位。剪力键的布置见图 4-13。

图 4-13　剪力键布置

剪力键采用与预制节段一次成型的密键。由于 U 形梁截面面积较小，且多布置有预应力孔道，因此除预应力孔道位置外，剪力键采取满布；对于 U 形与箱形断面，箱梁腹板剪力键满布，剪力键采用倾角45°梯形截面，键高5 cm(高度不小于混凝土最大粗骨料粒径的2倍)，剪力键根部高15 cm。

4. 锚槽设计

每一个节段张拉段均需设置张拉端锚槽，一般采用方形锚槽或圆锥形锚穴。方形锚槽一般开孔较大，会造成梁端横向钢筋截断，且影响临近波纹管成孔质量；圆锥形锚穴对脱模质量要求较高，因此本项目采用深埋锚，锚具与深埋套筒加工完成后，留在混凝土内，可以大大减小对周边钢筋、混凝土及波纹管的影响，保证梁端张拉槽口施工质量。深埋锚见图4-14。

5. 预应力管道定位及密闭性措施

节段预制阶段预应力管道的定位，以及拼装阶段预应力孔道的密闭性是影响节段预制拼装的施工质量的关键性因素。

节段预制端模采用钢套筒堵头实现预应力管道精准定位，堵头与波纹管采用胶带密封，防止浇筑混凝土阶段管道滑落以及混凝土浆液进入管道。匹配端采用单锥形橡胶塞进行匹配面的孔道定位与密封。定位堵头见图4-15。

图4-14 深埋锚构造

图4-15 管道定位堵头

拼装阶段胶接缝处涂刷环氧密封胶，为避免预应力管道压浆液从接缝处漏出和梁体挤压时胶体进入预应力孔道造成孔道堵塞，需对接缝面预应力孔道接头采取可靠的构造处理措施。接缝面孔道密闭措施采用密封垫圈＋涂胶方式，见图4-16。密封垫圈采用闭孔发泡聚乙烯材料，弹性好、压缩量大，能与环氧密封胶协调变形，施工方便。

图4-16 管道密封措施

4.1.4.2　施工工法

1. 短线法预制工法

短线法预制工法是将所有节段在同一位置用固定模板进行预制。该方法所需预制场地较长线节段预制工法小。具体施工方法为：从起始节段开始，该节段在固定端模和浮动端模之间浇筑，起始节段混凝土强度达到设计要求后，将其前移作为匹配梁段进行第 2 节段浇筑，重复上述过程，将第 i 节段前移进行第 $i+1$ 节段浇筑，直至所有节段预制完成。

短线法预制工法对线形控制要求严格，施工精度要求高，通过对浮动端模(匹配梁段)进行三维调整来实现预制节段的三维线形，三维调整包含匹配梁段理论安装位置调整和制造误差的修正补偿两方面。短线法台座、模板及观测塔见图 4-17。

2. 节段拼装方案

采用 LHPZ48 型节段拼装造桥机，包括主梁、前中后及辅助支腿、天车、吊具、挂篮等，其主梁由铁路六四式军用梁组合而成，支腿由“八三式”轻型墩组合而成，天车额定吊重 160 t，施工速度可达到 2 d/对。

节段拼装采用悬臂拼装，每次对称拼装 1 个节段。预制节段现场拼装见图 4-18。

图 4-17　短线法节段预制台座模板

图 4-18　预制节段现场拼装

3. 施工工艺控制

节段拼装质量按照如下指标控制：轴线偏移量不大于 10 mm，桥面高程偏差不大于 20 mm。相邻节段中心线偏差不大于 3 mm，相邻节段间顶面接缝高差不大于 2 mm，节段缝隙宽度(含胶)不大于 2 mm，梁长偏差不小于−20 mm 且不大于 10 mm。合龙前两悬臂端相对高差不大于合龙段长度的 1/100 且不大于 15 mm。

4.1.4.3　应用效果

通过对宁句城际跨黄东线立交节点桥的研究，得出如下成果：

(1)提出节段拼装连续 U 形梁的构造要点，其中构造要点包括节段拼装连续 U 形梁的构造要求、预应力体系的选取、接缝的类型选择、剪力键的设置原则、预应力孔道的设置要求、加强钢筋的构造要求。

(2)提出节段拼装连续U形梁的计算要点,包括常规计算方法、接缝抗剪计算方法和运营阶段计算要点,丰富了该种工法的设计、计算方法。

(3)开展了大跨度连续U形梁节段拼装施工工艺和预制拼装智能化装备技术系统研究,提高节段拼装精细化、标准化、机械化、专业化施工水平,提高施工质量和效率。

4.2 绿色结构设计方案

4.2.1 基坑围护结构咬合桩方案

基坑围护结构方案的制定坚持因地制宜、绿色环保的原则。针对岗地地貌,水量较少的地层,围护结构选用干成孔作业的钻孔桩,无须泥浆护壁,对环境污染小,如马群站、百水桥站、麒麟门站。针对含有卵砾石层、破碎岩层的地层,且需要设置止水帷幕的,围护结构选用咬合桩,绿色环保,如泉都大街站、崇明站。

总体设计单位组织工点设计单位结合勘察报告、基坑深度等初步确定了全线的基坑围护结构方案,经南京地铁建设有限责任公司组织召开"南京至句容城际轨道交通工程工法与结构选型专项设计"专家咨询会进一步稳定。经过后续的初步设计专家审查会,围护结构方案进一步得到确认。

如图4-19和图4-20所示,泉都大街站位于泉都大街与圣汤大道交叉口,沿圣汤大道南北向布置,为地下二层岛式车站。主体基坑:270 m×19.7 m×16.7 m;端头井:宽24.8 m、深18.8 m。

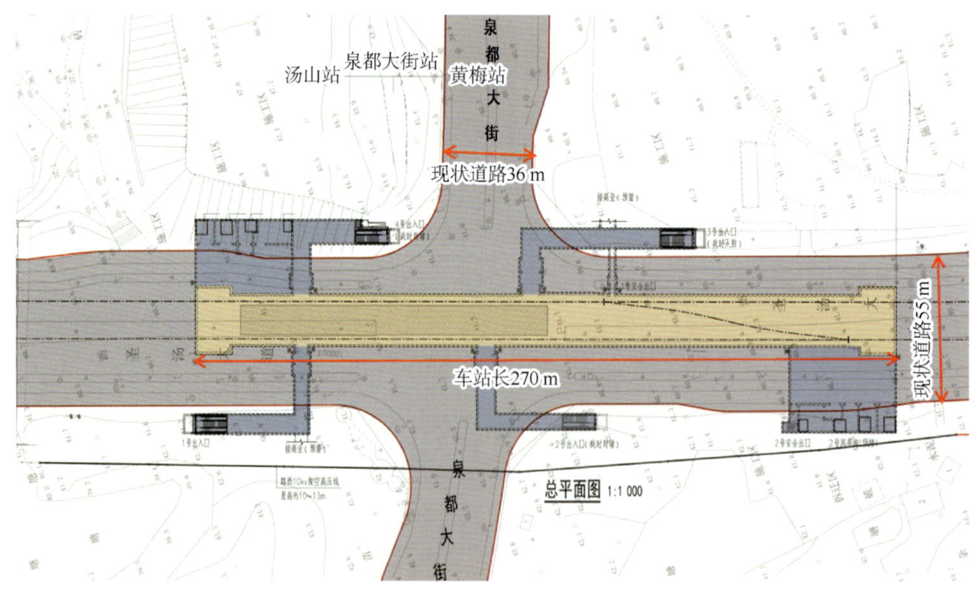

图4-19　泉都大街站总平面

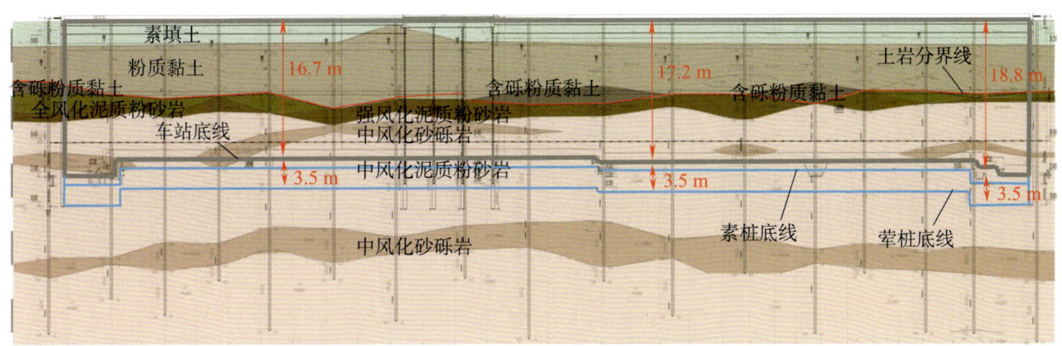

图 4-20　泉都大街站地质纵断面

车站位于岗地地貌单元。基坑工程范围内土层自上而下依次为:素填土、粉质黏土、含砾粉质黏土、全风化泥质粉砂岩、强风化泥质粉砂岩、中风化泥质粉砂岩、中风化砂砾岩。场地③-4e 层含砾粉质黏土,局部砾石含量较高,渗透性一般,属中等透水层,但因砾石含量不均匀,渗透性存在明显差异;其余岩土层均为微透水层。车站支护结构采用 ϕ1 000@800 mm 钻孔咬合桩+内支撑。

如图 4-21 和图 4-22 所示,崇明站位于镇句路与宁杭南路交叉口,沿宁杭南路南北向设置,设计为地下二层岛式车站。

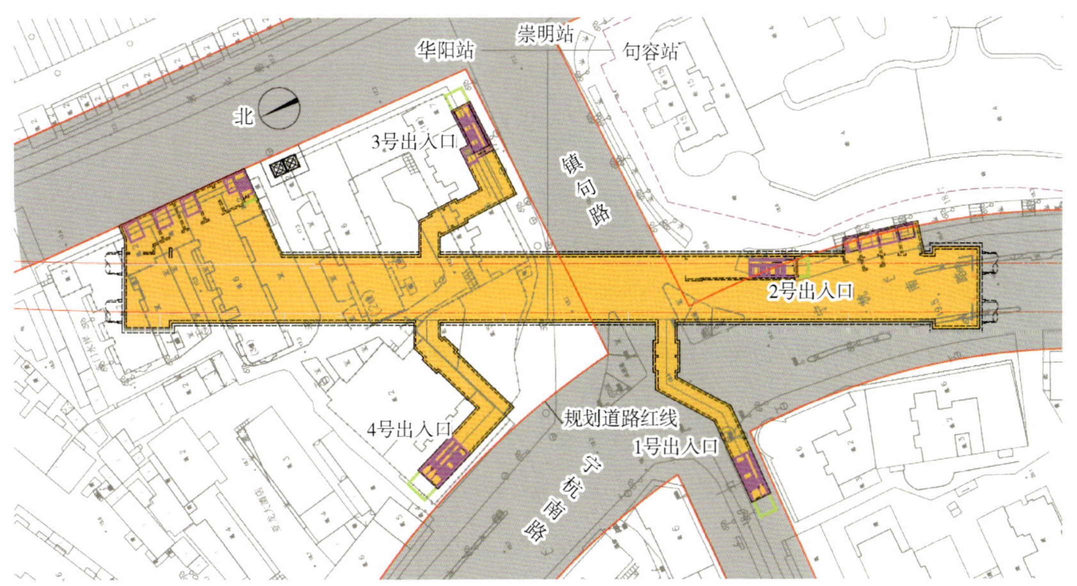

图 4-21　崇明站总平面

场区地表普遍分布人工填土,局部填土达到 10 m。填土以下覆盖层主要为褐黄色可塑～硬塑粉质黏土,下伏基岩为白垩系浦口组粉砂质泥岩。现场实测孔隙潜水稳定水位平均标高为 15.66 m。孔隙承压水水位标高为 14.1 m。承压水含水层主要为粉土夹粉砂、含卵石砾砂层。

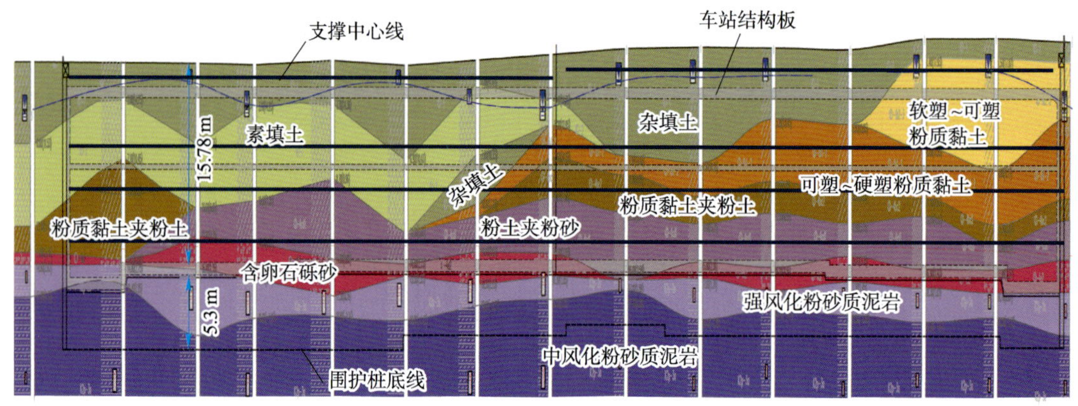

图 4-22　崇明站地质纵断面

车站支护结构采用 ϕ1 000@800 mm 钻孔咬合桩＋内支撑，咬合桩进入中风化岩 2.5 m，隔断承压水。坑底采取疏干降水辅以集水明排。

根据以上围护结构选型原则，表 4-9 梳理了宁句城际车站主体、附属及明挖区间的围护结构特征。在工程实施过程中，支护结构方案均能适应各站点的地层，支护结构及基坑工程施工的效果较好，实现了节省工期、绿色环保的目标。

4.2.2　盾构井围护桩应用玻璃纤维筋

车站盾构端头井的钻孔桩钢筋笼采用常规 HRB400 钢筋，在盾构始发前需进行洞门破除。洞门破除过程中，操作人员存在一定的安全风险。洞门破除及清渣(7～15 d)后方可具备盾构掘进条件，不利于工期的可控性。

玻璃纤维筋承载性能好抗拉能力强，杆体强度是同等直径螺纹钢筋的两倍，但重量只有钢筋的 1/4，施工效率高；杆体抗剪强度较低，普通的玻璃纤维筋抗剪强度仅有 50～60 MPa，具有优良的切割性。玻璃纤维筋在性能上和钢筋基本相似，与混凝土有很好的黏结性，同时又具有很高的抗拉强度和较低的抗剪强度，易被复合式盾构机直接切割。

因此宁句城际全线盾构区间洞门范围的主体围护结构均采用玻璃纤维筋，有效提高了盾构进、出洞的效率，改善了施工环境，同时节约了成本、提高了工程安全性，在后续线路中可继续推广应用。

如图 4-23 所示，宁句城际盾构井将洞门处应用玻璃纤维筋，水平范围为洞门左右两侧各外扩 1 m，垂直范围为洞门上下各外扩 1 m(考虑钢筋笼下放及浇筑过程钢筋上浮等施工因素影响)。玻璃纤维筋与钢筋搭接长度为 2 m，接头采用 2 道 U 形卡箍连接，使用玻璃纤维筋区段的加劲箍及螺旋箍筋采用定型玻璃纤维筋，玻璃纤维筋桩具体做法见图 4-24。

表 4-9　宁句城际围护结构特征

序号	车站/区间名称	地貌单元	主要地层	结构部位	结构形式	车站区间长度/m	基坑深度/m	围护选型	支撑体系
1	马群站	岗地局部坳沟	硬～可～软塑粉质黏土、全～强～中风化泥质砂岩	主体	地下两层	570.25	13.3～23.2	ϕ1 000@1200 钻孔桩，局部设桩间旋喷	1 道混凝土支撑＋2/3 道钢支撑
				附属	地下一层	—	9.1～13.6	ϕ800@1 000 钻孔桩	1 道混凝土支撑＋1 道钢支撑
2	百水桥站	岗间坳沟	硬～可塑粉质黏土、全～强～中风化花岗岩、强～中风化灰岩	主体	地下两层/三层	300.6	19.2～22.1	ϕ1 000@1 200 钻孔桩	1 道混凝土支撑＋4 道钢支撑
				附属	地下一层	—	12.7	ϕ800@1 000 钻孔桩	1 道混凝土支撑＋1 道钢支撑
3	麒麟门站	岗地局部坳沟	硬～可～软塑粉质黏土、强～中风化花岗岩、全～强风化泥质砂岩	主体	地下一层/两层/三层	577.134	11.5～22.5	ϕ1 000@1 200/1 400 钻孔桩	1 道混凝土支撑＋2/3 道钢支撑
				附属	地下一层	—	9.3～11.0	ϕ800@1 000 钻孔桩	1 道混凝土支撑＋1 道钢支撑
4	麒麟门站—东郊小镇站明挖区间	微丘	硬塑粉质黏土、强～中风化花岗岩	—	地下一层/U 形槽	220	6.5～19.3	ϕ800@1 000 钻孔桩	1 道混凝土支撑＋1/2 道钢支撑
5	南京猿人洞站～汤山站明挖区间	岗地	硬～可塑粉质黏土、全～强～中风化泥岩	—	地下一层/U 形槽	588.25	0～15.2	ϕ800@1 000 钻孔灌注桩＋放坡	1 道混凝土支撑＋0/1/2 道钢支撑
6	汤山站	岗地	可塑粉质黏土、碎石土、全～强～中风化闪长玢岩（破碎）、强～中风化泥岩	主体	地下两层	242	16.6～18.9	ϕ1 000@800 套管咬合桩	1 道混凝土支撑＋3 道钢支撑
				附属	地下一层	—	9.6	ϕ800@1 000 钻孔桩＋浅部旋喷止水	1 道混凝土支撑＋1 道钢支撑
7	泉都大街站	岗地	硬～可塑粉质黏土、含砾粉质黏土、强～中风化花岗岩、全～强～中风化泥质砂岩	主体	地下两层	273	16.7～19.6	ϕ1 000@800 套管咬合桩	1 道混凝土支撑＋2 道钢支撑
				附属	地下一层	—	9.5	ϕ800@1 000 钻孔桩＋浅部旋喷止水	1 道混凝土支撑＋1 道钢支撑
8	泉都大街站—黄梅站明挖区间	岗地	硬～可塑粉质黏土、含砾粉质黏土、强～中风化泥质砂岩	—	地下一层/U 形槽	378.906	0～16.4	ϕ800@600 钻孔咬合桩 ϕ800@1 300 钻孔桩＋放坡	1 道混凝土支撑＋0/1/2 道钢支撑

续上表

序号	车站/区间名称	地貌单元	主要地层	结构部位	结构形式	车站区间长度/m	基坑深度/m	围护选型	支撑体系
9	华阳站—崇明站明挖区间	岗地	硬～可～软～流塑粉质黏土、卵石、强～中风化砂质泥岩	—	地下一层/U形槽	U槽段297.677 暗埋段269.6	0～6.6 6.6～15.04	ϕ850@600SMW工法桩＋ϕ1 000@800套管咬合桩	1道混凝土支撑＋0/1/2/3道钢支撑
10	崇明站	岗地	硬～可～软～流塑粉质黏土、卵石、强～中风化砂质泥岩	主体	地下两层	249.6	13.3～18.3	ϕ1 000@800套管咬合桩	1道混凝土支撑＋3道钢支撑
				附属	地下一层	—	9.4～12.8	ϕ800@600套管咬合桩	1道混凝土支撑＋1道钢支撑
11	句容站	岗地	硬～可塑粉质黏土、强～中风化砂岩、强～中风化砾岩	主体	地下两层	467.2	16.6～19.5	ϕ1 000@800套管咬合桩	1道混凝土支撑＋3道钢支撑
				附属	地下一层	—	10.6～13.9	ϕ800@1 000钻孔桩	1道混凝土支撑＋1道钢支撑
12	句容车辆段出入段线	岗地	硬～可塑粉质黏土、强～中风化泥质粉砂岩	—	地下一层/U形槽	暗埋484.79 U形槽441.75	17.5～0	ϕ1 000@1 200钻孔桩 ϕ800@1 000钻孔桩	1道混凝土支撑＋0/1/2道钢支撑

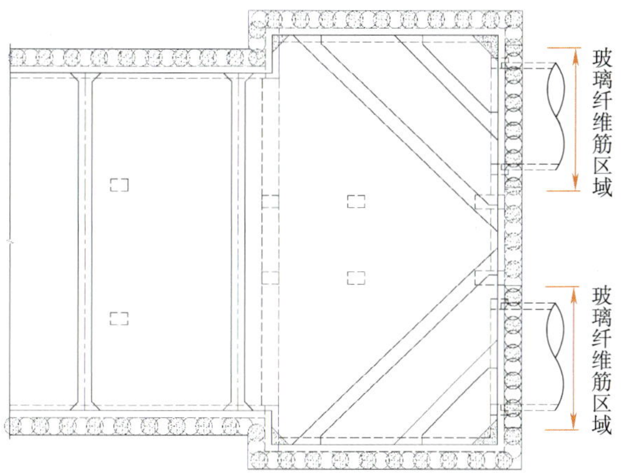

图 4-23　车站端头玻璃纤维筋桩布置示意

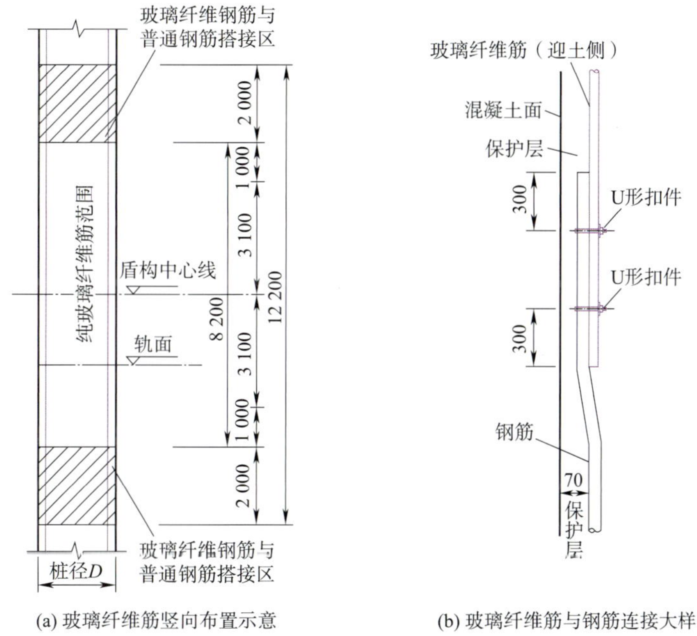

(a) 玻璃纤维筋竖向布置示意　　(b) 玻璃纤维筋与钢筋连接大样

图 4-24　玻璃纤维筋桩大样(单位:mm)

4.2.3　混凝土特殊衬砌环

4.2.3.1　应用背景

南方软土地区盾构区间联络通道处特殊衬砌环一般采用钢管片或钢与混凝土组合管片,南京常用的是 2 块钢管片+4 块混凝土管片的组合形式,见图 4-25。钢管片加工复杂,造价高,同时位于地下水位线以下,即便钢管片有防水涂层,仍难免受到地下水的腐蚀及电离作用,使得钢管片的耐久性降低。

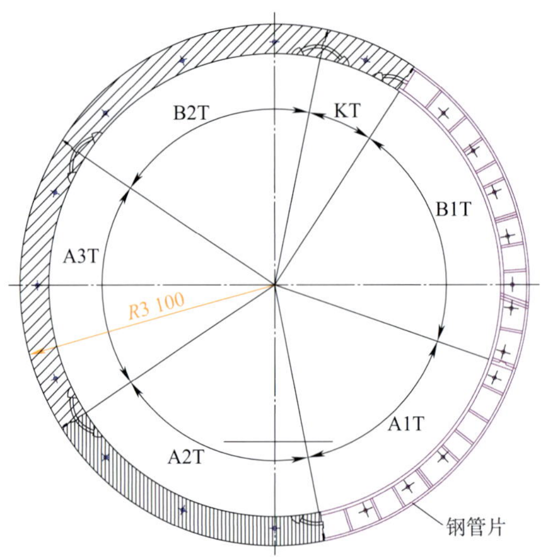

图 4-25　特殊衬砌环断面（钢管片＋混凝土管片）

北方部分城市地下水位低，在联络通道开洞处多采用混凝土管片，例如北京地铁19号线积水潭站—北太平庄站区间、石家庄地铁1号线二期区间联络通道开洞处均采用混凝土管片。南方部分城市轨道交通若联络通道所处地层条件较好，联络通道开洞处也采用混凝土管片，例如，深圳市地铁9号线工程深湾站—深圳湾公园站区间。

4.2.3.2　方案设计

1. 工程概况

宁句城际华阳站—崇明站盾构区间联络通道、崇明站—句容站盾构区间联络通道均位于强、中风化泥质粉砂岩层中，地质条件较好。

以崇明站—句容站盾构区间3号联络通道为例，如图4-26所示，设在宁杭南路下方，覆土厚度为17.5 m，线间距13.4 m，通道西侧为空地，东侧为广场，顶部中风化岩层厚度约9 m。

2. 方案对比

混凝土特殊衬砌环与钢管片相比具有以下优点：

（1）混凝土管片与联络通道洞门连接处可进行凿毛处理，整体性更好；

（2）管片渗漏水处理材料多采用环氧类，较适用于混凝土管片；

（3）混凝土管片特殊衬砌环不用防腐处理，可以省去钢管片焊接工序，工期较节省；

（4）每环混凝土特殊衬砌环管片造价约2万元，每环混凝土＋钢管片组合特殊衬砌环管片造价约7万元，混凝土特殊衬砌环管片造价较省。

基于混凝土特殊衬砌环管片以上优点，华阳站—崇明站盾构区间、崇明站—句容站盾构区间联络通道开洞处特殊衬砌环采用混凝土管片。

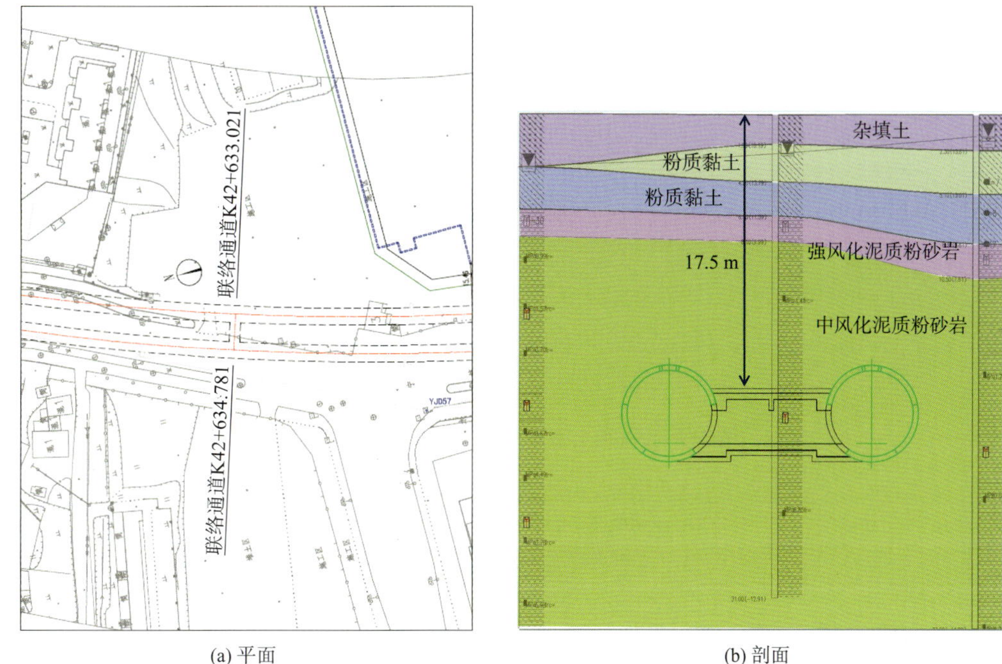

(a) 平面　　(b) 剖面

图 4-26　崇明站—句容站区间 3 号联络通道示意

3. 实施方案

华阳站—崇明站盾构区间、崇明站—句容站盾构区间联络通道开洞处采用混凝土特殊衬砌环，管片拼装时需保证封顶块在正上方，见图 4-27。特殊衬砌环 A1T、A3T 按特殊衬砌环剖面图在每块管片开洞两侧布置加强筋，见图 4-28。特殊衬砌环右开洞时，(A1T)t 管片开洞，(B1T)t、(A2T)t 与(A1T)t 相接处预埋钢板；特殊衬砌环左开洞时，(A3T)t 管片开洞，(B2T)t、(A2T)t 与(A3T)t 相接处预埋钢板。预埋钢板尺寸与管片环缝企口相适应，左右线企口凹凸方向相反，见图 4-29。

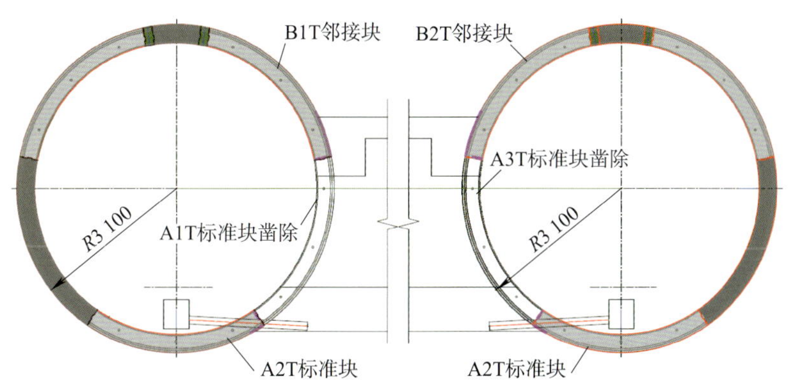

图 4-27　联络通道处盾构管片开洞剖面

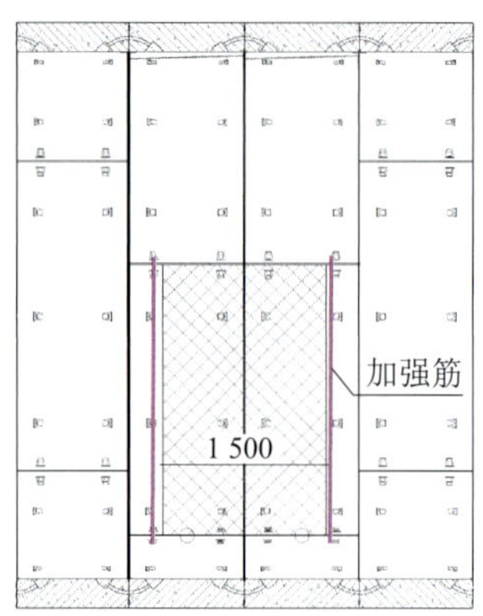

图 4-28 混凝土特殊衬砌环剖面(单位:mm)

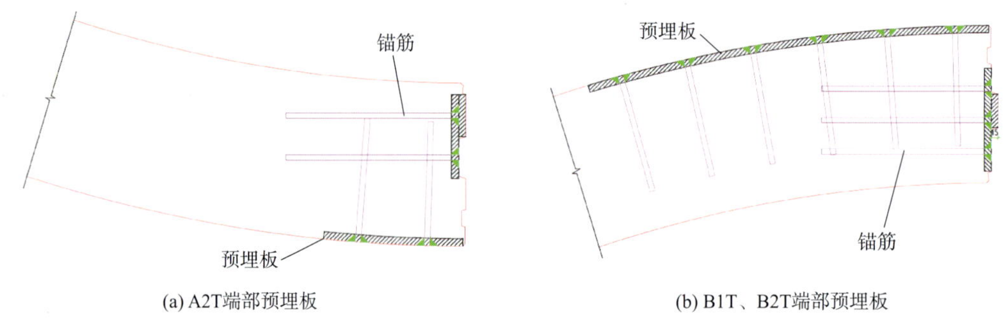

图 4-29 混凝土特殊衬砌环端部预埋钢板节点图

特殊衬砌环开洞后,两侧凿毛,纵筋与联络通道钢筋焊接并浇筑混凝土。特殊衬砌环混凝土管片与联络通道的连接采用预埋钢板,钢板材质为 Q235B。管片端部预埋钢板定位需保证钢板与相应块管片螺栓孔中心对准。

预埋钢板锚筋与管片钢筋碰撞时,可对锚筋位置进行微调。预埋钢板与锚筋采用穿孔塞焊方式,填焊高度同钢板厚度,塞焊缝最小中心间隔为孔径的 4 倍。预埋钢板外表面应进行防腐蚀处理。联络通道兼泵房处特殊衬砌环需现场钻孔施做 DN150 排水管,如出现排水管钻孔与预埋钢板冲突的情况,可局部切割钢板。

施工中切割混凝土管片前架设临时支撑,确保衬砌环稳定。临时支撑待通道混凝土达到设计强度后拆除。临时支撑的范围为联络通道两侧各 3 环管片。

4.2.3.3 应用效果

华阳站—崇明站盾构区间、崇明站—句容站盾构区间联络通道所处地层较好,联络通道处混凝土特殊衬砌环开洞时均未出现明显的渗漏水。混凝土特殊衬砌环管片可以在既有管片厂进行生产,节约了特殊衬砌环加工工期,造价较省,每座联络通道节省投资约 20 万元。

4.2.4　车辆段道路一次性实施

4.2.4.1　应用背景

永临结合是指某事项中将临时性设施与永久性设施相结合，提前完成永久设施并兼做临时使用，以共同达到临时及永久使用的目的。该理念不仅能减少能耗、降低施工成本，还能缩短施工周期、绿色环保，利于提升经济和社会效益。

句容车辆段地块南北向长约 1 350 m，东西向宽约 350 m，总占地面积较大，约 30.6 ha，建筑单体多，厂区道路工程量大，永久道路长度约 4 700 m，总平面见图 4-30。结合宁句城际施工工期紧张的情况，道路工程建设遵循绿色环保理念，采用了“永临结合”的道路设计方案。

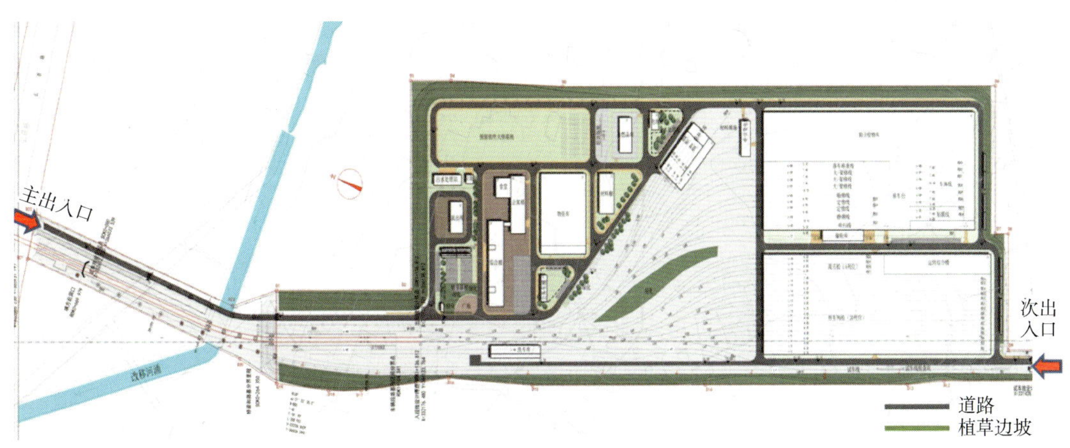

图 4-30　句容车辆段道路平面

4.2.4.2　方案研究

句容车辆段永久道路设计方案面层为细粒式沥青混凝土（4 cm）+粗粒式沥青混凝土（8 cm），上下基层为 6%水泥稳定碎石（36 cm）+砂砾碎石垫层，详见图 4-31。该方案道路工程仅能在车辆段基本施工完成后再开展施工，故场区施工前需提前建设临时道路，作为施工车辆走行道路。

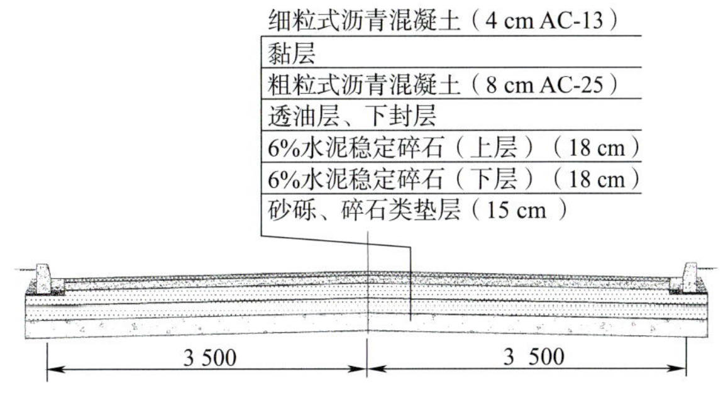

图 4-31　永久道路设计断面（单位：mm）

保持沥青道路标高及面层不变，优化道路基层，将“6%水泥稳定碎石（36 cm）+砂砾碎石垫层”调整为 C30 混凝土（25 cm）+砂砾碎石层（15 cm）+8%灰土（20 cm）+6%

灰土(20 cm),见图 4-32。采用此种方案减少了砂砾垫层厚度,增加灰土垫层,可实现各垫层的刚性过渡,减小了施工重载车辆对混凝土层的破坏,对工程施工质量较为有利。为了满足施工车辆走行需求,土建工程初期提前实施段内道路的混凝土层及以下部分,作为施工临时道路路面,混凝土路面按相关要求进行分缝,补充连接钢筋等。待工程接近完工、准备移交运营部门前,再实施上部沥青混凝土面层。

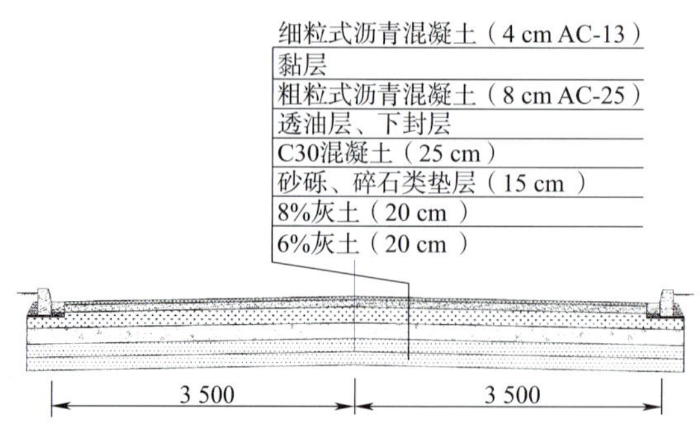

图 4-32　永临结合道路设计断面

4. 2. 4. 3　方案优点

句容车辆段道路采用永临结合方案,能够实现既有道路本体作为施工临时道路,减少道路建筑垃圾外运,并避免了多专业交叉施工带来的施工界面混乱和互相制约问题,有效降低工程工期和工程投资。方案对比见表 4-10。

表 4-10　道路设计方案对比

比选项目	原设计方案	永临结合设计方案
临时道路	需要在场地平整后施工临时道路。施工道路时需破除临时道路	将混凝土层及以下部分作为临时道路。省去临时道路的施工和破处工作
垃圾清运	临时道路破除存在垃圾清运	无临时道路清运
道路施工对其余专业施工的影响	影响较大	基本无影响
工期	—	比原设计方案节约 20 d
工程投资（含临时道路费用）	1 243＋475. 4(临时道路费用)＝1 718. 4 万元	1 628 万元

4. 2. 5　车辆段装配式实体围墙

句容车辆段围墙全长约 3 200 m,围绕在车辆段主要区域,共设 2 个门卫,门卫与围墙形成闭合空间,见图 4-33。南京地铁车辆段一般采用砌体围墙方案,如图 4-34 所示,存在人工投入高,施工工期长等缺点。句容车辆段基于工期紧张等实际情况,在建设过程中深入开展装配式围墙方案的研究,并实现了首次在南京轨道交通运用。

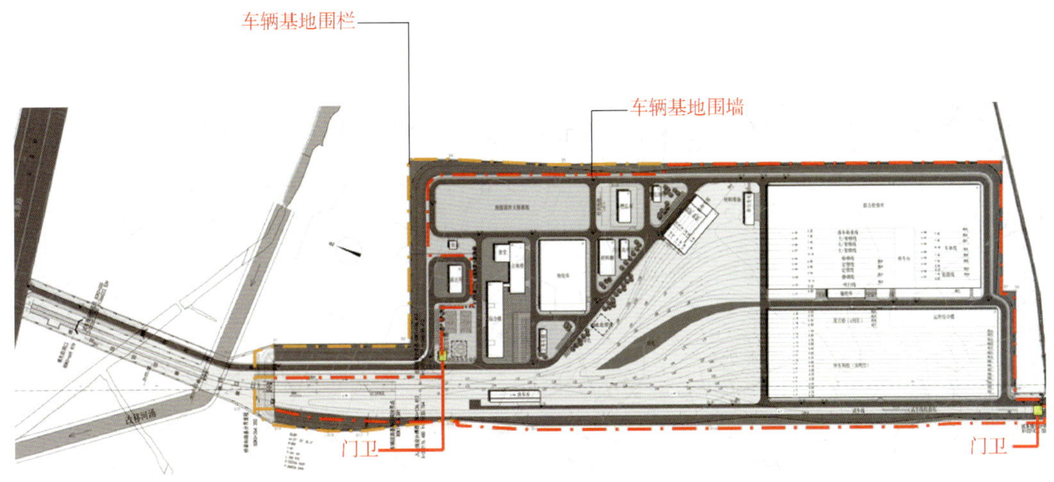

图 4-33　宁句车辆段围墙布局

(a) 1号线小行车辆段

(b) 2号线马群车辆段

(c) 3号线秣周车辆段

(d) 4号线青龙山车辆段

图 4-34　南京地铁传统砌体围墙方案

4.2.5.1　方案介绍

句容车辆段围墙采用热轧 H 形钢柱(涂防锈涂料)+内嵌式 NALC 外墙板,围墙板与钢柱翼缘间的缝隙采用发泡填充物填塞紧密,密封胶封口。围墙预制构件直接在工厂生产,现场做拼接工作,省去现场和泥、抹灰、砌墙等工序,效率更高,见图 4-35。经过现场实践验证，在运输和吊装条件良好的情况下，采用此方案每天可完成 100 m 的围墙建造，缩短了工期。建成后效果见图 4-36。

图 4-35　钢柱装配式围墙现场安装

图 4-36　宁句车辆段围墙实景

4.2.5.2　方案比选

装配式围墙与传统砌体围墙相比，人工投入成本低，施工工期短，综合成本与砌体围墙相当，见表 4-11。装配式围墙立柱和围墙板均在工厂生产，现场建筑垃圾少，安装便捷，节能环保，更符合国家绿色发展的要求。

表 4-11　围墙方案比较

比选项目	传统砌体围墙方案	装配式围墙方案
造型种类	造型较多	立柱和围墙板均需在工厂生产，造型需定制，造型偏少
施工便捷性	现场施工人力多，物料运送多	主要以机械吊装为主，安装快捷简单
现场垃圾	现场砖砌为主，垃圾清运多	现场构件组装，基本无垃圾清运，有利于环境保护

续上表

比选项目	传统砌体围墙方案	装配式围墙方案
人工数量	需要现场施工工人较多	现场仅需机械吊装，并辅助人工安装，相比传统砌体围墙方案节省人工约 70%
施工工期	每延米围墙约人均 2 个工作日	每延米围墙约人均 0.05 个工作日，可大量节省现场施工人力
使用寿命	50 年	与传统砌体围墙一致
综合成本	人工成本较高	立柱和围墙板构件费用较高，但现场人工成本较小，综合成本与传统砌体围墙相当

4.3　绿色新技术应用

4.3.1　高架区间协同设计和数字设计技术

4.3.1.1　技术背景

城市轨道交通工程具有专业多、投资大、建设周期长、空间紧凑、设计单位多、运营管理复杂等特点。从规划设计期、施工建造期到运营期，都产生了海量的数据，建设、运营管理难度越来越大，亟须数字化、智慧化的升级。

以 BIM 技术为代表的数字技术的出现和应用，一方面基于计算机技术的发展，另一方面也基于当今建造项目的超大型化、复杂化的需求。数字技术不仅是简单地将工程各阶段的数字信息进行集成，更有价值的是对大数据信息的分析、挖掘和应用。在大数据时代，以建筑信息模型为载体的各种数据在信息集成平台上丰富和传递后产生的附加值非常大，促进了产业生产力的变革与发展。

协同设计是当下设计行业技术更新的一个重要方向，也是设计技术发展的必然趋势。应对现阶段协同设计的主要障碍，贯彻绿色设计理念，研究采用协同设计平台，集成技术措施、产品性能清单、成本数据库等，实现全过程、全专业、各参与方的协同设计，形成新的三维协同设计机制，是提高设计生产力的变革方向。

4.3.1.2　技术内容

以设计本身作为对象，以“设计资源→设计行为→设计成果”过程模型为基础，深入研究协同工作环境、数字技术标准、系统开发、融合应用等，形成一套行之有效的适合城市轨道交通桥梁的协同设计与数字设计解决方案，在宁句城际桥梁设计中进行了推广实践。

1. 协同设计

建立统一的数字化协同设计平台，是协同设计工作的重点也是难点。市场上协同设计平台产品有 ProjectWise、BIM360、Trimble Connect 等多种类型，对于不同项目特点、不同管理模式，无法完全适用，这就需要合理选择适配度高的平台产品，并做必要的定制开发。

结合城轨工程特点和桥梁专业需求开展了协同设计应用。

2. 数字技术

从几何表达精度和信息深度两个维度构建 BIM 设计深度标准；然后统一 BIM 模型创建和表达，以保证表达质量，提高信息传递效率；之后，结合项目特点按单位工程、构件与设备、设计元素、项目阶段、人员角色、组织角色等维度进行分类编码；进而对构件的几何表达、信息深度、材质、主要技术参数、连接件及文件轻量化等进行了详细约定，形成 BIM 构件标准；在设计工作完成后统一交付物的命名、内容、形式等规定；通过以上措施形成 BIM 设计标准。

充分研究、总结实施经验，对实景模型建模标准进行研究，制定出长大区间实景模型建模标准和要求，平衡模型精度和数据大小矛盾，确保实景模型在轨道交通长大区间桥梁设计中具有可操作性，进而形成 GIS 技术标准。

通过 BIM 和 GIS 技术的结合，实现利用 BIM 模型直观地展示周边环境，在实景模型基础上进行桥位布置设计方案优化、填挖方量计算、桥梁景观效果分析、风险源评估、拆迁情况分析等工作，从而提高设计效率和质量，有效降低工程造价。

利用 BIM 模型，可进行碰撞检查、桥面系动态优化、工程量统计、设计交底和施工模拟等工作，可提高沟通效率、强化专业协同、避免错漏碰缺、提高设计质量、落实技术标准。

4.3.1.3 协同设计技术应用

综合考虑各方面条件，宁句城际协同设计采用 ProjectWise 平台，并针对设计需求进行了二次开发。在平台上对应用对象进行精确定义，为项目负责人、专业负责人及不同专业设计、审查人员按角色赋予功能，明确权限。在网络环境的支持下，对参与项目的具体人员进行有效、可控的集中管理，通过共享的中心文件实现异地、多专业、多人同步协同工作，大大提高了项目管理水平和协同工作效率。

基于统一的协同设计平台，实现在桥梁结构上组装轨道、接触网、声屏障、疏散平台、通信信号（电缆支架）等专业的设备构件。专业整合后，利用平台的碰撞检查功能进行行车限界动态检查，优化桥面系设计。模型整合后，各设备专业的预埋件与桥梁主体的钢筋、预应力筋进行碰撞检查，可有效减少施工问题。

在协同设计平台上进行装配式桥梁上部、下部结构的拼装模拟，全部设计元素可视化，及时发现设计问题，提高设计成果的落地性。

4.3.1.4　数字设计技术应用

1. 三维实景模型融合应用

三维实景模型的应用实现了在真三维环境中开展设计、桥梁建设前后对比展示，建设效果一目了然，加快了方案的确定，见图 4-37。利用三维实景模型直接测量桥梁与既有建筑物的距离，优化桥位布置设计方案，提高了设计效率和质量。在实景模型基础上提取地表模型进行填挖方量的准确计算，有效降低工程造价。

图 4-37　实景模型融合应用

2. 碰撞检查

桥梁专业设计模型完成或全专业设计模型整合完成后，利用 BIM 软件中自带的碰撞检查功能，将模型打开或导入此类软件进行检查，并生成检查报告。

目标是基于设计阶段 BIM 模型检测专业之间或专业内部的构件空间布置是否碰撞、是否满足规定间距要求，通过碰撞检查发现设计中的“错漏碰缺”，实现空间的最优化利用，提高设计质量。例如按标准简支 U 形梁相邻梁缝不小于 10 cm 设置规则进行梁端碰撞检查，结果发现曲线内侧梁缝小于 10 cm，需在建模时考虑设置梁端加长缩短值，见图 4-38 中红色所示梁跨。

3. 景观分析

利用三维实景模型直接生成建成桥梁后的效果图、巡游视频、沉浸交互视频及 VR 视频，实时分析景观效果。通过全线三维桥梁和三维实景地形进行展示，大大提高汇报效率和准确性，减少沟通时间，加快了方案的确定。此外通过 VR 技术加速方案比选的便利性。例如跨黄东线立交设计系杆拱桥、连续梁桥两个跨越方案，结合实景模型生成漫游动画，在方案稳定汇报中直接展示景观效果，见图 4-39。

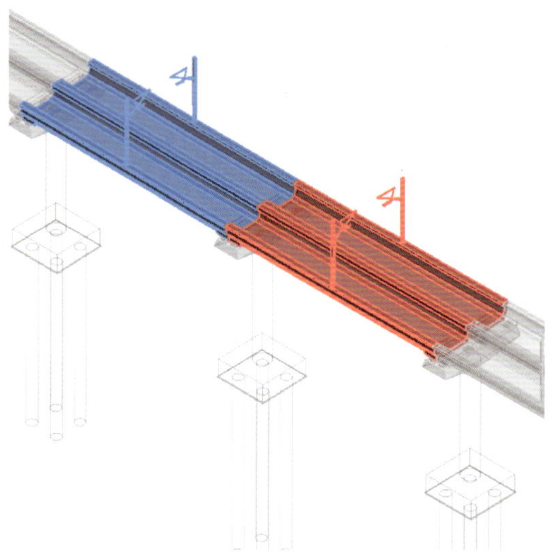

图 4-38　梁端碰撞检查

(a) 系杆拱桥设计方案

(b) 连续梁桥设计方案

图 4-39　景观分析

4. 风险源评估

结合场地实景桥梁模型在设计、施工及运营阶段风险源进行全面评估，项目设计范围内风险源包括下穿 500 kV 高压线、上跨黄东线立交、桥梁路侧转路中、跨越现状河流等类型，见图 4-40。

(a) 上跨黄东线立交

(b) 桥梁路侧转路中

图 4-40　典型风险源展示

5. 桥面系制定

全线桥梁三维模型建立后，整合轨道、声屏障、接触网、通信、信号等专业的信息模型，展示桥面布置效果，进行桥梁车辆建筑限界的动态检查，优化桥面系设计，见图 4-41。

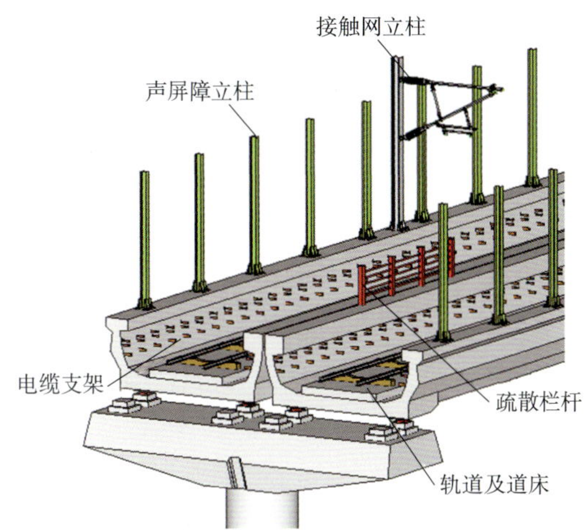

图 4-41　三维桥面系布置

6. 拆迁分析

对照外业采集生成的实景模型，将沿线需要拆迁的建(构)筑物单体化，赋予产权等相关信息，可实时查询、标注、汇总统计、输出 Excel 等格式进行分析，并与设计文件关联、及时更新，见图 4-42。

(a) 拆迁范围示意

(b) 房屋拆除后示意

图 4-42　拆迁信息统计分析

7. 工程量统计及概算编制

桥梁模型利用建模软件的参数统计功能实现材料、做法、工程量等内容自动提取生成“工程量表”，实现自动算量，提高设计计量效率。通过广联达 BIM 算量插件导入到广联达 BIM 土建算量平台 GTJ 2018 进行概算编制工作。

8. 设计交底

施工图设计完成后，可针对关键部位、各部件相对关系、钢筋绑扎顺序与避让原则等问题进行三维设计交底，用三维模型更加直观、准确地表达设计意图、要点，有效地指导施工，见图 4-43。

通过对连续 U 形梁等特殊桥梁钢筋进行分类，分别对各个区域钢筋进行碰撞检查，根据碰撞检查结果制定钢筋绑扎顺序与避让原则，有效指导了施工，见图 4-44。

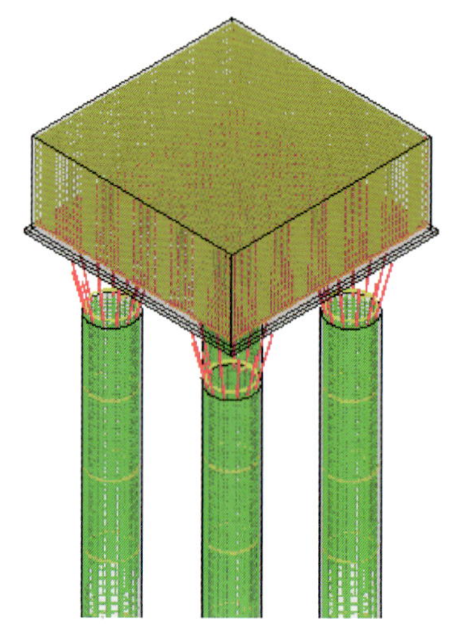

图 4-43　桩基深入承台钢筋展示

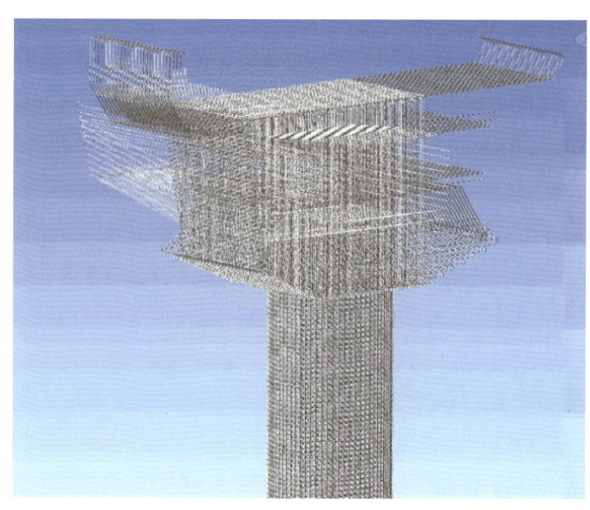

图 4-44　连续 U 形梁钢筋展示

9. 施工模拟

利用 Navisworks 等软件整合实景模型、设计桥梁模型、施工机具等多数据源进行施工模拟，可以把握施工难点，规避施工风险。例如根据连续梁预制节段拼装的特点，在实景模型下模拟节段拼装施工，见图 4-45。

图 4-45　悬拼连续梁施工模拟

4.3.2　预制 U 形梁中应用尼龙套筒

4.3.2.1　技术背景

轨道交通和铁路桥梁需在桥面上铺设轨道，敷设供电、通信、信号电缆，安装接触网立柱、声屏障等装置，属于多个专业设备的载体，因此在建造时需考虑各种预埋件的设置。

各种预埋件中，接触网立柱和声屏障的预埋件要承受较大荷载，因此主要考虑承载能力，需选用强度较高的钢材，并加以防腐涂装；但电缆支架预埋件、电缆槽预埋件、排水管固定预埋件等承受较小荷载、以固定为主要目的的预埋件，则有各种做法，可采用各种不同材质。较早的此类预埋件，多采用金属套筒，先将金属套筒预埋在梁体内，然后安装时将锚栓拧入套筒中固定。该种预埋件均有较好的受力性能，但由于固定的设备荷载较小，因此受力性能难以得到有效发挥，同时因为是金属材质，因此不仅造价偏高，耐久性也较差；由于预埋在混凝土里，存在难以更换的问题。后来预埋槽道得到广泛应用，但应用于受力要求较低的预埋件时仍存在造价偏高的问题。随着新材料的不断出现，尼龙套筒以其耐腐蚀、机械强度高、易更换、低造价的优点，具有了较广泛的应用前景。如将电缆支架所用预埋件改为尼龙套筒，不仅可降低造价，充分发挥材料抗拉强度适中的特性，在后期运营期间如果出现问题还可对尼龙套筒进行更换，解决运营维保的问题，从轨道交通高架桥全寿命周期角度解决了建造、运营、维护多个问题，提升了绿色建造水平。

4.3.2.2　技术应用

根据尼龙套筒以上特点，可将尼龙套筒应用于不需要承受较大荷载的预埋件。对于位于室外环境的高架桥，可采用增强玻纤尼龙套筒，以提高套筒的耐温性、抗拉强度、耐久性。同时尼龙套筒造价低廉，一个套筒的造价仅需几元钱，与金属套筒十几元甚至二十几元以上的造价相比具有超高的性价比。

宁句城际高架桥采用先张法预制 U 形梁，电缆支架通过预埋件固定在 U 形梁腹板内侧，同时根据环评要求，为降低车辆噪声污染，在腹板内侧还保留了固定吸声板的条件，因此腹板内侧需预埋较多套筒，经统计一片 30 m 跨简支 U 形梁需电缆支架预埋件 180 个，吸声板预埋件 232 个，用量较大。为降低预埋件造价，方便后期运营维护，提高项目的绿色建造水平，对上述两类预埋件均采用了材质为添加玻纤的增强尼龙套筒。电缆支架预埋件采用内径 12 mm、孔深 70 mm 的尼龙套筒，吸声板预埋件采用内径 8 mm、孔深 70 mm 的尼龙套筒，并对尼龙套筒依据 HG/T 4182—2012《中华人民共和国化工行业标准：尼龙 66 切片》提出相关物理机械性能及试验方法，见表 4-12。

表 4-12　宁句城际用尼龙套筒性能指标

序号	项目名称	单位	性能指标	试验方法
1	相对密度	g/cm³	1.10～1.14	GB/T 1033.1
2	拉伸强度	MPa	60～80	GB/T 1447
3	洛氏硬度	HRR	118	GB/T 3398.2
4	无缺口冲击强度	kJ/m²	60～100	GB/T 1043.1
5	体积电阻率(干)	Ω · cm³	1.8×10^{15}	GB/T 1410
6	玻纤含量	%	30～35	GB/T 9345.1
7	弯曲弹性模量	MPa	2 000～3 000	—
8	马丁耐热	℃	50～60	GB/T 16582

应用时将套筒用锚栓固定在U形梁模板上(图 4-46),待混凝土浇筑完毕、模板拆除前,将锚栓拧下,模板拆除后套筒即预埋在U形梁梁混凝土内。尼龙套筒失效需要更换时,采用专用机械将套筒绞碎取出,然后在原孔位扩孔并灌浆后再放入新的尼龙套筒,换取速度快,环保安全,无水无烟操作。

图 4-46　尼龙套筒在先张法U形梁上的应用

4.3.2.3　应用效果

通过在宁句城际上的应用可知,尼龙套筒相较金属套筒及槽道具有造价低廉、耐久性好、方便更换等多种优点,后续可继续应用在排水管固定件等对受力要求低的预埋件上,具备较高的推广价值。

4.3.3　预制U形梁采用双联柱接触网下锚

4.3.3.1　技术背景

接触网设计中一般根据供电和机械的要求,将接触网分成许多独立的锚段,锚段两端的承力索和接触线直接或通过补偿装置固定到下锚柱上。接触网下锚方案通常采用单支柱加拉线下锚的形式，见图 4-47。在宁句城际设计中，首次在江苏省内 U 形梁上采用双联柱接触网下锚。

4.3.3.2　技术优势

该工程为市域轨道交通，高架区间采用 U 形梁结构形式，接触网支柱设置在 U 形梁翼缘板上；同时本工程部分区段在翼缘上还设置有声屏障且声屏障覆盖范围广。接触网采取双联柱下锚安装方式，取消了下锚拉线的安装，既避免接触网下锚拉线与声屏障冲突，还优化高架桥景观，见图 4-48。

图 4-47　有拉线下锚安装形式

图 4-48　双联柱下锚安装形式

4.3.3.3　技术应用

接触网下锚双联柱通过在单支柱的基础上增加支柱容量以及改变结构形式演变而来，由两根钢管联合而成，SR150-265 型双联柱最大适用荷载在平行线路平面内弯矩标准值为 265 kN · m、垂直线路平面内的弯矩标准值为 150 kN · m，能很好地满足接触网下锚的受力要求。双联柱的安装方式是通过桥梁上预埋的 12 根 M42 的地脚螺栓与支柱底座进行连接，棘轮补偿装置和接触网腕臂通过抱箍固定在双联柱上，施工便捷、应用效果良好。

4.3.4　预制 U 形梁应用弹性体伸缩缝

4.3.4.1　技术背景

轨道交通高架桥伸缩缝主要承担梁端伸缩和防止桥面雨水流至墩顶的作用，以往多采用在桥梁端部预埋锚筋、型钢，然后安装橡胶条的做法，存在施工复杂、耐久性差、难以更换、全寿命周期造价高、绿色建造水平偏低等缺点，因此有必要结合轨道交通高架桥伸缩缝的特点，提出新的伸缩缝做法，提高绿色建造水平。

桥梁伸缩缝是桥梁梁端之间的重要连接部件，但不同行业对伸缩缝的要求不同。对铁路和轨道交通桥梁而言，由于车辆荷载由轨道承受，因此伸缩缝只需起到端部伸缩及防水的作用；但对于公路和市政桥梁而言，伸缩缝不仅需满足端部伸缩和防水作用，还需承受车辆荷载，因此构造更为复杂。

轨道交通桥梁以往的伸缩缝虽然不承受车辆荷载，但也采用了和公路桥梁伸缩缝类似的构造，即在梁端结构内预埋钢筋、螺母及异形金属型材，其中钢筋和螺母用以固定异形金属型材，异形型材用于固定后装的防水橡胶条，见图 4-49。

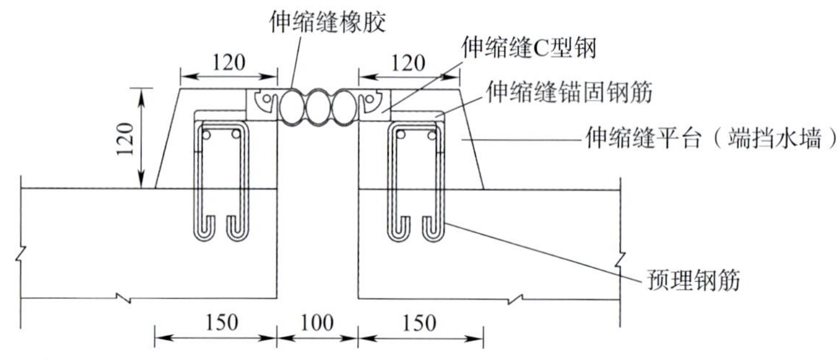

图 4-49　常规橡胶伸缩缝构造(单位:mm)

该种伸缩缝所用异形型材暴露在空气中，易发生腐蚀，但因已嵌入混凝土内，无法更换。为提高耐久性，主要采用耐候钢或铝合金，造价与一般钢材相比偏高。另外后装的橡胶条耐久性有限，存在止水带易脱落、更换施工较为困难、排水通道易堵塞等问题，严重威胁梁端封锚、支座以及墩台等重要部位的耐久性和线路运行的安全性。

基于以上问题，国内铁路逐步开始使用聚氨酯高分子弹性体密封材料代替橡胶伸缩缝，从而解决上述问题。

4.3.4.2　技术优势

弹性体伸缩缝主体采用高性能双组分聚氨酯弹性体材料，通过浇注机将 A、B 组分现场混合浇注在梁缝内液态固化形成，见图 4-50。通过采用聚氨酯类底涂料的方式提高混凝土与聚氨酯弹性体材料之间的粘接强度，以自身形变适应梁端伸缩，实现梁体位移和梁缝防水的功能，具有结构简单、耐久性好、施工效率高、维护方便等优点，见图 4-51。

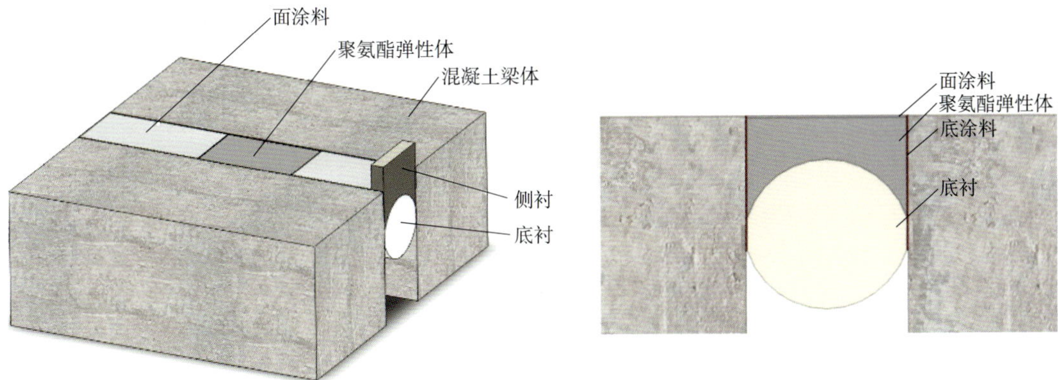

图 4-50　弹性体伸缩缝构造

图 4-51　聚氨酯弹性体良好的流动性和适应性

聚氨酯弹性体伸缩缝材料适用于有砟和无砟轨道、伸缩量在 200 mm 以内轨的道交通混凝土桥梁弹性体伸缩装置。

弹性体伸缩缝与常用的橡胶伸缩缝相比，具有较大的技术优势，见表 4-13。

表 4-13　橡胶伸缩缝和弹性体伸缩缝优缺点比较

橡胶伸缩缝主要病害及成因	聚氨酯弹性体伸缩缝优势
使用寿命短 传统的耐候钢-橡胶伸缩缝设计年限为 15 年，但实际使用过程中因为施工和自身的缺陷实际上都达不到。据对既有通车线路统计，有 1/3 的耐候钢-橡胶橡胶伸缩缝已经损坏。采用铝合金-橡胶伸缩缝虽然较耐候钢防腐蚀性更好，但橡胶带寿命未有变化	**耐久度高** 使用寿命较耐候钢-橡胶伸缩缝长，可达 30 年。出现小的裂缝或其他小问题，可在弹性体伸缩缝表面补浇一层，因弹性体伸缩缝具有很好的流动性，可以弥合原有的裂缝，形成一个良好的整体

续上表

橡胶伸缩缝主要病害及成因	聚氨酯弹性体伸缩缝优势
止水带容易脱落 (1)橡胶带是强行安装到预留的槽内,安装不当很容易脱落; (2)橡胶带安装在伸缩缝中部,低于梁体表面,冬天雨雪残留在耐候钢-橡胶伸缩缝上部,伸缩缝承重容易脱落; (3)橡胶伸缩缝冬天温度低变脆,受梁体扰动和车辆震动容易断裂; (4)无法更换维修:成因:工艺难度大,施工因素成为影响伸缩缝质量的主要原因,更换维修工艺复杂,需要抬高轨道修通,无法实现	**工艺简捷,施工牢靠** 无支撑结构,工艺简单快捷,半固态浇筑的弹性体材料具有良好的形状适应性和流动性,完全适应有限的作业空间和时间。弹性体伸缩缝工、料一体,施工专业。浇筑后的弹性体表面平整,黏结、密封效果极好
橡胶止水带容易断裂 低温发脆,模量高,变形后应力大,易断裂	**耐低温性好** 弹性体伸缩缝材料柔软性好,模量低且随温度变化不大,低温变形后应力小,不易断裂。−30℃冷冻 2 h,对折无裂纹
污染环境 橡胶止水带为橡胶制品,大多数采用再生橡胶影响生态,橡胶为国家限制类产品并且长时间接触对人身体有害,污染环境	**环保无污染** 本材料主料为聚醚多元醇和改性异氰酸酯,成分中不含重金属、小分子有机物和溶剂等对人体有害物质,固含量100%,可用于室内使用。本材料和医用医疗床垫、聚氨酯医疗绷带是同一材质,能用在医疗上,当然对人体无害

基于以上技术优势,弹性体伸缩缝将会在轨道交通工程中得到广泛的应用。

4.3.4.3 成本优势

根据既有经验,耐候钢橡胶伸缩缝、铝合金(JSSF)橡胶伸缩缝和弹性体伸缩缝综合单价见表 4-14。

表 4-14 伸缩缝单价比较

项 目	单 价/(元·m^{-1})
耐候钢橡胶伸缩缝	1 200
铝合金橡胶伸缩缝	2 900
弹性体伸缩缝	1 750

从表 4-14 可以看出,弹性体伸缩缝的造价介于耐候钢伸缩缝和铝合金伸缩缝之间,具备相当的价格优势。

4.3.4.4 碳排放优势

从绿色建造的角度,低碳环保是方案比较的一个重要指标,因此基于宁句城际标准简支 U 形梁,对采用铝合金橡胶伸缩缝、耐候钢橡胶伸缩缝和弹性体伸缩缝在同等条件下的碳排放进行计算比较。三种伸缩缝的工程量见表 4-15。

表 4-15　三种伸缩缝主要工程量

伸缩缝	项目	材质	数量	单位
铝合金或耐候钢橡胶伸缩缝/每个墩	预埋钢板 Q235	Q235	0.006 78	t
	构造钢筋	HPB300	0.022	t
	C 型钢和锚筋(铝合金)		5.12	m
	C 型钢和锚筋(耐候钢)		5.12	m
	橡胶条		6.04	m
弹性体伸缩缝	双组分聚氨酯		6.04	m

依据 GB/T 51366—2019《建筑碳排放计算标准》及相关经验提取碳排放因子，对以上材料进行碳排放计算，得出三种伸缩缝材质的碳排放汇总见表 4-16。

表 4-16　三种伸缩缝材质 CO_2 排放汇总

项目	单位	耐候钢橡胶伸缩缝	铝合金橡胶伸缩缝	弹性体伸缩缝
CO_2 排放值	kg	123.9	256.7	90.2

根据表 4-15 可知，弹性体伸缩缝的碳排放量明显小于耐候钢橡胶伸缩缝和铝合金橡胶伸缩缝，为耐候钢橡胶伸缩缝的 72.8%，仅为铝合金橡胶伸缩缝的 35.1%，在绿色建造方面具备相当优势。

4.3.4.5　技术应用

基于到橡胶条伸缩缝的各种问题，结合弹性体伸缩缝的各种优势，宁句城际高架区间桥梁全线采用了弹性体伸缩缝。伸缩缝在底板范围高出桥面，设置在梁端挡水台和道床混凝土上，在腹板范围设置在腹板边缘，见图 4-52。底板弹性体伸缩缝施工完再进行腹板伸缩缝施工，二次浇注成一体，完全可以避免接缝处漏水问题，取得较好应用效果。

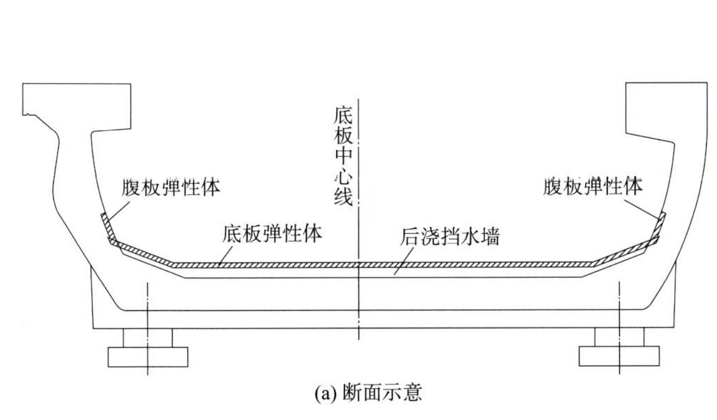

(a) 断面示意

(b) 现场实施照片

图 4-52　标准 U 形梁伸缩缝设置方案

通过弹性体伸缩缝在宁句城际的实际应用,可以得出如下结论:

(1)弹性体伸缩缝便于施工安装,耐久性好,无毒环保,在铁路和轨道交通高架桥领域具有广阔的应用前景;

(2)弹性体伸缩缝成本适中,价格合理,可大规模应用;

(3)弹性体伸缩缝相比耐候钢伸缩缝和铝合金伸缩缝在碳排放值更低,更为低碳绿色。

4.3.5 供电电缆钢套筒包封上桥

4.3.5.1 技术背景

传统高架区间牵引降压混合变电所上桥敷设方式为在桥梁墩柱、盖梁侧面等位置预埋安装基础,采用明敷方式。该方式施工比较简单,但是不利于电缆防护,后期无法检修,同时区间景观效果很差,见图 4-53 和图 4-54。

图 4-53 某城市轨道交通电缆上桥

图 4-54 南京某线路电缆上桥

基于以上问题,南京宁高城际 S9 线对电缆上桥方案进行了优化,采用在桥墩纵向将桥墩外扩、设置假桥墩的做法,将电缆均设置在假桥墩内,然后从箱梁梁端开槽口上桥。该种做法解决了电缆保护及检修的问题,但存在桥墩体量较大、影响排水管布置问题,见图 4-55。

图 4-55 南京宁高城际 S9 线电缆上桥

为解决既有方案的问题,在宁句城际设计过程中,进行创新研究,提出了美观、简洁、便于检修的新方案。

4.3.5.2 技术简介

由于宁句城际采用单线 U 形梁＋圆柱 T 形墩的做法，U 形梁底板无法开孔，且供电电缆设置在线路外侧，弱电电缆设置在线路中间。因此，宁高城际的电缆上桥做法并不适用于本工程。基于本工程的特点，采用了在桥墩纵向一侧承台上设置钢套筒的方案，电缆沿地下敷设至承台前，进入钢套筒后沿钢套筒内壁固定向上敷设，至盖梁处从钢套筒侧面开口伸出沿盖梁两侧爬至盖梁顶，并沿墩顶假 U 形梁腹板开孔进入桥面。钢套筒采用椭圆形，截面尺寸为 2.2 m(横向)×1.2 m(纵向)，采用厚 20 mmQ355C 等级钢板卷为钢筒，通过钢筋和锚栓固定在承台上，钢筒内从承台顶至外侧地面以上 300 mm 高度处浇筑混凝土，可确保钢筒稳固，并方便人员操作。

4.3.5.3 技术应用

宁句城际高架区间段存在多处区间变电所和主变电所供电和通信信号电缆需从桥墩处上桥进入区间敷设的情况。因此本工程在高架 U 形梁区间供电电缆上桥敷设位置处，创新性提出采用钢套筒包封方案。钢套筒包封可以有效地保护电缆，提高了运营的安全性。钢套筒设置的检修门、检修爬梯，为运营人员提供了必要设施和便利条件，便于电缆的检修维护。钢套筒与桥墩顺线路布置，实现了有效结合，整体景观效果好。

图 4-56 区间变电所钢套筒包封上桥

从图 4-56 可以看出，钢套筒在地面位置设置活动门，日常关闭，检修时可供工作人员进入钢筒内。钢筒与墩柱基本同宽，采用椭圆形，外形与圆形墩柱基本一致，且体量较小；涂装为混凝土色，整体景观效果较好，且方便检修。

4.3.6 微生物自修复混凝土技术

4.3.6.1 技术简介

微生物自修复混凝土是由水泥、掺合料、砂石、微生物修复剂、外加剂和水等组分拌合而成，实现宽度不大于 0.5 mm 变形裂缝自修复的混凝土。微生物修复剂是指基于微生物矿化的，用于提升水泥基材料裂缝自修复功能的外加剂。

自修复混凝土是提高混凝土耐久性的重要途径，微生物自修复混凝土是基于微生物矿化产生修复产物的前沿技术。由于混凝土天然的脆性，温、湿度的变化容易引起混凝土体积变形，进而导致混凝土开裂。连通的裂缝将彻底恶化混凝土对侵蚀介质的抵抗能力，加速混凝土劣化，降低耐久性。现今，传统的修复方式处理混凝土裂缝往往意味着巨大的人工成本，且难以及时发现并形成有效封堵。微生物自修复混凝土可以实现微小裂缝的主动探查和自动修复，大幅降低维护成本，提升混凝土耐久性能。

4.3.6.2 技术应用

宁句城际建设过程中，通过在马群站和麒麟门站的试验应用，采用基于微生物矿化的混凝土裂缝自修复策略，制备具有自感知、自愈合等功能的自修复混凝土，实现混凝土裂缝的主动修复；针对混凝土不同龄期裂缝特征，研发了非固载型和固载型两类微细裂缝微生物修复剂；设计和制备了两类微生物自修复混凝土，构建了以裂缝面积修复率、抗渗压力、修复深度指标以及超声波检测方法等为核心的修复性能评价体系。根据试验结果，对于宽度在 0.4 mm 以下的早期开裂裂缝，经过 30 天修复裂缝平均面积修复率可到 95%以上，见图 4-57。

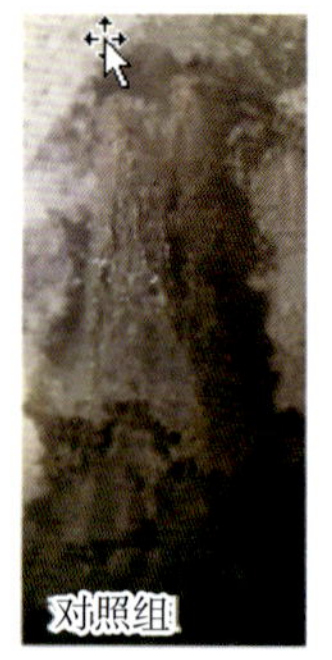

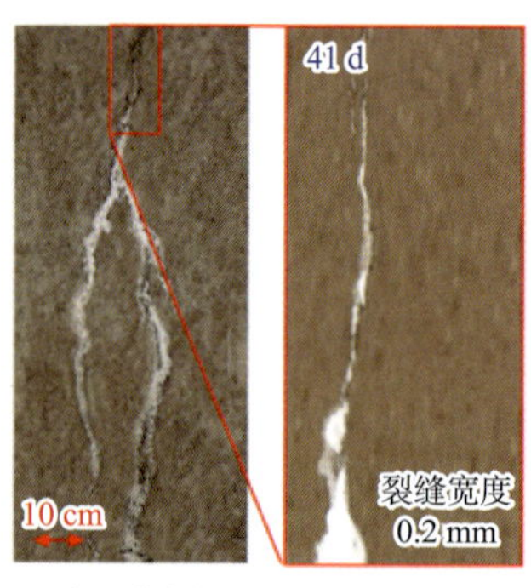

(a) 裂缝1修复情况

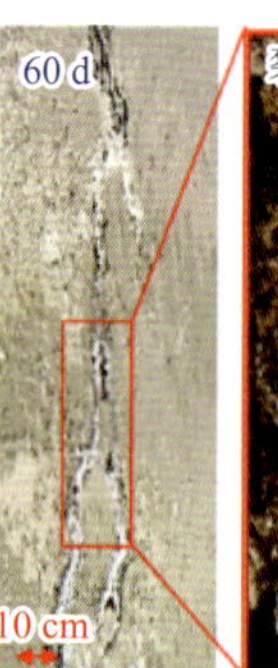

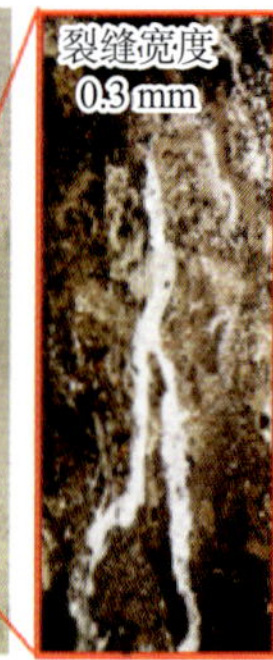

(b) 裂缝2修复情况

图 4-57　微生物自修复混凝土应用效果

基于该技术在宁句城际的应用，编制了中国工程建设标准化协会标准 1 项，江苏省工程建设标准 1 项，江苏省级工法 1 项，实用新型专利 1 项，发明专利 1 项，论文 2 篇，经济社会效益显著。《城际轨道交通工程结构混凝土裂缝微生物自修复技术应用研究》课题经鉴定"整体达到了国际先进水平"，获江苏省土木建筑学会 2022 年度土木建筑科技奖二等奖。

4.3.7 高架站采用温度控制调光玻璃

高架车站雨棚无局部玻璃顶则采光差，用局部玻璃顶则夏季太晒。为解决这一矛盾，宁句城际高架站采用国内自主研发的新材料——温度控制调光玻璃(温致变色遮阳PVB胶膜是具有光热响应能力的高分子复合材料，目前已拥有国家授权发明专利6项)，能够自动感知室外光热而线性变化颜色，温度低、颜色浅，温度高、颜色深，变色全过程可逆并保持通透，见图4-58。高架站顶部玻璃颜色夏季颜色变深可遮阳隔热，冬季颜色变浅可通透阳光，通过光热变色，维持站台光线舒适。

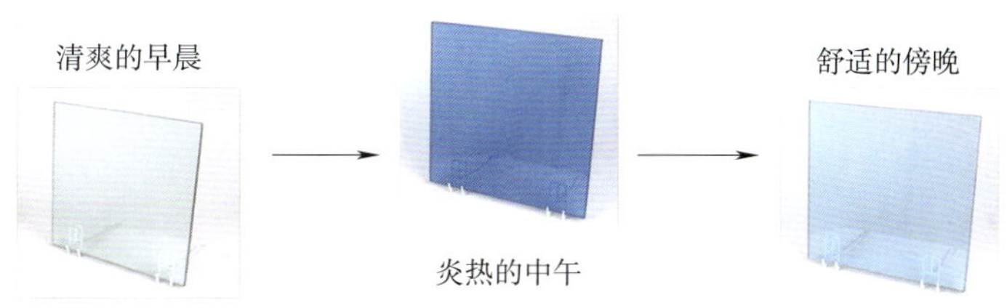

图4-58 温致变色玻璃

温致变色玻璃由8 mm钢化玻璃+1.52PVB+B1变色隔热胶片+8 mm钢化玻璃构成，该材料能阻隔80%红外线、99%紫外线，可见光透过率最低68.8%。

宁句城际六座高架车站和马群站换乘天桥的钢结构屋面采光带采用了温度控制调光变色玻璃。在夏季强光照射条件下，站台采光带下方舒适度有明显改善，乘客无须避开采光带候车，见图4-59。冬季站台采光带下方阳光通透，站台光线舒适。

(a) 南京猿人洞站屋面　　(b) 马群换乘通道屋面

图4-59 高架站站台雨棚采用温度控制调光玻璃

4.3.8 出入口应用钛锌板屋面系统

1. 屋面形式

国内轨道交通四小件，特别是出入口，每个城市设计风格各有特色，初期建设一般以适合城市地域文化为基础，考虑实用性、工业化、便于运维。随着地铁建设技术趋向成熟，出入口设计也趋向轻量化、简约化、装配化，同时更加注重与城市设计以及周边环境相协调。

通过南京地铁 2、3、4、10、S1、S3、S7、S8 号线等线路的建设，弧形屋面和口部斜向支撑已成为南京地铁出入口的特征语言。宁句城际共计 7 个地下车站，14 个出入口沿用了弧形钢结构形式，旨在注重技术的更新和品质的提升，强调设备管线的隐藏式设计，故首次采用钛锌板屋面与不锈钢檐口装饰一体化设计，提升出入口整体性，见图 4-60。

图 4-60　钛锌板弧形出入口方案

2. 构造做法

屋面板采用钛锌板矮立边咬合系统，不仅提高了屋面质感而且解决了传统铝板屋面胶使用长时间后老化黑化的问题。

为实现“经典弧形”设计方案，经过协调与试验，选择“400 型 0.7 mm 厚预钝化锌肋高 25 mm 矮立边咬合钛锌板”作为出入口屋面主材，从而将屋面连接成为一个整体，系统不需要打胶，双锁边方式咬合紧密，100%结构性防水，见图 4-61。

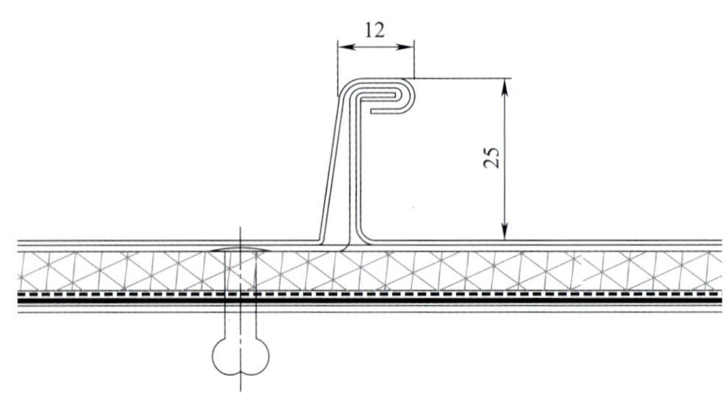

图 4-61　屋面扣件节点详(单位：mm)

由于存在隐藏式扣件，扣件选型在受力性能的基础上需要考虑防腐、咬合等性能，因此，选择奥氏体不锈钢或钛锌两种金属材料，满足屋面钛锌板在正负风压作用下对扣件产生的拉力。

矮立边钛锌板屋面重点、难点区域在尾部弯弧，需要机械设备现场加工。尤其是尾部弯弧半径为 350 mm，在国内钛锌板加工行业中也是难点。过程中设计师对厂家进行跟踪协调，针对现场特殊需求，对加工工艺进行优化，取得了较为理想的效果，见图 4-62。在现场施工安装过程中需对重要节点进行把控。

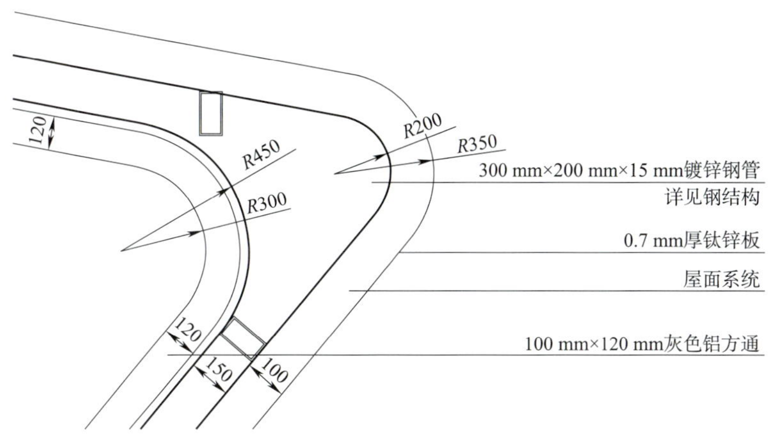

图 4-62　屋面尾部节点详(单位:mm)

(1)内部管线布置提前预设

钛锌板屋面系统主要构成为:底部铝方通造型(含智能照明)、钢龙骨、有支撑保温层、有支撑防水层、通风降噪层、不锈钢檐口、钛锌板面层等,总厚度平均 90 mm。出入口雨棚涉及照明、监控、导向、通信等设备,管线只有在保温层有足够空间铺设,需要现场施工单位在施工组织设计中提前策划,见图 4-63。

图 4-63　钛锌板屋面系统内部部分管线

(2)侧边、檐口不锈钢与钛锌板的衔接处理

由于钛锌板具有良好的韧性、延展性,能够达到设计要求的屋面曲率,但收边及檐口不锈钢不能达到同样效果,钛锌板与不锈钢之间的衔接需要采用新工艺。首先不锈钢采用耐腐蚀、变形小的 3 mm 厚 316 不锈钢,在侧边不锈钢板表面氩弧焊接一条 20 mm 高咬合带(有条件的平段可以折边处理),钛锌板与此进行咬合,从而形成一个整体屋面;檐口不锈钢可以采用折边跌级处理,见图 4-64 和图 4-65。

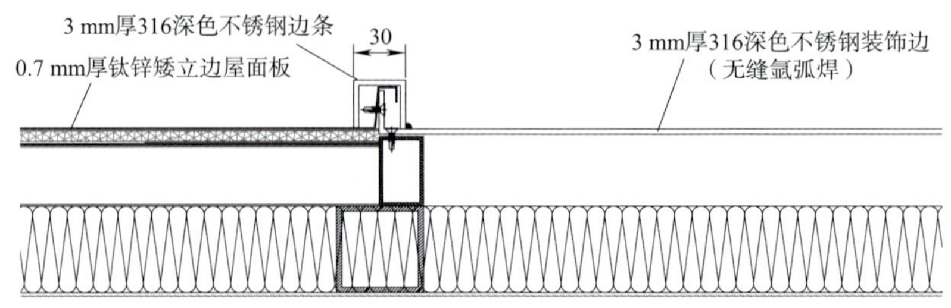

图 4-64　屋面檐口节点大样(单位:mm)

图 4-65　钛锌板屋面与不锈钢衔接现场

3. 应用效果

钛锌板具有优异的延展性及施工简单、现场易于加工的特点,能充分满足建筑师丰富的想象力,便于制作 350°弯弧,彰显南京轨道交通四小件出入口的独特经典弧形造型韵味。钛锌板因表面致密的钝化保护层所具备的天然抗腐蚀性,使得其使用寿命较长,优良的耐久性也使得钛锌板非常适合于南京地区梅雨季节期间的使用。钛锌板的自我修复、低维护等特点更能适应轨道交通这种公共建筑物场所。钛锌板的使用不会对周围环境产生任何不良影响,雨水冲刷锌板表面产生的落水可以用来浇灌植物而无任何副作用,作为一种绿色材料,可以被回收和循环利用,完全符合可持续发展理念。

由于首次使用钛锌板作为屋面系统,不仅要充分利用钛锌板的长寿命、低维护、易延展等优势,而且还要将钛锌板与钢结构、各设备系统进行融合,经过宁句城际钛锌板屋面板系统的实施,收到了良好的效果,见图 4-66。在取得成效的同时,还要总结过程中现场多种情况下出现的若干问题,以便于后期线路更好地进行标准化、低成本建设。

图 4-66　现场雨棚完工

4.3.9　成品区间变电所

1. 技术背景

宁句城际线路全长 43.590 km，平均站间距为 3.633 km，最大站间距为 7.422 km，为满足供电质量，在站间距较大的东—古区间、古—南区间、泉—黄区间和黄—童区间 4 个区间设置了区间变电所。其中，黄—童区间变电所由于与句容主所距离较近，为减少土建投资，在满足供电质量的前提下，将黄—童区间变电所与句容主变电所合设。为有效利用地铁高架桥梁下方土地，将其余 3 个区间变电所设置在高架区间桥梁下方。

2. 技术应用

常规区间变电所设计方案一般地面一层为设备用房，地下一层为电缆夹层，采用钢筋混凝土浇筑而成，见图 4-67。该做法施工周期长且影响区间变电所上部区间桥梁架设。

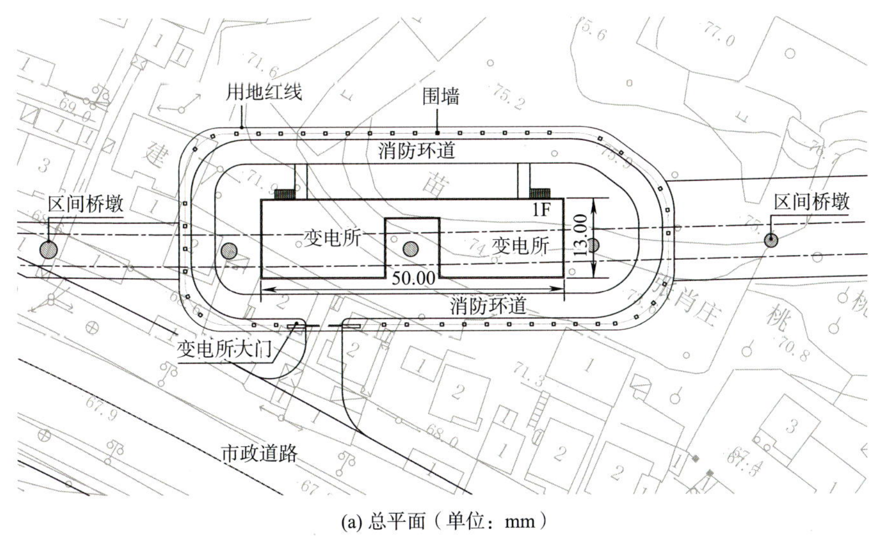

(a) 总平面（单位：mm）

图　4-67

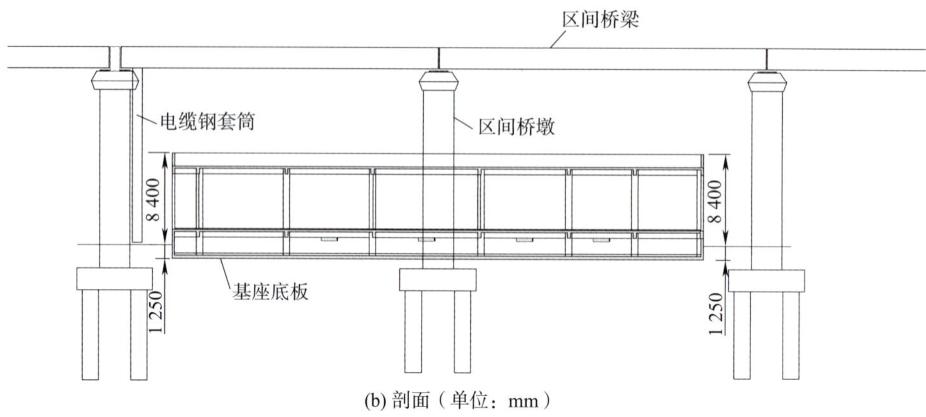

(b) 剖面（单位：mm）

(c) 现场照片

图 4-67　常规区间变电所设计

结合工期需求及高架区间整体景观效果，宁句城际创新采用箱式变电所形式，具体做法为取消地面建筑，设置半地下室的电缆夹层，电缆夹层上方为设备平台，根据箱式变电所的承重位置及设备电缆穿孔要求，平台上对应预留箱式变电所承重固定点和电缆孔，箱式变电所箱体为一体化设计制造，整体吊装并固定于设备平台，箱式变电所见图 4-68。

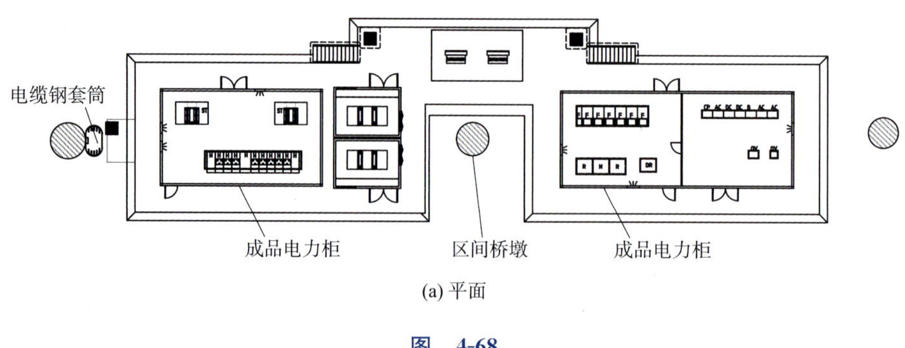

(a) 平面

图　4-68

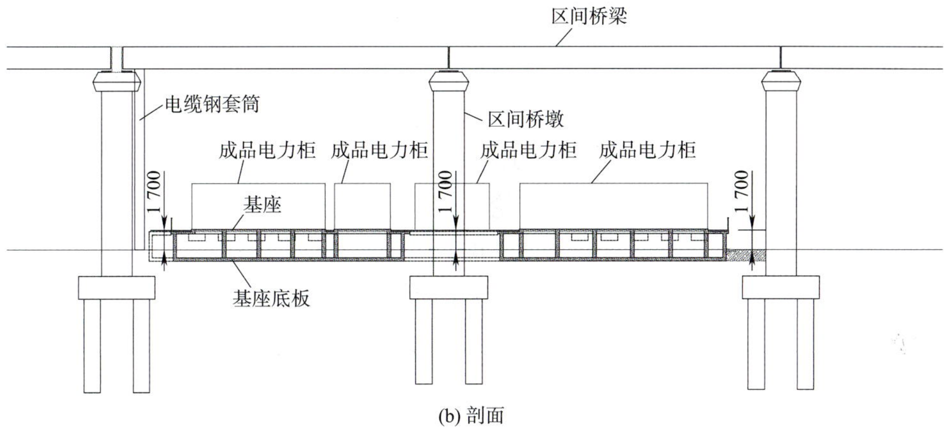

(b) 剖面

图 4-68　箱式区间变电所设计(单位:mm)

以古泉站—南京猿人洞站区间变电所为例,常规变电所为地上一层、半地下一层建筑,总建筑面积约 1 100 m^2;箱式变电所为半地下一层建筑,建筑面积约 550 m^2。两种形式的变电所占地面积相同,围墙、内部道路方案一致,总用地面积不变,约为 2 620 m^2,但是建筑体量大大减小。

3. 应用效果

图 4-69 所示为箱式变电所,具有体积小、吊装方便,安装迅速等优点。箱式变电所在工厂生产时,弱电类管线即可预埋在箱变壳体内,避免现场开孔、开槽、安装等工作量;空调、灯具、插座等设备与箱体一体化设计,简洁美观,可避免多专业的交叉施工,在缩短土建施工周期的同时也能大大缩短设备安装时间。

图 4-69　箱式变电所实景

4.3.10　层流等离子强化钢轨

1. 技术背景

城市轨道交通道岔钢轨、小半径曲线钢轨因其受力特殊性,易造成钢轨在使用过程中出现不同程度的波磨、剥离掉块、轨道压溃等损伤。在有些特殊地段这种损伤发展更快，导致轨道更换频繁，强度和使用寿命均不能满足现代城轨交通运营的需要，影响行车安全，增加了现场养护、维修、更换的工作量和运营成本。

层流等离子表面强化工艺已在南京地铁 1 号线安德门站与 2 号线集庆门大街站试用。在安装层流等离子尖轨后未引起车轮异常磨耗。层流等离子体表面强化的尖轨，顶磨与侧磨明显小于普通尖轨，并能有效的减缓波磨、肥边、鱼鳞伤等病害发展速度，延长尖轨使用寿命至少可达 3 倍以上。现场试用表明，尖轨经层流等离子体表面强化处理后，其耐磨性大幅提高，延寿效果良好，性能稳定，无安全隐患。

基于此，宁句城际道岔尖轨、基本轨进行了层流等离子表面强化工艺的推广应用。

2. 技术简介

(1)工作原理

等离子态是物质的第四态，宇宙中几乎 99%的物质都处于等离子态，其温度分布范围则从 10 K 的低温到核聚变等离子体的 10^9 K 超高温并拥有一系列独特性质，使等离子体在纳米材料生产、新材料合成、材料表面处理、热加工制造、冶炼、煤化工、新能源、航空航天等领域获得广泛应用。

通过层流等离子体束对尖轨表面进行快速加热，使钢轨表层温度达到相变临界点以上、熔点以下，当等离子体束移开后，由于钢轨金属材料良好的导热性，通过钢轨自身的急冷作用，使加热表层区域形成超细、均匀的淬硬组织，并不改变基体内部组织和性能，从而达到强化钢轨表层的目的。该技术不改变钢轨基体材质，具有加工应用便捷、设备成本低、效率高等优点，处理效果图见图 4-70。

(a) 顶面

(b) 侧面

图 4-70　尖轨等离子处理效果

普通珠光体钢轨经层流等离子体处理后得到的是表面局部高硬度的隐针状混合马氏体＋残余奥氏体复相组织，其淬火层硬度可达 900 HV（为基体淬火细珠光体组织硬度的 2 倍以上），淬火层深度约 0.5 mm，从而大幅提高尖轨耐磨性能，延长其使用寿命。

（2）经济效益

层流等离子技术不改变尖轨基体组织及性能。经层流等离子表面强化技术处理后的尖轨寿命可达普通珠光体尖轨的 3 倍以上，与传统珠光体尖轨相比，可降低综合成本 50%，与贝氏体尖轨相比，可降低综合成本 30%以上，可有效减少现场养护维修工作量。

该技术及设备综合性能达到国际先进水平，生产工艺先进，质量稳定可靠，具备自动化、大批量生产能力，通过进一步扩展研究可满足轨道交通线路钢轨在线处理要求，是轨道交通道岔领域上的又一次技术进步，具有显著的社会经济效益。

3. 技术应用

经过研究，在宁句城际马群站（始发站）、南京猿人洞站（越行站）、黄梅站（小交路折返站）、句容站（重点站）的道岔尖轨、基本轨共 28 组道岔，推广应用层流等离子强化处理工艺。

应用层流等离子强化处理工艺可有效延长轨道使用寿命，抑制轨道病害产生、提高列车运行平顺度、降低列车运行噪音。在全线运行过程中可延长轨道寿命，加大轨道更换周期，达到节能减排、响应国家碳中和方针政策的效果。

4.3.11　全线采用能量回馈系统

1. 技术背景

随着科技的进步和社会的发展，人们在节约能源、减少排放、环境保护方面意识逐渐增强。在城市轨道交通系统中，有效利用城市轨道电动车组再生制动所产生的电能以减少城市轨道交通运营的用电量，同时改善城市轨道交通公共场所的环境以消除对城市环境和人民身体的影响是非常重要的。因此在牵引供电系统中装设电能吸收装置对再生制动所产生的电能进行吸收、储存和再利用是必要的，各地区在这方面进行了有益的探索，这种再生制动电能吸收装置已经成为轨道交通牵引供电技术发展的方向。再生制动电能吸收装置能在列车制动时将多余的再生制动能量反馈回交流中压电网，同时该装置还可以抑制直流网压的波动，减小直流电压纹波，提高牵引供电质量。

2. 技术应用

该工程全长 43.6 km，设置车站 13 座，其中高架站 6 座，地下站 7 座，车站平均间距为 3.58 km。由于部分为地下线路，隧道温升问题将更为明显。且多次高架、地下转换，牵引负荷较大，列车制动时产生的再生能量较多。目前列车普遍采用 VVVF 技术，车辆制动电阻取消的情况下，在变电所设置再生能量吸收装置能够使列车最大限度使用再生制动，减少环境污染，降低隧道温升，还能够对再生制动能量进行有效利用，达到节能的目的。

根据本工程的特点，以及对再生能量吸收装置的分析，电阻耗能型吸收装置，电能不能被利用，已基本淘汰，不推荐使用；电容储能型吸收装置容量小，费用高，性价比差；飞轮储能型吸收装置国内虽已有产品，但单体容量较小，费用高，且目前无 DC 1 500 V 产品，不建议使用；电阻+低压逆变型回馈方式不能将再生电能充分利用，需要加装电阻消耗，也不推荐使用，见表 4-17。中压逆变装置在北京 10 号线二期和 14 号线西段已可靠运行一年以上目前运行情况良好。南京宁和城际设计时同样选取了 4 座牵引变电所进行示范性应用，同时南京地铁在已运营线路，包括 1 号线、宁天线、机场线选取部分站点加装中压逆变装置，节能情况见表 4-18，效果良好。因此，本工程采用了中压逆变型再生能量吸收装置。

表 4-17　能馈方案对比

方案	电阻能耗型	电容储能型	飞轮储能型	电阻+低压逆变型	中压逆变型
方案描述	列车制动能量消耗在吸收电阻上	制动能量储存在电容中，当有需要时，释放出去	制动能量储存在飞轮装置中，当有需要时，释放出去	制动能量部分逆变到 400 V 系统，剩余能量消耗在电阻上	制动能量逆变到 10/35 kV 系统
优点	技术成熟	节能效果好	节能效果好	节能效果稍差电阻容量减小	节能效果好
缺点	不节能	造价较高	工程应用先例较少，容量小	低压系统容量小，还需要电阻耗能	有一定的运行经验
应用情况	北京地铁 8 号线、机场线、亦庄线、昌平线、15 号线，天津 1 号线、广州 4、5、6 号线，重庆 2 号线	广州 6 号线挂网试验	英国、香港、纽约的部分地铁	天津 1 号线车辆段、重庆 1、3、6 号线、北京 9 号线	南京宁和线、北京地铁 10 号线二期、14 号线，长沙 1 号线

表 4-18　各线节能情况统计

线路	车站名称	再生能量吸收/(kW·h)			
		2018 年	2019 年	2020 年	2021 年
一号线	安德门	259 850	356 670	324 130	290 737
宁天线	长芦	974 540	763 420	775 180	794 185
	高新开发区	723 378	781 476	573 502	506 465
	雄州	437 225	388 642	331 262	287 284
	八百桥	568 580	614 753	343 911	425 173
机场线	翔宇路南	481 881	446 174	476 192	478 413
	佛城西路	588 243	573 814	640 343	632 404
宁和线	油坊桥	1 240 649	1 398 735	1 198 384	1 263 317
	刘村	524 890	652 917	603 679	824 755
	双垅	549 801	540 014	195 857	470 909
	桥林新城	545 205	901 634	1 144 966	802 080

车辆取消了车载制动电阻，虽然列车可依靠空气制动安全可靠运行，但再生装置将不再仅为节能设备，还可以辅助车辆制动，为避免空气制动频繁介入、增加闸瓦磨耗。因此，宁句城际正线全线牵引变电所及车辆段采用中压逆变型再生电能吸收装置，节能降耗。

4.4　5G 公专网

4.4.1　应用背景

目前，城市轨道交通中应用最多的无通信线技术是第四代移动通信系统，即 LTE-M 系统，主要承载了列控、集群调度、PIS 直播、CCTV 图像回传等业务，成为综合承载城轨业务应用的关键系统。由于 1 800 MHz 频段频谱资源不足和频率干扰等问题，在首先满足 CBTC 等列车控制业务需求外，无法为 CCTV、高清 PIS、智能应用等业务提供承载，还需选择其他制式（如 5. 8 GHz Wi-Fi、Airflesh 等）予以补充。

随着云计算、大数据、物联网、人工智能等信息技术兴起，轨道交通行业诞生了诸多智能及智慧应用，如智慧车站、车辆智能运维、车载设备智能运维、电扶梯智能运维、轨行区智能监测等，都对无线通信承载网络提出了更高的要求，LTE-M 系统已无法满足。

第五代移动通信技术（5th generation mobile communication technology，5G）作为新基建七大领域之首，具备高速率、低时延和大连接的特点，是提供数字转型、智能升级、融合创新等服务的基础设施体系，成为实现城市轨道交通数字化及绿色化的重要支撑。

5G 公专网是基于运营商 5G 公网，通过资源隔离等技术手段，提供专属网络能力，承载轨道交通相关数据业务，覆盖轨道交通全场景，从而实现 5G 公网专用。

4.4.2　设计方案

宁句城际作为南京都市圈智慧市域快轨示范工程的首条线路，是国内首次在轨道交通行业引入 5G 公专网的线路。宁句城际基于 5G 公网切片技术，首创具有轨道交通行业特色的 5G 公专网架构，实现了 5G 公网专用。这是全国首个都市圈轨道交通 5G 公专网应用架构（图 4-71），是南京都市圈智慧市域快轨示范工程的重要组成部分。

宁句城际 5G 公专网示范应用范围包括两站一区间、折返线以及区间过渡段区域。正线区间统一采用 1-1/4 泄漏同轴电缆进行覆盖，马群站—百水桥站区间内采用 4T4R 方案，百水桥站和马群站轨行区，以及马群站折返线区域采用 2T2R 方案。地面区域和区间过渡段设置 5G RRU 设备进行无线覆盖。

区间段 5G 覆盖质量指标及时延指标见表 4-19 和表 4-20。

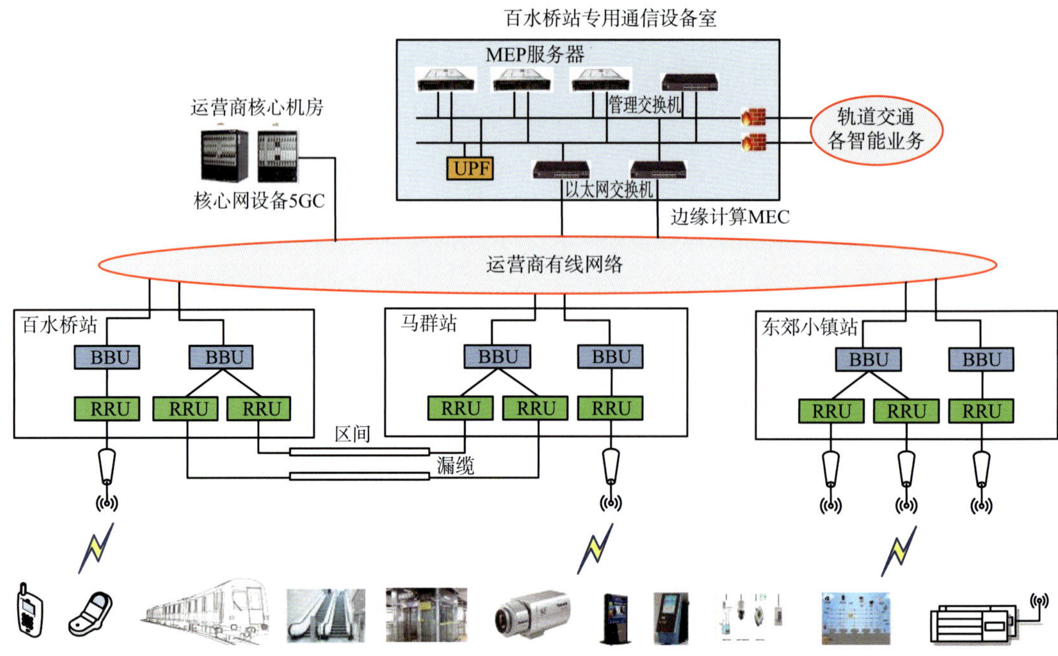

图 4-71　宁句城际 5G 公专网总体架构

表 4-19　区间 5G 覆盖质量指标

测试区间	RSRP/dBm		SINR/dB	
	平均	SS-RSRP≥−90 dBm	平均	SS-SINR≥5 dB
马群—百水桥	−78.46	97.1%	15.76	99.62%
百水桥—马群	−73.42	94%	18.47	99.73%

表 4-20　区间 5G 覆盖时延指标

测试区间	帧长/Byte	时延(连续发包)/ms			丢包率/%
		平均	最大	最小	
马群—百水桥	64	9.96	17	6	0
	256	9.93	17	6	0
	1280	12.19	21	8	0
百水桥—马群	64	9.83	17	6	0
	256	10.02	19	6	0
	1280	12.4	22	8	0

车站内站台站厅 5G 覆盖质量指标及时延指标见表 4-21。

表 4-21　车站 5G 覆盖质量指标及时延指标

测试点	平均 RSRP	平均 SINR	平均下行	平均上行	时延(连续发包)		
					平均	最大	最小
百水桥站厅	−78.11 dBm	21.07 dB	756 Mbit/s	228 Mbit/s	16.91 ms	23 ms	14 ms
百水桥站台	−76.83 dBm	19.13 dB	756 Mbit/s	228 Mbit/s	17 ms	25 ms	14 ms

宁句城际 5G 公专网承载了包括信号系统、车辆系统、电扶梯系统、AFC 系统、综合监控系统及通信系统在内的六大系统的多种业务，具体系统业务名称及需求量见表 4-22。

表 4-22　5G 公专网承载系统业务需求

序　号	系统业务名称	带　宽
1	信号系统 XCM	上下行各 10 Mbit/s
2	信号系统 OBCU	每列车每端上下行各 1.5 Mbit/s
3	信号系统智能运维	每列车每端上下行各 10 Mbit/s
4	车辆智能运维	上行 10 Mbit/s，下行 1 Mbit/s
5	电扶梯监测诊断系统	上行 162 Mbit/s(41 部扶梯，12 部垂梯)
6	自动售检票查询机及补票机数据	上下行各 10 Mbit/s
7	综合监控-区间设备数据	上下行各 10 Mbit/s
8	综合监控-过渡段安防	上下行各 10 Mbit/s
9	通信 CCTV	上行 40 Mbit/s
合　计		上行 298 Mbit/s，下行 87 Mbit/s

4.4.3　应用效果

宁句城际 5G 公专网首批接入的 5G 终端数量近 50 台，每月产生流量 11TB，业务上线效果见表 4-23。

表 4-23　各专业 5G 业务上线效果

序号	业务大类	业务类型	对接方式	终端数量	5G 效果
1	车辆	车载信号监测/运维数据	GRE 隧道	4	终端快速接入 5G 网络，连接稳定，未见掉线情况，系统各项显示正常
2	轨道 XCM	东郊小镇轨旁道岔控制	GRE 隧道	2	长时间保持 5G 稳定连接，未见掉线情况，数据传输带宽稳定可靠
3	CCTV	视频监控业务	静态路由	10	CCTV 画面清晰度高、流畅，无卡顿
4	AFC	票务系统	静态路由	2	票务查询和处理功能运行正常
5	电扶梯设备	电扶梯运营管理(主/备)	静态路由	20	扶梯监测数据传输运行正常
6	区间 I/O	综合监控系统	静态路由	1	隧道内数采终端传输运行正常

南京地铁通过宁句城际 5G 公专网智能应用，取得了以下成效：

(1)5G 公专网关键指标达到预期效果；

(2)5G 公专网车地回传时延和带宽达到预期效果；

(3)5G 网络切片技术可保障轨道交通业务优先使用，满足城市轨道交通业务各项性能要求。

5G 公专网的建设实现了信号车载数据的实时回传，数据经系统分析处理，可实时进行雷达异常(测速)、模块故障(停车)、车轮磨损程度、电机、停车位置矫正等故障排查，助力轨道交通运营及时发现列车运行故障隐患，缩短故障恢复时间，节省人工拷贝成本。

5G 公专网的低时延特性为车辆运行状态监测业务传输时延提供保障，确保车辆运行状态监测业务不中断，5G 传输时延不超过 100 ms 的概率不小于 99%，确保数据传输安全可靠。

利用 5G 公专网助力通信系统实现应急指挥、调度、线路运营、应急和维护等需要的视频和管理等业务。5G 公专网可保障视频融合调度业务系统可靠性不低于 99.9%，传输时延不超过 150 ms 的概率不小于 99%。

综合监控系统在百水桥区间设备及过渡段安防设备上设置 5G CPE 设备，接入 5G 公专网，采集综合监控专业区间设备及工况数据、过渡段安防监控数据、安防设备状态及报警情况，将数据预处理后传输至控制中心云平台综合监控系统中，并在 NCC 大屏上进行展示。经过实际验证，隧道摄像头、传感器信号数据实时上传至控制中心运管系统，效果良好。

5G 公专网的大带宽特性满足了自动扶梯监测诊断业务的实时上传需求，5G 公专网保障其系统丢包率不超过 1%，每部电扶梯监测数据传输速率上行不小于 3 Mbit/s。

5G 公专网可保证自动售检票业务系统可靠性不低于 99.9%，传输时延不超过 100 ms 的概率不小于 99%，终端设备监控及系统运营管理环节丢包率不超过 1%，交易数据处理系统丢包率不超过 0.1%。

4.4.4 应用意义

宁句城际将 5G 核心网的部分功能下沉到轨道交通线路，应用于车载运维、车站智慧应用、轨行区设备监测等业务，是全国第一个率先建成的轨道交通行业 5G 公网+MEC+专网应用架构，并率先在轨道交通场景完成 5G 软切片和 RB 预留硬切片验证。在不降低 5G 公网用户服务水平的前提下，充分利用了 5G 公网的富余带宽及强大性能，满足城市轨道交通专用业务对无线通道高带宽及低时延的要求。5G 公专网使各业务组网更加可靠，业务应用具备更低时延，且应用于车站智慧终端，更好地实现了人机交互，并使乘客有了更顺畅的乘车体验。

将 5G 公网通过切片技术应用于轨道交通行业专网，也是全国首创。宁句城际首创 5G 公专网概念，充分利用 5G 公网资源，推动行业融合，避免了不同行业间无线网络的重复建设，减少了不必要的投资浪费。并且通过试验验证，率先发布《轨道交通 5G 公专网行业白皮书》，可指导轨道交通行业的 5G 公专网建设。目前，南京地铁正在与行业协会、设计院及设备厂商共同编制《城市轨道交通 5G 公专网》系列团体标准，作为南京都市圈智慧市域快轨示范工程中标准示范的主要成果，有力推动《中国城市轨道交通智慧城轨发展纲要》快速向前，引领智慧城轨发展潮流。

5G 公专网应用还促进了行业合作，共建一张公专网，使得两方均受益。轨道交通行业无须单独组建承载大带宽业务的无线网络，利用 5G 公网实现各类业务功能应用，节省投资，并以向运营商采购服务的方式解决了 5G 公网资费、运维以及固定资产归属问题，开创出一种跨行业的商业模式，取得了良好的社会效益和经济效益。同时，轨道交通行业使用 5G 公网，提高了 5G 资源的利用率，也对 5G 提出了更高的要求，使得移动通信运营商面临更大的挑战。但这种商业模式也改变了移动通信运营商的服务思路，拓宽了移动通信运营商的服务渠道，产生了更多的商业机会。

南京地铁 5G 公专网以行业合作、共建共享、资源共用、节省投资等多方面出发，有效提升 5G 资源利用率，充分响应了国家低碳绿色发展要求，大大降低了建设成本、运营成本和改造成本；同时 5G 公专网结合云数融合平台及新一代信号系统，共同打造数字化绿色化协同转型发展精品工程，为轨道交通绿色持续发展提供了解决方案。

南京地铁始创的 5G 网络架构、独创的行业白皮书、开创的商业合作模式，已逐步形成全国示范性，目前已在多个城市轨道交通行业中进行不同程度的应用探索，正在引领着轨道交通行业加速向数字化、网络化、智慧化的方向转型，推动智慧城轨建设，并有力促进不同行业的融合创新和资源共享，推进经济高质量发展。

4.5　5G 高速转储平台

4.5.1　技术简介

5G 高速转储平台即 AirFlash 5G 车地转储平台，该平台使用 5G 移动通信技术，基于端到端的全新体系架构，采用全新毫米波频段、多天线、波束赋型等先进技术，具有超高带宽、超低时延、多连接等特性。应用于车地通信可以做到车、地之间通信设备的自动对准、自动连接、自动身份识别和自动上传，全程安全可靠，无须人工干预，可提供不低于 1.5 Gbit/s 的空口传输速率。

4.5.2　设计方案

宁句城际轨道交通工程采用 5G Airflash 车地高速转储方案，由轨旁基站设备、传输网络、车载设备构成，为国内首条利用基于毫米波技术的 5G Airflash 综合承载车载 CCTV 视频、TCMS 数据回传和车载 PIS 视频更新的线路，见图 4-72。

4.5.3　应用效果

以宁句城际为例，一趟运行 90 min 的列车大约会产生 25 GB 左右的数据，同时 PIS 系统数据更新容量大约为 10 GB/次。此前受到技术限制，车载数据只能存储于车载硬盘中，待列车下线再在进行拷贝。采用 U 盘拷贝，不仅效率低下，易损易丢，而且还有数

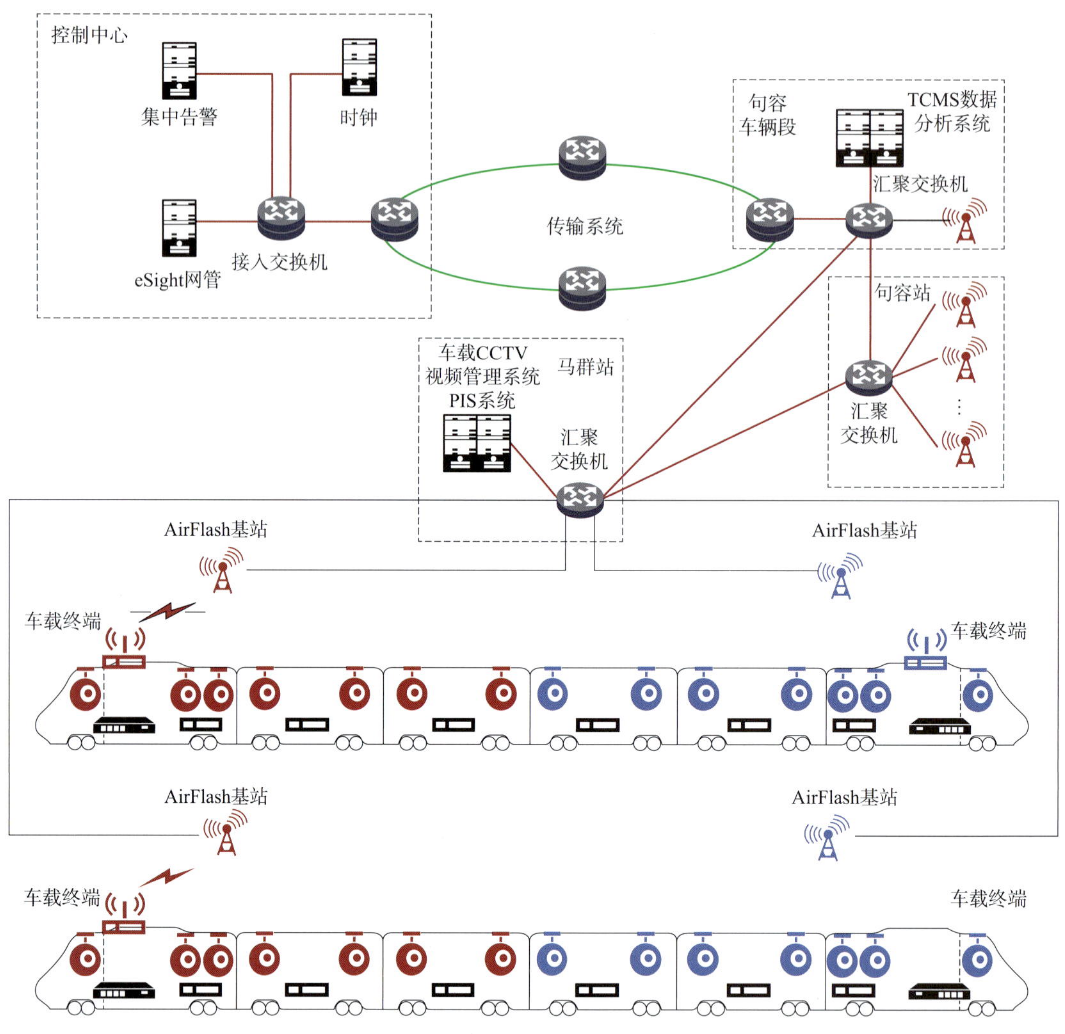

图 4-72　宁句城际高速转储平台

据安全和接口损坏的风险。

采用基于 AirFlash 的 5G 车地通信技术后，效果大幅提升。以往车厢视频靠人工手动拷贝，时长至少 2 h；现在通过 5G 车地通信技术只需要列车靠站的时间，且不需人工干预，不仅方便车厢视频的及时调看，还实现列车受电弓、转向架等列车监测数据高效传输到地面，实现设备健康状态的及时监管和分析，提升运营安全。结合运营智慧系统，让数据产生价值，实现设备健康管理和高水平状态修，提升轨道交通运营安全性、应急处事效率和乘客乘坐体验。

4.5.4　技术展望

随着云计算、大数据、物联网、人工智能等信息技术兴起，轨道交通行业诞生了诸多智能及智慧应用，如车辆智能运维、车载设备智能运维、轨行区智能监测等，都对车地无线网络提出了大带宽、高速传输、智能接入、高可靠、高安全的要求，5G 高速转储技术的特性与轨道交通行业的发展需求不谋而合，未来 5G 高速转储技术在轨道交通行业大有可为。

4.6　云　平　台

4.6.1　应用背景

南京地铁目前已开通运营地铁线路 12 条，未来将分城区线、市域线、局域线三个层次形成 28 条线路，构建 1 133 km 的轨道交通线网。随着地铁线网的不断扩大，对地铁信息化系统的建设模式、运营管理模式和乘客服务水平等都提出新的要求，亟须一种新的建设和运营模式满足系统的伸缩性、扩展性的要求，智慧城轨建设势在必行。

在此背景下，南京地铁集团完成了南京地铁城轨云平台规划。规划南京地铁城轨云平台由中心级云平台、站段级云节点构成，根据业务应用系统容灾需求，中心级云平台采用双中心部署方案。

城轨云中心级云平台、站段级云节点，近远期统筹规划，部署 IaaS 服务，适时部署 PaaS、SaaS 服务。云平台按照安全生产网、内部管理网和外部服务网分别部署资源池。站段云节点与双中心云平台之间构建纵向贯通网络。双中心云平台采用安全隔离实现安全生产网、内部管理网和外部服务网之间的网域间信息交换的安全互通，见图 4-73。

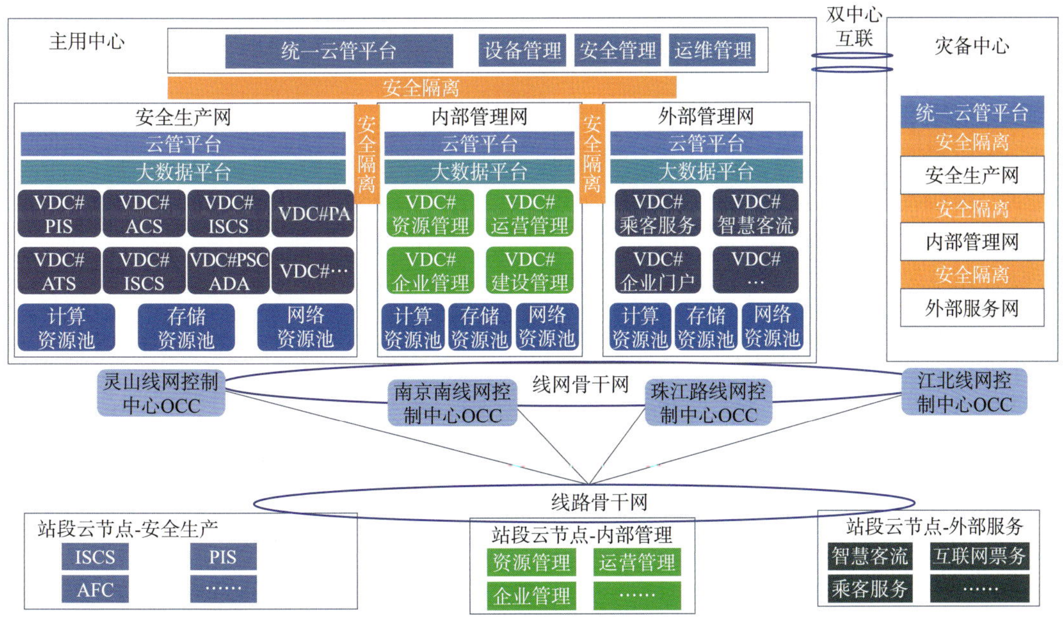

图 4-73　南京地铁城轨云平台总体架构

按照南京地铁城轨云平台规划，南京地铁城轨云建设以宁句城际作为城轨云平台示范点，做好线路上云的同时，具备云平台的扩展能力，为后期线路上云建设提供平台条件；新建线路业务系统优先上云，在宁句城际上云成效基础上，6 号线、9 号线、10 号线二期、宁扬线、宁马线、11 号线等研究上云，7 号线作为无人驾驶线路，需对系统上云的安全性进行专项评估；1 号线、2 号线等老线路根据业务使用情况，结合系统改造，由运营公司做相关系统迁云建设专项研究，对系统进行迁云改造。

可以说宁句城际生产云平台是顺应城轨行业技术发展的必然要求，是智慧城轨建设的必然要求。宁句城际云平台是南京地铁线网开启城际云时代新篇章的第一步。云平台能够以服务的方式快速响应资源需求的日益增长、业务变化的日趋频繁、创新应用的日渐融合。宁句城际也成为江苏省首条开通轨道交通云平台的线路。

4.6.2 设计方案

4.6.2.1 设计思路

宁句城际云平台遵循中国城市轨道交通协会发布的相关规划、标准，包括《中国城市轨道交通智慧城轨发展纲要》《智慧城市轨道交通信息技术架构及网络安全规范》《城市轨道交通云平台构建技术规范》《城市轨道交通大数据平台技术规范》《城市轨道交通云平台网络架构技术规范》《城市轨道交通云平台网络安全技术规范》《城市轨道交通线网运营指挥中心系统技术规范》等。

宁句城际云平台设计考虑宁句城际运营系统特点，满足正常生产运营组织及应急指挥的需要，适应整体发展要求，全面考虑对现有及未来业务需求的支持，为各类生产业务系统提供资源支撑。

宁句城际云平台统一遵循信息安全标准规范，积极防御、综合防范，加强安全风险综合防范能力。在考虑系统安全的情况下进行最大程度的资源整合和统一管理。

宁句城际云平台采用分区分域的设计理念。根据业务系统安全隔离要求，划分不同的资源池，满足不同业务的资源隔离、安全防护需求。同时构建大数据平台，整合宁句城际各生产系统数据，形成大数据资产，为各系统按需提供数据服务。

宁句城际按照南京智慧地铁急用先行、试点先行分步实施，在建设过程中注重各类标准化设计，在宁句城际基础上形成一套完整、可操作的生产云平台标准体系，注重为南京地铁城轨云建设、运营管理和培训积累经验。

4.6.2.2 建设原则

宁句城际云平台的设计首先应遵循中城协城市轨道交通云平台系列技术规范，在此基础上结合南京地铁和宁句城际运营生产的特点，以及未来南京地铁城轨云平台建设规划，构建既满足宁句城际各系统算力资源需求，又能够支持未来生产云平台建设框架的智慧城轨新型基础设施，具备接入南京地铁城轨云平台的条件。

宁句城际云平台深入分析宁句城际各生产系统的算力资源需求，包括计算资源、存储资源、网络资源、安全资源、大数据资源等，形成资源需求分析台账；同时综合考虑各系统的桌面云资源、可视化展示、模拟接入测试等需求。在综合分析各类需求基础上，明确各生产系统的云服务模式，整合同类资源需求、最大化发挥云技术的规模化应用效应，多样化设计不同类型的资源需求，满足各类生产系统的多元化需求，最终为各类生产系统提供全面的云和大数据服务。

宁句城际云平台遵循统一规划、统一设计、统一建设、统一运营、逻辑隔离、安全高效的建设原则，合理划分不同属性、不同规模、不同安全防护要求的资源池。同时制定符合南京地铁运营特点的虚拟数据中心（VDC）和虚拟私有网络（VPC）标准，为各类生产系统合理划分 VDC 和 VPC。

宁句城际云平台采用数据中心叶脊型网络设计，采用 SDN 技术使网络变得更加敏捷和灵活，以快速响应不断变化的业务需求来改进网络控制，实现网络的虚拟化和自动化。根据宁句城际云平台业务、管理、运维、存储等不同的业务需求有针对性地分类设计云平台的不同网络链路。另外，为更好地做好业务上云支撑，宁句城际云平台对南京地铁生产系统相关专业的 IP 地址进行统一规划。

宁句城际云平台遵循《城市轨道交通云平台网络安全技术规范》进行安全方案设计，按照“明确边界、设置防护”的思路，对生产云平台 14 个边界进行识别分析。设置云平台接入区与业务区的接入边界，业务区与管理区的云管边界，业务区与互联网出口的互联网边界，在业务区各资源池根据系统间接口关系设置业务边界。宁句城际云平台符合国家关于 GB/T 22239《信息安全技术　网络安全等级保护基本要求》信息安全等保三级及以上标准要求，使宁句城际云平台系统具备通过信息安全等保三级测评的能力。

针对宁句城际云平台与各专业接口多、接口复杂的情况，对云平台与各系统接口进行重点设计，统一接口标准和接口位置，并要求各系统尽量采用云内虚拟接口的形式降低各类系统间接口复杂度，减少系统间接口。在满足宁句城际各系统入云基础上预留一定的接口条件。

宁句城际云平台通过大数据技术，对各生产业务系统的海量数据进行采集、存储、分析，统一数据标准，构建宁句城际大数据平台，形成大数据资产，为各类系统提供大数据计算分析和数据共享交换服务。宁句城际云平台为大数据平台提供 IaaS 及 PaaS 服务。

4.6.2.3　建设方案

宁句城际云平台为生产系统提供资源服务，实现资源集约化，降低数据融合难度，配合智慧地铁提供基础平台支撑，实现南京地铁的网络化、智慧化发展。

宁句城际云平台承载宁句城际运营生产“八大专业、十八个业务系统”，同时为综合监控、AFC、车辆、信号等5G应用提供资源，包括但不限于：

(1)信号系统：ATS系统、ATS维修系统、智能运维系统；

(2)综合监控系统：综合监控系统、智能运管系统、安防系统(含CCTV)、门禁系统；

(3)通信系统：PIS系统、公务电话系统；

(4)自动售检票系统；

(5)供电系统：线网在线监测系统、线网电力调度系统、能源管理系统、杂散电流监测系统；

(6)FAS消防数据分析系统；

(7)电扶梯健康管理系统；

(8)车辆智能运维。

1. 云平台系统架构

宁句城际生产云平台系统由主用平台、车站云节点、测试平台以及配套的电源系统、大屏幕显示系统、微模块机房等构成。

中心云平台设置在灵山控制中心，车站云节点试点设置在百水桥站、古泉站。测试平台设置在灵山控制中心。在中心云平台划分生产控制区、生产辅助区和数据分析区等，见图4-74。

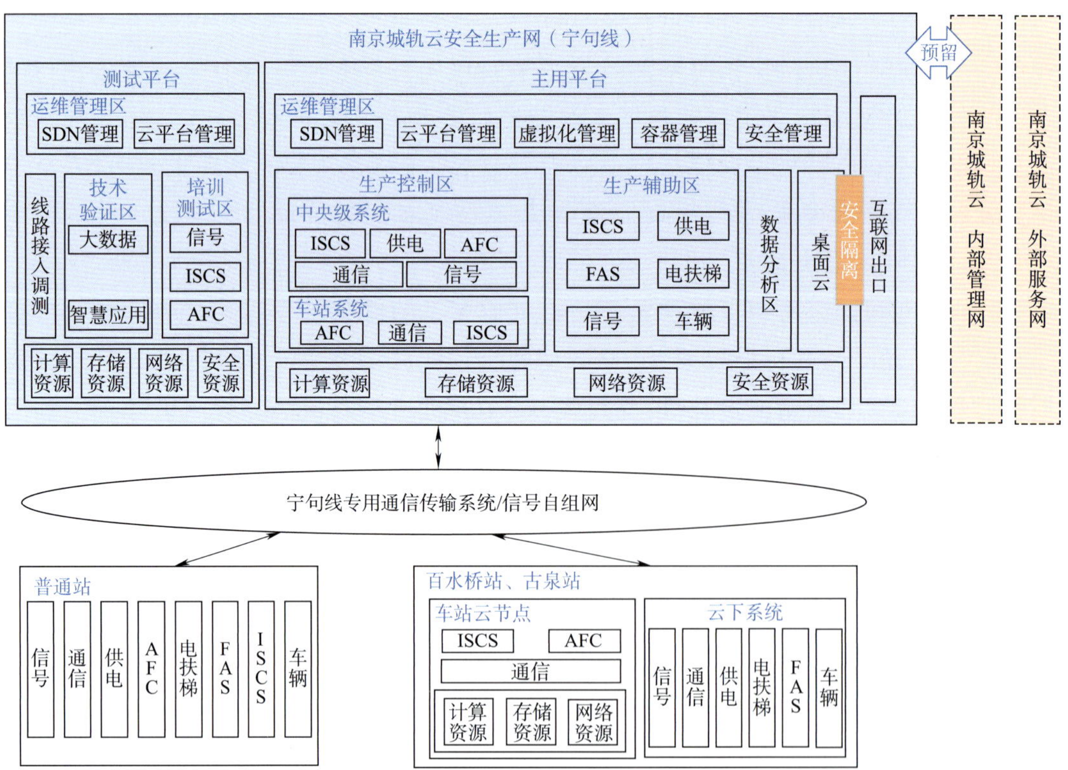

图4-74 宁句城际云平台系统架构

（1）生产控制区：承载信号 ATS 系统、综合监控系统[包括 ISCS、门禁系统、安防系统（含 CCTV）]、通信系统（包括 PIS 系统、公务电话系统）、AFC 系统、线网电力调度系统等各专业生产控制系统中央级业务，信号 ATS 系统采用独立的物理资源池与其他专业生产控制系统隔离。除综合监控系统、AFC 系统外，其他系统工作站采用云桌面方式。

（2）生产辅助区：承载各专业生产管理系统中央级业务，包括信号 ATS 维修系统、信号智能运维系统、供电线网在线监测系统、能源管理系统、杂散电流监测系统、综合监控智能运管系统、FAS 消防数据分析系统、电扶梯健康管理系统、车辆智能运维（应用）等。工作站采用云桌面方式。

（3）数据分析区：承载数据分析系统，工作站采用云桌面方式。

（4）内部管理区：承载内部管理相关业务。

（5）DMZ 区：承载运营生产系统的生产服务业务；提供唯一互联网/专线出口（统一外网出口），以便各专业系统及云内其他系统通过统一的接口与互联网/专线连接。同时预留 5G 承载网络系统的接入条件。

（6）桌面云业务为如下业务系统提供云桌面服务：

①中心级业务系统：ATS、PIS、公务电话、ACS、安防、供电、电扶梯、FAS、车辆等；

②车站级业务系统：PIS、电扶梯、门禁等。

车站云节点承载宁句城际运营生产系统范围包括车站综合监控系统、车站智能运管系统、车站乘客信息系统、车站自动售检票系统。

测试平台划分两个业务区，各专业培训测试区和线路接入调测和技术验证区；承载各业务系统培训、测试系统，为线路或车站接入云平台测试和基于云平台的创新业务系统技术验证提供测试平台。

2. 云平台服务方案

宁句城际云平台为各专业提供 IAAS、PAAS、大数据服务和辅助服务。

（1）IAAS 服务：为各专业生产系统提供虚拟机、裸金属等计算资源；按需提供集中式存储和分布式存储等存储资源；同时提供虚拟化网络和符合等保要求的安全组件。

（2）PAAS 服务：为各专业提供容器、微服务、中间件等服务。

（3）大数据服务：为各专业提供批处理计算、流式计算、结构/非结构化数据存储、数据集成服务、数据治理服务、数据共享服务等。

（4）辅助服务：为各专业提供互联网及 5G 接入、云备份、业务保护、时钟、云桌面、大屏可视化、测试等服务。

3. 云平台资源池方案

宁句城际中心云平台、车站云节点和测试云平台划分不同的资源池，为宁句城际不同业务提供云资源。同时宁句城际云平台具备灵活扩容资源条件，为其他系统上云预留基本条件。

(1)中心云平台

宁句城际中心云平台划分为生产控制资源池(含信号专业和其他专业)、生产辅助资源池和数据分析资源池(大数据平台),同时在互联网出口设置资源池。

在中心云平台设置云管资源池,实现 SDN 控制、容器管理、云平台管理、运维管理、安全管理和虚拟化管理等,见图 4-75。

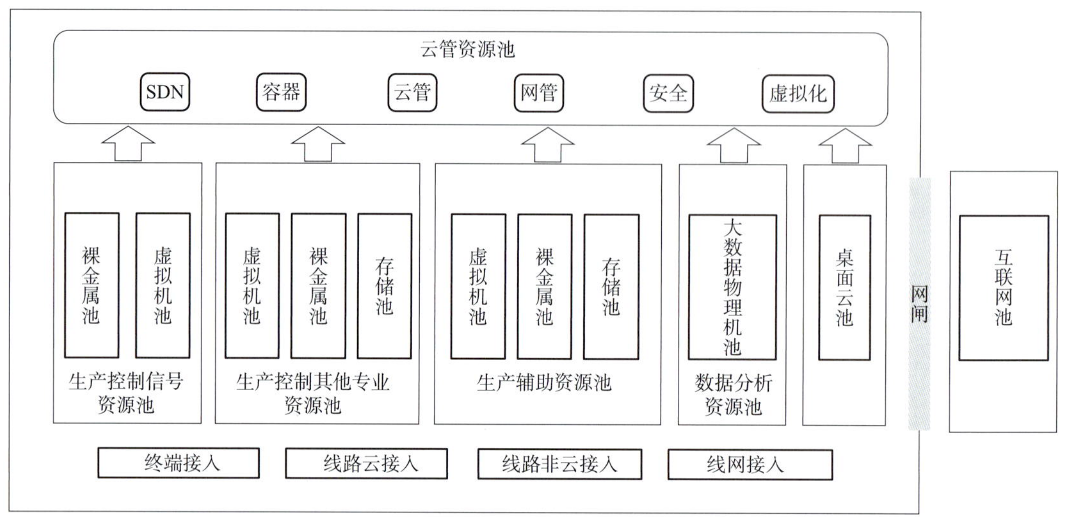

图 4-75　宁句城际中心云平台资源池方案

(2)车站云节点

宁句城际试点车站云节点采用共享资源池方式,为百水桥站、古泉站车站业务提供 IAAS 资源。车站云节点资源纳入中心云平台统一云管,见图 4-76。

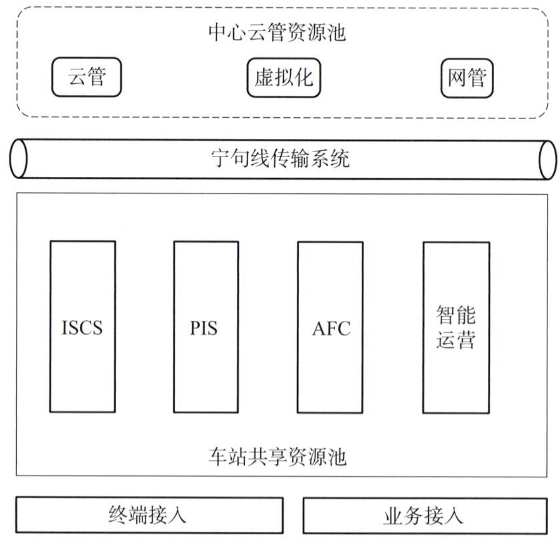

图 4-76　宁句城际车站云节点资源池方案

(3)测试云平台

宁句城际测试云平台为各类生产系统入云提供独立的测试环境，同时为各专业培训系统提供云资源。测试云平台划分为培训测试资源池、线路接入调测区及技术验证区资源池和云管资源池，见图 4-77。

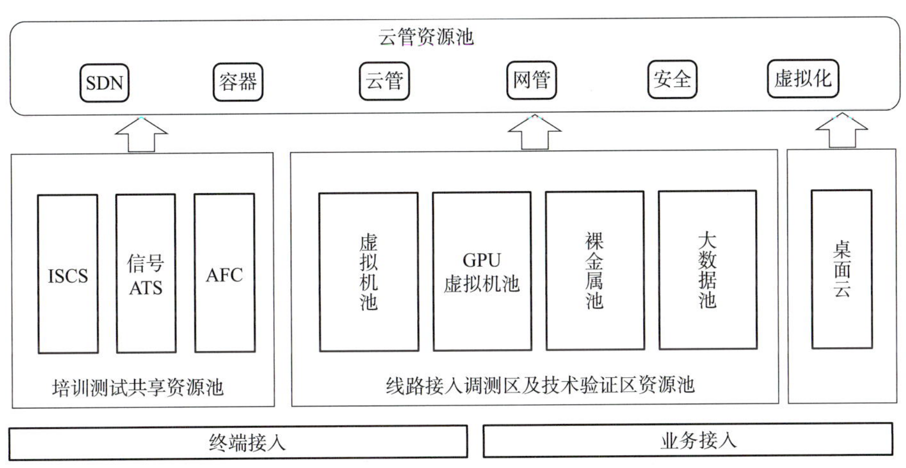

图 4-77　宁句城际测试云平台资源池方案

4. 云平台网络方案

宁句城际中心云平台网络采用 SDN 技术，由冗余配置的 SDN 管理节点、核心交换机、接入交换机等设备组成。SDN 管理节点设置在云平台管理区。网络方案见图 4-78。

(1)业务网

中心云平台设置 2 台业务核心交换机，各区分别部署 2 台业务接入交换机与业务核心交换机相连，实现业务网数据交换。终端集中部署在终端接入区，部署两台外部接入交换机与业务核心交换机相连，实现瘦终端接入中心云平台。线路云业务接入区、线路非云业务接入区、线网业务接入区分别部署两台外部接入交换机与核心交换机相连。采用高性能、多端口核心交换机，具备横向灵活扩展条件，为后续线路和其他系统入云预留接口条件，各接入区可按需扩容。

(2)管理网

中心云平台设置 2 台管理核心交换机，各区分别部署 2 台管理接入交换机，经汇聚后与管理核心交换机相连，实现管理网数据交换。云平台管理区设置 2 台安全区接入交换机和 2 台云管理区接入交换机，通过接入管埋核心交换机，实现云平台安全管理和云平台管理。

(3)存储网

中心云平台采用集中式存储和分布式存储两种方式。集中式存储采用冗余光存储交换网络，设置 2 台光纤交换机；分布式存储采用存储外网和存储内网单独设计，满足大流量数据存储的带宽需求。

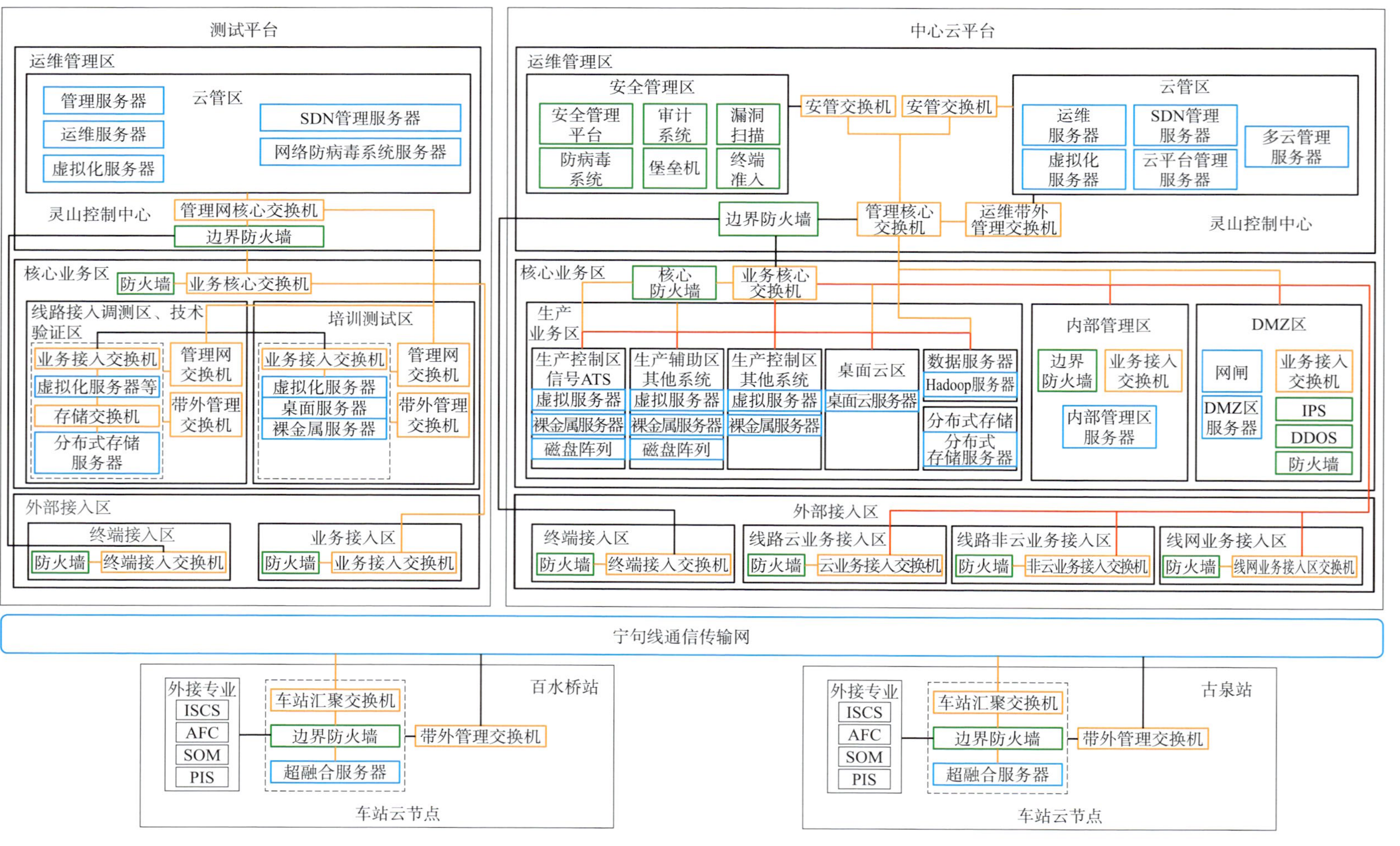

图 4-78 宁句城际云平台网络方案

5. 云平台安全方案

宁句城际中心云平台安全主要遵循中国城市轨道交通协会“系统自保、平台统保、边界防护、等保达标、安全确保”的原则，云平台按三级等保进行建设，并统筹业务系统的安全保障策略。各业务系统按照各自的等保要求进行安全防护。另外，云平台在各关键环节进行边界防护，达到安全基线。通过网络、设备、应用等多举措确保云平台的网络安全。

宁句城际云平台遵循中国城市轨道交通协会《城市轨道交通云平台网络安全技术规范》进行安全方案设计，按照“明确边界、设置防护”的思路，对云平台内部边界、生产网与信号系统边界等 14 个边界进行识别。主用平台的安全边界包括接入区与业务区的接入边界，业务区与管理区的云管边界，业务区与互联网出口的互联网边界，见图 4-79。在业务区各资源池根据系统间接口关系设置业务边界。

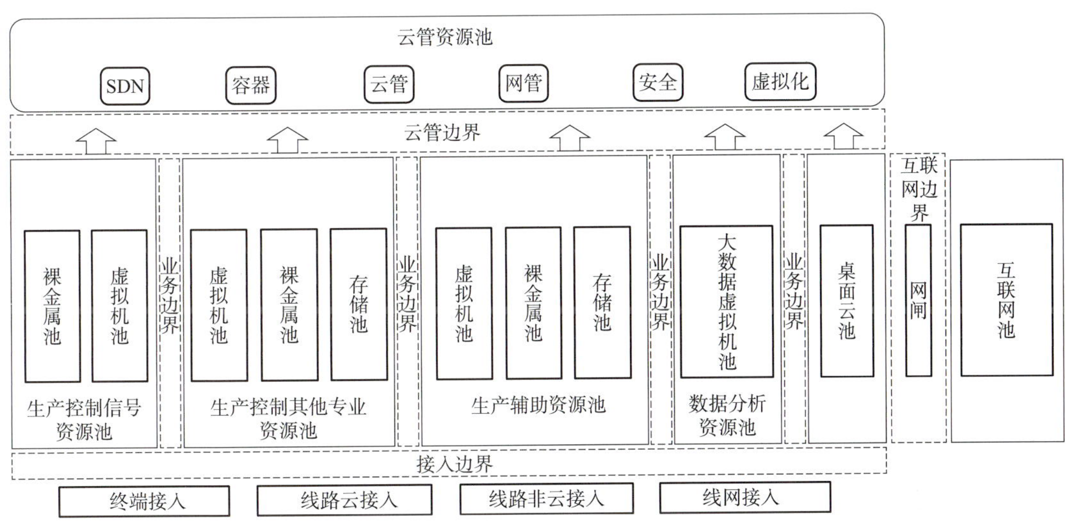

图 4-79　宁句城际云平台安全边界划分

宁句城际云平台提供“平台防护＋业务防护”能力，并采用最小授权原则配置访问控制策略。主用平台在接入区设置防火墙实现边界防护，在互联网出口处设置网闸实现互联网区与平台区的隔离，并设置防火墙、入侵检测和 AntiDDOS 对外网流量进行清洗和检测，实现互联网出口的安全防护。在管理区设置防火墙实现云管边界。同时在管理区部署堡垒机、漏洞扫描、日志审计、数据库审计、态势感知、网络防病毒、安全管理平台等，并通过安全网络架构设计、数据安全、应用安全等实现云平台的等保三级安全防护，见图 4-80。

在业务区部署漏洞扫描、运维审计、日志审计、数据库审计等安全组件，形成安全资源池，各业务系统可按需选配相关安全服务。

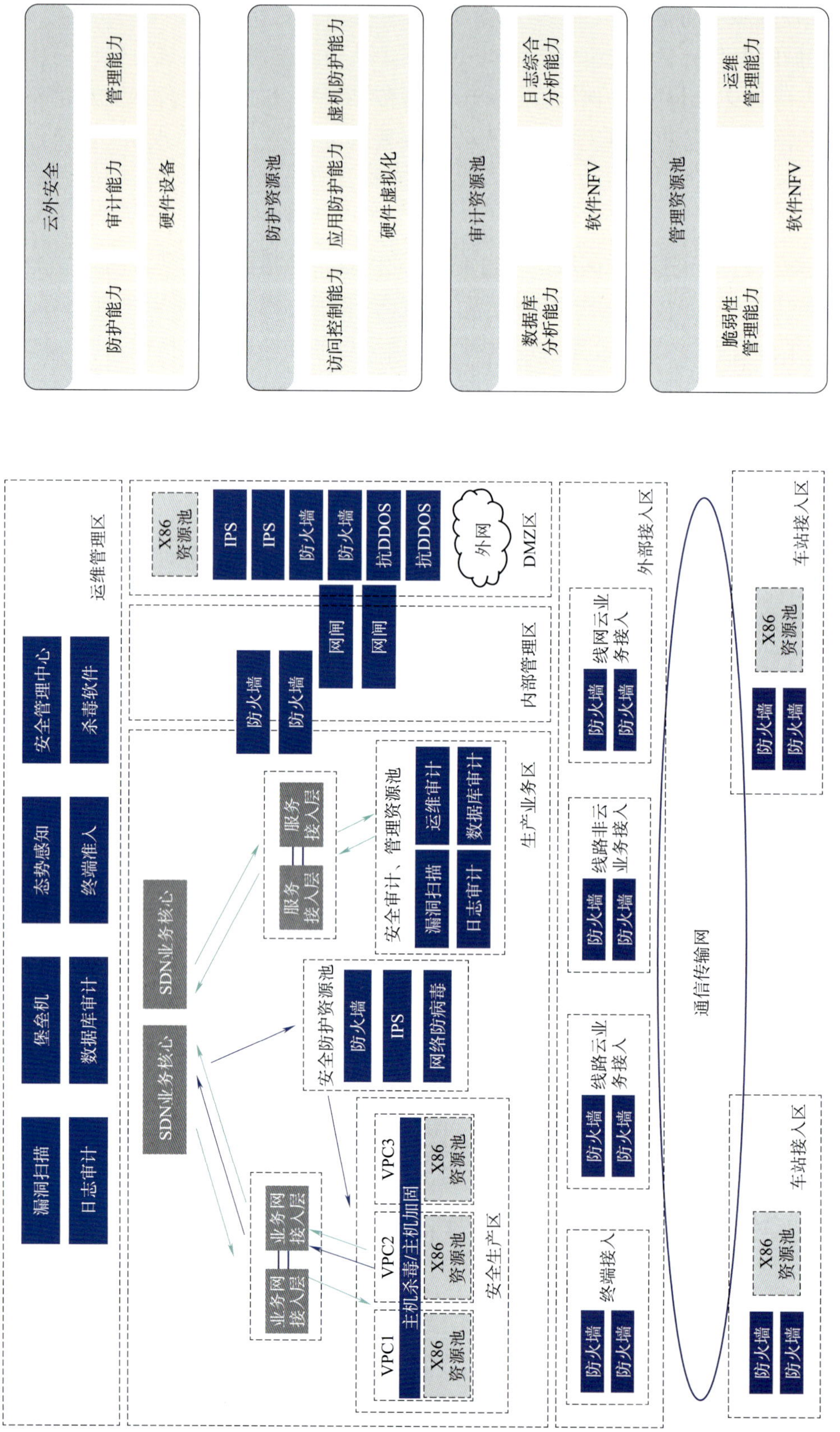

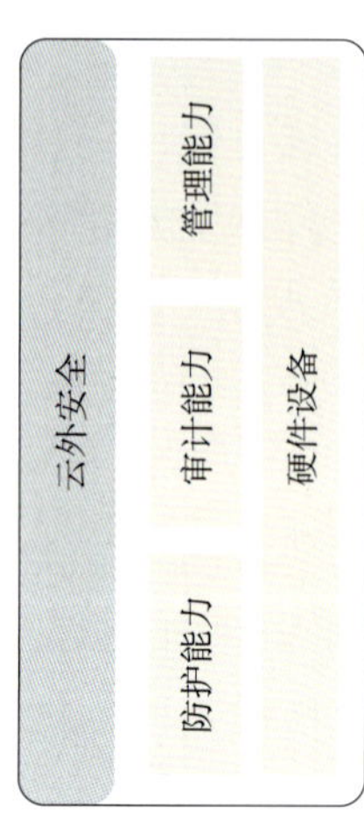

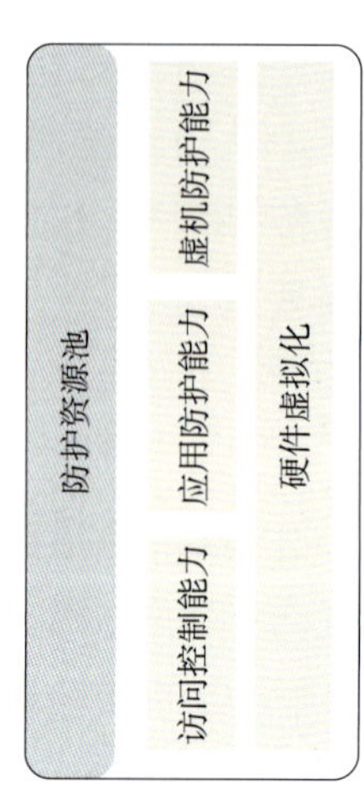

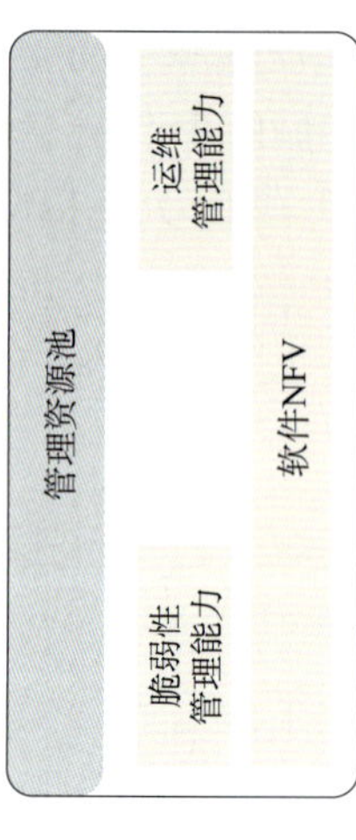

运维管理区
漏洞扫描
日志审计
堡垒机
数据库审计
态势感知
终端准入
安全管理中心
杀毒软件
SDN业务核心
SDN业务核心
业务网接入层
业务网接入层
安全防护资源池
防火墙
IPS
网络防病毒
服务接入层
服务接入层
安全审计、管理资源池
漏洞扫描
日志审计
运维审计
数据库审计
VPC1
VPC2
VPC3
主机杀毒/主机加固
X86资源池
X86资源池
X86资源池
安全生产区
生产业务区
防火墙
防火墙
网闸
网闸
内部管理区
X86资源池
IPS
IPS
防火墙
防火墙
抗DDOS
抗DDOS
外网
DMZ区
防火墙
防火墙
终端接入
防火墙
防火墙
线路云业务接入
防火墙
防火墙
线路非云业务接入
防火墙
防火墙
线网云业务接入
外部接入区
通信传输网
防火墙
防火墙
X86资源池
车站接入区
防火墙
防火墙
X86资源池
车站接入区

图 4-80　宁句城际云平台安全方案

6. 大数据平台方案

宁句城际基于云平台和商业Hadoop生态技术的、先进的大数据分析及应用平台，构建宁句城际生产大数据平台，实现宁句城际数据资源的集中和整合，实现对宁句城际各专业数据统一存储，汇聚融合分析挖掘，对内对外提供统一的数据通用共享服务能力。

宁句城际大数据平台制定各专业数据采集标准和数据存储共享标准，通过ETL数据调度脚本开发，采集17个系统的数据，按照规范统一数据接入。针对综合监控、安防、PIS、AFC、NCC等多个业务主题域进行数据存储建模，形成了列车运行信息类、服务设施设备类、客流信息类、能耗类等多种数据资产。最终通过标准数据服务API发布的形式实现数据共享交换。

宁句城际大数据平台遵照中国城市轨道交通协会《城市轨道交通大数据分析系统技术规范》进行方案设计，由数据源、数据集成、数据存储、数据支撑、数据应用五部分组成。其中数据源层为各专业系统、数据应用以各专业数据应用开发为主，其他数据集成、数据存储和数据支撑往往由专业的第三方提供数据治理服务，见图4-81。

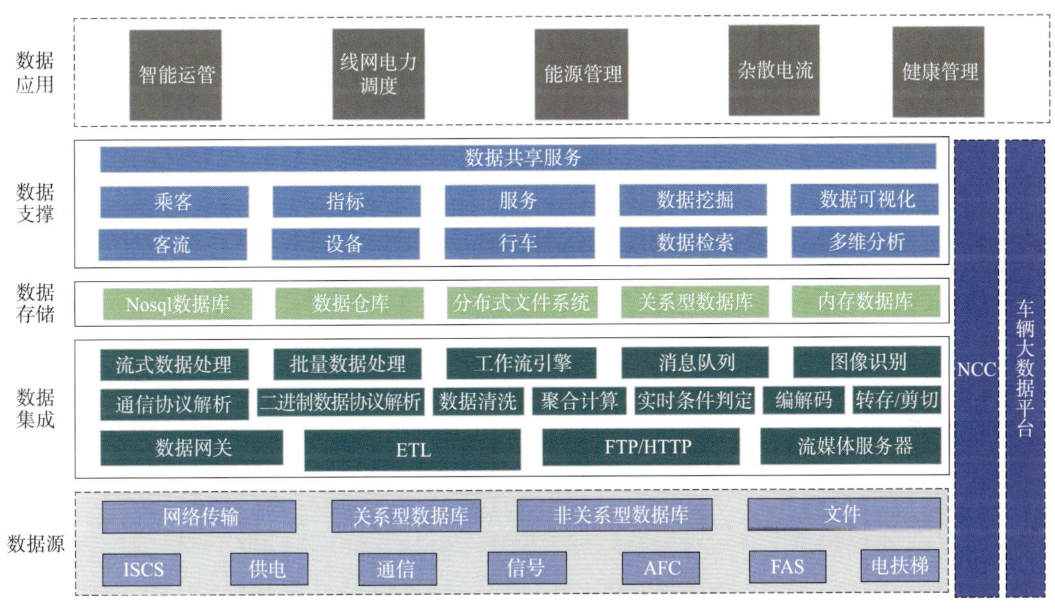

图4-81　宁句城际大数据平台系统架构

宁句城际大数据平台数据统一接入并提供数据共享、交换的基础性平台，实现主数据生成、维护、归集、合并清洗、分发等全生命周期的在线统筹管控，跨系统间数据互联、开放共享，满足核心业务对数据的共享需求。

宁句城际大数据平台采用业界标准的空值校验、值域校验、格式校验、长度校验、唯一性校验原则对数据进行行级合规检查，以便及早发现外专业的数据异常。

7. 云平台配套方案

（1）微模块机房方案

宁句城际在灵山控制中心8楼设置云平台机房，采用微模块冷通道设计，为云平台提供安全、节能、集中的设备安装环境。微模块机房采用 1.2 m 深标准服务器机柜，设置封闭冷通道系统和行间空调，系统制冷量按需调节、高效节能。见图 4-82。

图 4-82　宁句城际云平台微模块机房

云平台机房具备 4 组微模块机房的安装条件，考虑未来南京地铁云平台的建设发展，宁句城际在满足云平台需求设置 1 组微模块机房的基础上，统筹实施灵山控制中心 8 楼装修和基础设施环境，为其他三个微模块冷通道实施奠定基础。

如图 4-83 所示设置微模块机房动力环境监控系统对机房配电、空调系统设备和综合环境的运行进行远程监控，实现"集中化、标准化"的运维体制为目标，为运维管理"降本增效"提供有力支撑，具备对机房现场的电源系统设备、空调设备、环境监控设备进行远程"遥测、遥信、遥控、遥调、遥视"等五遥控制、实时运行信息及告警采集、呈现、存储和管理的基础功能。

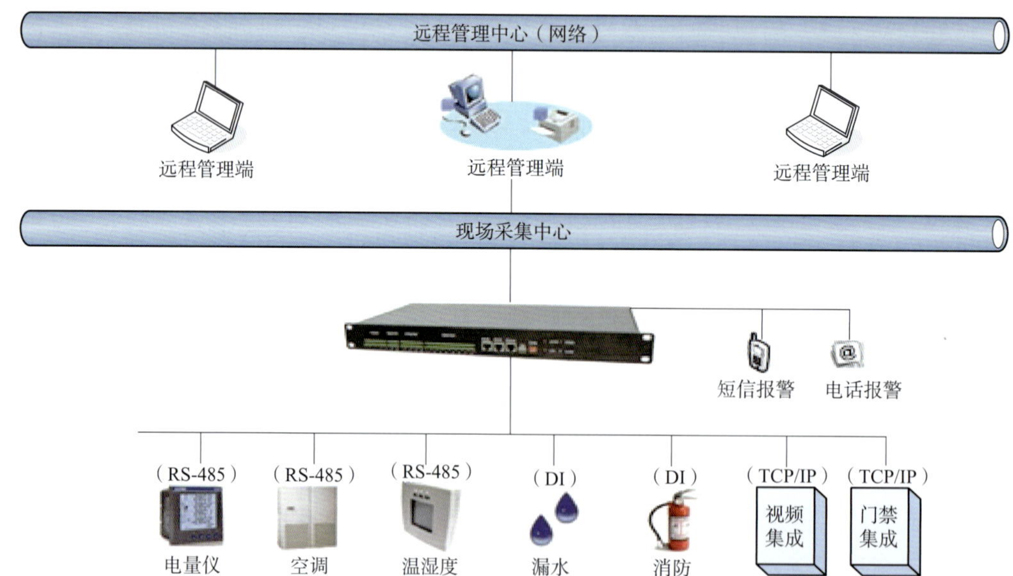

图 4-83　宁句城际云平台微模块机房动力环境监控系统

设置微模块机房综合可视化运管平台，实现专业化、可视化的机房综合运维管理。综合可视化运管平台接入包括动环监控模块、IT 网管模块、资产管理模块、容量管理模块、线路管理模块、能耗管理模块、运维管理模块、门户展示模块等，基于 3D 虚拟现实的最佳表现形式建立动环管理、IT 网管管理的可视化平台。可视化平台是统一动环系统、IT 网管系统、运维管理系统的数据展现平台，采用 2D 二维逻辑索引、3D 三维空间展示专业交互，充分发挥 2D/3D 技术优势，能够立体、直观、快捷、综合的展示数据中心运作情况，实现云平台运维的管理统一、操作统一，以及运维统一，见图 4-84。

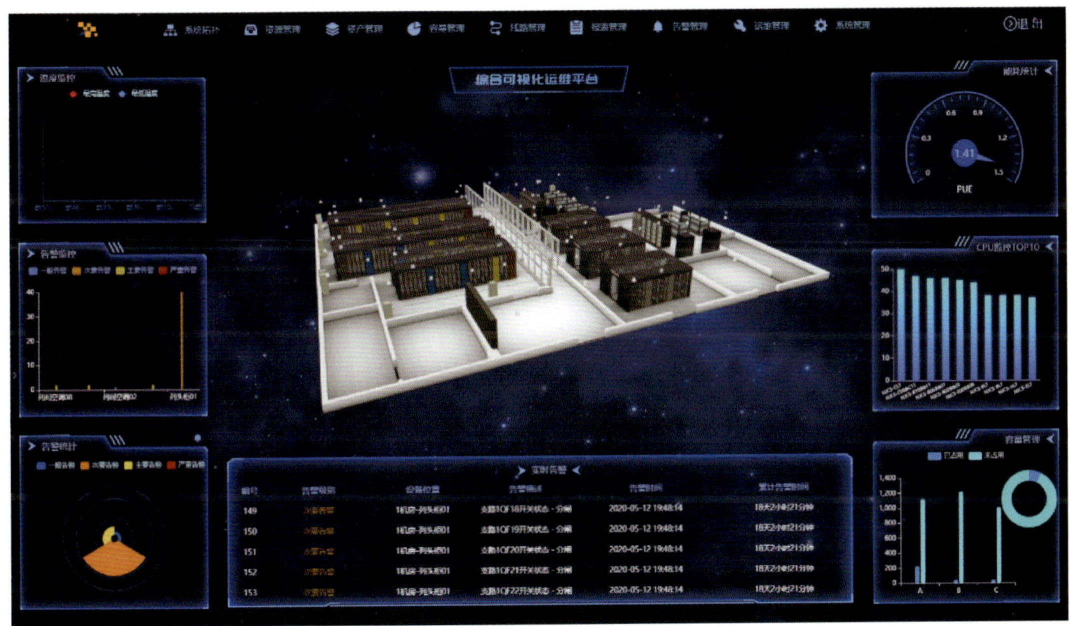

图 4-84　宁句城际微模块机房可视化系统

（2）UPS 电源方案

宁句城际在灵山控制中心 8 楼设置云平台 UPS 电源室，UPS 电源采用双母线冗余设计，为云平台提供安全、可靠的供电条件。设备与行间空调独立供电。

4.6.3　应用效果

宁句城际云平台具有云边协同、云数融合、统一云管、绿色低碳等成效。

（1）云边协同

实现宁句城际中心云平台和车站云节点的协同计算和协同管理。宁句城际中心级和站段级业务协同分析计算，复杂业务在云端处理，实时业务在边缘计算；宁句城际车站云节点资源由中心统一管理、统一资源协调分配。

（2）云数融合

实现宁句城际云平台的业务融合、资源融合和管理融合。大数据平台支撑云上业务系统大数据计算、分析、挖掘等，为业务系统提供大数据服务，促进业务融合；由宁句城际云平台为大数据平台提供 IAAS 和 PAAS 服务，统一大数据资源的分配，实现资源融合；由云管平台为云上租户统一资源调度和大数据服务入口，实现管理融合。

(3)统一云管

宁句城际云平台构建统一云管平台，支持异构云，差异化定制全部云服务，为宁句城际提供全栈式云服务。

(4)绿色低碳

整合车辆、电扶梯等新增系统的用电需求。采用模块化设计，实现 UPS 的区域化控制。相比传统方案节省能耗 30%以上，PUE 值介于数据中心 1 级～2 级能效之间，单机柜功率 6 kW 以上。整合车辆、电扶梯等系统设备用房需求，上云后节约设备用房 22%。采用自然冷却水冷空调方案和冷通道冷热隔离的精确制冷方案，使用群控技术实现列间空调自动调节启动数量，使用变频技术实现精密空调的无级能量调节，制冷系统高效。

4.6.4 技术展望

宁句城际云平台作为南京地铁城轨云安全生产网云平台建设示范点，采用中心-车站两级云架构，打造江苏省首个轨道交通云平台，助力南京地铁智慧化、数字化转型升级。

面向未来南京轨道交通云平台将从业务、数据、平台和管理等 4 个方面进一步集约化发展。在业务集约化方面，进一步承载都市圈轨道交通业务网络化运营要求，进一步支撑都市圈业务由单线路向线网化、扁平化，进一步发展 IT 与 OT 的融合、SaaS 服务及云原生应用。在数据集约化方面，进一步推动都市圈所有业务数据“能接尽接”集中治理，开发数据利用场景，推进大数据能力组件化、服务化，进一步完善大数据资产体系，提升都市圈数据价值。在平台集约化方面，坚持云平台统一规划、统一设计、统一建设，进一步提高提高资源利用效率，多线路集约化建设，推进 CPU、GPU、DPU、NPU 等混合算力建设。在管理集约化方面，进一步加强新技术与都市圈轨道交通深度融合，以技术促进业务高效协同，用技术为管理“赋智”，进一步探索总结都市圈运营管理和乘客服务新模式、新体系。

4.7 云 信 号

4.7.1 应用背景

近些年，CBTC 技术在国内的建设中得到了广泛的认可和应用，CBTC 把车辆-轨旁-车站-控制中心等不同层级的系统整合成统一整体的同时，也使得各个子系统彼此之间的依赖非常严重，各种通信协议的数据接口也变得极其复杂。一个子系统的变动往往会影响若干个关联子系统的变化，经过一系列的放大效应，最终会对整个信号系统的整体表现产生影响。这种影响会使既有线信号系统升级改造项目的执行难度成倍提高。随着国内最早建设的 CBTC 系统的生命周期越来越接近结束，这个问题会越来越受到重视。另外，列车控制系统和其他工业系统的一个主要区别就是为了保障系统的运营安全，把自身打造为一个封闭的不容易受外界影响的系统。但是带来的问题就是系统信息孤岛现象极为严重，大量的数据只能在自身系统内使用，而无法被其他系统使用。目前我国正在大力推广智慧地铁建设，需要城市轨道交通各系统提高数据资产的利用率，并利用信息与通信技术领域的新技术开发数据价值，提供更多的增值服务，提高乘客的服务质量。对此，传统的 CBTC 系统需要考虑如何适应这一方面的趋势。

随着 5G 通信、云计算、物联网、人工智能和大数据等新兴技术的发展成熟，将信号系统转入云端部署，通过物联网技术控制线路元件，可以大大提高系统的经济效益，提升系统的可靠性，另外系统在云端部署，便于智能应用体系建立，并为最终实现“云端虚拟运营”的理念奠定基础。

4.7.2　设计方案

4.7.2.1　系统方案

宁句城际是国内首条试点探索基于云平台技术的信号系统。宁句城际信号系统采用恩瑞特/西门子公司提供的 ATS 设备或软件、ATP/ATO 设备、计算机联锁设备、DCS 等设备。

为配合西门子公司进行云信号试验，在控制中心弱电机房集中式部署 ATP 及联锁主机，信号设备集中站仅设置室外元器件的驱采设备。此外，在控制中心弱电机房设置基于云平台的联锁、ATP 服务器机柜用于云信号试验，云信号系统架构见图 4-85。

该方案将 ATP 和联锁控制计算机集中放置在控制中心弱电机房。在 WCN 总线组网层面，各个节点没有变化，只是物理位置发生改变，所以通信层面没有可靠性、可用性的损失；供电方面，这些主机由以前的设备集中站单独供电变为在控制中心弱电机房集中供电，供电方式仍采用双 UPS 双母线方案。该方案的优点为建立云信号架构框架，方便集中切换和维护抢修，为以后进一步物理硬件变化和虚拟化做准备。

安全应用服务器部署在控制中心，将一步步从传统专用硬件迁移到独立工业服务器，直至支持云计算技术的安全平台。全线的联锁主机、ATP 主机、无线服务器等将按照传统架构挂在自愈双环的 WCN 总线网上，在组网方式不变的情况下集中配置，目的是和商用专业服务器物理位置一起，形成一个易于切换和灵活切换的机制。

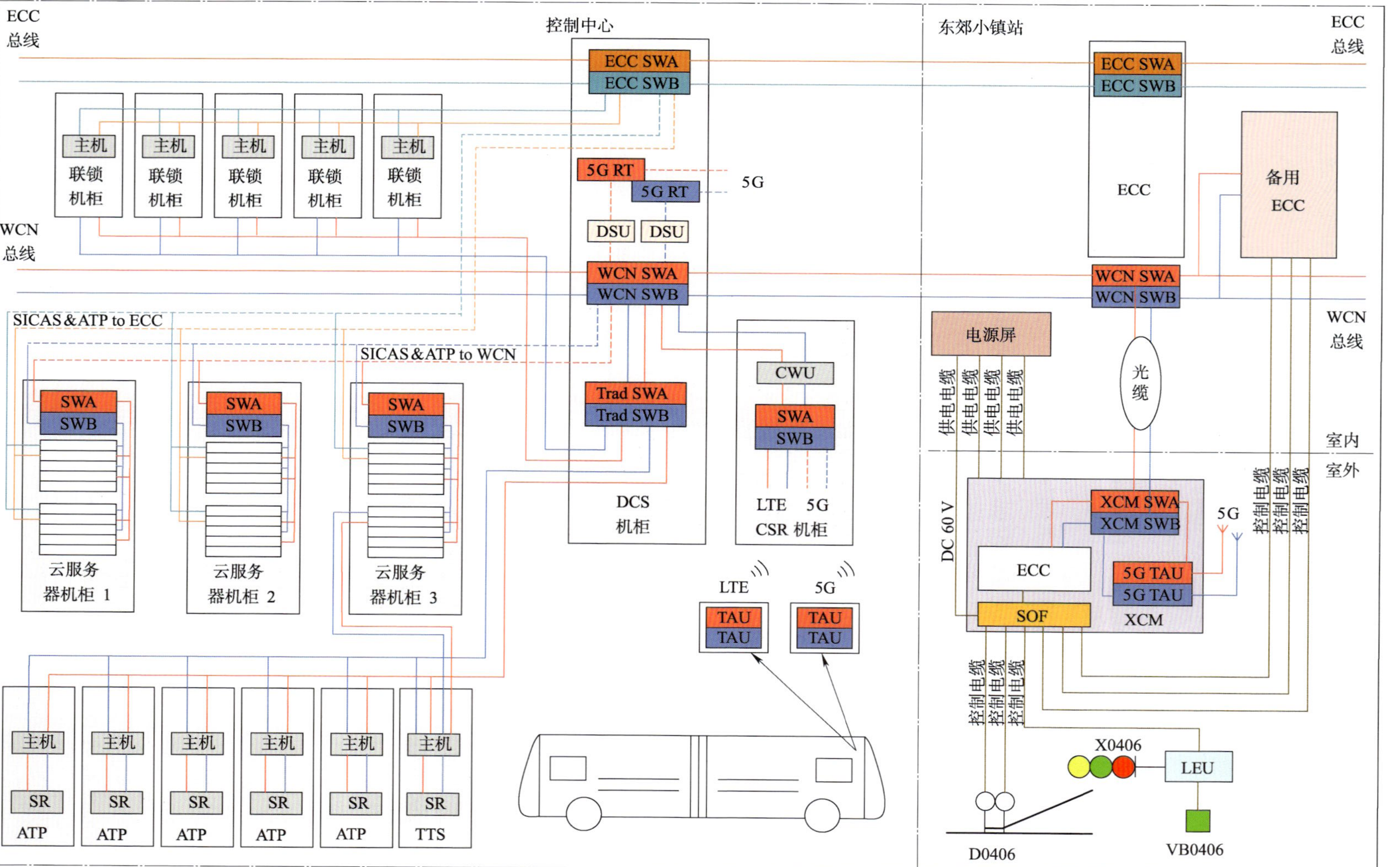

图 4-85 云信号系统架构

宁句城际 XCM 试点项目为东郊小镇站(高架站)的 1 组道岔 D0406,以及 1 架信号机 X0406,见图 4-86。东郊小镇站室外设置 XCM 机柜。该期工程以采用 XCM 机柜控制室外 X0406 信号机及 D0406 转辙机的方式开通运营;同时,室内预留备用 ECC 机柜,预留室内备用 ECC 至轨旁信号机、转辙机的控制电缆,用于 XCM 机柜故障时的后备。

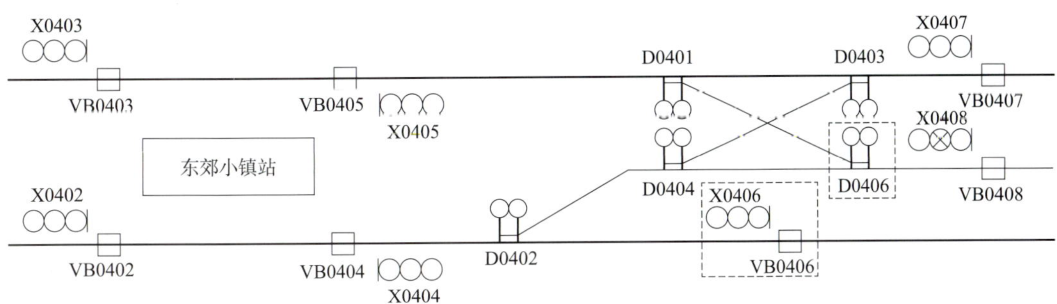

图 4-86 东郊小镇站室外设备布置

4.7.2.2 部署方案

ATP 和联锁主机集中式部署方案是按照传统信号架构模式,保留成熟的固定设备之间光缆网络连接和成熟的 LTE 车地传输的方案。配合云架构的上行下沉走向,ATP 和联锁主机集中放置在控制中心,按计划按步骤地从传统硬件到商用硬件到云平台的硬件虚拟化过程;同时选取两个元件控制点带着 IP 协议的光缆连接,做下沉式分布到轨行区。此即云架构的雏形,上行设备的目标是使得硬件虚拟化、云化来获得数据连接和配置的灵活性;下行设备数字化、智能化、高可用性化的走向轨行区。

宁句城际的设计架构,已经体现了逻辑计算设备上行(为虚拟化做准备)和智能控制单元下沉(为智能物联做准备)的思想,初步形成数字化智慧城轨的信息架构。

ATP 及联锁主机部署可分为集中式部署和分布式部署,硬件设备集中部署有利于实现各种信息实时汇聚、方便集中管理等,其缺点是中心发生故障时对运营的影响较大;硬件设备分布式部署可以避免系统对中心设备的高度依赖、有成熟的运营管理体系,其缺点是设备分散不便于集中管理。表 4-24 为两种部署方案对比分析总结。

表 4-24 ATP 及联锁主机部署方案对比

	集中式部署 ATP 及联锁主机	分布式部署 ATP 及联锁主机
未来趋势	集中部署是趋势,随着云技术的逐渐成熟及普及,信号系统设备必然向高度集成方向发展,可适应未来既有线改造,可对运营影响最小	现阶段传统 CBTC 模式可用性较高,有成熟的运营管理体系,但随着云技术的不断发展,慢慢会被云方案替代
中心电源故障	全线的 ATP 及联锁/ATS 主机失电或故障,引发全线列车紧急制动	若控制中心发生故障,ATS 系统可切换至车站控制模式。不影响正常运营
中心与车站连接网络故障	引发全线列车紧急制动	中心与车站连接网络故障,不影响正常运营

续上表

	集中式部署 ATP 及联锁主机	分布式部署 ATP 及联锁主机
中心单套设备故障	冗余配置，不影响全线正常运行	冗余配置，不影响全线正常运行
中心双套服务器设备故障	影响一个联锁区设备正常运行。故障面仅限于管辖区内的列车控制	同左
运营维护	ATP 及联锁主机集中布置在控制中心，正线设备集中站仍有 ATS、DCS、MSS、计轴、电缆终端柜及电缆分线柜，不能减少正线信号工区维护人员数量，同时，还要增加控制中心信号值班人员； 云设备对运营人员的要求较高，如果云设备故障，系统维护比较困难，维护人员的成本会大幅提升	有成熟的维护管理体系，充足的故障处理经验
国内云应用情况	ATP 及联锁主机本身属于区域设备，国内厂家 ATP 及联锁主机上云仍存在平台认证等问题	云设备故障，可以切换回运营习惯的传统 CBTC 模式
切换方式	5G 切换、云联锁切换是冷备，不能实现系统热备； 同时 5G 用来传输控制信号，目前，国内主要 5G 开展非安全类业务； 5G 设备归属运营商，5G 设备故障需联系运营商修复，影响信号正常运营	同左

4.7.2.3　切换方案

传统 ATP 和联锁主机设备在全线共设置了 10 套，加上一套列车轨道数据库服务器，TTS 共 11 套主机，云设备按照联锁与 ATP 硬件合一，TTS 单独设置，按照 6 组安全冗余主机结构考虑，将这些设备分别通过交换机接入到 WCN 双环网络。目前没有对异构主机的热备软切换的应用案例，故基本思路是考虑冷备切换。即将传统设备和云服务器（标准刀片机）的 30 个“大脑”分别按照传统设备和云设备连接方式汇总在不同的 WCN 交换机上，利用插拔网线对其进行硬线切换。传统交换机和云交换机将被进行相似配置，手动切换时，先将传统设备交换机从环网中手动断开，再将云设备交换机接入环网中去来实现切换。即全线总是只有一类“大脑”激活，功能示意见图 4-87。

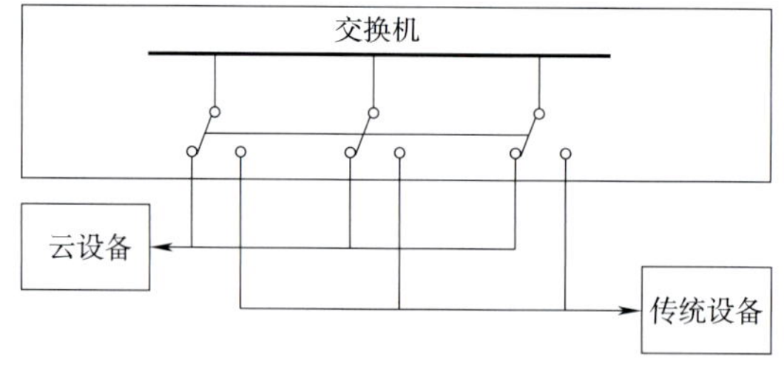

图 4-87　云设备与传统设备切换示意

对于室外轨旁元件，交给 XCM 控制或车站后备控制，他们之间的切换由车站的电源屏 DC 60 V 开关来控制。DC 60 V 开关默认闭合时由 XCM 控制，断开时时由车站后备 ECC 控制。

XCM 与车站后备控制切换期间 XCM 受控元素道岔 D0406 和信号机 X0406 会在 SICAS 及 ATS 上失去状态显示，也无法获得或控制这些元素，所以应在切换前停运该站信号系统，即禁止东郊小镇站进出站进路及列车行进。切换大概用时 3～5 min，待切换过程完成，联锁及新接管 ECC 控制单元获得道岔 D0406 和信号机 X0406 状态，信号系统恢复正常进路排列及行车活动。

4.7.3　应用效果

信号系统采用云平台方案的核心理念是对信号设备元件的充分数字化，并利用现代信息技术和通信技术，实现控制系统的高度集成，简化设备部署和现场施工维护等工作。强大的云计算和通信能力，将赋能轨旁控制单元的数字化和智能化，实现云端应用对末端单元的直接控制，而原来分布在车站层面的设备都可以通过上行到云端和下行到轨旁末端而节省掉，在节省信号系统土建投资的同时，还将提升整个系统的数字化智能化运维水平。

4.7.4　技术展望

在未来的城市轨道交通中，物理设备将被虚拟化的软件所替代，控制单元将高度自动化易维护、免维护；安全逻辑则转到云端执行，进而实现“信号即服务”的全新服务理念。

4.8　智能运维

4.8.1　车辆智能运维系统

南京地铁运营车辆日益凸显数量多、运量大、长期性、连续性和复杂性的特点，从人力、物力、质量、效率等方面对车辆检修运维提出一系列新的挑战。现有车辆运维服务体系以计划维修为主。车辆维修过频或不足，会造成车辆的利用率过低和修理成本过高。

宁句城际车辆智能运维系统采用大数据技术实现车辆、轨旁数据的上传、分析、处理，并将应用系统部署在本线生产云上。该系统集实时监控、故障诊断等功能于一体，创新性地将车载核心子系统的算法统一集成在车辆智能运维大数据中，由大数据平台统一提供算力，深度挖掘故障间的关联性、故障的变化趋势等，提前预警车辆故障信息，实现车辆故障预警预测和子部件寿命预测，有效降低运维成本，提高运维效率。

该技术经鉴定处于国际先进水平，获得 2022 年度江苏省科学技术奖二等奖。

4.8.1.1 系统平台

车辆智能运维系统设有八个平台，包含数据处理、监控中心、事件中心、工单中心、分析中心、基础数据管理、系统管理和数据共享，详图 4-88。

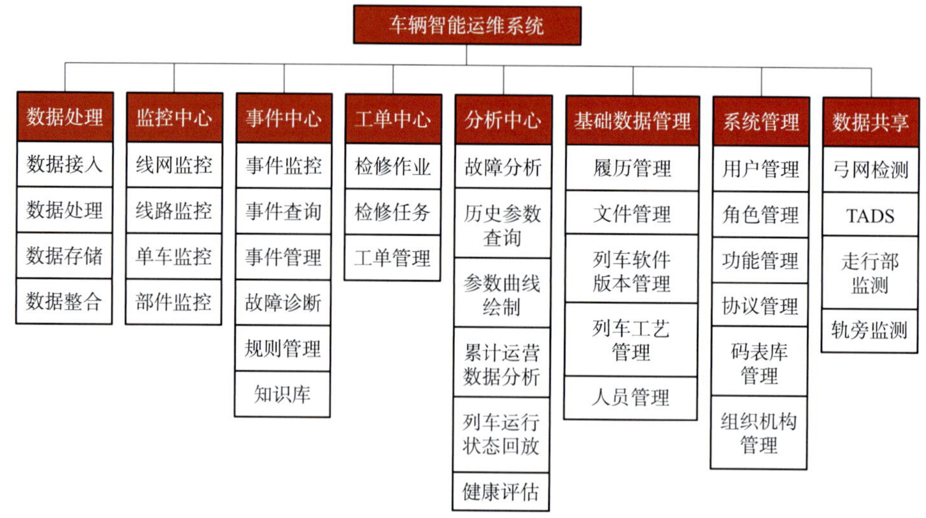

图 4-88 车辆智能运维系统平台构架

(1)数据处理实现对接收到的数据进行清理和转换，然后存储到服务器平台数据库中，并对多个系统或数据源的数据进行整合应用，最终把数据推送到前端，进行实时展示、查询和下载等。

(2)监控中心实时展示列车状态、列车位置、车辆可用率、车辆上线率、当日投运情况等信息。

(3)事件中心实现根据列车正线实时诊断的故障和分析及挖掘模型产生的结果形成事件，并提供维修建议，同时支持人工更新和修正，实现远程故障诊断。

(4)工单中心针对系统产生的事件以及在实际运行过程中和检修中发现的故障或异常构建工单管理中心，实现智能运维系统事件人为触发自动生成故障排查任务工单，并及时自动推送到智能运维移动应用 App 实现维修工单自动生成、派发、执行结果回填及评价。

(5)分析中心通过对列车的各个维度、各层面进行数据分析，精准掌握列车的当前状态，找出符合业务规则的异常点，为日常应用提供基础数据支撑。

(6)基础数据管理基于列车构型管理、基本信息、软件版本、故障信息、配属和运用信息及检修信息等构建列车档案，并对列车的基本信息、故障模式、故障等级、列车技术参数、列车部件信息、列车走行公里数等主数据进行管理，同时对列车各系统软件版本、文件、工艺、检修人员、数据协议进行管理。

(7)系统管理主要实现辅助系统管理员对系统进行日常维护和操作。

(8)数据共享实现平台采用微服务的架构,通过容器技术,提供 Docker 给各车载子系统部署数据模型和应用,提供 Kafka 或 Rest API 进行数据的交互;通过建立 Webservice 接口实现业务系统数据的采集,通过调用业务系统的相关接口进行业务驱动,实现业务系统集成。提供数据清单规范和模板,统一各子系统数据结构。

4.8.1.2　主要功能

面向车辆调度、车辆技术工程师等提供实时监控、故障应急处理提示等功能。实时监视功能覆盖了列车的各大系统,对在线列车的关键系统运行状态进行远程实时监视,如牵引系统、辅助电源系统、网络控制系统、空气制动系统、门控系统、空调系统、乘客信息系统、信号系统等,地面人员可实时掌握列车运行工况。

实时监测线路列车总体情况,当前线路地图展示、各列车基于地图的位置分布、列车运行状态、列车是否故障、以及列车的基本信息;总览显示单线在线/离线列车统计、各列车故障统计、客流量、运行里程统计、能耗统计等。同时展示列车实时故障信息以及预警状态信息。

4.8.1.3　车辆增配功能

1. 配备车门健康诊断系统

作为车辆上下乘客通道的车门,因频繁开关等原因,成为车辆故障频发的主要部件。该系统具有车门状态的远程实时监测、故障诊断和亚健康状态分析等功能。车辆设置该系统能够有效加强车门的故障分析和高效维护。

2. 配备弓网检测系统

该系统(高配版和标配版组合)安装在宁句城际 2 列车上。其中,高配版主要包含接触网检测模块、红外检测模块、燃弧检测模块、受电弓视频监控模块、电源模块、补光灯等;标配版主要包含受电弓视频监控模块、电源模块、补光灯。车辆设置该系统能够及时定位弓网事故,同时通过数据分析对安全隐患进行预判,做到及时维护和检修。检测设备见图 4-89。

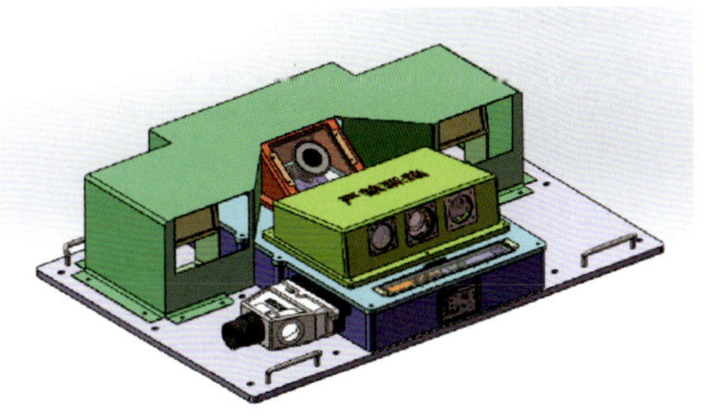

图 4-89　弓网检测设备

3. 配备走行部在线检测系统

该系统安装在宁句城际 5 列车上,是一种安装在车辆上的在线式检测诊断设备,通过在转向架上安装复合传感器(图 4-90),同时监测轴箱轴承、小齿轮和电机传动端轴承的温度、振动、冲击等物理量，并通过故障诊断技术，实现走行部关键部件的车载在线实时诊断，实现准确指导列车的运用和维修。

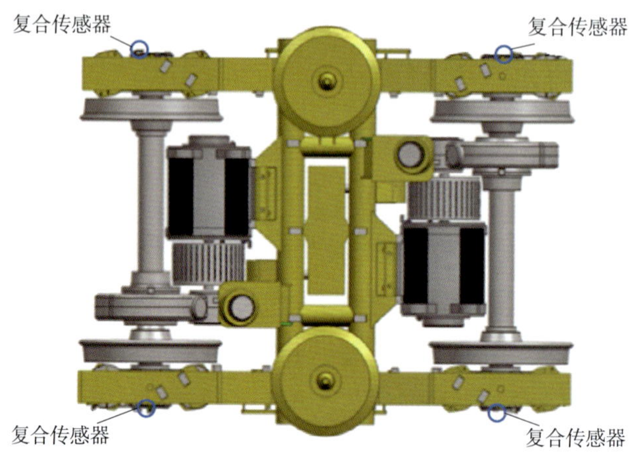

图 4-90　走行部在线检测设备示意

4.8.2　自动扶梯故障诊断与智能预警系统

自动扶梯故障诊断与智能预警系统通过对自动扶梯主要部件的实时振动加速度、噪音等的频谱分析，对扶手带和环境温度的实时监测，并结合自动扶梯和垂直电梯的传统运行状态、故障状态的实时监控数据及已有的运行故障大数据，以 PHM(故障预测与健康管理)理论为支撑，利用物联网技术和深度学习算法研究故障预警趋势，将“定期维修”优化为“需要修”，最终实现减少事故发生、减少电扶梯全寿命周期的维修费用。

4.8.2.1　系统方案

自动扶梯故障预测与健康管理系统主要由中心级系统(设置在控制中心)、车站级系统(采用中心级服务器进行调用方案)、移动终端系统组成。

1. 中心级系统

中心级系统实现对宁句城际的自动扶梯和电梯的运行情况集中监测，同时为充分利用宁句城际生产云平台的硬件资源，将中心级系统部署在云平台内。该方案与传统专用机房相比，有效节省了服务器、电源设备、交换机等设备投资。

2. 车站级系统

为了节省工程投资，取消车站级机房和车站级服务器，车站级通过中心级服务器进行调用。各设备的数据采集器通过组网设备(含网络交换机)、传输网络传输至中心级服务器。同时，车站级可以给移动终端系统提供无线网络节点，当移动终端接近车站级系统无线网络覆盖范围内，可以直接接入系统内部专网内获取相应系统数据。

3. 现场级系统

现场级系统包括数据采集器、传感器(速度传感器、温度传感器和噪音传感器)和移动终端等设备，见图 4-91。其中，移动终端主要为了满足现场检维修人员的检维修工作需求，可与中心级系统相连，将相应的检修和维修数据传输到中心级系统中，便于统一管理。移动终端系统包括且不限于用户登录、巡视巡检、运行动态、阶段报告、个人中心五个功能，且配备巡检终端设备。

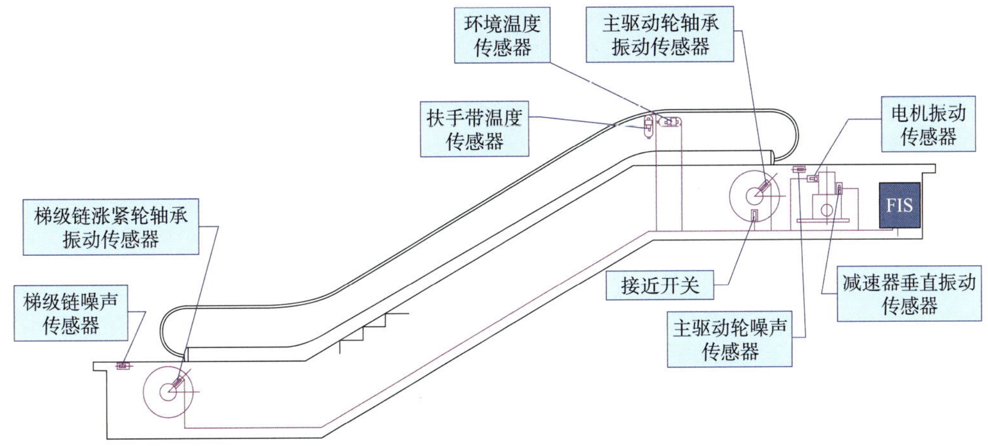

图 4-91　自动扶梯传感器布置方案示意

4.8.2.2　组网方案

1. 有线组网方案

(1)站级组网

站级组网采用星型网和环型网两种形式，其中环型网的线缆敷设量相比星型网的较少，且易于缓建出入口电扶梯设备的接入，但不利于故障点的排查。因此，从减少线缆敷设量控制工程投资的角度考虑，对于电扶梯设备较多的马群站(含换乘中心、2 号线马群站)采用区域环形网方案，其他车站采用星型网方案，见图 4-92。

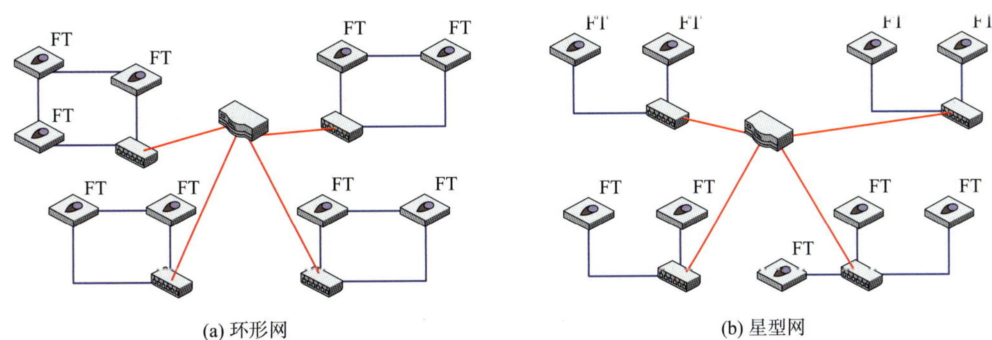

图 4-92　站级组网图

为避免重复工程，同时考虑到组网线缆路由与 ISCS 专业的线缆路由基本重合，线缆的供货和敷设工作由 ISCS 专业承担。

(2)车站与中心级系统组网

自动扶梯故障诊断与智能预警系统利用通信传输系统提供的一路以太网专用传输通道实现各车站与云平台内中心级系统的数据联通。为满足云平台的网络等级保护要求,本系统按照二级等保考虑采取网络安全保护措施。网络架构见图 4-93。

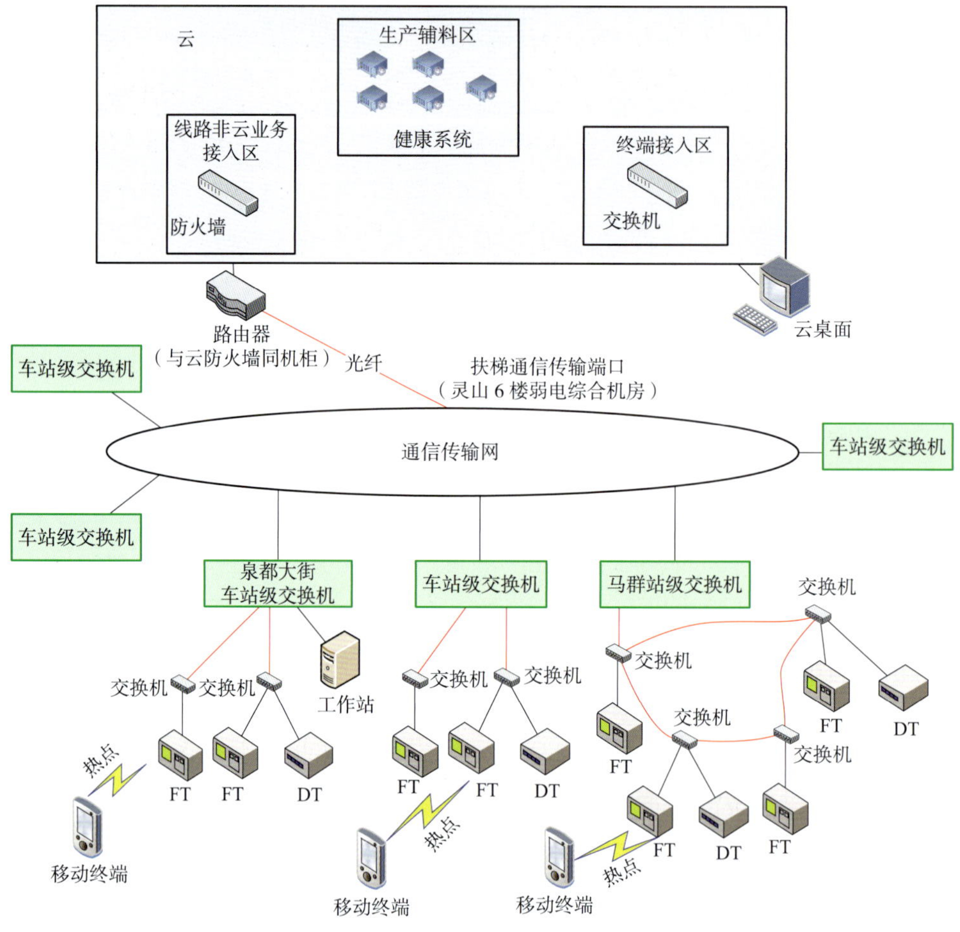

图 4-93　系统有线组网方案网络架构

2. 无线组网方案

鉴于自动扶梯故障诊断与智能预警系统的组网线缆敷设量较大,为了尝试研究如何减少线缆工程量和专业之间接口,本工程结合宁句城际 5G 公专网示范工程的建设,对系统无线组网方案进行了试点。

为验证无线组网方案的可行性,系统在马群站和百水桥站有线传输的基础上增加 5G 设备,将电扶梯设备级系统监测数据接入 5G 公专网。监测数据在百水桥站 MEC 设备下载后经通信传输系统接入宁句城际生产云平台自动扶梯故障诊断与智能预警系统中,并在 NCC 大屏上展示,见图 4-94。

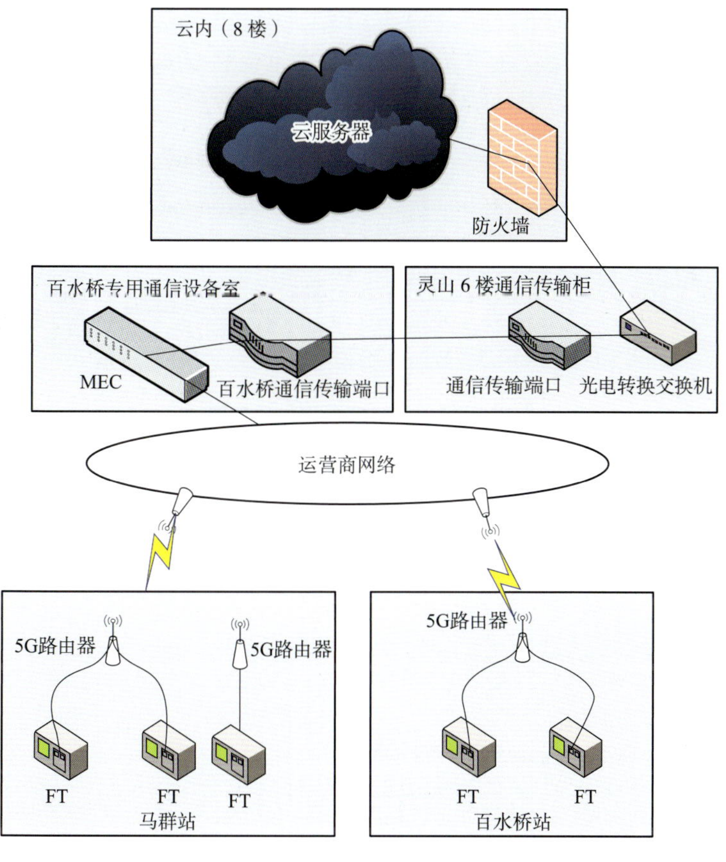

图 4-94　系统无线组网方案网络架构

4.9　智慧服务

4.9.1　电子导向系统

电子导向系统是为运营而设置的信息发布系统。在运营正常和运营异常情况下向乘客进行导向信息发布，及时准确的引导乘客的乘车行为，通过丰富的媒体资讯，为乘客提供人性化服务。导向电子化后可通过后台电子素材编辑的手段快速解决由于地铁周边物业、商业信息、公交信息等外部信息变动导致的导向信息内容变更，降低运维成本。

南京地铁已开通线路主要使用传统纸质版嵌墙式综合信息发布方式。宁句城际首次在各站付费区及各出入口处设置电子导向屏，综合利用多媒体技术，向乘客生动地展示站内各项基础设施、站层示意、周边建筑及 5 min 步行圈、各出入口公交换乘信息、线路图等讯息，在视觉效果上更直观、全面，见图 4-95。

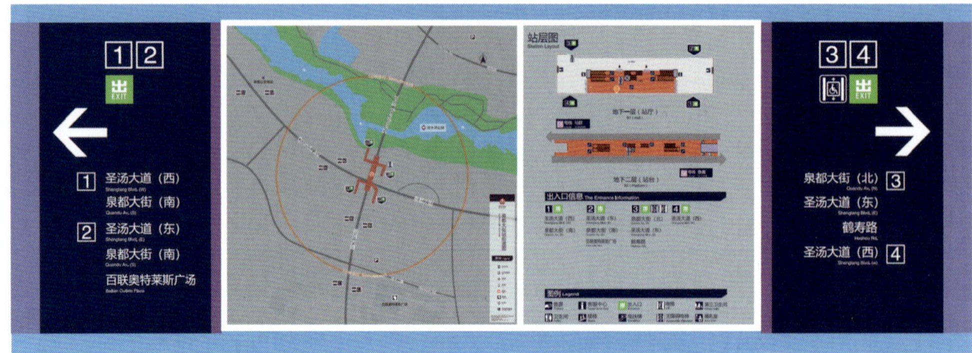

图 4-95　车站电子导向显示屏

宁句城际电子导向系统采用与乘客信息系统合建的建设方案，仅在控制中心设置电子导向编辑工作站，在车站设置电子导向播控设备及终端显示屏，实现电子导向系统的功能，系统架构见图 4-96 和图 4-97。

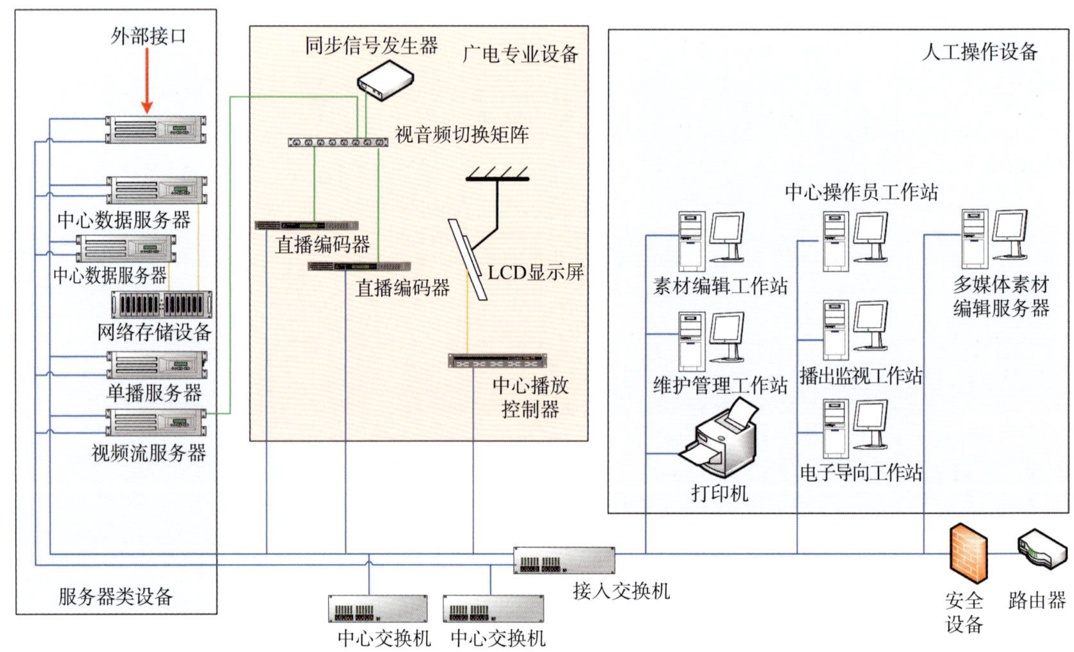

图 4-96　控制中心子系统架构

宁句城际电子导向显示屏是根据乘客问询及投诉情况和运营需求设置的，主要解决站外信息（周边物业、商业信息、公交站点、车次信息等）频繁变动、票价图信息可视度较低、车站换乘信息、公共设施指引不够直观的问题。电子导向显示屏布置见图 4-98。

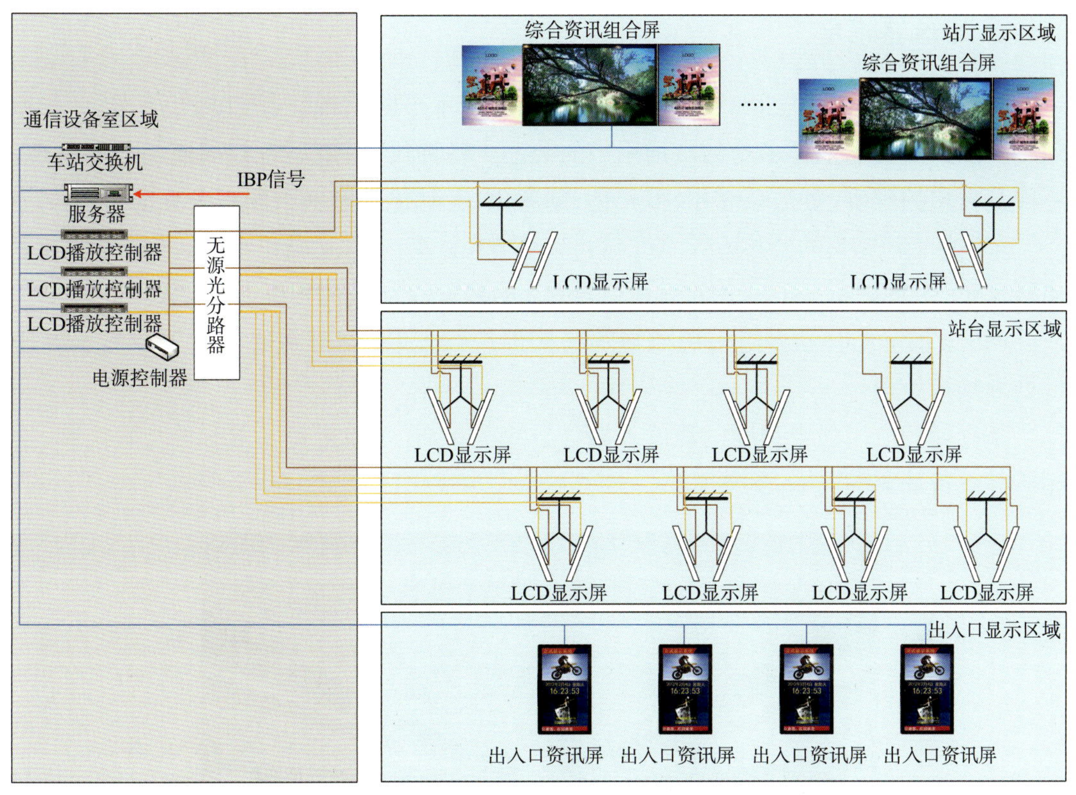

图 4-97　车站子系统架构

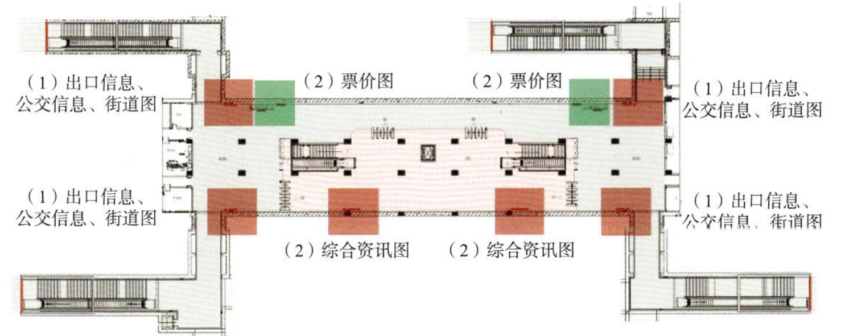

导向名称	内　容
出入口资讯图	出口信息、公交信息、线网图、车站平面图、换乘信息等
综合资讯图	线网图、车站平面图、换乘信息等
票价图	票价图、线网图、南京公众号等
线网图	几何线网图、车站设施设备信息等

图 4-98　电子导向布置

电子导向系统具有多方面优势。首先，电子导向中信息可以根据周边信息变化随时进行文件编辑，无须工作人员逐站进行更换，降低了后期运维成本，提高了调整效率；其次，电子导向的显示范围相较传统纸质版导向扩大，显示信息可以进行循环显示和缩放操作，给乘客带来了较强的便利性；最后，在特殊情况（如“国难日”）或发布紧急信息时，所有显示屏均以灰度模式显示，所有内容暂停播放，具有较强的联动性。电子导向是南京地铁向智慧化运营努力的重要举措。

4.9.2 PIS 条形屏

随着中国经济的飞速发展，各种液晶屏幕新技术不断出现在我们的生活当中，各种创意液晶条形屏越来越多受到市场用户的关注。各种尺寸、造型各异的液晶条屏出现，不仅是技术的进步，更是个性化、多元化、创意化、定制化条形屏市场需求决定的。

车站是人流密集的公共场所，条形屏可以部署在候车区，在运营正常和运营异常情况下向乘客进行导向信息发布，及时准确的引导乘客的乘车行为，同时提供丰富的媒体资讯。

PIS 条形屏结合站台门采用抱箍等连接件进行安装，同时在安装支架及显示屏边框处做绝缘处理。

条形屏的应用最大程度的释放了站台层的空间，有效地避免了 PIS 屏与导向牌、摄相机等设备冲突的问题，见图 4-99。

图 4-99　PIS 条形屏安装效果

与此同时，通过乘客信息系统与车辆系统接口，获取列车承重信息，通过特定的算法计算车厢的人数，通过车辆人数数量区分客室拥挤度，并通过 PIS 条形屏进行显示，提高了本工程的服务水平，见图 4-100。

图 4-100　PIS 条形屏安装

4.9.3　智慧票亭

南京地铁在宁句城际马群站设置智慧客服试点应用，通过对智慧票亭建设，构建一套智慧车站服务系统，在提升管理水平、降低安全风险、化解成本压力等方面进行积极探索。

4.9.3.1　系统架构

智慧票亭由两台智能客服设备组成，分别位于付费区和非付费区，可自助完成相应的票务操作。南京地铁智慧票亭系统在中心、车站分别部署相关系统或终端，在中心部署了智能客服平台、智能查询平台及人脸识别平台，在车站部署了远程客服终端及智能客服终端(iBOM)，见图 4-101。

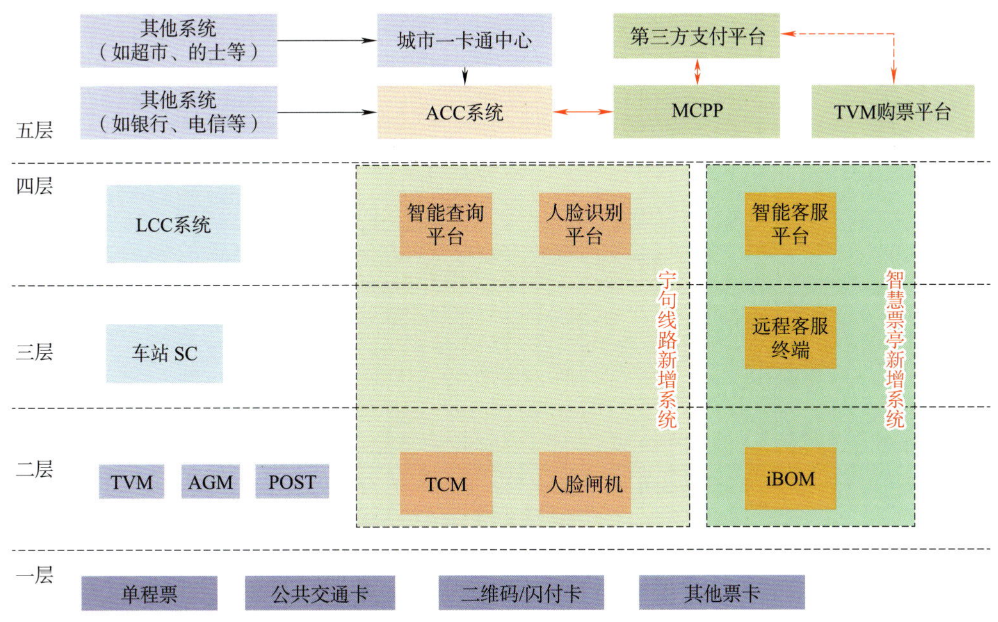

图 4-101　智慧票亭系统架构示意

智能客服平台：设置在灵山区域线路中心，能够提供远程音视频通话、智能排队、音视频录制等功能，能够对 iBOM 实现屏幕共享、远程控制等功能。

智能查询平台：设置在灵山区域线路中心，可支持最优乘车路线计算、站内导航服务、列车时刻信息、票务政策、临时公告等运营信息下发。

人脸识别平台：设置在灵山区域线路中心，可支持人脸注册信息管理，人脸识别通行等管理。

iBOM：是智慧票亭的主要组成部分，在付费区和非付费区分别设置 1 台，支持单程票购票与退票、各种实体卡和电子票的车票分析、更新、交易历史查询、补票、站内设施查询、周边地图展示、线网导航等功能，同时具备远程客服和远程控制等辅助运营功能。

远程客服终端：设置在马群站车控室，地铁工作人员可以通过远程客服终端，与 iBOM 进行音视频对讲，遇到乘客无法处理的操作类问题，还可以进行远程控制操作，帮助乘客完成票务操作。

由于智能客服终端提供的票务处理等传统业务数据采用车站通信传输网络，上传至中心，语音处理等业务采用 5G 技术，通过互联网与语音平台进行语音识别及处理，为了保证互联网与 AFC 网络之间的安全隔离，在终端设备中采用串口连接，具体数据流向见图 4-102。

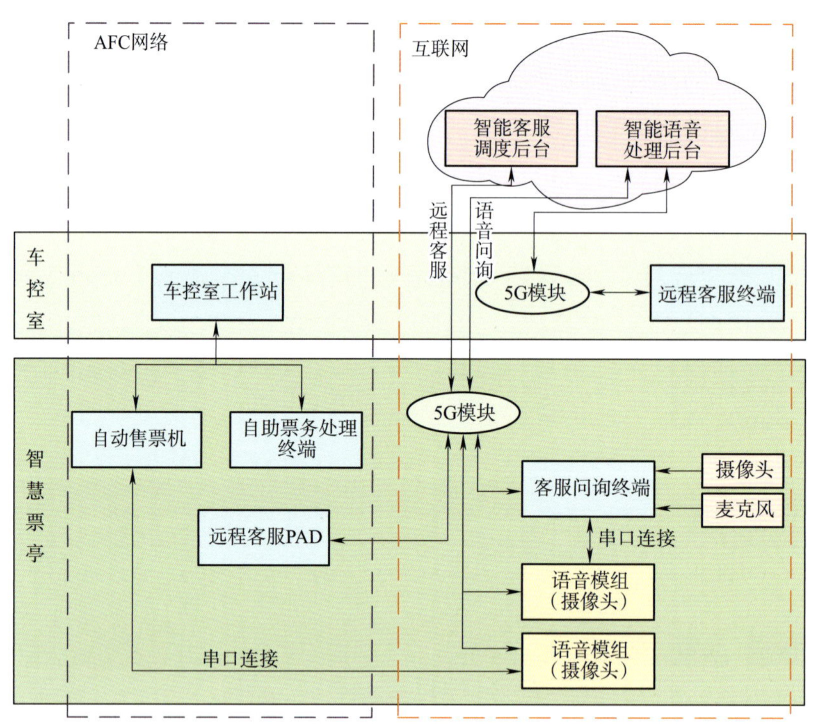

图 4-102　智能客服业务数据流向

4.9.3.2　功能概述

1. 乘客自动感应功能

智慧客服中心设置有摄像头，采用人脸检测技术自动感知乘客是否接近，通过语音和界面提示，引导乘客进行相关操作。

2. 自助票务处理

（1）车票发售

免费区的智慧票亭能够以聚合支付的付费方式，向乘客发售单程票。可提供乘客三种购票方式：

①快速购票方式，也称票价选择方式。对于经常性乘客，当他知道前往目的地应支

付的票价款式时，乘客直接选择票价，实现快速购票。

②普通购票方式，也称车站选择方式。乘客可通过选择目的站的方式购买到线网内所有车站的车票。

③语音购票方式，类似于车站选择方式。乘客可根据界面提示，说出要前往的地点，智能语音助手将会介入，并连接语音云平台进行语义分析，找到匹配的车站，并展示在界面，供乘客确认。乘客确认目的站后，选择张数，完成付款，即可购得车票。付费区的智慧票亭，能够在指定的票卡处理规则场景中，发售付费或免费出站票。

（2）车票分析

智慧票亭会根据当前设置的工作区域，对票卡有效性进行检查。其检查结果将与自动检票机和半自动售票机的检查结果保持一致。有效性分析的内容主要包括安全性检查、合法性检查、状态检查、黑名单检查、使用地点检查、余值/乘次检查、有效期检查、进出次序检查、超乘检查、超时检查、更新信息检查等。

3. 车票查询

智慧票亭可以进行车票交易记录查询，以解决乘客对车票余值的疑问，可以读取车票上保存的历史交易记录。交易时间、交易类型、交易金额、交易地点等信息将通过屏幕展示给乘客。

4. 车票更新

智慧客服对异常车票进行更新处理，进行付费更新或者免费更新。若智慧票亭处于付费区服务模式且车票不具备更新条件，则依照要求发售出站票，乘客持出站票出站。在进行更新处理时，会在人机交互界面显示车票分析的结果、票种类型、车票余值、上次使用情况、更新原因，以及更新收费金额。在需要收费情况下，乘客通过聚合码支付方式完成支付。更新完成后，乘客可选择打印相关的交易凭据。车票更新完毕后，生成更新交易上传到SC。智慧票亭可对免费更新操作进行风控管理，防止乘客利用规则上的漏洞逃票。

5. 退票

处于免费区服务模式的智慧票亭，可对满足退票条件、且使用聚合支付方式购买的单程票提供退票业务。乘客首先要将待退的单程票放在票卡分析口上，当智慧票亭确认其满足退票条件，且为聚合支付方式购买的单程票后，会提示乘客将单程票投入回收口。被投入回收口的单程票通过二次验证后，智慧票亭将完成退票写卡，保存交易，并通过聚合支付平台原路退款。乘客可在交易完成可选择打印相关的交易凭据。

6. 行程查询与处理

智慧票亭能根据乘客出示的行程码和银联卡查询到该账户近期需要进行处理的单边行程。智慧票亭能够访问移动支付平台MCPP平台和SC查重服务器，并聚合其行程查询结果。对于需要进行处理的行程，也能保证向MCPP平台和SC查重服务器同步更新。对于窗口期内，乘客仍然无法处理的单边行程，智慧票亭将默认不向乘客展示，但会提供完整行程查看功能，乘客可在想要知道行程详情时使用。智慧票亭可对进站撤销操作进行风控管理，防止乘客利用规则上的漏洞逃票。

7. 线网导航服务

乘客可以自己选择出发站和目的站，智慧票亭通过向智能查询平台获取最优乘车路径。同时提供给乘客乘车时间、换乘路线、应付票价等信息。

8. 站内信息查询

乘客可通过智慧票亭查询地铁站内地图，获取站内关键设施位置信息，以及站内出入口信息。

9. 周边地图查询

为满足乘客出行需要，智慧票亭能够向乘客展示地铁站周边的地图，包括出站口位置、路网信息、公交换乘信息、景点、地标建筑等。

10. 公告信息

智慧票亭提供列车时刻、票务政策、临时公告等信息查询。

11. 语音问询服务

智慧票亭提供语音问询服务，如果乘客不知道怎么操作，或者只是相关票务政策问询，可直接进行语音问询。

12. 人脸服务

智慧票亭提供宁句城际人脸录入注册功能和人脸行程查询服务。

13. 远程客服功能

智慧票亭提供远程呼叫功能，以音视频对话的方式，向车站监控室的工作人员发起对话请求。在接通音视频电话后，工作人员可以直接回复乘客问题，如果是操作类问题，工作人员可直接引导乘客完成相关票务处理操作，若乘客无法自己完成操作，则工作人员还可以远程帮助乘客完成相关票务处理操作。

14. 远程监控功能

智慧票亭将自身模块状态，如发售模块、回收模块、打印机、读写器、语音模块等模块状态，上传到 SC，SC 将会实时显示智慧票亭当前状态和工作模式，同时也能显示票亭内各模块的具体状态。

智慧票亭可以全场景自助处理 90%以上业务，解决乘客排队及经验丰富的客服人员短缺难题。智慧票亭的应用，丰富了运营服务手段、提升了服务效率，提高了运营服务便捷度和乘客满意度，用科技手段优化乘客出行体验，减轻人工客服压力，为后续线路智慧票亭的应用进行了积极有效的探索与尝试，积累了宝贵的实践经验，实景照片见图 4-103。

图 4-103　智慧票亭

第 5 章　多元融合与服务提升

5.1 四网融合

5.1.1 政策背景

“十三五”期间，随着都市圈轨道交通系统多层次、一体化发展成为主流趋势，轨道交通的“多网融合”成为政策侧重点之一。

2017 年 6 月，国家发展和改革委员会发布了《关于促进市域(郊)铁路发展的指导意见》(发改基础〔2017〕1173 号)，意见指出：科学把握市域(郊)铁路与干线铁路、城际铁路、城市轨道交通等线路的合理分工，加强各种交通运输方式及不同层次轨道交通系统的高效衔接，提高城市交通组合效率；按照零距离换乘和一体化运营要求，实现基础设施和运营服务方面的资源共享、互联互通。

2019 年 9 月，中共中央、国务院印发的《交通强国建设纲要》明确：增强中心城市和城市群等经济发展优势区域的经济和人口承载能力，需要以轨道交通为骨干，打造轨道上的都市圈、城市群，推动干线铁路、城际铁路、市域(郊)铁路、城市轨道交通“四网融合”。

2020 年 12 月，《关于推动都市圈市域(郊)铁路加快发展的意见》(国办函〔2020〕116 号)提出加强客运组织优化，采取灵活运输模式，推进多元化、公交化运输组织；依托现代信息技术，优化全过程运输组织模式，推进市域(郊)铁路与其他交通方式软件融合、衔接配套，切实提升运营服务水平。

5.1.2 规划要求

宁句城际的上位规划针对多层次网络的融合与衔接提出了明确的要求。

1. 江苏省沿江城市群城际轨道交通网规划(2012—2020 年)

《江苏省沿江城市群城际轨道交通网规划》提出，要加强规划线路与外部的衔接，实现多种交通方式资源优化配置和协调发展；重视与区域内机场、铁路客运站、公路客运站等主要客流集散点衔接，统筹规划建设综合换乘枢纽，方便乘客出行，提高综合交通效率和效益。

2. 南京城市轨道交通线网规划修编(2021—2035 年)

2021 年南京市政府批复的《南京城市轨道交通线网规划修编》中提出优化线网结构

和层次，确定南京城市轨道线网层次总体上分为市域快线、城区干线和局域线三类，见图 5-1。各层次轨道之间通过节点换乘、互联互通、一干多支等方式进行融合，并与铁路枢纽通过一体化设计进行融合衔接。

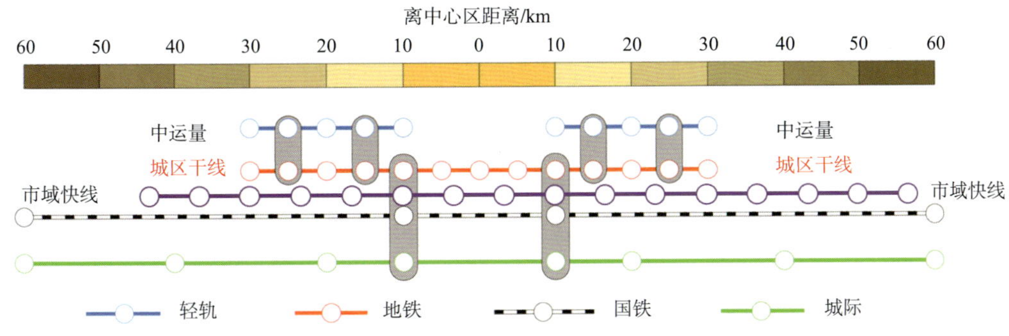

图 5-1　南京轨道交通线网层次体系

3. 长江三角洲地区多层次轨道交通规划（2021 年）

《长江三角洲地区多层次轨道交通规划》提出，要加强干线铁路、城际铁路、市域（郊）铁路和城市轨道交通网络的设施一体融合、资源共享，衔接协调系统制式、技术标准、标识信息、政策法规，推动运营组织和运输服务贯通融合，发挥网络整体效率效益；同时，要坚持服务本质，发挥轨道交通安全可靠、集约高效、绿色低碳和骨干运输优势，加强轨道交通与其他运输方式有效衔接、便捷换乘，强化现代信息技术应用，优化运输组织协同，发展一体化、便捷化、多样化和智能化运输服务。

5.1.3　与国铁网融合

与国铁网通过枢纽衔接，实现服务融合——在句容高铁站，宁句城际与铁路站房深化设计配合，实现与在建铁路干线南沿江高铁、规划铁路扬马城际的便捷换乘，见图 5-2。

5.1.4　与城轨网融合

1. 廊道融合

为提高乘客进城便捷性和线网运营效率，本工程预留西延与城区轨道交通 13 号线贯通运营的条件，两线在南京农业大学站设置双岛四线换乘车站，实现贯通运营，见图 5-3 和图 5-4。宁句城际西延、13 号线建成后，可在宁句城际—13 号线廊道上开行跨市、跨线的贯通列车，相比在马群站换乘可节省换乘、等车的时间，初步测算可节省 4～5 min。

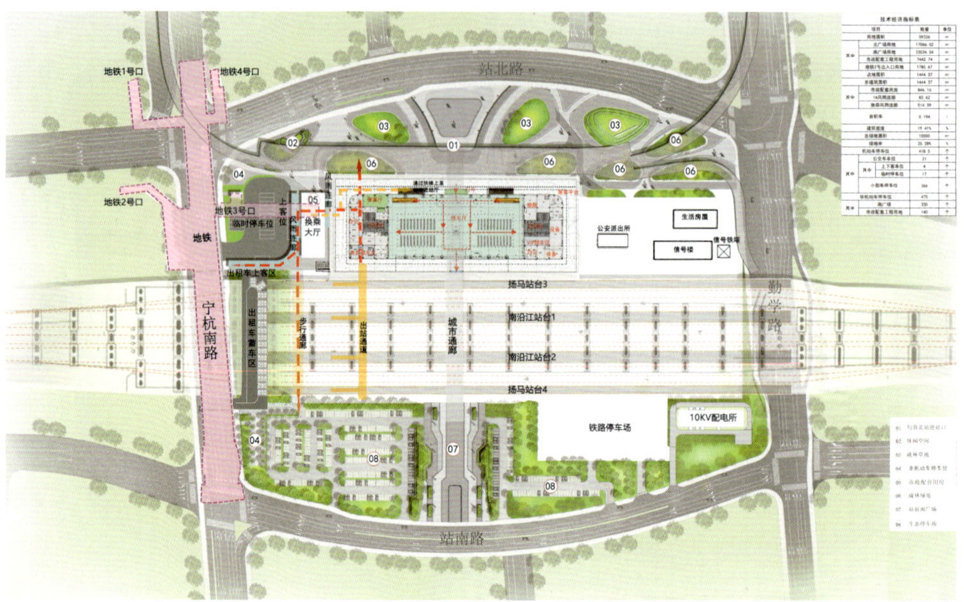

图 5-2　宁句城际枢纽站——句容站

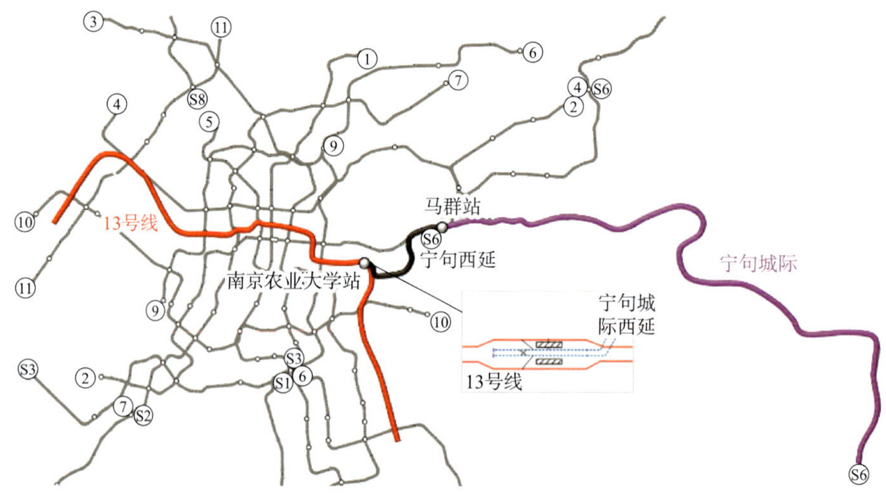

图 5-3　宁句城际与城市轨道交通 13 号线贯通运营条件

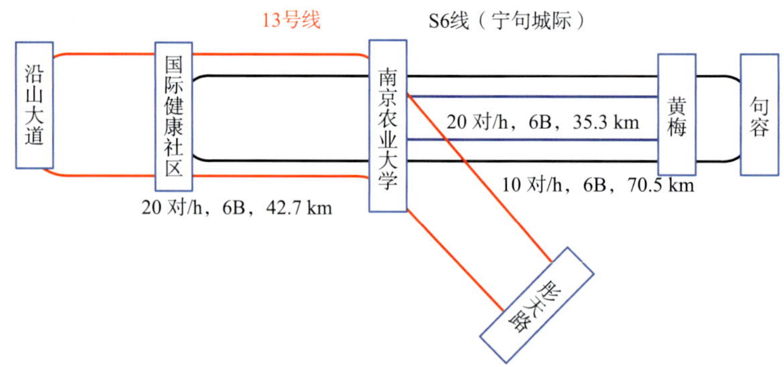

图 5-4　宁句城际与城市轨道交通 13 号线贯通运营交路

2. 多点换乘

本工程与城市轨道网的衔接，按照“多点多线换乘”的原则，与线网多条线路换乘，由西向东依次有：南京农业大学站——与 13 号线换乘，马群站——与地铁 2 号线、麒麟有轨电车 1 号线换乘，百水桥站——与规划地铁 12 号线换乘，麒麟门站——与规划地铁 8 号线换乘，东郊小镇站——与规划 S3 东延线换乘，古泉站——与规划中运量轨道线路换乘，见图 5-5。上述换乘站中，百水桥站、麒麟门站均预留了换乘节点，古泉站则预留了接驳条件。

图 5-5　宁句城际与南京轨道网多点多线换乘

在宁句城际的起点马群站，通过融合地铁 2 号线、有轨电车、公交车等多种交通方式，打造城市交通一体化枢纽，见图 5-6。

图 5-6　马群站综合换乘枢纽效果

5.2 多交融合

5.2.1 综合交通体系研究

“多交融合”的发展理念是建立城市轨道交通为骨干，地面公共汽车为主体，出租车、私家车、慢行系统为补充，共同发展的城市公共交通体系。对城市轨道交通和城市公交的线路应该协调配合，避免重复建设，减少资源浪费，提高运营效率。同时，根据交通衔接点的区位、需求，建立不同等级、不同规模的站点，发挥各种交通集聚效应，加强系统之间的有效衔接。

为了充分发挥轨道交通的作用、提高换乘效率，南京市规划和自然资源局、句容市自然资源和规划局分别牵头组织进行了两市的轨道站点公交一体化研究，旨在改善现有系统的运营，以满足轨道交通投入运营后市民出行方式变化、客流量增长、出行距离增长等需求。该研究明确了轨道站点与地面公交及其他交通方式的分工，避免不良竞争或运能过剩的情况，对城市综合交通体系的形成和可持续发展具有重大意义。

5.2.2 设置原则

1. 一体化原则

(1)土地利用一体化

将轨道站点、换乘设施与周边用地、建筑相结合考虑，统一规划并统一建设；同时通过优化轨道、公交等换乘设施吸引客流，引导城市土地开发。

(2)交通衔接一体化

对轨道站点与地面公交、非机动车、人行等设施进行一体化规划、建设，提高换乘方便性、舒适性，尽可能实现无缝衔接。

2. 分类区别原则

针对每个站点不同的功能、性质及客流特征，差异化分析站点交通换乘设施需求，制定相应的换乘设施方案。

3. 资源节约原则

随着社会的发展，城市土地紧缺问题越来越突出，部分换乘设施可与站点周边建筑联合开发，以节约土地。

4. 近远结合原则

规划方案既要满足近期的换乘需求，同时也必须提前预留远期换乘设施用地，使规划更具可持续性，能够长期服务于市民。

5.2.3 实施情况

1. 实施主体

轨道站点公交一体化研究成果获得两市人民政府批复后，交由两市交通运输局划定实施计划及实施主体。宁句城际用地红线范围内的一体化设施由宁句城际工程统一实施，地下车站上方的公交站台和临时停车位由宁句城际在道路恢复过程中一并实施，剩余部分由各区政府负责实施。轨道站点公交一体工程均在宁句城际通车前完成工程验收并与宁句城际一同投入使用。

以东郊小镇站为例，政府批复的规划方案见图 5-7。根据规划，需结合车站周边和高架桥下空间设置：

(1)P+R 停车场 3 400 m^2，约 120 车位；

(2)非机动停车场 2 000 m^2；

(3)公交站台 2 处 4 站位；

(4)临时停车位 1 处 4 车位。P+R 停车场和非机动停车场均在轨道交通红线范围内，因此均由宁句城际实施。

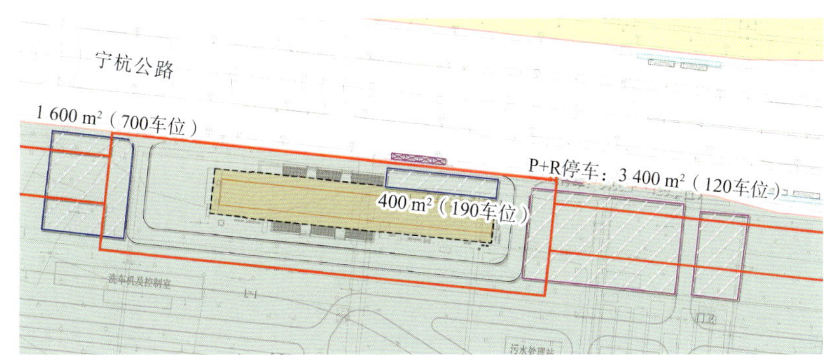

图 5-7　东郊小镇站公交一体化规划方案

2. 落实情况

在设计阶段，宁句城际负责的公交一体化设施已包含在设计范围内，并落实到场地施工图设计中，现场实施过程中及时与主管部门对接，按实际情况调整。具体实施情况详见表 5-1。

表 5-1　宁句城际公交一体化实施情况

车站	批复轨道落实任务		现场落实情况		备注
			位置	面积/数量	
马群站	非机动车停车场	950 m^2	换乘天桥下方	423 m^2	—
			8 号口	802 m^2	—
			3 号口	—	调整至 8 号出入口处
	公交站台	1 处 2 站位	主体上方	1 处 2 站位	结合中山门大街道路恢复中落实
	临时停车位	1 处 4 车位	主体上方	1 处 4 站位	
百水桥站	非机动车停车场	750 m^2	1 号口	1 150 m^2	—

续上表

车站	批复轨道落实任务		现场落实情况		备注
			位置	面积/数量	
百水桥站	公交站台	1 处 2 站位	主体上方	1 处 2 站位	道路恢复中已落实
	临时停车位	1 处 2 车位	主体上方	1 处 2 站位	
麒麟门站	—	—	—	—	—
东郊小镇站	机动车停车	120 泊位	站后区间下方	131 泊位	多出 11 泊位为南京猿人洞站调出
	非机动车停车	2 000 m²	站前区间下方	2 071 m²	—
古泉站	非机动车停车场	1 020 m²	车站两端广场	1 380 m²	—
南京猿人洞站	机动车停车	75 泊位	站后区间下方	64 泊位	剩余 11 个泊位调整至东郊小镇站。另按江苏宁句轨道交通有限公司要求增设 3 个中巴车位
	非机动车停车场	920 m²	站后区间下方	1 495 m²	
汤山站	—	—	—	—	—
泉都大街站	非机动车停车	800 m²	2 号口	200 m²	—
			3 号口	350 m²	—
			4 号口	470 m²	—
	公交站台	2 处 4 站位	附属风道上方	2 处 4 站位	道路恢复中已落实
黄梅站	机动车停车	130 泊位	站前区间下方	131 泊位	句容段公交一体化方案及实施范围均与句容双铁办、句容规划局汇报落实确认
	非机动车停车	500 m²	站后区间下方	500 m²	
童世界站	—	—	—	—	
华阳站	机动车停车	18 泊位	西侧设备用房地块内	18 泊位	
	非机动车停车	260 辆	临近车站出入口布置	271 辆	
崇明站	—	—	—	—	
句容站	—	—	—	—	

在实施过程中，为合理利用站点出入口附近用地，在不影响步行空间的前提下，采用“见缝插针”的方式布置非机动车停车场地，同时利用高架下方空间设置 P＋R 停车场。东郊小镇站在车站两端区间桥梁下方落实非机动车停车场地 2 071 m²、P＋R 停车位 131 个，见图 5-8 和图 5-9。

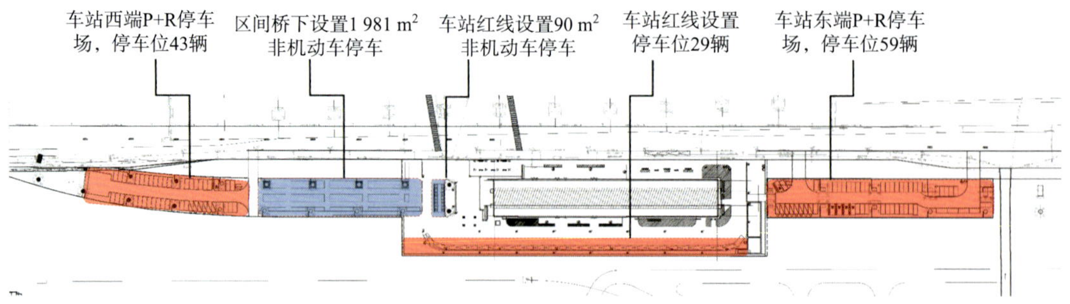

图 5-8　东郊小镇站 P＋R 停车场施工图设计

图 5-9　东郊小镇站 P+R 停车场实景

地下车站在出入口背部、风亭之间设置非机动车停车场地，有效利用轨道用地红线范围内的空地，同时非机动车停车场临近车站出入口设置，缩短了乘客走行距离。

5.3 站城融合

5.3.1 站城融合

站城融合是当下城市和交通规划建设领域的关注热点。站城一体化是重要交通站点与城市空间紧密融合，将办公、居住和城市服务等功能安排在车站步行可达的范围内。该模式为轨道站点附近乘客提供便利的生活方式和经济活动，实现了产商居人站城一体化，开启了高效、便捷的城市生活新方式，同时站点周边土地也得到了高效集约利用，形成了立体化、高效能、集约式的城市生态空间，见图 5-10。

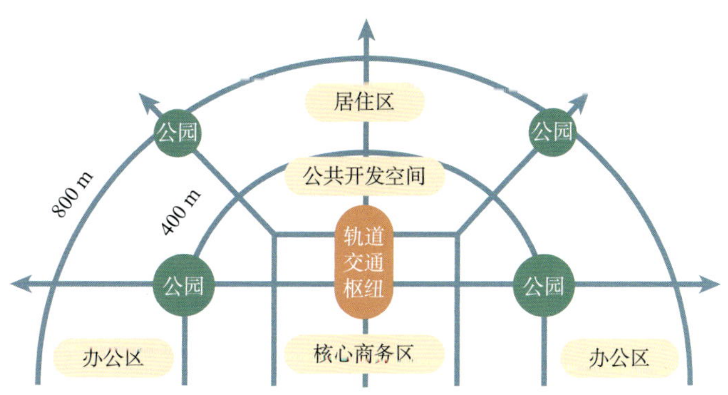

图 5-10　站城一体化模式图

这种模式的本质是土地使用与交通系统的深度融合，实现立体交通、无缝衔接、功能混合、安全高效。站城一体化极大提高了土地利用效率、充分发挥了土地综合价值，促进城市空间的合理布局、交通出行的高效低碳。

站城一体化站点分枢纽型、城镇中心型、社区型三种类型。

枢纽型站城融合设在市域快线与重要交通节点的结合点，交通客流密集，便捷集散。车站交通接驳宜与周边地下、地上空间一体化利用，整合周边各类公共交通设施、公共服务设施、服务业设施、绿地广场等城市功能，在车站地区形成高效便捷、舒适有序的公共活动空间。

城镇中心型站城融合站点，通常与其他轨道交通有换乘节点，以城镇中心型轨道站点为核心，将轨道站点与公共服务设施衔接起来，形成具有区域综合服务功能的微中心，提升城镇中心区的空间联通性、活力和吸引力，塑造城镇中心区位，承担城镇各级服务中心功能。

社区型站城融合站点，服务于周边居住区，将公共管理与公共服务设施整合在站点的步行范围内，共同构成服务于周边居住区的社区中心。应结合服务周边居民需求，以多样化的商业、服务业、公共管理、居住等功能为主，形成 15 min 社区生活圈，使市民在借助市域快线通勤时，可以结合出入站换乘，完成购物、娱乐、用餐等日常活动。

5.3.2 典型站点站城融合方案

宁句城际为市域(郊)线路，服务于城市与郊区、中心城市与都市圈城市及重点城镇间，线路经过大片未建成区，站点周边存在大量待开发地块，为站城一体化提供了土地资源。在设计阶段部分有土地开发价值的站点开展了城市设计，落实站点周边地区的五个一体化目标，实现轨道交通车站周边地区土地利用一体化、交通一体化、功能一体化、空间与景观一体化、土地收益一体化。

宁句城际站城融合主要为城镇中心型站城融合站点。

1. 马群站

马群站为城镇中心型站城融合站点。该站为南京市打造的首个多线路、多种交通方式的换乘中心。实现了市域线路与既有地铁线路、有轨电车、公交场站、城市 P+R 停车场的多重交通形式融合。宁句城际马群站站位较好地结合了道路拓宽、既有地铁 2 号线加宽改造、中山门大街南侧换乘中心建设的边界条件选择了站位，最终形成与既有地铁 2 号线、有轨电车、公交和 P+R 停车场的良好换乘，有地上、地面和地下多种交通形式。

宁句城际马群站位于中山门大街与马群新街交口西南侧，沿中山门大街敷设，为地下二层岛式站；既有 2 号线马群站位于中山门大街路中，高架三层侧式站。宁句城际与既有 2 号线换乘形式为站厅—站厅通道换乘，垂直换乘通道设置在中山门大街南侧换乘中心内，另车站的出入口、部分附属设备用房及风亭结合换乘中心设置，见图 5-11～图 5-13。

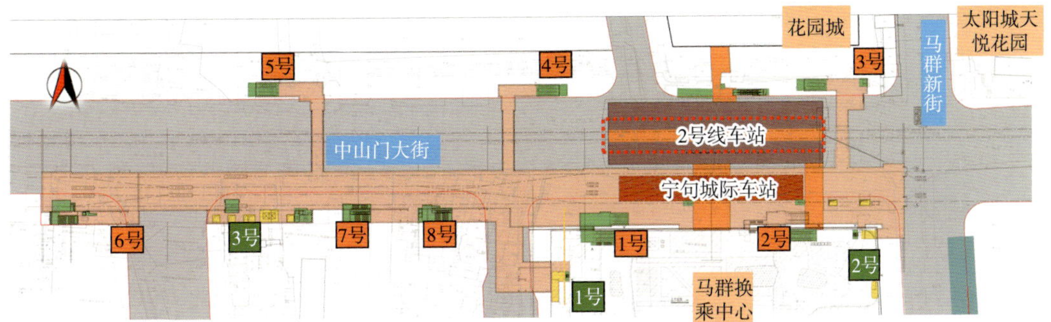

图 5-11　马群站总平面

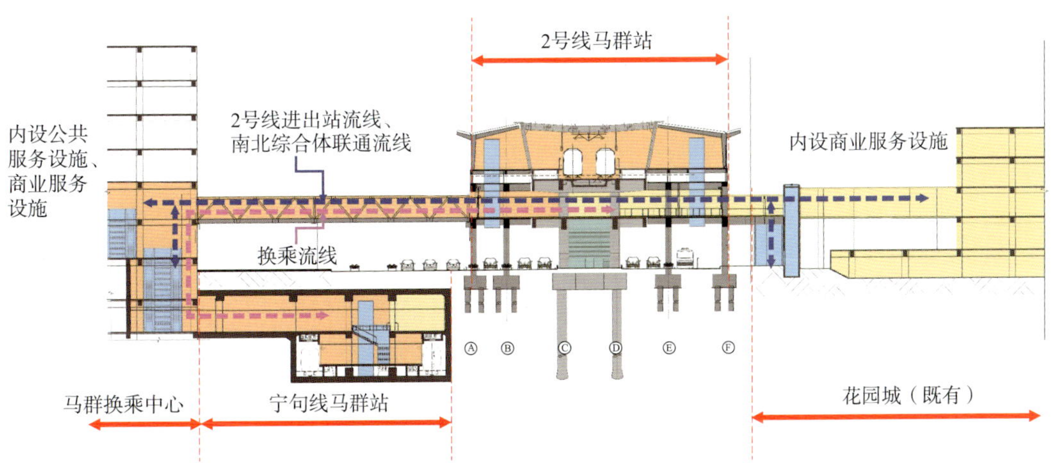

图 5-12　换乘中心换乘剖面

图 5-13　马群站与换乘中心、有轨电车、花园城联通

车站与周边地下、地上空间一体化利用，站点公益性的公共交通设施、公共服务设施、商业服务业设施、绿地广场等城市功能设置于换乘中心内，通过立体步行系统、绿道慢行系统与周边建筑、地块紧密结合，在车站地区形成高效便捷、舒适有序的公共活动空间。提升了站点开发的混合度，促进了街区活力，提升了公共空间的安全性，并减少

了潮汐交通和短途交通对机动车的依赖性。

马群站的换乘核心在换乘中心内。换乘中心在 B2 层设置通道与宁句城际马群站连通；在 B2 层～L2 层之间设置 4 组楼扶梯及 4 部电梯用来解决换乘客流的垂直交通；在 L2 层与扩建后 2 号线马群站通过 24 m 宽换乘天桥连接，同时在该层可以与公共服务设施、商业服务业设施及有轨电车连通，见图 5-12、图 5-13。

中山门大街北侧既有花园城商业综合体通过天桥与 2 号线马群站连通，整个车站设计上高效衔接地上、地下车站及有轨电车，同时也联通了道路两侧地块商业体，形成了区域的 TOD 中心，实现了车站与地块的站城一体化。

2. 百水桥站

百水桥站为宁句城际与规划地铁 12 号线的换乘站，车站位于宁杭公路和马高路交叉路口南侧，沿宁杭公路东西向跨路口设置，见图 5-14。站位周边规划以商办、科研及居住用地为主。白水桥站为城镇中心型站城融合站点。

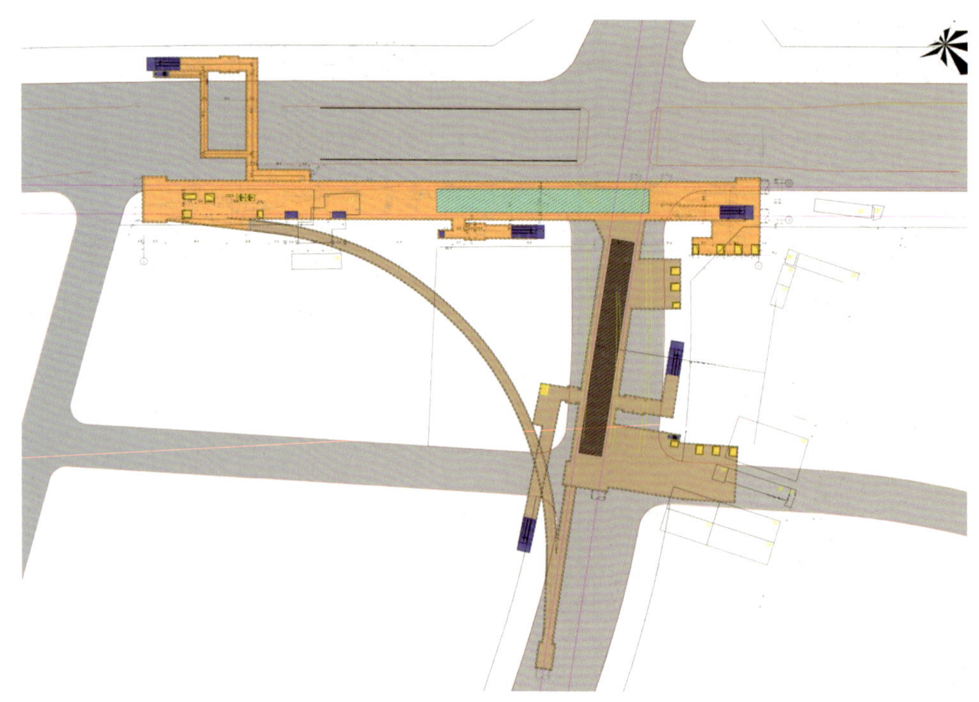

图 5-14　百水桥站总图

为推进站城一体化，并且贯彻规划在该地区实现有序高质量城市化，结合用地功能置换、站点周边互联互通、市政设施整合等因素，在线路建设期，同步完成了百水桥站一体化开发方案，拟打造集办公、商业、居住、生态等功能为一体的高品质 TOD 综合体。与宁句城际同步实施完成上盖开发相关隧道抗振降噪措施、出入口及构筑物衔接预留工作。预计该项目最终可实现开发体量 29.6 万 m^2（地上计容面积约 20.1 万 m^2），见图 5-15 和图 5-16。

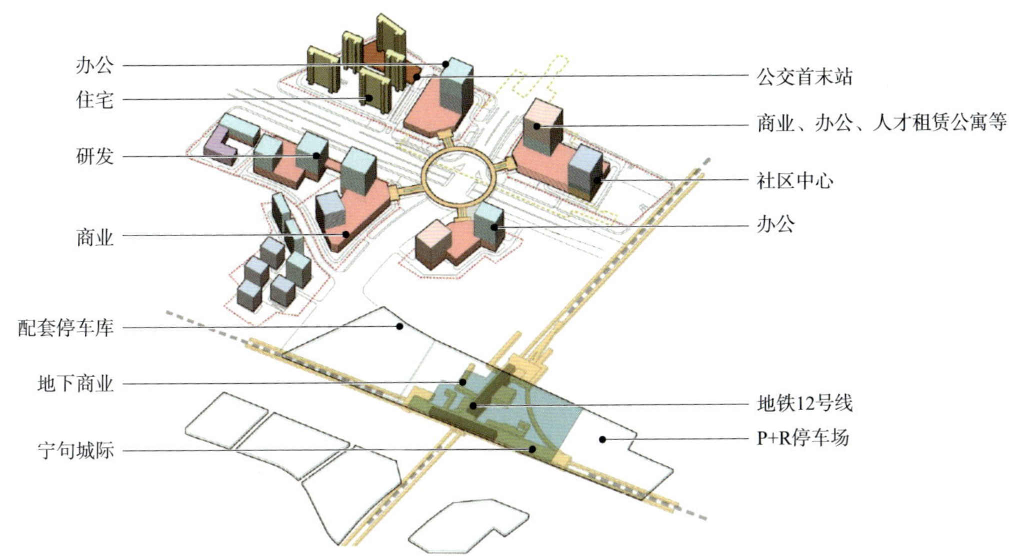

图 5-15　百水桥站一体化规划示意

图 5-16　百水桥站一体化开发效果

3. 麒麟门站

麒麟门站为宁句城际与规划地铁 8 号线的换乘站，设于开城路与 S122 宁杭公路交叉口，沿宁杭公路南侧敷设，见图 5-17。站址周边主要为商办混合用地、二类居住用地。麒麟门站为城镇中心型站城融合站点。

设计阶段考虑了站点周边土地复合利用，一体化开发，因此在车站上方和南侧预留远期开发建设条件，并且利用配线上方空间与地块建筑的地下二层进行连接，设置停车场，见图 5-18 和图 5-19。车站部分结构与远期地面结构合建设计，车站结构柱墙为地面结构预留了接口条件。车站配线区地下一层范围预留为物业开发地下车库，地下二层为车站的轨行区。

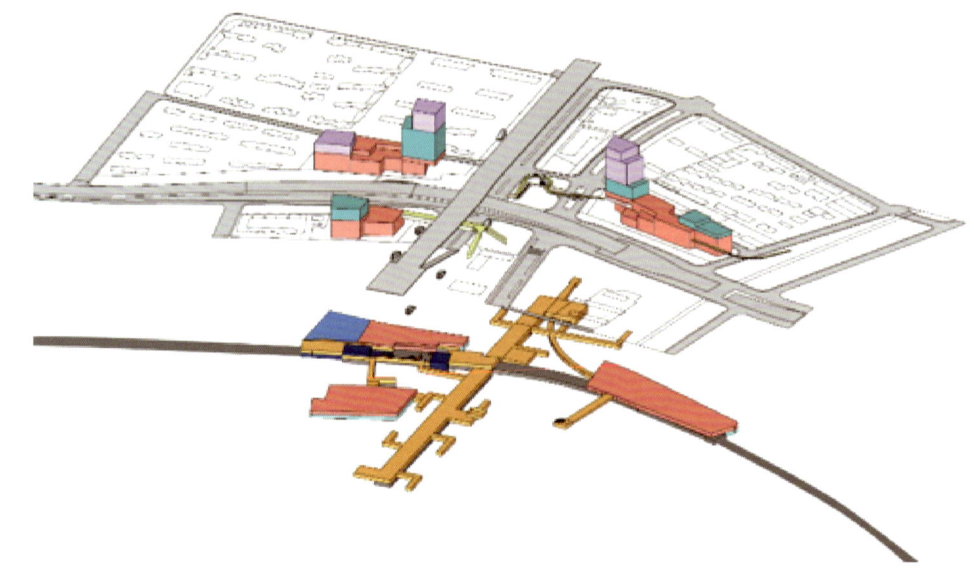

图 5-17　麒麟门站一体化规划示意

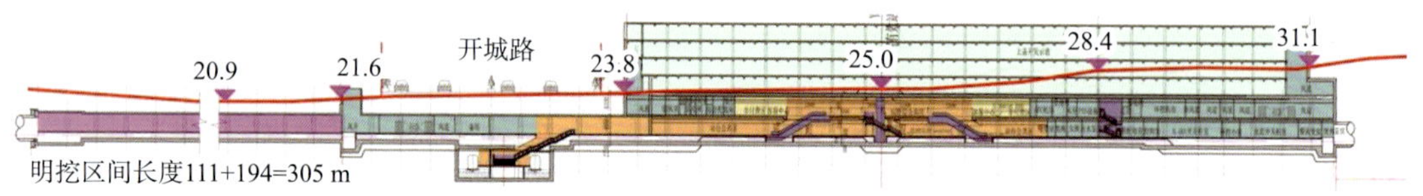

图 5-18　麒麟门站一体化剖面(单位:m)

图 5-19　麒麟门站一体化规划示意

为集约站点周边土地复合利用,麒麟门站一体化开发设计,拟打造成集商业、商务、公共服务于一体的社区商业商务中心,塑造城市活力地带。目前,已完成第一阶段的方案设计,并结合设计成果对接工程现场,完成了上盖开发条件部分预留工作。预计该项目最终可实现开发体量 12.45 万 m^2(地上计容面积约 8 万 m^2)。

4. 崇明站

崇明站设置在句容市老城中心地块内,建设过程中涉及大量拆迁,因此结合旧城改造,进行了上盖建筑同步设计,见图 5-20。

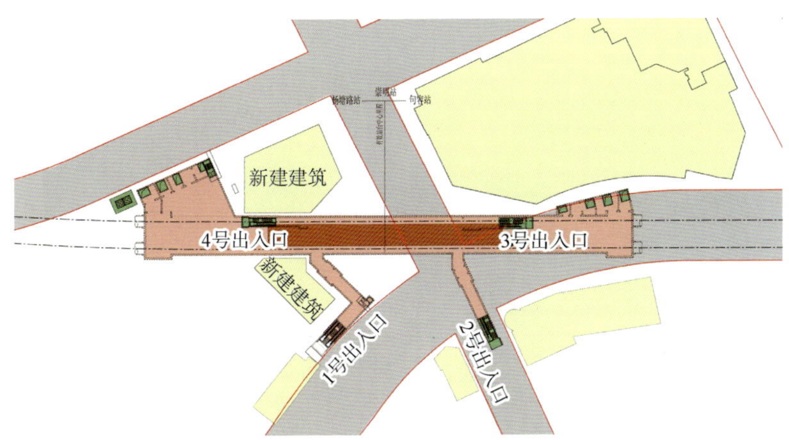

图 5-20　崇明站总平面

上盖方案结合城中村和老旧小区改造，推进城市更新，重点补充完善社区服务、小型绿地，完善城市支路网体系，优化公共交通设施配置，改善人居环境，推进老城中心区商业业态优化，推进轨道站点周边地区用地和服务功能提升。

上盖方案充分考虑周边居住区的总体需求，将居住、休闲、购物、工作、交通等各项功能融为一体。提供开放的共享空间，激活地块的商业活力，通过层次化的公共空间设置，形成浓厚的商业氛围。

车站上盖综合体主要以商业、公寓及宾馆功能为主，用地面积 21.19 亩，规划 21 层商业及酒店式公寓建筑一栋，4 层商业宾馆建筑一栋。总建筑面积 31 331.51 m^2（其中，商业 4 252.4 m^2、公寓 18 145.95 m^2、宾馆 3 604.2 m^2，其他 5 328.96 m^2），容积率 1.88，建筑密度 20.19%，见图 5-21 和图 5-22。

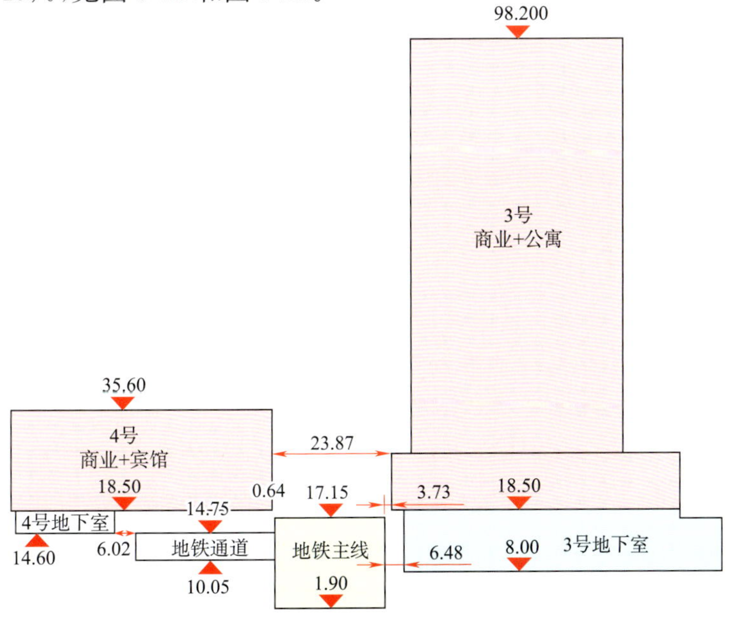

图 5-21　崇明站一体化上盖开发示意(单位：m)

图 5-22 崇明站站城一体化鸟瞰

轨道交通枢纽最大化连接了地块与城市，再通过宽敞的集散广场将人流引入地块内，激活了地块内部商业业态。地块内综合体增强了“城市网络”连续性，并创造了一片富有凝聚力、适宜步行的城市街区。

5.4 轨道与环境融合

5.4.1 车站外装

宁句城际新建高架站 6 座（东郊小镇站、古泉站、南京猿人洞站、黄梅站、童世界站、华阳站），改造既有高架站 1 座（2 号线马群站），其中南京段 4 座，句容段 3 座。

高架线路对城市景观的影响一直是社会关注的焦点，需要从城市设计的角度处理好相对关系，使高架线成为城市景观设计的组成部分，尤其在新区规划中，应融入城市环境，使得车站建筑与自然环境和谐相融。

1. 城市设计引领风貌

2018 年 1 月政府部门组织对宁句城际所经过的部分片区完成了城市设计工作，对片区内建筑风貌提出了要求。其中，《汤山温泉养生小镇城市设计》文件要求，汤山街道片区属于中式风貌创新区，片区内建筑在中式风格统领下，结合现代建筑元素形成新中式风格，见图 5-23 和图 5-24。

宁句城际穿越的汤山新城古泉片区规划了居住、商业、服务及公共设施等，片区定位为风雅古泉、古韵小镇、汤山西部门户形象展示区、传统精致中式生活示范区。

按照片区城市设计要求，轨道交通建筑应与片区整体建筑风貌协调，以中式风貌为统领，采用新中式风格。位于片区内的古泉站、南京猿人洞站遵从城市设计要求，汲取传统苏式建筑粉墙、黛瓦、坡屋顶等元素，用现代建筑材料塑造出有古典韵味的现代车

图 5-23　古泉片区城市设计

图 5-24　汤山镇周边建筑风貌

站建筑，形成现代苏式建筑风格，让新建车站成功融入片区建筑环境中。同时，南京猿人洞站立面采用灰色、白色铝单板拼接，勾勒出起伏的轮廓，与周边山体相呼应，让自然山水与建筑有了交流和融合，见图 5-25～图 5-28。

图 5-25　南京猿人洞站远景

图 5-26　古泉站外立面

图 5-27　古泉站站台

图 5-28　南京猿人洞站近景

2. 车站表达区域人文内涵

童世界站位于句容北部新城，周边为在建的恒大童世界王国，是专为少年儿童打造的童话乐园。童世界站雨棚造型灵感来自自然元素—牵牛花，站台雨棚用 11 朵绽开的牵牛花表达出童真童趣，营造出休闲文旅气氛，见图 5-29 和图 5-30。

图 5-29　童世界站外立面

图 5-30　童世界站站台

提起南京传统交通建筑自然会想起中山码头、浦口老火车站这类民国建筑。东郊小镇站建筑立面提取民国建筑元素，采用带线条装饰的立柱、民国工业风特有的深灰色钢柱、民国风格特有的深灰色墙体，多种元素的整合形成既端庄浑厚又灵巧细腻的车站整体样式，见图 5-31 和图 5-32。

图 5-31　东郊小镇站外立面

图 5-32　东郊小镇站站厅

5.4.2　车站内装

1. 线路环境分析

宁句城际是南京首条跨市域的线路，连接高新科技区、汤山风景区和句容城区，承担句容至南京间的通勤客流和城际交通的双重功能，见图 5-33。汤山风景区是国家级旅游度假区，也是世界著名的温泉疗养区，居中国四大温泉疗养区之首，是中国唯一获得欧洲、日本温泉水质国际双认证的温泉，有“千年圣汤，养生天堂”之美誉。句容有“南京新东郊、金陵御花园”之美誉，有茅山、九龙山等风景名迹。结合整体的线路走向，设计通过装修的手法打造一片自然的栖息地，为工作繁忙的人们提供一条集休闲、放松、生态、文化艺术于一身的线路。车站空间融合自然元素，让建筑与周边环境相互联系、相互统一。

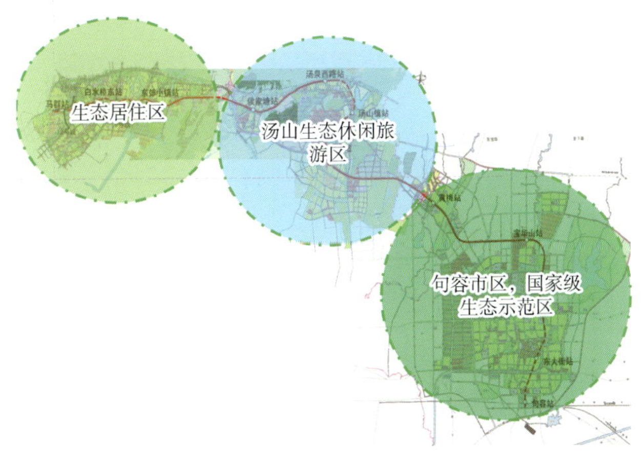

图 5-33　线路分析

2. 装饰概念主题

全线 13 座车站，根据车站所处位置、周边人文环境、交通驳接等因素分为标准站 5 座（百水桥站、麒麟门站、汤山站、泉都大街站、崇明站）、重点站 2 座（马群站、句容站）、特色高架站 6 座（东郊小镇站、古泉站、南京猿人洞站、黄梅站、童世界站、华阳站）。

遵循“概念贯穿全线装修设计、个性表达站点文化元素”的设计思路，按照线路特色，分为“高新科技区、汤山风景区和句容城区”3 大特色板块。地下站在传统的标准化、工业化、模块化的设计模式下，利用整体空间主题色与局部的设计变化区分 3 大特色板块风格。高架站结合建筑自身特质加以艺术的修饰，追求一站一景，内外相结合，保证一体化设计，两者相互依存，相互统一。着力于打造一片自然的栖息地，为工作繁忙的人们提供一条集休闲、放松、生态、文化艺术于一身的线路，形成了本线“纵情山水、回归自然”的设计主题。根据线路特色，在泉都大街站和句容站两个站设有艺术品设计，分别采用温泉和道家山水的地方特色艺术主题。

重点站马群站提取水的柔美形态和宁静蓝色作为出发点。本站站厅空间大、柱子多，为了让空间看上去更整体，于是采用减法的设计手法，用简洁的造型来作为设计基调。顶部造型采用泉水流淌的艺术形态来提升空间的观赏性，同时也起到了导向作用，见图 5-34～图 5-36。

图 5-34　马群站站厅（效果图）

图 5-35　马群站站厅（实景图）

图 5-36　马群站换乘通道（实景图）

重点站句容站在两侧楼梯洞口处设置艺术品，起到引导客流的作用。顶面运用铝板折叠体现出“山水”层峦叠嶂、高低起伏的感觉，暗藏灯光表现出明暗结合的效果。墙面采用白色烤瓷铝板，使整体空间给人一种简洁、放松的感觉。为突出艺术品，装修整体色调比较素雅，见图 5-37～图 5-40。

图 5-37　句容站艺术品实景（一）

图 5-38　句容站艺术品实景（二）

图 5-39　句容站站台实景（一）

图 5-40　句容站站台实景（二）

标准站以“绿色生态为主导，以泉水为元素”传达出本线的装修设计主题，贯穿全线的装修设计元素给人一种清新、放松的感觉。顶面采用方通折弯表达“泉水”形态，局部采用方通高低层次的形式，使整个空间更有层次感，见图 5-41 和图 5-42。

图 5-41　概念推导

(a) 纵向

(b) 横向

图 5-42　双柱标准站实景

5.4.3　边坡绿化

宁句城际的建设必然会给沿线地区的生态环境带来一定的影响，因此，将轨道交通融入自然景观，尽可能不破坏自然环境，建立完整的轨道绿化系统，营造优美的沿线景观效果，同时降低交通噪声对沿线居民的影响，是工程建设中的重点。

轨道绿化景观是指在轨道建设征地范围内，协调轨道与自然的关系，调节轨道与沿线环境生态系统的动态平衡，提高轨道沿线的审美价值，为乘车旅客与沿线居民提供良好的视觉空间，并通过一定的绿化手段形成轨道线上的亮丽风景线。

轨道边坡绿化措施，可以保持水土，稳定边坡；修复植被，与环境融合；降低污染，减少负面影响；美化景观视觉效果；植物隔离，保证路面畅通。

1. 青龙山隧道洞口景观设计

隧道洞口除了具有承受背后山体土压力、稳定边仰坡、保护道路免于落石等危害的基本作用外，还具有缓和洞口内、外光线的差异、降低眩晕感、确保眼睛舒适性和视觉安全性的安全作用，与洞口周边的景观协调、缓和高速进入洞内暗部时心理紧张感的景观作用。洞口安全作用和景观作用都与洞口的景观设计密切相关，因此，把洞口的安全作用和景观作用结合起来，即实现洞口结构与洞口景观的有机结合是青龙山隧道洞口景观设计考虑的重点。

青龙山隧道洞口设计强调突出曲线之美，宕口明洞强调喇叭口的造型之美，同时有效地扩大了口部的宽敞感。明洞回填后在边坡上设置骨架护坡及种植灌木，网格式植草护坡与岩石粗糙的纹理相协调，凸显了和谐之美，见图 5-43 和图 5-44。

图 5-43　青龙山隧道西洞口

图 5-44　青龙山隧道东洞口

2. 路基边坡景观设计

该工区间路基段长 371.62 m，为挖方路基，前接桥梁，后接南京猿人洞站高架站，中部 50 m 为钢筋混凝土暗埋箱型结构，路基设计类型主要为边坡防护路基。边坡采用 C25 混凝土骨架内撒草籽、种灌木防护，见图 5-45。草籽选用根系发达、茎矮叶茂且适于本地区成活的多年生草种，对漏喷、草籽发芽成活过稀部位进行喷补。种草籽时分撒播和行播进行，草籽埋入深度不小于 5 cm。为使草籽均匀分布，可将种子与砂、干土或锯末混合。骨架护坡的防护形式在有效疏排边坡汇水的同时，预留了绿化的空间，将工程与自然相互协调，既保证了边坡的稳定安全，又保证了美观的视觉效果。

图 5-45　混凝土骨架边坡绿化

3. 凳子山桥梁右侧路堑边坡设计

YK7＋890～YK8＋035 桥梁位于挖方地段，对既有山体进行土方挖掘破坏后，挖方边坡采用混凝土挡土墙结合框架锚杆内客土撒草子、种植灌木防护，设置框架锚杆可有效保证路堑边坡的稳定，框架锚杆内选择草灌结合种植，在防止水土流失的同时，与周边公路边坡、自然边坡绿化形态保持协调统一。

宁句城际边坡的绿化工作是稳固线路基础、确保运输通畅、美化沿线环境的重要举措，不断扩大优势，延展绿色，真正使沿线边坡成为确保运输安全的基础设施和改善环境的绿色屏障，不仅为保护轨道设施设备构筑起了一道绿色的安全屏障，同时也为构建宁句城际的整体环境打造了一张“绿色名片”。

5.5　乘客人性化设施

5.5.1　提升背景

轨道站点是公共交通空间，是服务于大众的公共交通设施。应充分体现以人为本的设计理念，努力营造舒适、快捷的乘车环境。在轨道空间设计中我们以简洁、素雅、舒适、便捷、实用为主要设计原则，以减少地下空间的压抑感，让乘客在忙碌的生活中感受到一份舒适、一份清新与自然。

按照国家卫生计生委等 10 部委《关于加快推进母婴设施建设的指导意见》(国卫指导发〔2016〕63 号)文件、南京市人民政府办公厅《关于加强母婴设施建设实施意见的通知》(宁政办发〔2017〕66 号)文件，为进一步维护妇女儿童权益，提高公共服务供给能力，体现“厕所革命”的人文关怀，对全线的乘客服务设施进行了相应的提升。

5.5.2 提升内容

在充分考虑轨道交通功能空间人员流动性大的前提下，各专业设备的设置均充分考虑乘客乘车便捷、舒适。所有立地导向、广告等设置均不影响人员流动，指引信息清晰、明确，引导乘客快速便捷乘车。全线设置无障碍设施，设置有无障碍坡道、无障碍垂直电梯、无障碍厕所、盲道，车厢内设置轮椅停放位置，这些设施联通城市道路、轨道站台、车厢，使残疾人士能够无障碍通行，这些细节充分体现了我们在轨道设计中的人文关怀。

(1)全线车站均设置母婴室，见图 5-46 和图 5-47。

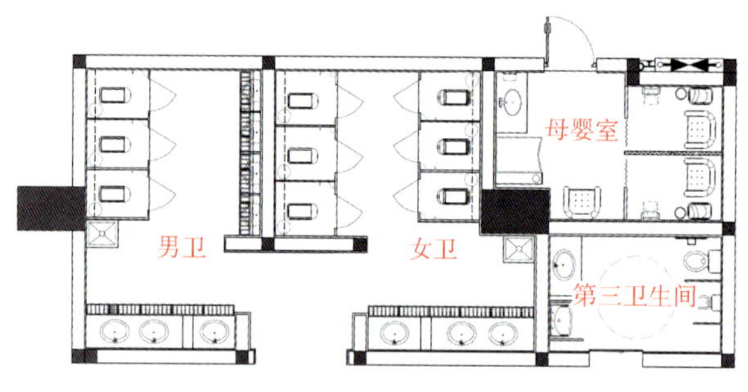

图 5-46　卫生间、母婴室平面

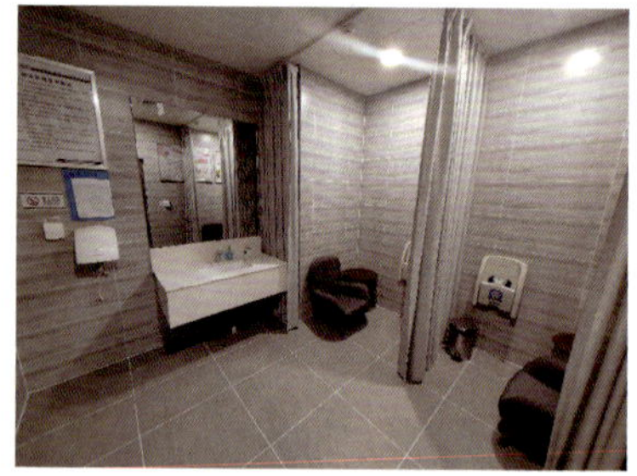

图 5-47　母婴室

(2)全线车站均设置第三卫生间，卫生间设置残疾人设施以及儿童坐便器、洗手台，见图 5-48。

(3)公共卫生间为优化通风效果，防止门扇开启产生危险，均采用无门化设计，方便乘客出入，见图 5-46。入口区域同时进行了视线遮蔽的设计，避免厕内、外视线直通。

(4)注重细部设计 1：男、女卫生间厕位均采用统一标准的独立隔断，蹲位内及男卫小便器上方设置小置物台，用于放置乘客随身携带物品，高度符合人体工学要求。

(5)注重细部设计 2：考虑女性乘客使用习惯，在女卫内单独设置化妆台及化妆镜，提高乘客使用舒适度。

(6)注重细部设计 3：结合既往经验，全线在洗手台盆及小便斗处设置排水篦子，考虑了此处防滑需求的同时也能方便后期运营维护，工作人员清洁更加便利。

图 5-48　第三卫生间

5.6　运营办公环境

5.6.1　既有线路存在的问题

1. 车控室等设备房间

南京既有线路车控室整体按机房定位，内部布置较简洁，未考虑一体化及人机分离措施。因房间内设备需降温维持正常运转，使得房间内温度较低，工作人员工作环境舒适性差。另外设备及功能设施布置未统筹考虑，既影响了整体的美观性，也影响了实际功能的便利性。

2. 会议交接班室等有人房间

南京既有线路会议交接班室等有人房间仅设置了桌椅等设施，未设置收纳储物空间，导致物品摆放不规整，缺乏美观性。

5.6.2　提升方案研究

1. 车控室等设备房间

宁句城际对车控室一体化设计进行了深入研究，鉴于车控室内设备及管理人员对工作环境不同的温度需求，确定采用人机分离方案，在 IBP 盘后面设置设备夹层，设备夹层里设置主机柜。设备机房与管理人员工作场所分开布置，两个不同区域设置独立的空调系统。

IBP 盘结合两个不同区域的分隔墙布置，整体效果更为整体、简洁。分隔墙上设置检修门，采用伪装门形式，材质与隔墙统一，见图 5-49。

将 FAS 报警主机、电气火灾监控、消防电源监控、智能疏散主机、智能照明主机等设备集中布置，并与侧墙装修整合。

文件柜、办公桌及侧墙装修材质统一，使得整个房间内色调统一。

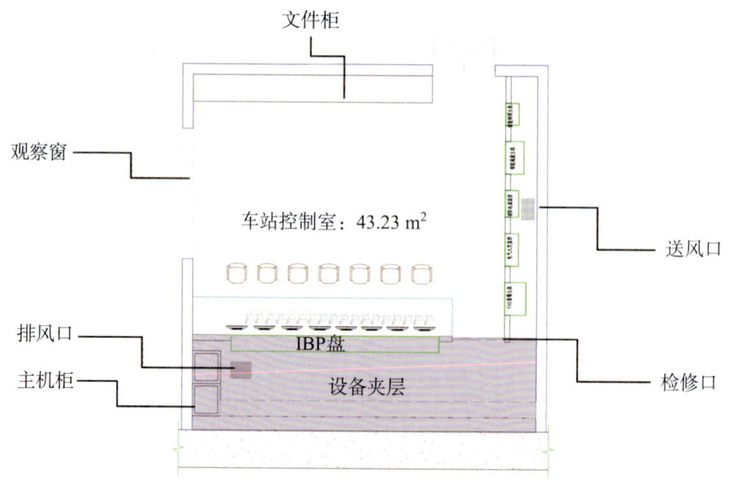

图 5-49　车控室一体化布置平面

在换乘车站车控室内将 IBP 盘分成 2 块，在中间设置 86 寸大屏，大屏和操作台布置在同一侧，见图 5-50～图 5-51。

图 5-50　标准站车控室一体化效果

图 5-51　换乘站车控室一体化效果

2. 会议交接班室等有人房间

会议交接班室内增加木纹铝合金板定制储物柜，将所有的功能集成化设计，超强收纳，摆脱凌乱的空间；男、女更衣室增加木纹铝合金板定制衣柜、整妆镜等，使整体空间更加温馨、舒适，且具备超强收纳功能，可放置衣物、鞋子等物品，见图 5-52 和图 5-53。

图 5-52　会议交接班室

图 5-53　男、女更衣室

5.6.3　提升后实际效果

经过与各专业的协调、沟通，按设计思路整合各专业设备，同时对室内材质及色调进行了多材质比选，最终确定实施方案。

运营单位反馈车控室内布置更为整体、统一、简洁，工作人员办公区域也更为干净、舒适，见图 5-54 和图 5-55。

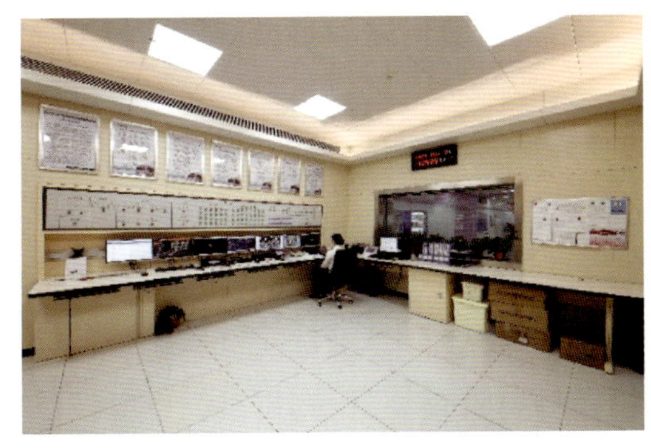

图 5-54　车控室全景

图 5-55　车控室各专业设备整合

5.7　车站便民服务

5.7.1　提升便民服务效率

便利化、智慧化、品质化服务是群众对美好生活的期待，本线以车站为主体因地制宜设置了集中商铺、自动售卖机、服务中心等便民设施，不仅满足了乘客出行的便利也顺带解决了乘客的生活琐事，省时又省事。同时每个车站都有同类同质的商品，为乘客提供了品质化的服务。

5.7.2 创新便民服务模式

秉持着国有土地空间利用最大化的宗旨，在全线车站范围内设置便民商铺，该做法不仅满足了周边居民的配套商业需求，同时也反哺轨道交通运营。全线共设置了三种类型的便民商业用房。

1. 站内小商铺

各地下车站站厅层设置总建筑面积不大于 100 m²，单处面积不大于 30 m² 的小商铺。这类小商铺适于经营一些日常、急需的商品，主要满足消费者日常习惯性的消费。

2. 配线上方集中商铺

马群站为线路起点站，站前设停车折返线，停车折返线上方空间设置集中商铺，这类集中商铺临近车站站厅层布置，设计中巧妙地将商业流线与轨道进出站口流线相融合，使得乘客习惯性经过商业区再进出车站，从而激活商业。商业业态主要为小型餐饮、小型超市及便利店等，见图 5-56。

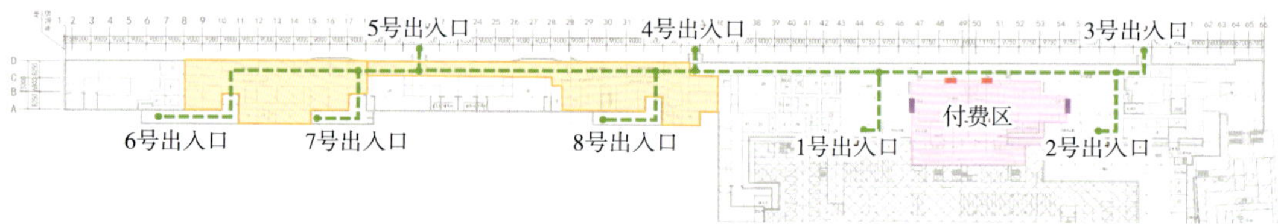

图 5-56　马群站商业平面布置

3. 高架车站相邻区域集中商铺

高架车站地面层、区间桥下、附属设备用房等区域设置集中商铺。这类集中商铺均设置在地面层且紧邻车站出入口布置，面积在 600 m² 左右。业态主要为快捷餐饮店、小型超市及便利店等。如图 5-57 所示为黄梅站利用区间下方空间设置整体商铺。

图 5-57　黄梅站商业区域示意

5.7.3 实际建设运营情况

目前宁句城际站内小商业商家已进驻，能为乘客顺带解决一些生活琐事，省时又省事，受到市民的普遍欢迎。配线上方集中商铺及高架车站相邻区域集中商铺已完成规划及消防验收，商铺正在陆续进驻。

第 6 章　经验总结与发展展望

6.1　经 验 总 结

6.1.1　问题导向，精准科学施策

都市圈轨道连接中心城区与周边城镇组团、跨市毗邻城镇，服务通勤、通学、商旅等多样化客流，兼具城市、市域、城际等多重功能，因此面临着与一般城轨或城际铁路不同的问题。宁句城际作为南京都市圈首条跨市轨道交通工程，在功能定位、线站位选择、系统制式确定、运营模式、控制投资策略等若干关键技术问题的决策中，通过反复论证研究、专家咨询把关、设计精耕细作、全局综合统筹等方式，基本实现了精准科学施策。

6.1.2　创新引领，赋能高质量发展

宁句城际通过设计引领创新发展，进行了国内首次桥梁下部结构装配式建造规模应用，实现了多项桥梁建设规模的突破，创造了不停运的前提下既有高架车站的拓宽改造案例，研究了宕口回填区轨道交通建设方案，在盾构隧道全面应用了内置套筒＋外置槽道技术，实现了新型装配式轨道板技术在南京的首次应用，在轨道减振材料和智能监测方面进行了原创性研究并取得成功应用，对车辆进出隧道的压力波变化进行研究并应用于隧道和车辆设计，获得多项省政府和学会科学技术奖。

6.1.3　与时俱进，践行绿色、智慧理念

随着国家双碳战略和中国城市轨道交通交通协会《智慧城轨行动纲要》的发布，宁句城际紧跟最新政策，及时提出了绿色化、智慧化的设计内容，进行了高架桥梁绿色建造的应用，选用了一批绿色结构设计方案和新技术，开展了 5G、云平台、智慧运维等智慧新技术的研究应用，取得了一批创新成果和应用经验，对绿色城轨、智慧城轨在南京轨道交通的落地具有示范和带动作用，对国内轨道交通行业发展具有促进作用。

6.1.4　多元融合，助力可持续发展

宁句城际通过与高速铁路、城际铁路、城市轨道的融合换乘，实现了四网融合；根据车站周边需求，设计有公交、出租车、非机动车的停放位置，助力多交融合发展；根据站城一体化原则对车站进行分类梳理，开展相应的研究，在马群站同步建成，并在部分车

站预留实施条件;结合市域轨道跨越多种环境的特点,实现了高架站外立面、内装修融入周边环境,边坡绿化保护环境;对车站服务和办公设施进行了人性化设计,提升对乘客和工作人员的服务。

多元融合,体现了设计轨道就是设计城市的理念,使宁句城际更好地发挥社会效益,实现高质量发展。

6.2 发展策略

6.2.1 客流提升策略

宁句城际于2021年底开通,经历了新冠肺炎疫情期间若干次局部运营、全线停运,客流培育受到较大影响。2023年,居民逐渐恢复日常生活、通勤,文旅市场也稳步复苏,宁句城际客流开始回暖,日均客运量逐渐攀升至约5万人次/日。作为新开通线路,宁句城际的客流量在国内、南京市的各类跨市轨道交通线路中表现尚可,但与预测初期客流尚有一定差距,可从推进交旅融合、加快沿线土地开发、改善交通一体化设施、延伸贯通进市中心等几方面着手提升客流。

(1)交旅融合。进一步挖掘宁句城际沿线特色旅游资源,以南京猿人洞站、汤山站等临近旅游景区的车站为衔接点,引入共享(电)单车/共享小汽车,打造"轨道+"温泉度假之旅;探索发行"轨道交通+微循环接驳+旅游"套票,利用"一票通达"的便捷出行优势为宁句城际及沿线旅游设施引流。

(2)加快开发。针对百水桥、泉都大街等周边开发条件较好的车站,尽快投入城市建设资源,提高周边开发强度,与轨道交通建设形成良性互动。建立持续评估机制,确保有限的城市建设资源优先投放在新建轨道交通线路沿线,最大效能地发挥整个城市的发展动力。

(3)改善接驳。打通南京猿人洞站等车站周边道路,增设微循环接驳公交,与轨道交通形成良好接驳,共同集散客流。优化步行、公交、临停接送、公共自行车、小汽车等接驳设施,有利于为轨道线路喂饲客流。

(4)贯通进城。宁句城际延伸并与13号线贯通后,可实现"无缝化""一体化"运营,打造穿越主城中心的东西向通勤快线,为南京城区两岸拥江发展、都市圈一体化发展提速,显著提高宁句城际乘客的时空可达性。

6.2.2 引领城市发展策略

轨道交通在新型城镇化建设发展中具有基础性、战略性的作用,依托轨道交通带来的空间重组、动能重聚、环境重塑,可使生产要素充分流动,最大程度集聚人流、物流、商流、信息流,加快推动城市发展。

(1)加速城市融合。宁句城际建成后,“1小时通达”已然成为市民生活的常态,居民通勤、通学、就医、休闲等互动更加频繁,两市发展由从相“接”逐步迈向相“融”。宁句城际不仅为沿线居民提供了更为便捷的绿色出行交通工具,也带动沿线道路设施、公交系统更新完善,城乡差距进一步缩小。充分利用宁句城际快捷、舒适、安全的交通工具,出台相应政策加速宁句城市间的融合与发展。

(2)促进产业发展。宁句城际开通后,发挥快速交通作用,优化产业布局,促进商业资源向沿线集中,创造大量就业机会,降低劳动力流动成本,并促进劳动力向商业资源集聚的区域流动,也助力句容实现从简单价格级差效应吸引南京资源,实现句容与南京多元要素联动互补,使宁句城际成为促进宁句深度融合的主动脉。

(3)完善空间布局。围绕宁句城际站点探索站城一体化开发方案,不断优化周边商圈打造、优化业态分布,引导城市人口和产业向沿线聚集,支撑城市空间结构拓展,促进沿线各新城的发展,逐步实现沿线城市总体规划和城市总体布局。

(4)开发文旅专列。依托宁句城际自身及沿线资源,宁句公司将不断推陈出新,组织轨道研学、助农助销、门票优惠、采茶营等活动,把“轨道红利”惠及文化领域,满足人民群众对美好生活的向往。同时,宁句城际预留向南进一步衔接至茅山风景名胜区的条件,未来将进一步推动以茅山为首的句容南部旅游资源、康养产业快速发展,见图6-1。

图6-1　宁句城际延伸服务茅山

6.2.3　推广宁句城际创新成果

《中华人民共和国国民经济和社会发展第十四个五年规划和 2035 年远景目标纲要》提出，优化提升京津冀、长三角、珠三角、成渝、长江中游等城市群，发展壮大山东半岛、粤闽浙沿海、中原、关中平原、北部湾等城市群，培育发展哈长、辽中南、山西中部、黔中、滇中、呼包鄂榆、兰州—西宁、宁夏沿黄、天山北坡等城市群；以城际铁路和市域（郊）铁路等轨道交通为骨干，打通各类“断头路”“瓶颈路”，推动市内市外交通有效衔接和轨道交通“四网融合”，提高都市圈基础设施连接性贯通性。

中共中央、国务院印发的《扩大内需战略规划纲要（2022—2035 年）》也提出推进重点都市圈市域（郊）铁路和城市轨道交通发展。

目前已批复的《长江三角洲地区多层次轨道交通规划》提出长三角地区在“十四五”期间规划建设市域（郊）铁路 1 367 km，《成渝地区双城经济圈多层次轨道交通规划》提出成渝地区“十四五”期间规划建设市域（郊）铁路 478 km，《北京市域（郊）铁路功能布局规划》规划线路共 12 条 874 km，在编的长株潭、粤港澳、长江中游、关中平原等都市圈多层次轨道交通规划中市域（郊）铁路也将是重要一环。

宁句城际针对都市圈快速轨道特点及问题进行了研究，在绿色城轨、智慧城轨、多元融合等方面也进行了积极探索，取得了一大批创新成果，积累了丰富的建设经验，具有广泛的示范意义，为其他类似工程提供借鉴，将会产生重大的经济效益和社会效益。

参考文献

[1] 中华人民共和国住房和城乡建设部. 市域快速轨道交通设计标准:CJJ/T314—2022 [S]. 北京:中国建筑出版传媒有限公司,2022.

[2] 中华人民共和国住房和城乡建设部. 地铁设计规范:GB 50157—2013 [S]. 北京:中国建筑工业出版社,2013.

[3] 国家铁路局. 铁路隧道设计规范:TB 10003—2016 [S]. 北京:中国铁道出版社,2016.

[4] 国家铁路局. 铁路轨道设计规范:TB 10082—2017 [S]. 北京:中国铁道出版社,2017.

[5] 朱悦明, 佘才高, 杨秀仁. 地铁工程设计创新与实践:南京地铁工程设计总结[M]. 北京:中国铁道出版社,2013.

[6] 徐成永,白唐瀛,许浩,等. 一种通过有粘结预应力筋及钢筋连接预制 T 型墩的方法:CN115094778B [P]. 2023-01-06.

[7] 葛继平,高飞. 一种预制盖梁和预制立柱的连接结构和连接方法:CN106498847B [P]. 2019-01-22.

[8] 中国城市轨道交通协会. 城市轨道交通 2021 年度统计和分析报告 [J]. 城市轨道交通,2022(7):10-15.

[9] 杨秀仁. 城市轨道交通 U 型梁高架系统关键技术研究及创新 [J]. 都市快轨交通,2015,28(5):27-30.

[10] 刘心露,崔莹. 基于技术特征分析的市域轨道交通车型选择方法 [J]. 现代城市轨道交通,2021(10):28-33.

[11] 彭红霞,赵华新,许伟宏,等. 南京地铁盾构隧道槽道技术设计研究 [J]. 都市快轨交通,2021,34(5):105-110.

[12] 漆宏. 融合城市环境统筹高架线景观 [J]. 都市快轨交通,2015,28(6):22-25.

[13] 漆宏. 高架车站组团式设计风格探讨 [J]. 都市快轨交通,2015,28(5):62-66.

[14] 刘西忠. 从城市群到都市圈:跨区域协同治理格局演化与机制创新研究 [J]. 秘书,2022(2):37-50.

[15] 王瑞,王斐. (35+50+35)m 连续 U 形梁结构静力性能受力对比分析[J]. 工程技术, 2020(11):00258-00259.

[16] 孙策. 城市桥梁预制装配化绿色建造技术应用与发展 [J]. 世界桥梁,2021,49(1):39-44.

[17] 陈怀智. 城际轨道交通大跨度矮塔斜拉桥设计关键参数研究 [J]. 铁道建筑,2019,59(12):6-10.

[18] 陈平. 铁路高墩大跨 T 构矮塔斜拉桥设计研究 [J]. 铁道建筑,2018,58(12):26-28.

[19] 朱佩章,王永峰,马明. 大跨度曲线矮塔斜拉桥主梁空间效应研究 [J]. 铁道建筑,2017,57(7):13-15.

[20] 宋子威,杨利卫,王德志. 福平铁路乌龙江(144+288+144)m 部分斜拉桥主桥设计 [J]. 铁道标准设计,2017,61(11):42-46.

[21] 余盼晴. 北京地铁 15 号线大屯路东站换乘改造分析 [J]. 铁道建筑技术,2018(6):72-76.

[22] 刘力. 既有高架地铁车站改造扩建关键技术研究 [J]. 铁道建筑技术,2017(1):86-88.

[23] 张莹. 轨道交通矮塔斜拉桥抗震性能研究 [J]. 智能城市,2021,7(12):9-11.

[24] 高增增. CRTSⅠ型双块式无砟轨道结构优化设计研究 [J]. 铁道标准设计,2017,61(11):13-18.

[25] 王志强，葛继平，魏红一，等. 节段拼装桥墩抗震性能研究进展 [J]. 地震工程与工程振动，2009，29(4)：147-154.

[26] 韩超，郑毅敏，赵勇. 钢筋套筒灌浆连接技术研究与应用进展 [J]. 施工技术，2013，42(21)：113-116.

[27] 葛继平，闫兴非，王志强. 灌浆套筒和预应力筋连接的预制拼装桥墩的抗震性能 [J]. 交通运输工程学报，2018，18(2)：42-52.

[28] 司炳君，张明生，孙治国，等. 竖向配预应力钢筋混凝土桥墩抗震性能研究综述 [J]. 世界地震工程，2012，28(3)：120-125.

[29] 郑杰，张凯迪，贾俊峰，等. 预制装配式桥墩连接关键技术及工程应用 [J]. 市政技术，2022，40(4)：6-15.

[30] 刘丰. 节段拼装预应力混凝土桥墩拟静力试验和分析研究 [D]. 上海：同济大学，2008.

[31] 张振浩，谭荣平，曾意，等. 不同桥梁施工方案的碳排放差异分析 [J]. 交通科学与工程，2019，35(1)：38-43.

[32] 谭荣平. 公路桥梁建设阶段碳排放分析 [D]. 长沙：长沙理工大学，2017.

[33] 张景峰，景媛，张楠，等. 列车侧向撞击作用下 U 型梁碰撞荷载及损伤演化分析 [J]. 建筑科学与工程学报，2019，36(4)：63-70.

[34] 杨勇，孙舒森，王国华，等. 南京地铁 5G 公专网智能应用探索及实践 [J]. 铁路通信信号工程技术，2023，20(8)：59-65.

[35] 顾大松.《关于跨市域轨道交通运营和执法管理若干问题的决定》的法律意义 [J]. 城市轨道交通，2022(1)：44-45.

[36] 高亮. 轨道工程 [M]. 北京：中国铁道出版社，2015.

[37] 刘明辉. 城市轨道交通工程环境影响评价 [M]. 北京：中国建筑工业出版社，2018.

[38] 方昱. 山岭隧道动态设计与施工智能辅助决策系统研究 [D]. 北京：北京交通大学，2016.

[39] 高文文. 废弃露天矿坑再利用模式研究及实证 [D]. 北京：中国地质大学，2017.

[40] 聂利超. 隧道施工含水构造激发极化定量超前地质预报理论及其应用 [D]. 济南：山东大学，2014.

[41] 关向群. 隧道洞口景观设计实用方法的研究 [D]. 成都：西南交通大学，2004.

[42] 王瑞. 城市轨道交通大跨度预应力混凝土 U 形截面连续梁设计研究 [D]. 成都：西南交通大学，2022.